高等学校保险学专业主要课程教材

保 险 学

主编 张宁 王敏

高等教育出版社·北京

内容简介

本书立足中国和世界保险发展的现实和历史，以市场经济条件下的现代保险理论与实务为主要内容，将习近平新时代中国特色社会主义思想和党的二十大精神融入教材，紧密结合我国保险创新发展的新进程，吸纳国内外现代保险研究和实践的最新进展，突出体现保险理论和实务的中国传统、中国文化和中国特色。

本书共分为五篇十四章，从风险与风险管理的内涵开始，阐述保险的属性、功能与原则等基本原理，财产保险、人身保险等主要业务类型，保险精算、再保险等经营活动，以及保险市场与监管。本书既注重对保险基本原理的阐释，又突出理论与实际相结合，力求使读者能由浅入深、系统全面地理解和掌握保险学的基本概念、基本理论和基本实务，了解我国保险业发展的新气象、新特点和新趋势。

本书既可作为高等院校保险学、金融学、工商管理等经管类相关专业本科教学用书，也可供保险理论工作者、保险从业人员以及对保险和风险管理相关理论感兴趣的读者学习参考。

图书在版编目（C IP）数据

保险学 / 张宁，王敏主编 . -- 北京 ： 高等教育出版社，2025.4. -- ISBN 978-7-04-064026-7

Ⅰ. F840

中国国家版本馆 CIP 数据核字第 2025QW3700 号

保险学

BAOXIANXUE

| 策划编辑 | 李欣航 | 责任编辑 | 黄　茜 | 封面设计 | 张　楠 | 版式设计 | 马　云 |
| 责任绘图 | 马天驰 | 责任校对 | 张　薇 | 责任印制 | 刘弘远 | | |

出版发行	高等教育出版社	网　　址	http://www.hep.edu.cn
社　　址	北京市西城区德外大街 4 号		http://www.hep.com.cn
邮政编码	100120	网上订购	http://www.hepmall.com.cn
印　　刷	北京七色印务有限公司		http://www.hepmall.com
开　　本	787 mm×1092 mm　1/16		http://www.hepmall.cn
印　　张	22.25		
字　　数	500 千字	版　　次	2025 年 4 月第 1 版
购书热线	010-58581118	印　　次	2025 年 4 月第 1 次印刷
咨询电话	400-810-0598	定　　价	59.00 元

本书如有缺页、倒页、脱页等质量问题，请到所购图书销售部门联系调换
版权所有　侵权必究
物 料 号　64026-00

前言

　　自 2018 年以来，我国保险业从高速增长进入高质量发展阶段，大数据、云计算、人工智能、区块链等新技术改造着保险行业的组织生态、运营活动和产品服务。保险相关法律法规及规章制度都有较大变化，金融监管体制也出现了重大调整和改革。在中华民族伟大复兴战略全局和世界百年未有之大变局加速演进并深度互动的时代背景下，保险制度在普惠保险、绿色保险、养老金融、数字化转型以及保险科技赋能等方面有力支撑了经济社会发展大局，成为影响国家、社会、机构、家庭和个人发展的关键制度安排之一。2023 年，中央金融工作会议提出"加快建设金融强国"目标，以金融高质量发展助力强国建设、民族复兴伟业。

　　鉴于保险理论和实践不断出现的新进展、新变化以及我国保险发展和高校人才培养的新目标和新要求，本书兼顾科学前沿性、学科融合性和理论实践性，在内容和形式上均进行了较大幅度的修订，突出了以下特色：

　　一是坚持正确的政治导向，以习近平新时代中国特色社会主义思想为指导，将党的二十大精神、习近平总书记重要讲话和重要指示批示精神融入本书。二是突出保险发展的中国实践和中国特色，既追溯体现保险和风险管理的中国传统和中国文化，又通过大量中国保险实务和创新发展典型案例、材料，呈现保险发展的中国特色，反映中国保险改革发展的新气象、新特点和新趋势。三是坚持与时俱进，吸纳和反映国内外保险研究最新成果、相关法律法规调整、政策发展与实践进展。四是既注重对保险基本原理的阐释，又突出理论与实际相结合，更新补充了理论前沿文献、行业发展报告、案例研讨、延伸阅读等内容，并以二维码方式嵌入拓展阅读和课后习题，通过混合式、研讨式、案例式等教学方式，给予学生和读者更多启发，加深对保险原理和基本实务的掌握和应用。

　　本书的结构安排为五篇十四章。第一篇"保险原理篇"，包括第一章、第二章、第三章和第四章。第一章，风险与风险管理。主要阐述风险的定义、度量、构成要素、特征以及分类，并详细解释了风险管理的概念、基本程序以及风险管理技术和可保风险的条件。第二章，保险与商业保险。论述保险的概念、本质、功能和作用，比较分析保险与类似经济行为的异同，阐释保险的商品属性以及商业保险的定义与构成要素，并采用不同标准对商业保险进行分类。第三章，保险合同。主要从法律角度解读保险，分析保险合同的法律要求、基本特征和形式，阐释保险合同的主体、客体和内容，分析保险合同的订立、履行、变更、中止、终止及争议的处理方式。第四章，保险的基本原则。这是保险学原理的核心内容，详细阐述了保险利益原则、最大诚信原则、近因原则、损失补偿原则及其派生原则。这些原则不仅是保险理论最重要的内容，也是保险实践中必须遵循的原则，许多保险合同纠纷的难题，都要依据这些基本原则来解决。

第二篇"财产保险篇"，包括第五章、第六章和第七章。第五章，财产损失保险。阐释海上保险、火灾保险、机动车辆保险、工程保险和农业保险的基本内容。第六章，责任保险。阐述责任保险的特征、作用，责任保险与民事法律之间的关系以及责任保险的承保基础，介绍公众责任保险、产品责任保险、雇主责任保险和职业责任保险的基本内容。第七章，信用保险与保证保险。阐释了信用保险与保证保险的概念、主要险种及保险责任。

第三篇"人身保险篇"，包括第八章和第九章。第八章，人寿保险。分别介绍了人寿保险的概念、特征、主要条款；普通型及新型人寿保险的概念和特点；年金保险的定义、特点、分类以及条款等内容。第九章，健康保险与意外伤害保险。主要介绍健康保险与意外伤害保险的概念、分类与特征，以及不同险种的责任范围与给付方式。

第四篇"保险经营篇"，包括第十章、第十一章和第十二章。第十章，保险精算。介绍了保险精算费率厘定的基本原则、基本原理和方法，并分别阐释了寿险产品和非寿险产品的费率厘定基本原理、费率厘定方法和准备金的计算方法。第十一章，保险运营。在介绍保险运营的特征与原则的基础上，对保险公司一系列的运营活动，包括保险展业、承保、防灾、理赔、投资的主要内容进行了阐释。第十二章，再保险。主要论述再保险与原保险之间的关系、再保险的作用和主要业务类型，阐述了比例再保险和非比例再保险的责任分配。

第五篇"保险市场与监管篇"，包括第十三章和第十四章。第十三章，保险市场。分析保险市场的特征及构成要素，阐释保险市场供给和需求的含义及各自的影响因素，讨论保险人的组织形式以及我国保险市场的发展状况。第十四章，保险监管。主要介绍保险监管理论，阐释保险监管的必要性以及保险监管的机构、方式、手段和监管内容。

为便于读者学习，本书在每一章开始时给出了"学习目标""本章导读""开篇案例"，在每一章结束时，针对该章内容给出"本章小结"，概括本章的要点。在每一章的"本章小结"后列出本章的"案例讨论""重要术语""思考题"，并以二维码方式嵌入"延伸阅读"和"即测即评"习题。

本书由张宁、王敏担任主编并拟定全书章节体系。具体编写分工为：第一章和第十二章由刘革编写；第二章由沈建美编写；第三章由刘娜编写；第四章和第七章由王敏编写；第五章和第六章由张虹编写；第八章由杨卫平编写；第九章由郭淼编写；第十章由何玲瑀和毕达宁编写；第十一章由张宁编写；第十三章和第十四章由邓庆彪编写。在各章作者编写的基础上，张宁、王敏对全书进行了总纂。

本书的顺利出版得益于高等教育出版社的支持，感谢编辑在本书出版过程中所付出的辛勤劳动和帮助。同时，本书在编写过程中参阅、引用了大量国内外著作和资料，在此对所有作者表示诚挚的谢意！

　　由于水平和经验有限，书中难免有疏漏和不当，恳请同行及读者斧正。

编者

2024 年 12 月

目 录

第二篇　财产保险篇

第四篇　保险经营篇

第十章　保险精算　　　　　　　　　　　　　*// 224*

第一篇

保险原理篇

第一章
风险与风险管理

📝 学习目标

- 掌握风险构成要素及各要素之间的关系
- 了解不同分类标准下的风险类型
- 重点掌握风险管理的含义、程序及基本的风险管理技术
- 掌握可保风险要件
- 认识风险管理的意义，培养和增强学生的风险意识和风险管理意识

📖 本章导读

风险是人类社会的一种客观存在，它无处不在，无时不有。人类文明史就是一部人类社会与自然抗争、管理风险的历史。风险管理是推动社会发展和文明进步的重要力量，其基本程序包括风险识别、风险估测、风险评价、风险管理技术选择和风险管理效果评价。本章详细介绍了风险的定义、度量、构成要素、特征以及风险的分类，并对风险管理的概念、基本程序进行了阐述，最后着重解释了风险管理技术和可保风险的条件。

📋 开篇案例

2021年河南特大暴雨灾情与城市风险管理

2021年7月17日至23日，河南省遭遇历史罕见的持续性强降水天气过程，此轮强降雨共造成全省150个县（市、区）1 478.6万人受灾，因灾死亡失踪398人，其中郑州市380人，直接经济损失达1 200.6亿元，其中郑州市409亿元。截至2021年12月1日，保险业为此次灾情处理完成50.1万件相关案件的赔付，支付赔款97.04亿元。2021年郑州暴雨及洪水是我国历史上保险赔付最高的单次事件之一。

在城市化发展的过程中，人们一边享受着高质量的城市基础建设以及经济产业集群带来的高效，一边面临着错综复杂的城市风险问题。城市风险主要包括五大类：第一类是自然风险，比如地震、洪水、暴雨、台风；第二类为社会政治风险，如大型群体活动的风险、恐怖袭击风险；第三类是意外及人为风险；第四类是健康和环境类风险，如环境污染问题；第五类是质量安全和责任风险。随着城市的不断

发展，城市的风险亦不断增加，造成的损失愈发严重。城市风险管理已成为我国城市治理的重要组成部分。如何有效控制、管理城市化带来的风险是每一个城市管理者和每一位居民都无法回避的问题。

资料来源：朱艳霞.2021年中国保险业十大新闻［N］.中国银行保险报，2022-01-04.

案例思考：

1. 如果你在城市生活和工作，你可能面临哪些风险？应该如何管理？

2. 如果你是城市的管理者，你需要关注哪些风险？应如何进行风险管理？

第一节　风险概述

一、风险的定义

关于风险的定义，学术界可谓众说纷纭，见仁见智。常见的几种关于风险的观点包括：

① 风险是人们在从事某种活动或决策的过程中，预期未来结果的随机不确定性；

② 风险是实际结果与预测结果的可能差异；

③ 风险是对特定情况下关于未来结果的主观疑虑；

④ 风险是不幸事件发生的可能性；

⑤ 风险是危险的集合体；

⑥ 风险是损失的不确定性。

目前，我国保险业界关于风险的定义大多倾向于"损失的不确定性"。该定义至少揭示了两层含义：一是风险的结果是可能的损失；二是不确定性是风险的核心。

不确定性具有两重性。其主观性表现为它是人的主观意识的反映，即由于人的知识缺乏或能力不足而对未来产生怀疑；其客观性表现为客观事件发生的各种可能性，正是这种客观性使人有可能对风险的内在规律进行探求。

二、风险的度量

损失频率和损失强度是度量风险的两个重要指标，风险事件导致的损失频率和损失强度具有随机性。

（一）损失频率

损失频率表示的是一段时期内每个风险单位发生损失的次数。如果有大量风险单位的历史数据，可以将损失的次数除以风险单位的数目，得到对每一风险单位发生损失次数的概率估计。例如，某种损失的损失频率为每年0.5次，说明该损失平均每两年发生一次。

损失频率越高，表明事故发生越频繁；损失频率越低，表明事故越少发生。

（二）损失强度

损失强度表示每起事故导致的损失规模。损失强度的期望值通常采用一段时期内每一事故损失强度的平均值来估计。例如，一个钢铁厂里有1 500起工人受伤事故，总共花费了300万元，那么工人受伤事故的损失强度的期望值就可估计为2 000元（300万元/1 500起）。也就是说，平均每一个工人受伤事故将使公司遭受2 000元的损失。

三、风险的构成要素

风险是由多种要素构成的，这些要素的共同作用决定了风险的存在、发生和发展。一般认为，风险由风险因素、风险事故和损失构成。

（一）风险因素

风险因素也称风险条件，是指引发风险事故或在风险事故发生时致使损失增加的条件，是导致损失的间接原因或内在原因。因此，风险因素是针对产生或增加损失频率与损失强度的情况而言的。例如，对于面临火灾风险的房屋，风险因素包括易燃材料、自然界中的风和雷电等；对于人的生死而言，风险因素包括健康状况和年龄等。风险因素通常可分为以下三类。

1. 物质风险因素

物质风险因素又称实质风险因素，指有形的并能直接影响物体的物理功能的风险因素。例如，建筑物的坐落地址、建筑材料、结构、消防系统等，自然界中的风雨雷电等。

2. 道德风险因素

道德风险因素指与人的品行修养有关的无形因素。例如，故意拖欠债务、诈骗、纵火等恶意行为或不良企图等。

3. 心理风险因素

心理风险因素指与人的心理状态有关的无形因素。例如，人的疏忽、过失，投保后过度依赖保险而疏于风险防范等。

道德风险因素和心理风险因素均与人密切相关，也可合并称为人为风险因素。道德风险因素侧重于人的恶意行为，心理风险因素则侧重于人的心理素质。

（二）风险事故

风险事故也称风险事件，是指损失的直接原因或外在原因。通过风险事故，风险由可能变为现实，引起损失的结果。风险因素通过风险事故的发生导致损失，风险事故是损失的媒介物。

风险事故和风险因素的区分有时并不是绝对的。例如，暴风雨毁坏房屋、庄稼等，暴风雨就是风险事故；如果暴风雨造成路面积水、能见度差、道路泥泞，引起连环车祸，暴风雨就是风险因素，车祸才是风险事故。判定的标准在于其是否直接引起损失。

（三）损失

损失作为风险管理和保险经营中的一个重要概念，是指非故意的、非计划的和非预期的经济价值的减少。这一定义包含两个重要的要素，一是"非故意的、非计划的、非预期的"，二是"经济价值减少"，两者缺一不可，否则就不能构成损失。例如，恶意行为、折旧、对正在受损的物资可以抢救而不抢救所造成的后果分别属于故意的、计划的和预期的，因而不能称为损失。但是，车祸使受害者丧失一条胳膊，便是损失，因为车祸的发生满足第一个要素，而人的胳膊虽不能以经济价值来衡量，即不能以货币来度量，但丧失胳膊后所需的医疗费以及因残废而导致的收入减少却可以用货币来衡量，所以车祸的结果也满足第二个要素。

基于风险管理的需要和保险经营的技术性要求，损失通常分为两种形态，即直接损失与间接损失。前者是指风险事故直接造成的损失；后者是由直接损失进一步引发或带来的其他损失，包括额外费用损失、收入损失和责任损失。其中，责任损失包括两方面：一是不履行合同义务应承担的法律后果；二是因过失或故意而导致他人遭受人身伤害或财产损失的侵权行为依法应负的赔偿责任。

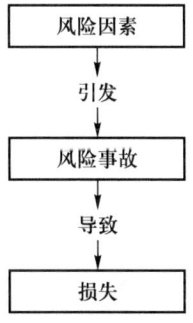

图 1-1　风险因素、风险事故与损失之间的关系

（四）风险因素、风险事故与损失三者之间的关系

风险因素、风险事故与损失三者之间存在因果关系。首先，风险因素引发风险事故，即风险因素是风险事故发生之因，风险事故是果；其次，风险事故导致损失，即风险事故相对损失而言是因，损失是果。如果将这种关系连接起来，便得到对风险的直观解释，如图 1-1 所示。

四、风险的特征

（一）客观性

自然界的地震、台风、瘟疫、洪水，社会领域的战争、冲突、意外事故等，都不以人的意志为转移，它们是独立于人的意识之外的客观存在。这是因为无论是自然界的物质运动，还是社会发展的规律，都是由事物的内部因素所决定，即由超出人们主观意识而存在的客观规律所决定的。人们只能在一定的时间和空间内改变风险存在和发生的状态，降低损失频率和损失强度，但是，从总体上说，风险是不可能彻底消除的。因此，风险是客观存在的。

（二）普遍性

自从人类出现后，就面临着各种各样的风险，如自然灾害、意外事故、疾病、伤害、战争等。随着科学技术的发展、生产力的提高、社会的进步，新的风险不断出现，风险事故造成的损失后果也愈发严重。在当今社会，个人面临着生老病死、意外伤害等风险；企业面临着自然风险、意外事故、市场风险、技术风险和政治风险等，甚至国家和政府机关也面临着各种风险。总之，风险已渗入个人、企业和社会的方方面面，风险无处不在，无时不有。

（三）社会性

风险与人类的利益密切相关，即无论风险源于自然现象、社会现象，还是源于生理现象，它必须是相对于人身及其财产的危害而言的。就自然现象本身而言无所谓风险，如地震对大自然来说只是自身运动的表现形式，也可能是自然界自我平衡的必要条件。只是由于地震会对人类的生命和财产造成损害或损失，所以对人类而言，地震才是一种风险。因此，风险是一个社会范畴。

（四）不确定性

风险及其所造成的损失总体上说是必然的、可知的；但在个体上却是偶然的、不可知的，具有不确定性。

1. 空间上的不确定性

以火灾为例，总体上所有的房屋都存在发生火灾的可能性，而且在一定时间内必然会发生火灾，并且必然会造成一定数量的经济损失。这种必然性是客观存在的。但是具体到某一幢房屋来说，是否发生火灾，则是不确定的。

2. 时间上的不确定性

例如，人总是要死的，这是人生的必然现象，但是何时死亡，在健康的时候是不可能预知的。

3. 结果上的不确定性

即损失强度的不确定性。例如，沿海地区每年都会遭受或大或小的台风袭击，但是人们却无法预知未来年份发生的台风是否会造成财产损失或人身伤亡以及损失强度如何。

（五）可测定性

个别风险的发生是偶然的，不可预知的。但通过对大量风险事故的观察会发现，风险往往呈现出明显的规律性。根据以往大量资料，利用概率论和数理统计的方法可以测算出风险事故发生的频率及损失强度，并且可构造出损失分布的模型，成为衡量风险的基础。比如，死亡对于个人来说是偶然的不幸事件，但是通过对某一地区人群的各年龄段死亡率的长期观察统计，就可以准确地编制出该地区的生命表，从而可以测算出各个年龄段的人的死亡率。

📋 知识链接 1-1

中国生命表和重大疾病经验发生率表的编制与修订

生命表是现代人身保险业科学经营的基础，对于产品定价、准备金评估、现金价值计算等都具有基石性的意义。1847年，在华设立代表处的英国标准人寿编制出了第一张中国生命表。1949年后，我国人身保险业务由中国人民保险公司长期经营，通过借鉴日本的经验生命表开展寿险业务。

1995年，我国编制了中国人寿保险业第一张经验生命表《中国人寿保险业经验生命表（1990—1993）》，结束了借用日本生命表的历史。2005年和2016年，保监会分别发布了我国保险业第二套生命表《中国人寿保险业经验生命表（2000—2003）》和第三套生命表《中国人身保险业经验生命表（2010—2013）》。

与前两套生命表相比，第三套生命表拥有世界上最大的样本数据量，共收集了3.4亿张保单、185万条赔案数据，覆盖了1.8亿人口，采用数据挖掘等技术，利用自主开发的计算机程序自动完成了95%的理赔数据的清洗。第三套生命表针对男性和女性分别有三张表，包括非养老类业务一表、非养老类业务二表、养老类业务表。根据《中国保监会关于使用〈中国人身保险业经验生命表（2010—2013）〉有关事项的通知》，定期寿险、终身寿险、健康保险应采用非养老类业务一表；保险期间内（不含满期）没有生存金给付责任的两全保险或含有生存金给付责任但生存责任较低的两全保险、长寿风险较低的年金保险应采用非养老类业务二表；保险期间内（不含满期）含有生存金给付责任且生存责任较高的两全保险、长寿风险较高的年金保险应采用养老类业务表。

重大疾病经验发生率是保险公司对重大疾病保险进行定价时必不可少的工具。2013年，中国精算师协会在保监会的指导下组织行业首次编制了《中国人身保险业重大疾病经验发生率表（2006—2010）》，总共收集到7 500余万重大疾病产品样本数据及85万件理赔记录。2020年，中国精算师协会修订编制了《中国人身保险业重大疾病经验发生率表（2020）》。

《中国人身保险业重大疾病经验发生率表（2020）》

（六）发展性

风险会因时间、空间因素的发展变化而有所发展与变化。人类社会的进步和发展，使得人们抵御自然灾害和意外事故的能力大大增强，但同时也创造和发展了风险，现代科学技术的发展与应用，使风险的发展性更为突出。

知识链接 1-2

风 险 社 会

德国社会学家乌尔里希·贝克提出风险社会理论，根据不同的社会形态将风险划分为三类：

一是前工业社会的风险，主要是地震、飓风、传染病等导致的风险；

二是传统工业社会的风险，主要为安全事故、劳资矛盾、两极分化、失业、腐败等；

三是现代工业社会时期的风险，主要包括环境污染、生态恶化、核技术威胁、化学和基因风险。

相对于传统工业社会，现代工业社会时期的风险具有与以往不同的显著特征。

第一，风险与科学发展同步，科学不仅是处理风险的方法，也是产生风险的源泉，例如随着互联网技术发展而产生的数据被盗风险、网络遭受攻击风险等。

第二，现代风险的形式更为隐蔽，不同于传统风险可以被人们直观感知，现代风险可能脱离人们的感知，例如空气、水和食物中的放射性污染物和毒素对动植物和人的短期和长期危害。

第三，风险随着全球化在世界范围内扩展，并借助资本的流动实现转移，因此具有全球性。

第四，由于风险影响的系统性，风险终将接受社会的界定，而得到社会承认的风险便具有特有的政治属性。

资料来源：乌尔里希·贝克.风险社会：新的现代性之路［M］.张文杰，何博闻，译.南京：译林出版社，2022.

第二节　风险分类

人类社会面临的风险多种多样，不同的风险具有不同的性质和特点，它们发生的条件、形成的过程和对人类造成的损害是大不相同的。为了便于对各种风险进行识别、测定和管理，对种类繁多的风险按照一定的方法分类显得十分必要。尤其对于保险的经营，风险的分类更具有重要的意义。

一、按性质分类

风险按性质不同，可分为纯粹风险和投机风险。

（一）纯粹风险

纯粹风险是指那些只有损失可能而无获利机会的风险，自然灾害和意外事故以及人的生老病死等均属此类风险。

（二）投机风险

投机风险是指那些既有损失可能又有获利机会的风险，例如商业行为上的价格投机就属于此类风险。

二、按环境分类

风险按其所产生的环境，可分为静态风险和动态风险。

（一）静态风险

静态风险是指自然力的不规则变动或人们行为的错误或失当所导致的风险。静态风险一般与社会的经济、政治变动无关，在任何社会经济条件下都是不可避免的。

（二）动态风险

动态风险是指由社会经济或政治的变动所导致的风险。比如，人口的增加、资本的增长、技术的进步、产业组织效率的提高、消费者偏好的转移、政治经济体制的改革等，都可能引起风险。

　　静态风险与动态风险的区别在于：首先，损失不同。静态风险对于个体和社会来说，都是纯粹损失；而动态风险可能使一部分个体遭受损失，但可能使另一部分个体获利，从社会总体上看也不一定有损失，甚至可能会受益。例如，消费者偏好的转移，会使旧产品失去销路，同时使对新产品的需求增加。其次，影响范围不同。静态风险通常只影响少数个体；而动态风险的影响则比较广泛，往往会带来连锁反应。再次，发生特点不同。静态风险在一定条件下具有一定的规律性，服从概率分布；而动态风险往往不具备这一特点。最后，性质不同。静态风险一般为纯粹风险；而动态风险包含纯粹风险和投机风险。比如，囤积居奇面临的价格波动风险就属于投机风险，而积压的商品因各种意外事故遭受损失的风险为纯粹风险。

三、按原因分类

　　风险按产生的原因不同，可分为自然风险、社会风险、政治风险和经济风险。

（一）自然风险

　　从人类社会的编年史可以看出，地震、水灾、火灾、风灾、雹灾、冻灾、旱灾、虫灾以及各种瘟疫等自然现象是经常且普遍发生的。这种因自然力的不规则变化引起的种种现象所导致的对人类生产、生活及生命造成的损失和损害，就是自然风险事故。自然风险是保险人承保最多的风险，它具有如下特征：第一，自然风险形成的不可控性。自然灾害的发生是自然规律作用的结果。人类对自然灾害具有基本的认识，但对灾害的控制往往束手无策，如地震、山洪、飓风等自然灾害。第二，自然风险形成的周期性。虽然自然灾害的形成具有不可控性，但它却具有周期性，使人类能够对灾害予以防御。比如，夏季可能出现涝灾和旱灾，冬季可能出现冻灾，秋季可能出现洪灾等。第三，自然风险事故引起后果的共沾性，自然风险事故一旦发生，其后果所涉及的对象可能会很广（某一地区、某一国家，甚至全世界）。通常，自然风险事故引起后果的共沾性越大，人类所蒙受的损失就越惨重。

（二）社会风险

　　社会风险是指由于个人或团体的行为，包括过失行为、不当行为及故意行为对人类生产、生活及生命造成损失和损害的风险，如宠物伤人、玩忽职守、抢劫以及恐怖爆炸等行为造成财产损失或人身伤害的风险。

（三）政治风险

　　政治风险是指在对外投资和贸易过程中，因政治原因或订约双方不能控制的原因，使权利人遭受损失的风险。例如，因进口商所在国发生战争、革命、内乱而中止货物进口，或因进口国实施进口或外汇管制对进口货物加以限制或禁止进口，或因出口国变更外贸法令使货物无法出口等导致合同无法履行而遭受损失的可能性。

（四）经济风险

　　经济风险是指在生产或销售等经营活动中由于受各种市场供求关系、经济贸易条件等因素变化的影响，或经营者决策失误，对前景预期出现偏差，导致遭受损失的风险。比如，生产的增减、价格的涨落、经营的盈亏等方面的风险。

四、按对象分类

风险按作用的对象，可分为财产风险、责任风险、信用风险和人身风险。

（一）财产风险

财产风险是指导致财产毁损、灭失或贬值的风险。例如，建筑物遭受火灾、地震、爆炸等损失的风险；船舶在航行中，发生沉没、碰撞、搁浅等事故造成损失的风险；露天堆放或运输中的货物发生雨水浸泡、损毁或贬值的风险等。

（二）责任风险

责任风险是指个人或团体因行为上的疏忽或过失，造成他人人身伤害或财产损失，依照法律、合同或道义应负经济赔偿责任的风险。例如，驾驶机动车不慎撞人，造成对方伤残或死亡应承担经济赔偿责任的风险；医疗事故造成病人的病情加重、伤残或死亡应承担经济赔偿责任的风险；生产或销售有缺陷的产品给消费者带来损害应承担经济赔偿责任的风险；雇主对雇员在从事职业范围内的工作时受到的人身伤害应承担经济赔偿责任的风险等。

（三）信用风险

信用风险是指在经济交往过程中，权利人与义务人之间，由于一方违约或违法行为给对方造成经济损失的风险。

（四）人身风险

人身风险是指可能导致人的伤残、死亡或丧失劳动能力的风险。例如，疾病、意外事故、自然灾害等。这些风险会造成经济收入的减少或支出的增加，影响本人或其抚养、赡养的亲属的经济生活的安定。

 知识链接 1-3

亚洲医疗保障缺口

在人身风险导致的损失中，因疾病或伤残等原因导致的医疗费用支出占据了较大比重。由于人身风险具有不确定性，由人身风险所导致的医疗费用支出通常具有突发性、持续性以及大额的特点。当面临医疗费用支出时，一些家庭不得不减少在其他方面的支出，还有一些家庭可能因无法负担医疗费用而不得不放弃对患者的治疗。这些给家庭或个人带来财务负担但理论上应当受到保障的医疗费用支出被称为医疗保障缺口。

瑞士再保险研究院的调查报告表明：2017 年，亚洲地区的医疗保障缺口高达1.8 万亿美元，占整个地区生产总值的 7.4%。其中约 1.35 万亿美元的缺口来自发展中国家和地区，庞大的人口规模以及较低收入水平使得许多家庭或个人即使在面对较低的医疗费用时仍会产生较大的财务压力。另外的 0.45 万亿美元的缺口则来自发达国家以及地区，这部分的医疗保障缺口主要由高昂的医疗费用所致。此外，该

调查报告还指出，亚洲地区平均每24户家庭中就有1户的病患迫于财务困顿而无法得到应有的治疗。在一些低收入家庭，医疗保障缺口甚至比家庭总收入水平还要高，这意味着只要一次患病或者伤残便能击垮一个家庭。

健康保险的重要性此时便体现了出来。当家庭或个人面对医疗费用支出时，健康保险作为重要的风险管理工具能够填补医疗保障缺口，为家庭或个人提供健康保障。

资料来源：Swiss Re Institute. 亚洲健康保障缺口. 2018年10月。

第三节 风险管理概述

一、风险管理的概念

风险管理是指对风险进行识别、估测、评价，选择适当的风险管理技术，以最小的成本实现最大安全保障的管理过程。风险管理是国家、企业和个人的客观需要。

从微观上看，风险的存在和发生使经济单位（比如企业和家庭）对风险存有忧虑和恐惧，从而为回避风险不得不放弃一些利润水平高但风险也高的投资或经营机会。为了应对风险造成的不利影响，企业和家庭也往往不得不保留大量的后备资金，以备灾后恢复生产和生活之需，导致无法有效地利用这些资金去从事经营活动。而风险管理有助于保护生命和财产的安全，减轻人们的精神负担，提高生产效率和生活质量。

从宏观上看，风险的存在限制着社会资源的优化配置。实施风险管理，有助于降低一些高风险部门的风险成本，或为风险损失提供经济补偿，在一定程度上减少了风险对资源配置的影响，从而促使更多的资源流向社会所需而风险较高的经济部门，促进社会产业结构及经济布局的均衡，最终增进社会的福利。

不同类型的风险及其管理存在很大差别。本节着重介绍纯粹风险的管理。

二、风险管理的基本程序

风险管理的基本程序由风险识别、风险估测、风险评价、风险管理技术选择和风险管理效果评价五个环节组成。

（一）风险识别

风险识别是指经济单位对潜在的和已经存在的风险加以判断、归类和鉴定性质的过程，它是风险管理的第一步。经济单位面临的风险往往是错综复杂的，因此，必须采取有效的方法和途径识别风险。

常见的风险识别方法有风险清单分析法、现场调查法、事故树分析法、流程图分析法、财务报表分析法等。

 知识链接 1-4

企业面临的风险

随着经济的迅速发展，企业面临的市场环境和风险格局也越来越复杂。根据德国安联集团发布的全球商业风险调查《安联年度风险指数 2020》，营业中断、自然灾害风险、网络安全事故、市场风险、气候变化（波动加剧）是中国区企业 2020 年普遍担心的前五大风险。

另一项针对中国上市企业的风险调查报告《中国企业风险报告（2020）》也显示出相似的风险认知情况：中国企业面临的前五大主要风险分别是重大突发事件风险、市场竞争风险、投资风险、政策风险以及科技创新风险。此外，采购与供应链管理、国际化经营、人力资源等方面的风险也都在列（如表 1-1 所示）。

为了应对风险，企业需要不断完善风险管理机制，增强抗风险能力。

表 1-1　2020 年中国企业面临的主要风险

排名	安联年度风险指数 2020（中国）	中国企业风险报告（2020）
1	营业中断（包括供应链中断）	重大突发事件（疫情、自然灾害等）
2	自然灾害风险	市场竞争风险
3	网络安全事故	投资风险
4	市场风险	政策风险
5	气候变化（波动加剧）	科技创新风险
6	新技术	采购与供应链管理风险
7	火灾、爆炸	国际化经营风险
8	疾病问题	人力资源风险
9	法律及监管环境变化	宏观经济风险
10	产品召回、质量管理、系列缺陷	安全环保风险

资料来源：Swiss Re Institute. 把握企业风险关口，提升风险管理能力——中国自保公司的发展与挑战. 2021 年 7 月。

（二）风险估测

风险估测是指在风险识别的基础上，对收集的大量详细损失资料进行分析，运用概率论和数理统计方法，估计和预测风险的损失频率和损失强度。

为了使风险估测的结果客观反映过去发生的风险事故的状况，预测未来可能发生的状况，需要风险管理人员掌握完整的、系统的、连续的相关资料，以增强风险估测结果的准确性。

（三）风险评价

风险评价是将风险估测的结果与其他因素综合考虑，评价风险对经济单位的财务负担或经营活动的影响程度及其重要性，以便确定风险是否需要处理以及如何处理。

风险估测和风险评价是反映风险管理科学性的重要方面，它们使得风险管理建立在科学的基础上。经济单位可能面临多种多样的风险，受限于其所拥有的资源，应对和管理那些对经济单位影响重大的风险是关键。风险估测和风险评价使风险分析定量化，让经济单位掌握重要风险以及这些风险影响的级别，为选择适当的风险管理技术提供科学依据。

（四）风险管理技术选择

在对风险进行识别、估测和评价之后，风险管理者要针对风险的实际情况，根据自身资源以及各种风险管理技术的特点，合理选择和组合风险管理技术并予以实施。

风险管理技术通常可以分为两大类：一是控制型风险管理技术，二是财务型风险管理技术。具体说明见下文。

（五）风险管理效果评价

风险管理效果评价是指对风险管理技术的适用性和收益性进行分析、检查、评估和修正。由于环境的变迁和风险的变化发展，人们认识水平具有阶段性以及风险管理技术处于不断完善的过程中，因此对风险的识别、估测、评价，以及风险管理技术的选择都需要定期检查、修正，从而保证风险管理的效果。

同时，通过风险管理效果评价，风险管理人员可以及时发现、纠正偏差，总结经验，不断提高风险管理水平。

三、风险管理技术

（一）控制型风险管理技术

控制型风险管理技术的实质是在风险分析的基础上，针对风险因素采取控制技术以降低风险事故发生的频率或减轻损失强度，重点在于改变引起自然灾害、意外事故和损失扩大的各种条件。主要表现为：在事故发生前，降低事故发生的频率；在事故发生时或发生后，减少损失强度和范围。常见的控制型风险管理技术包括风险避免、损失预防、损失抑制等。

1. 风险避免

风险避免是指在考虑到某项活动存在的风险时，采取主动放弃或改变该项活动的一种风险管理技术。风险避免通常在两种情况下采用：一种是某特定风险所致的损失频率和损失强度相当高；第二种是处理风险的成本大于产生的收益。风险避免是处理风险的一种消极技术。

一般来说，风险避免的方法有两种：一种是在尚未承担风险的情况下放弃或终止某项活动的实施，从而拒绝承担风险。例如，一家化学品公司计划在某地进行一项实验。在准备过程中，研究人员发现，实验可能会对该地区的环境造成巨大威胁，于是公司放弃了该项实验，避免了损失的发生。另一种风险避免的方法是改变某项活动的性质，也就是在已经承担风险的情况下，通过改变工作地点、工艺流程、原材料等避免未来承担风险。例如，企业采用无毒电镀工艺取代传统的有毒电镀工艺，从而避免了对员工造成人身伤害。

风险避免技术的采用通常会受到一定限制。例如，避免某些风险也许是不可能的，如人的生老病死。又如，避免了某些活动的风险，可能同时也丧失了这些活动带来的盈利机会。再如，避免某些风险的同时，有可能面临新的风险，如为避免飞机失事的风险而改用其他交通工具后，又面临使用新交通工具的风险。

2. 损失预防

损失预防，是指在损失发生前消除或减少可能引发损失的各种因素而采取的风险处理措施，其目标是通过消除或减少风险因素来降低损失频率。

损失预防措施可分为工程物理法和人类行为法。预防措施侧重于风险单位的物质因素的被称为工程物理法，例如防火建筑结构设计、防盗装置的设置等。预防措施侧重于对人们进行行为教育的被称为人类行为法，如职业安全教育、消防教育等。

3. 损失抑制

损失抑制，是指为在损失发生时或发生后减少损失强度而采取的风险处理措施。

损失抑制措施大体上分为两类：一类是事前措施，即在损失发生前为减少损失强度所采取的措施，如安装自动喷淋系统等。另一类是事后措施，即在损失发生时或发生后为减少损失强度所采取的措施，如抢救、追偿等。

（二）财务型风险管理技术

受种种因素的制约，人们对风险的预测不可能绝对准确，而控制风险的各种措施往往也具有一定的局限性，所以某些风险事故的损失后果是不可避免的。财务型风险管理技术是通过事故发生前所作的财务安排，为恢复企业生产、维持个人或家庭正常生活等提供财务支持，从而减少事故发生给人们造成的经济困难和精神忧虑。财务型风险管理技术主要包括风险自留和风险转移。

1. 风险自留

风险自留，是经济单位自我承担风险事故造成的损失。风险自留并不把风险转移给别的经济单位，而是自我承受。自留风险可能是被动的，也可能是主动的；可能是有意识的，也可能是无意识的；可能是有计划的，也可能是无计划的。

风险自留主要适用于下列情况：第一，在其他处理风险的方法不可取的情况下，风险自留是最后的方法。第二，对于损失强度并不严重的风险，自留不失为一种较经济的方法。第三，在损失能够被较为精确预测的情况下，自留可能也是一种合适的方法。

风险自留的具体措施包括：将损失摊入经营成本；建立意外损失基金；借款；成立专业自保公司。

📠 知识链接 1-5

专业自保公司

自留风险的最高级形式是设立自保公司。国际上对自保公司的定义是，母公司全资拥有的、为母公司提供保险的子公司。而根据原中国保监会发布的《关于自保公司监管有关问题的通知》和《关于进一步完善自保公司监管有关问题的通知》，我国将自保公司界定为：经中国保监会批准，由一家母公司单独出资或母公司与其控股子公司共同出资，且只为母公司及其控股子公司提供财产保险、短期健康保险和短期意外伤害保险的保险公司。

2017 年，在世界 500 强企业中，70% 的企业拥有自保公司，美国 500 强企业中超过 90% 的企业拥有自保公司，英国 200 强企业的 80% 拥有自保公司，瑞典 50 强企业的 90% 拥有自保公司，全球自保公司总保费规模超过 500 亿美元。

截至 2020 年年底，全球自保公司数量达到 6 304 家，其中欧洲占比 12.5%，美国占比 25%，亚洲占比 3%。亚洲自保公司的数量增长较快，2015 年至 2018 年的增幅达到 30%。

截至 2021 年 6 月底，中国共有 8 家自保公司。中国自保公司设立门槛高，母公司均为大型国有企业，并且监管标准严格，仅限于单一自保，具有较强的政策性特点。

资料来源：Swiss Re Institute. 把握企业风险关口，提升风险管理能力——中国自保公司的发展与挑战. 2021 年 7 月。

2. 风险转移

风险转移是指经济单位将自己不能承担或不愿承担的风险转移给其他经济单位的一种风险管理技术。风险转移包括保险转移和非保险转移。

保险转移是个人或组织通过订立保险合同，将其面临的财产、人身、责任或信用风险等转移给保险人。保险作为一种财务型风险管理技术在现代社会得到了广泛应用。

非保险转移又具体分为两种方式：一是出让转移；二是合同转移。前者一般适用于投机风险。比如，当预测股市行情下跌时就抛售持有的股票，从而将股价下跌造成损失的风险转移出去。后者是利用合同的方式，将可能发生的损失从合同一方当事人转移给另一方，如建筑工程的建设单位通过承包合同，将工程建设过程中的一部分风险转移给施工单位等。

综上所述，风险管理技术的选择如表 1-2 所示。

表 1-2　风险管理技术的选择

		损失频率	
		高	低
损失强度	高	风险避免	抑制、转移
	低	预防、自留	自留

四、可保风险和保险

既然保险是风险管理的一种常用技术，那么是不是所有的风险都可以通过购买保险来进行转移呢？这取决于该风险是否是可保风险。

（一）可保风险的概念

可保风险是指可以被保险公司接受或可以向保险公司转移的风险。

现实世界存在着各种各样的风险，但并非所有的风险都可以向保险公司进行转移。只有那些符合可保条件的风险才能被保险公司接受承保。但可保风险的条件也并非一成不变，随着风险的不断发展，以及风险管理技术和保险技术的提高，对可保风险的要求也有所改变。

（二）可保风险的要件

一般来说，作为理想的可保风险，通常需要符合以下条件。

1. 风险必须是纯粹风险

保险人承保的风险一般是纯粹风险，即只有损失可能而无获利机会的风险。例如火灾风险，只有给人的生命财产带来损害的可能，而绝无带来利益的可能。而投机风险则不然，它既有损失可能，又有获利机会。例如股票投资风险，购买股票既有因股价下跌遭到损失的可能，又有因股价上涨而获利的机会，对这类投机风险，保险人不予承保。

2. 风险必须是意外的

这里包含两层意思：一是风险的发生是不确定的，不能是意料之中的，不能是必然要发生的。比如某人确诊为绝症，他就不能向保险公司投保死亡保险，因为在可预见的时间内，死亡对他来说已是必然的。二是风险的发生或风险损害后果的扩展都不是投保方的故意行为。投保方的故意行为引发风险事件或扩大损害后果违反了社会公序良俗，甚至会触犯法律，保险人是不予赔偿的。

3. 风险造成的损失要有重大性和分散性

当风险的发生有导致重大或比较重大损失的可能性时，才能促使多数经济单位产生参加保险、分散风险的意愿。如果损失后果局限于轻微的范围和强度，经济单位完全可以自留风险。例如，运输中货物的正常损耗、人们日常的感冒所带来的医疗费用等，就无须保险。

同时，从全部风险单位来看，风险发生造成的损失在时间、空间上要有分散性，风险单位中的大多数不能同时遭受损失。如果风险事故引起的损失范围广，后果严重，那么多数风险单位之间不能在经济上形成互助共济，保险也就难以为继。例如，战争风险的损失就难以分散，所以，在大多数情况下，保险公司是不承保战争风险的。

4. 风险单位必须是大量同质的，风险所致的损失是可预测的

只有存在大量、同质的风险单位，保险人才能根据概率论和大数定律比较准确地预测损失的频率和强度。这里的同质是指风险单位的损失服从相同的概率分布。

知识链接 1-6

巨灾风险的可保性

巨灾风险通常被认为是不可保风险，原因在于：首先，由于认知水平受限，保险人难以衡量巨灾风险发生的客观概率和损失分布；其次，巨灾风险的低概率特点使得保险人无法聚合足够多的保险标的，难以运用大数定律；最后，巨灾风险具有巨额损失的特点，在保险人偿付能力有限的情况下，巨灾风险发生所导致的巨额赔付可能会超出保险人的赔偿能力，导致保险人破产。

但随着理论和实践的不断创新发展，巨灾风险的一些传统的不可保条件逐步被弱化，巨灾风险的可保性在逐步提升。在技术层面上，风险管理理论和技术的创新、灾害学和灾害工程技术的蓬勃发展，使得保险人对于巨灾风险的损失分布有了更清晰的认识，能够进行更准确的估测。此外，再保险的应用、巨灾保险证券化的发展，使得巨灾风险能够在更大范围内进行分散，并且随着越来越多国家的政府在巨灾风险管理体系中充当再保险人，或者运用财政资金对巨灾保险业务进行兜底，巨灾风险的可保性不断增强。

由此可见，可保风险的条件并非绝对的，风险的可保性会随着时间变化而变化，技术发展使得可保性的边界不断得到拓展。

本章小结

无风险就无保险，风险是保险产生和发展的基础。保险界通常将风险定义为损失的不确定性。风险由风险因素、风险事故和损失三个要素构成。三者之间存在因果关系：风险因素引发风险事故，风险事故导致损失。风险具有客观性、普遍性、社会性、不确定性、可测定性和发展性的特征。风险按照性质不同，分为纯粹风险和投机风险；按照环境不同，分为静态风险和动态风险；按照原因不同，分为自然风险、社会风险、政治风险和经济风险；按照对象不同，分为财产风险、责任风险、信用风险和人身风险。

风险管理是指对风险进行识别、估测、评价，选择适当的风险管理技术，以最小的成本实现最大安全保障的管理过程。风险管理的基本程序为：风险识别、风险估测、风险评价、风险管理技术选择和风险管理效果评价。风险管理技术分为控制型和财务型两大类。控制型风险管理技术主要包括风险避免、损失预防和损失抑制；财务型风险管理技术主要包括风险自留和风险转移。

保险在现代社会已经成为风险管理的重要手段。但并非任何风险均可向保险公司转移。能够被保险公司接受或可以向保险公司转移的风险，通常必须满足纯粹风险、意外的、损失具有重大性和分散性以及风险单位必须是大量同质的，损失是可预测的等条件。

🛠️ 案例讨论

中国网络安全保险市场

信息技术的广泛应用和网络空间的兴起发展，在促进经济社会繁荣进步的同时，也带来了新的安全风险和挑战。越来越多的企业采用数字化办公模式，但由于缺乏有效的网络安全监督和技术支持，企业面临的网络安全风险显著上升。企业对网络安全保险的需求与日俱增，许多企业向保险公司寻求网络安全保险或整体网络安全风险管理解决方案。很多财产保险公司成立了专门的工作小组来开发网络安全保险产品。网络安全保险保单并非遵循标准化内容，许多保单都明确定义了网络安全风险情景的范畴并设置保障限额。

我国向企业客户提供的网络安全保险的承保范围与海外成熟市场的保险产品非常相似。针对个人客户，我国网络安全保险主要包括个人账户安全险、游戏虚拟账户保障保险以及电信欺诈资金损失保险等。但在海外成熟市场，针对个人客户的网络安全保险的保障范围更广，通常包含诸如网上购物、金融交易、网络勒索、数据恢复、网络责任、网络霸凌和智能家居等情景所产生的网络安全风险。此外，国外保险公司还通过在线培训、IT安全提醒等方式，对被保险人进行相关风险预防和减损的教育，以减少保险理赔的发生。

资料来源：瑞士再保险研究院

思考讨论题

1. 从个人角度，你认为有哪些可行的方式维护中国网络安全？

2. 你对于网络安全保险产品是否存在需求？基于此，对于网络安全保险产品的发展，你有哪些建议？

分析要点

1. 可以从个人用户、企业办公、国家网络等方面进行风险分析。

2. 可以从个人需求出发，从网络安全产品的设计、营销和运营等方面提出建议。

☑️ 重要术语

风险	损失	风险因素	风险事故
纯粹风险	投机风险	风险管理	可保风险

💡 思考题

1. 如何理解风险同时具有不确定性和可测定性？

2. 讨论风险的构成要素对风险管理的意义。

3. 可保风险的理想条件在哪些方面有可能放宽?

延伸阅读

即测即评

第二章
保险与商业保险

学习目标

- 重点掌握保险的概念
- 掌握保险的功能与作用
- 掌握保险与储蓄、救济的区别
- 理解保险的商品属性
- 掌握商业保险的概念及其构成要素
- 掌握商业保险的分类
- 理解保险公司的功能
- 通过学习保险的本质，理解人类互助制度和保险分配关系出现的客观必然性，它们体现了人类以共同体方式应对风险的智慧，树立"互助、共享、合作"的行为规范和价值准则

本章导读

在现代社会中，保险已成为人们常用的风险管理工具。本章首先界定保险的经济范畴，揭示保险的本质、功能和作用，对保险与类似制度及行为的不同之处进行比较，进而分析保险的商品属性，阐释商业保险的定义与构成要素，在此基础上，按照不同标准对商业保险进行分类，最后，阐释保险公司的五个功能。

开篇案例

透望千年，看保险的本质

从公元前 18 世纪开始，地中海的海上贸易活动中就逐渐形成了一种分摊损失的做法：在船舶遇到风浪，船长抛弃部分货物来减轻船体重量，以保住船舶不倾覆的情况下，因抛弃货物引起的损失由全体受益者共同负担。

而在遥远东方的长江流域，一些粮商在运输中通常会采用"分舟运米"的办法，把各自要运送的米粮分装在同一航程的几艘船上，以避免单船运输粮食导致的

风险过于集中。

案例思考：

1. 上述腓尼基人和古代中国人在管理货物运输风险的制度安排上有何相似之处？两种制度安排的核心思想是什么？

2. 在你的生活中，还有哪些做法、习俗体现了上述思想？

第一节 保险的概念、功能与作用

一、保险的概念

（一）保险的定义

对保险经济现象不同的认识形成了对保险不同的定义。

本书将保险定义为：保险是集合具有同类风险的众多单位或个人，以合理计算分担金的形式，实现对少数成员因约定风险事故或事件所致的经济损失或由此而引起的经济需要进行补偿的行为。可见，保险是一种平均分担经济损失的经济互助活动。

这一定义具有普遍的适用性，不仅适用于低级形式的合作保险或相互保险，而且适用于强制保险；不仅适用于财产保险，而且适用于人身保险。

在人身方面，可能发生的疾病、伤残、死亡、丧失劳动能力等事件或意外事故会导致经济损失，要么是货币收入的减少，要么是货币支出的增加，而参加保险就是为了抵补这些经济损失。从这个意义上讲，人身保险可适用补偿的概念。但应注意的是，在人身保险中，许多险种带有储蓄性质，储蓄支付是返还而不是补偿。储蓄属货币信用的概念，储蓄既非保险的性质亦非保险的功能，故带储蓄性质的人身保险险种应被看作"储蓄＋保险"；而从给付上看，则是"固定返还＋不固定返还"，固定返还的储蓄部分为自保额，不固定返还的补偿部分就具有保险的经济互助性质。

（二）保险的本质

保险是一种平均分担经济损失的互助活动，在分担的主体之间必然形成一种再分配关系。

保险的本质是：多数单位或个人为了保障其经济生活的安定，在参与平均分担少数成员因偶发的特定风险事故或事件所致经济损失的补偿过程中形成的互助共济的分配关系。简言之，保险的本质是指在参与平均分担损失的单位或个人之间形成的一种分配关系。

保险分配关系是客观存在的一种经济关系。为了消除自然灾害、意外事故或生老病死等给经济生活带来的不安定因素，人们联合行动，同舟共济，共同分担经济损失，以集体的力量增强与风险做斗争的能力，保证社会再生产的顺利进行和经济生活的安定，形成了"我为人人，人人为我""千家万户帮一家"的经济关系，即保险分配关系。

由于自然力和偶发事件造成的破坏在任何社会制度下都是不可避免的，是不以人的意志为转移的自然规律，这就决定了保险分配关系存在的客观必然性。

保险分配关系具体表现为：被保险人之间的分配关系，这是整个保险分配关系的基础；被保险人与保险人之间的分配关系，这是保险分配关系的表现形式；保险人与再保险人之间的分配关系，这是保险分配关系的发展。

从历史的角度来看，商业保险是保险分配关系得以实现的一种形式。商业保险是从行会合作保险的基础上发展起来的，合作保险和相互保险仅表现为会员（既是被保险人又是保险人，二位一体）之间的保险分配关系。但在商业保险中，保险分配关系发展为以被保险人之间的分配关系为基础的保险人与被保险人之间的直接的分配关系。当出现再保险以后，又出现了保险人之间的分配关系。

保险分配关系存在的客观必然性，说明了保险分配关系是保险合同关系（法律关系）的基础，保险的分配关系产生出保险的合同关系（法律关系）。保险的合同关系（法律关系）是对客观存在的保险分配关系的确立、规范和调整。

 知识链接 2-1

中国古代的风险管理与保险形态

我国是世界上最早开展风险管理和灾害治理活动的国家之一。中华民族几千年的发展史，从一定意义上说就是一部与自然灾害特别是重大自然灾害作斗争的历史。自古以来，中华民族就有扶危济困、守望相助等传统美德。"居安思危""有备无患""未雨绸缪"等传统理念，无不隐含着朴素的风险管理意识。无论是先秦时期的儒、道、墨、法诸家思想，还是后世的各类文化典籍，其中都不乏相关的思想学说或理论阐释，为各历史时期的社会力量广泛参与风险管理与灾害治理提供了持续不断的文化源泉和思想动力。

中国古代逐步形成了以各级政府为主导、社会民众为辅助的涉及政治、经济、社会、文化、生态、科技、对外交流等领域的灾害治理和风险管理体系，并体现在预防、灾时救治和灾后补偿重建等环节。

在风险管理与灾害治理中，除了承担主体责任的政府部门，社会性互助是一种不可或缺的力量，社会性救助与互助机构成为我国古代政府风险管理的必要补充。我国先秦时期即出现了以里社为单位的民间互助救灾组织。及至魏晋南北朝时期，社会互助力量又有了新的发展，以血缘为纽带的宗族组织和以信仰为纽带的慈善团体等都积极参与灾荒救助和损失分摊。隋朝李士谦家族"每以振施为务"，遇灾荒之年，或散粟施粥，或"收埋骸骨"，或"出粮种"，或施药"以救疾病"，这可以视作宗族力量参与损失分摊的重要典范。

在风险管理和灾害治理体系中，历代政府十分注重对社会力量进行引导和管理。与政府机构不同的是，社会性救助的各类物资如房屋、土地等不动产主要来源于民间，或为国民的义务纳税，或为乡绅、商贾的慈善捐助。僧道等慈善团体在普度众生、救危济贫等思想感召下，也普遍具有主动参与互助救灾的强烈意愿并积极付诸实践。特别是在灾害影响最为严重的广大乡村地区，社会性的互助和救助机构因为分散在村社，互助和救助活动更为直接，从而弥补了国家救助覆盖面的某种程度上的缺失。从一定程度上讲，社会个体之间分担经济损失的互助机制和救助机制比国家救助往往更为灵活、更具成效。

我国历史上关于风险管理和灾害治理的诸多思想理念和实践举措等都是中华优秀传统文化的重要组成部分，是古人留给我们的宝贵历史文化遗产。

资料来源：张涛.中国古代灾害治理的历史经验［J］.理论学刊，2022（05）：123-134.

二、保险的基本功能

随着保险分配关系内涵的不断丰富，保险的功能也随之丰富和发展起来。如果说低级形态的保险只有分散风险与补偿损失两个基本功能，那么，现代保险一般都具备四个功能，即分散风险、补偿损失、积蓄基金和监督风险。

对保险功能的认识有利于适时调整保险分配的内外部关系，充分发挥保险的功能作用，为国民经济的安定和发展服务。

（一）分散风险

为了确保经济生活的安定、分散风险，保险把少数成员因偶发的风险事故或事件所致的经济损失，通过直接摊派或收取保险费的办法平均分摊给所有参加保险的单位或个人，这就是保险的分散风险功能。通过该功能的作用，风险不仅可在空间上达到分散，亦可在时间上达到分散。

比如，"分舟运米"虽然只求风险损失的分散，而没有补偿，但已经蕴含了保险最基本的思想和要素。

（二）补偿损失

保险在约定的风险事故或事件发生后，将集中起来的保险费对损失进行赔付。这种赔付使得社会财富因灾害事故所致的实际损失在价值上得到补偿，在使用价值上得以恢复，从而使社会再生产过程得以连续进行；使得个人或家庭因意外伤害、生病、年老或者死亡所致的收入减少和支出增加，在经济上得到一定程度的补偿，从而避免个人或家庭陷入困境。

分散风险对于补偿损失来说是手段，补偿损失是分散风险的目的。分散风险和补偿损失是手段和目的的统一，是保险本质的最基本反映，最能表现和说明保险分配关系的内涵。因此，它们是保险的两个基本功能。

【例2-1】假设有1 000家住户，他们的住房价值均为50万元，且都面临着因火灾失去房子的风险。为了转移风险，他们全部向保险人投保房屋火灾保险，保险人承诺在保险期限内房屋发生火灾就予以赔付。保险人由过去的经验得知，每年该类房屋因火灾造成的损失相当于这些房屋价值的 1‰。保险人可知：

财产价值总额 =50×1 000=50 000（万元）

预计的损失总额 =50 000×1‰=50（万元）

每位住户分摊的损失额 =50÷1 000=0.05（万元）

其经济意义是，由 1 000 家住户每户缴纳 0.05 万元，即 500 元就可以分摊预计的 50 万元的火灾损失。这个例子很好地说明了保险的分散风险与补偿损失功能的统一。

三、保险的派生功能

保险的派生功能是在保险基本功能的基础上发展的，换言之，是伴随着保险分配关系的发展而产生的。

（一）积蓄基金

保险的分散风险包含了两层意思：① 空间上分散；② 时间上分散。

从空间上分散来看，保险标的损失的发生存在空间上的不确定性，在例 2-1 中，保险人通过向 1 000 家住户收取保险费的方式，分摊其中某一处或某几处住户房屋的实际火灾损失，从而实现风险在空间上的分散。

从时间上分散来看，分摊经济损失带有预提分担金的因素，否则，不能满足时间上分散的要求。预提尚未赔偿或给付的分担金必然形成积蓄。保险这种以保险费的形式预提分担金并把它积蓄下来，实现时间上分散风险的功能，就是保险的积蓄基金功能。可以说，现代保险如果没有这一功能，就不能正常维系和发展保险分配关系。当然，不实行预收保险费的合作保险形态，因不具备时间上分散风险损失机制，也就不具有该项功能。

可见，积蓄保险基金是为了达到时间上分散风险的目的。

（二）监督风险

分散风险的经济性质表现为保险费的分担，而参加保险者必然要求尽可能减轻保费负担而获得同样的保险保障。因此，参保者之间必然要发生相互间的风险监督，以期尽量消除导致风险发生的不利因素，达到减少损失和减轻负担的目的。保险的这种功能，就是监督风险功能。监督风险在行会合作保险和相互保险中是在其会员之间进行的，商业保险则在保险人与被保险人之间进行。比如，对于船舶保险，投保的船舶必须适航，不适航不保；即使已经投保，违反适航条件的也不赔偿。又如，保险的最大诚信原则也是风险监督的要求。可见，保险的风险监督功能是客观存在的。

监督风险是为了减少损失补偿，所以该功能是保险基本功能中补偿损失功能的派生功能，也是使保险分配关系处于良性循环的客观要求。

四、保险的作用

保险的作用和功能是两个既有区别又有联系的概念。保险的作用是指保险在社会经济中执行其功能时所产生的社会效应。

（一）保险在微观经济中的作用

保险的微观作用是指，保险作为风险管理的财务手段所产生的对微观主体的经济效应。其具体表现在以下方面。

1. 有助于企业及时恢复生产经营活动

在社会生产中，自然灾害和意外事故是客观存在的。保险赔偿具有合理、及时的特点。投保企业一旦发生灾害事故，可以按照保险合同及时得到赔偿，不仅有助于恢复生产经营，还可以减少利润和费用损失等间接经营损失。

2. 有助于企业加强经济核算

保险作为企业风险管理的财务手段之一，一方面能够把不确定的灾害损失化为固定、少量的保险费支出，摊入企业的生产成本或流通费用；另一方面，保险赔偿有助于企业在灾后恢复生产，提高其生产经营的稳定性和财务成果的稳定性。

3. 有助于企业加强风险管理

保险公司在经营过程中，积累了丰富的风险管理的经验，不仅可以向企业提供各种风险管理咨询和服务，而且通过承保时的风险调查与分析、保险期内的风险检查和监督等活动，可以帮助企业消除风险因素和风险隐患。保险合同中有关防灾防损的条款以及保险费率优惠，提高了企业防灾防损的积极性。

4. 有助于安定人民生活

家庭和个人同样会面临自然灾害和意外事故的威胁，且家庭和个人抵御风险和承受风险的能力相较于企业更弱。参加保险是家庭和个人管理风险的有效手段，人身保险、家庭财产保险、责任保险等对安定人民生活具有重要作用。

5. 有助于均衡个人财务收支

在整个生命周期内，个人面临收入和支出在数量上和时间上的不匹配问题，保险可以作为理财工具，帮助均衡个人或家庭的财务收支，实现跨期收入和支出的平衡。

6. 有助于民事赔偿责任的履行

人们在生产活动中不可能完全排除因民事侵权或其他侵权导致民事赔偿责任或民事索赔事件的可能性。面临民事赔偿责任风险的单位或个人可以通过购买相关保险将此风险转嫁给保险公司，使被侵权人的合法权益得到保障。有些民事赔偿责任保险由政府采取立法的形式强制实施，如机动车交通事故责任强制保险等。

（二）保险在宏观经济中的作用

保险的宏观作用是指保险对全社会和整个国民经济产生的影响和效果。

1. 有助于社会再生产的顺利进行

社会再生产过程由生产、分配、交换和消费四个环节组成，它们在时间上是连续的，在空间上是均衡的。但是，再生产过程的这种连续性和均衡性会因遭遇各种灾害事故而被迫中断和失衡。保险能及时和迅速地对这种中断和失衡发挥修补作用，从而保证社会再生产的连续性和稳定性。

2. 有助于推动商品的消费和流通

商品交换中难免存在因交易双方的资信风险和产品质量风险等导致交易成本增加，阻碍交易顺利达成的情形。保险为克服这些障碍提供了便利，从而增加了商品成交的机会，促进了商品交易的发展。比如，出口信用保险为出口商提供债权损失的经济补偿；产品质量保证保险不仅为消费者提供了产品质量问题上的经济补偿承诺，而且为厂商的商品做了可信赖的广告。

3. 有助于推动科学技术向现实生产力转化

现代社会的商品竞争越来越趋向于高新技术的竞争。在商品价值方面，技术附加值比重越来越大。但采用新技术就意味着新的风险。保险可以对企业采用、开发新技术、新产品带来的风险提供保障，促进先进技术的推广运用。

4. 有助于财政和信贷收支平衡的顺利实现

自然灾害和意外事故的发生，或多或少都会造成企业和居民收入的减少，导致财政收入的减少和银行贷款归流的中断，同时还会增加财政救济支出和信贷支出。而如果经济单位在灾后能够通过保险赔偿尽快恢复正常的生产生活，将有助于稳定宏观财政收入，银行贷款也能得到及时清偿。

5. 有助于动员国际范围内的保险基金

再保险机制或共保机制可以把保险市场上彼此独立的保险基金联结为一体，共同承担某一特定的风险。其中，国际再保险可实现国际范围内的风险分散，将国际保险基金联结为一体，这是动员国际范围内的保险基金的一种主要方式。

6. 有助于完善和实现国家的社会管理职能

保险可以作为一种社会风险管理的政策性工具，完善和实现国家有关行政部门的社会管理职能。许多国家为了实现国家管理社会的不同目标而设立相应的险种，如为了应付巨灾风险而建立的巨灾保险制度，为了刺激出口而设立的政策性出口信用保险，还有政策性农业保险等。可见，保险可以成为国家宏观经济管理和社会管理的有力工具。

总体而言，保险在宏观和微观经济活动中的作用有两方面：第一，发挥社会"稳定器"作用，保障社会经济的安定；第二，发挥社会"助动器"的作用，为投资、生产和流通保驾护航。

五、保险与类似制度及行为的比较

（一）保险与储蓄

保险和储蓄都是以现在的积累来满足未来的不时之需，共同体现了有备无患的思想。但二者仍有较大的区别，主要表现在以下几个方面。

1. 经济范畴不同

保险是联合互助行为，必须依赖多数经济单位或个人才能实现。储蓄属于货币信用范畴,是货币借贷行为,可单独、个别地进行。储蓄作为经济生活的后备,是自助行为。

2. 需求动机不同

对保险的需求是基于特定事故发生与否的不确定性、发生时间和损失强度的不确定性,通过寻求保险保障而获得损失补偿。而储蓄需求的动机通常是基于购买准备、支付准备和预防准备,这些需求一般在时间上和数量上可以确定。

3. 权利主张不同

保险贯彻投保自愿、退保自由原则,但中途退保所领回的退保金一般小于所缴保险费总和,或小于保单的现金价值(指寿险保单);如果不退保,被保险人或受益人向保险人主张保险赔付的权利是在保险事故或事件发生后,带有一定的偶然性。

储蓄也以存款自愿、取款自由为原则,但存款人对自己的存款有完全的随时主张权,存款人要求银行按照约定的期限支付本金和利息,具有确定性;即使支取未到期存款,虽然将损失部分利息,但本利和大于本金。

(二)保险与救济

在保障经济安定的善后对策中,除了保险、储蓄以外,还有救济。储蓄是自助单独进行的善后对策,保险是互助合作的善后对策,救济则是依赖外援,提供救济的有政府、社会团体和公民个人。保险与救济的区别表现在以下几方面。

1. 给付对象不同

保险的保障对象都是在合同中事先确定的被保险人或受益人。而救济的对象往往事先不能确定,原则上所有的受灾者或生活有困难者均在受救济之列。

2. 提供给付的主体不同

保险金给付由特定的保险公司来履行。而救济金的提供者可以是政府、企业或公民个人。

3. 权利义务不同

保险双方当事人是一种合同关系,权利义务被明确写入合同,双方只有履行了相应的义务才能享有对应的权利;保险合同是双务合同。而救济则是一种单方的施舍行为,没有对应的权利义务关系,被救济方在接受救济时无须承担任何义务;救济是单务合同。

第二节　商业保险

一、保险的商品属性

商业保险以保险作为经营的对象,在这里保险取得了商品的形态,是一种纯粹独立形态的保障性商品。保险之所以能成为买卖对象,取得商品形态,一方面是因为它具有经济损失补偿的功能或者说能提供经济保障,从而满足人们转嫁风险,补偿损失的需要；另一方面，还在于在市场经济条件下保险基金的筹集和保险补偿一般不可能采取直接的摊派方式，而只能采取保险人出售保险和投保人交付保险费的买卖方式得以实现。

换言之，保险的商品形态是保险分配关系得以实现的一种形式，即保险分配关系的商品化。

 知识链接 2-2

最古老的保险——海上保险

海上保险是一种最古老的保险。

公元前 916 年，腓尼基人在《罗地安海商法》规定："凡因减轻船只载重投弃大海的货物，如果是为全体利益而损失的，须由全体进行分摊。"这种共同海损分摊原则被称为海上保险的萌芽。

公元前 8 世纪至公元前 7 世纪，在古希腊雅典一带出现了船舶抵押借贷制度，其后于中世纪盛行于意大利和地中海沿岸城市。这一制度的基本做法是：船东将船舶或货物作为抵押取得贷款，以解决航海所需资金，借款利息为 12%，比当时通常的 6% 的借款利息高出 1 倍。如果船舶安全抵达目的港，借款人必须向放款人如数偿还借款的本息；如果船舶在途中沉没，借款人可以被免除债务。

船舶抵押借贷制度事实上已经具有商业保险的一些基本要素，被认为是海上保险的雏形：放款人相当于保险人，借款人相当于被保险人，作为被抵押的船舶是保险标的，所收高于普通利息的那部分利息实质上具有保险费的性质，而船舶沉没时放款人不再收回的借款就相当于赔偿金。

11 世纪末，在意大利的佛罗伦萨等城市，出现了由伦巴第商人经营的类似现代形式的海上保险。现存世界上最早的保险单是一位热那亚商人于 1347 年出立的船舶保险单，它标志着商业形式的海上保险诞生。但是这份保单只规定了保险人负责赔偿船舶损失，并没有规定保险人应负的其他保险责任，因此还不具备现代保险单的基本形式。1384 年 3 月 24 日，为四大包纺织品出立的从意大利比萨到法国南部阿尔兹的航程保单，从形式到内容与现代保险合同几乎完全一致了。

15 世纪以后，海上贸易的中心逐渐转移，海上保险自意大利经葡萄牙、西班牙传入荷兰、德国和英国。这期间许多国家对海上保险立法和保单格式标准进行了规范。1568 年，伦敦成立第一家海上保险交易所。1575 年成立的英国保险商会负责制定标准保险单和条款，以及办理保险单登记。英国劳合社的成立则进一步推动了海上保险的发展。劳合社的前身是成立于 1688 年的劳埃德咖啡馆，起初它只是人们交换航运信息、购买保险、交流商业新闻的场所。1691 年劳埃德咖啡馆迁至伦巴第街，逐渐成为海上保险的交易中心。1906 年英国颁布了《海上保险法》，它是英国海上保险发展到一定阶段的标志，其原则至今仍被许多国家采纳和效仿，在世界保险界立法方面产生了重要影响。

二、商业保险的概念

（一）商业保险的定义

商业保险，是指保险双方当事人（保险人和投保人）订立保险合同，由投保人交纳保险费，用于建立保险基金，当被保险人发生合同约定的保险事故或事件时，保险人履行赔偿或给付保险金的义务。商业保险是一种经济行为，也是一种合同行为。

对于人身保险合同中的寿险，储蓄已经是主要因素，储金已经被看作一种金融资产，储蓄的兑付不是赔偿，所以用"给付"的概念。

我国《保险法》第 2 条对保险的定义是："本法所称保险，是指投保人根据合同约定，向保险人支付保险费，保险人对于合同约定的可能发生的事故因其发生所造成的财产损失承担赔偿保险金责任，或者当被保险人死亡、伤残、疾病或者达到合同约定的年龄、期限等条件时承担给付保险金责任的商业保险行为。"可见，我国的《保险法》是一部"商业保险法"。

（二）商业保险的构成要素

商业保险是当代保险经济活动的一种主要形式，在国民经济中占有重要地位。商业保险的构成要素包括以下几个方面。

1. 专营机构

保险公司是商业保险专营机构的主要形态，是商业保险的供给主体。保险公司是依法成立的经济法人。《保险法》第 6 条规定，"保险业务由依照本法设立的保险公司以及法律、行政法规规定的其他保险组织经营，其他单位和个人不得经营保险业务。"

2. 保险合同

保险合同规定了保险人与投保人之间的权利与义务关系。签订保险合同是法律行为，经过投保人与保险人之间的要约与承诺，保险合同就构成法律事实。由于保险活动不是即时结清的交换行为，保险活动必须采用协议的形式，并由《保险法》等法律法规加以规范和调整。

3. 保险利益

保险利益是指投保人或被保险人对保险标的所具有的法律上承认的利益。它体现了投保人或被保险人与保险标的之间经济上的利害关系。

4. 大数定律

概率论是从数量的角度研究随机现象变动关系和规律性的科学。大数定律是概率论的主要法则之一，大数定律在保险中的重要意义表现为：风险单位的数量越多，实际损失的结果就会越接近从无限风险单位数量得出的预期损失可能的结果。据此，保险人就可以比较精确地预测风险、厘定保险费率，使收取的保险费与未来的损失赔偿及其他费用开支相平衡，保持保险公司的经营稳定。

📑 **知识链接 2-3**

大数定律及其在保险中的应用

例：甲和乙在未来一年之内都有可能遭受事故损失。每人都有 20% 的可能损失 2 500 元，80% 的可能没有任何损失（如表 2-1 所示）。假设两人的事故损失是相互独立的。

表 2-1 损失结果概率

损失结果（单位：元）	概率
0	0.80
2 500	0.20

期望损失 $=0.80 \times 0+0.20 \times 2\,500=500$

方差 $=0.8 \times (0-500)^2+0.2 \times (2\,500-500)^2=1\,000\,000$

标准差 $=[1\,000\,000]^{1/2}=1\,000$

如果两人愿意平均分摊事故成本（即风险集合），将会出现什么情况？

期望损失 $=0.64 \times 0+0.32 \times 1\,250+0.04 \times 2\,500=500$

方差 $=0.64 \times (0-500)^2+0.32 \times (1\,250-500)^2+0.04 \times (2\,500-500)^2=500\,000$

标准差 $=[500\,000]^{1/2}=707$

结论：与没有风险集合的情况做比较，风险集合没有改变每一个人的期望损失 500。但它将损失的标准差从 1 000 降低到 707，损失变得相对可预测。在风险集合中，再增加一个人，损失的标准差可以进一步降低。以此类推。当集合参与者人数非常多时，损失的标准差就变得非常接近于零。

因此，保险集合中的参与者越多，保险公司就越可能有足够的资金赔付保险期间所发生的索赔。

5. 保险基金

保险基金主要由保险公司的实收资本和盈余以及保险公司的责任准备金等构成。商业保险活动如果没有相应数量的保险基金是无法进行的。

三、商业保险的分类

随着社会经济发展和科学技术的进步，保险服务的范围越来越广。商业保险的形态也日益复杂，对商业保险形态进行分类有助于厘清各种类别之间的联系和区别。应当注意，不同历史时期有着不同的保险形态分类标准；同一时期，由于国别差异，保险形态分类标准也不尽相同。保险理论和实务研究中曾经使用或正在使用的商业保险形态分类标准，主要有以下几种。

（一）保险政策

1. 自愿保险与强制保险

商业保险一般是自愿保险，只有个别险种是强制保险。

自愿保险，是指保险双方当事人通过签订保险合同，或是需要保险保障的人自愿组合、实施的保险。自愿保险的保险关系，是当事人之间自由决定、彼此合意后所成立的合同关系。投保人可以自由决定是否投保、向谁投保、中途退保等，也可以选择保障类型、保障范围、保障程度和保险期限等。保险人则可以根据情况自愿决定是否承保、如何承保等。

强制保险也称法定保险，是指国家对一定的对象以法律、法令或条例规定其必须投保的一种保险。强制保险的保险关系不是产生于投保人与保险人之间的合同行为，而是产生于法律效力。强制保险的范围可以是全国性的，也可以是地方性的。

不论何种形式的强制保险，大都具有下列特征：一是全面性。强制保险的实施以国家法律为依据，只要属于法律规定的保险对象，不论是否愿意，都必须参加该保险；二是统一性。强制保险的保险金额和保险费率，不是由投保人和保险人自行决定，而是由国家法律统一标准规定。

2. 普通保险与政策性保险

普通保险是指基于个人或经济单位风险保障的需要，经过自由选择而形成保险关系的保险。

政策性保险则是政府为了政策上的目的，运用保险技术开办的保险。

常见的政策性保险包括：

（1）旨在促进国民生活安定的国民生活保险，如巨灾保险、洪水保险、地震保险等。

（2）旨在支持保护农业和农民的农业保险，如种植业保险、养殖业保险等。

（3）旨在支持创新发展和中小企业发展的信用保证保险、责任保险，如科技保险、首台（套）重大技术装备保险等。

（4）旨在促进国际贸易的信用保险，如出口信用保险、出口票据保险、海外投资保险等。

 知识链接 2-4

我国的社会保险制度

《中华人民共和国社会保险法》（以下简称《社会保险法》）自 2011 年 7 月 1 日起施行，并于 2018 年进行了第一次修正。《社会保险法》确立了我国社会保险制度框架，把城乡各类劳动者和居民分别纳入相应的社会保险制度，建立起覆盖城乡居民的社会保障体系。这对于维护公民参加社会保险和享受社会保险待遇的合法权益，使公民共享发展成果，促进社会主义和谐社会建设，具有十分重要的意义。

根据《社会保险法》，我国社会保险的主要险种包括基本养老保险、基本医疗保险、工伤保险、失业保险、生育保险等。其中，基本养老保险和基本医疗保险覆盖各类劳动者和城乡全体居民，工伤、失业、生育保险覆盖全体职业人群。社会保险保障公民在年老、疾病、工伤、失业、生育等情况下依法从国家和社会获得物质帮助的权利，承保的风险主要有因年老、疾病、工伤、残疾、生育、死亡、失业等风险引起的经济损失、收入中断或减少等。

社会保险制度有以下特点：

第一，社会保险制度在一定程度上强调权利与义务的对等关系。它保障的对象享受社会保险的资格和保障的水平在很大的程度上取决于其对社会保险制度供款的多寡。

第二，社会保险制度既强调社会性，又强调风险分散机制。社会保险强调社会性，即通过收入再分配达到分散个人风险、缓解贫困和缩小收入差别的目的，它涉及高收入者与低收入者之间的再分配。商业保险也是一种分配制度，它在发生了风险事故和没有发生风险事故的经济单位之间分配风险，但与贫富无关。

社会保险强调制度的收支精算平衡，也强调大数定律，其参与者需要足够多才能实现在众多人口中分散风险的目标。

（二）立法形式

以国家保险立法形式为标准，保险可以分为以下几种。

1. 财产保险与人身保险

我国《保险法》第 95 条将保险公司的业务范围分为两大类，即财产保险业务和人身保险业务。前者包括财产损失保险、责任保险、信用保险、保证保险等；后者包括人寿保险、健康保险、意外伤害保险等。

2. 寿险与非寿险

国际上习惯将保险分为寿险和非寿险两大类。

寿险，指与人的生存或死亡有关的保险。

非寿险包括各种财产保险、人身意外伤害保险和健康保险。

3. 财产、意外保险与人寿、健康保险

在美国，保险被分为两大类：一类是财产与意外保险，另一类是人寿与健康保险。

注意，美国的财产与意外保险中的"意外保险"是指火灾保险、海上保险、人寿保险之外的其他各种保险，包括责任保险、意外伤害保险、疾病保险、汽车保险、盗窃保险、玻璃保险、航空保险、犯罪保险、机器锅炉保险、劳工补偿保险、保证保险等。

（三）保险性质

按保险的性质分类，保险可以分为补偿性保险和给付性保险。

1. 补偿性保险

在补偿性保险中，保险人承担的责任是以补偿被保险人的经济损失为限，不管是在一家还是在多家保险公司投保，被保险人获得的补偿金额总额不能超过其实际经济损失。通常，财产保险是属于补偿性保险，人身保险中的报销型医疗保险属于补偿性保险。

2. 给付性保险

在给付性保险中，在保险事故或事件发生时，保险公司按照合同约定的保险金额给付保险金。比如，养老保险、重大疾病保险、人身意外伤害保险等。在多家保险公司投保的，保险金可以累加。

（四）保险标的

按保险标的分类，保险可分为人身保险、财产损失保险、责任保险、信用和保证保险。

1. 人身保险

人身保险，是以人的身体或生命为保险标的的一种保险。根据保障范围的不同，人身保险可以分为人寿保险、健康保险和人身意外伤害保险。

（1）人寿保险。人寿保险简称寿险，是以人的寿命为保险标的，以人的生死为保险事件，当发生保险事件时，保险人履行给付保险金责任的人身保险。人寿保险包括定期寿险、终身寿险、两全保险、年金保险、投资连结保险、分红保险、万能保险等。

（2）健康保险。健康保险，是以人的身体作为保险标的，由保险人对被保险人因健康原因或者医疗行为的发生所致的损失予以补偿或给付保险金的人身保险，主要包括医疗保险、疾病保险、失能收入损失保险、长期护理保险以及医疗意外保险等。

（3）人身意外伤害保险。人身意外伤害保险，是以被保险人因遭受意外伤害造成死亡、伤残或者发生保险合同约定的其他事故为给付保险金条件的人身保险。

2. 财产损失保险

财产损失保险，是以财产及其相关利益为保险标的的一种保险，财产损失保险主要包括海上保险、火灾保险、机动车辆保险、工程保险和农业保险等。

财产损失保险是狭义的财产保险。而广义的财产保险是人身保险之外的一切保险业务的统称，包括财产损失保险、责任保险、信用保险、保证保险。

3. 责任保险

责任保险是以被保险人（致害人）对第三者（受害人）在法律上应承担的民事损害赔偿责任作为保险标的，当被保险人由于过失或无过失行为造成第三者财产损失或人身伤害，根据法律规定需要对其承担相应的赔偿责任时，由保险人提供经济补偿的保险。常见的责任保险包括公众责任保险、雇主责任保险、产品责任保险、职业责任保险等。

4. 信用和保证保险

（1）信用保险。信用保险是以在商品赊销和信用放款中义务人的信用为保险标的，在义务人未能如约履行债务清偿而使权利人遭受损失时，由保险人向权利人提供经济补偿的一种保险。在信用保险中，权利人既是投保人又是被保险人。它一般分为国内信用保险、出口信用保险和投资保险三大类。

（2）保证保险。保证保险是在权利人因义务人未履行义务或不诚实行为而遭受经济损失时，由保险人向权利人提供经济补偿的一种保险。在保证保险中通常投保人是义务人，被保险人是权利人。常见的保证保险包括雇员忠诚保证保险、履约保证保险、贷款保证保险、产品质量保证保险等。

（五）风险转移层次

按风险转移层次分类，保险可分为原保险和再保险。

1. 原保险

原保险，是指投保人与保险人直接签订保险合同而建立保险关系的一种保险。

若投保人与两个以上保险人，就同一可保利益、同一保险标的，对同一危险共同缔结保险合同，则被称为共同保险。在实务中，数个保险人可能以某一保险公司的名义签发一张保险单，然后每一保险公司对保险事故损失按比例分担责任。

2. 再保险

再保险，也称分保，是指保险人将其承担的保险业务，部分或全部转移给其他的保险人的一种保险。因此再保险是风险的再次转移。

从形式上看，共同保险与再保险相似，但两者之间存在着明显的不同。

首先，反映的保险关系不同。共同保险反映的是投保人与各保险人之间的关系，这种保险关系是一种直接的法律关系；再保险反映的是保险人与保险人之间的关系，再保险人与原投保人之间并不发生直接的关系。

其次，对风险的分摊方式不同。共同保险的各保险公司对其承担风险责任的分摊是第一次分摊，再保险则是对风险责任进行的第二次分摊。共同保险是风险的横向分担，再保险则是风险的纵向分担。

尽管共同保险与再保险有所不同，但二者并非背道而驰。现代保险业发展显示，两者相辅相成，两者的结合采用，有助于风险在更广的地域和更多的标的之间分散。

（六）投保单位

1. 团体保险与个人保险

团体保险是由雇主、工会和其他团体为其雇员或成员购买的保险，保险费率要低于个人保险。团体保险多用于人身保险。

个人保险是指个人为满足自己和家庭需要而购买的保险。

2. 企业保险与个人保险

从保险费承担者的角度看，保险可以分为企业保险与个人保险。

企业保险以企业为保障主体，保险费由投保企业负担，从企业经费中支出。

个人保险是以个人和家庭为保障主体，保险费由个人或家庭负担，从个人可支配收入中支付。

第三节　保险公司的功能

保险经济活动、保险分配关系、保险功能都必须通过一定的组织形式来实现。保险公司是保险分配关系外部组织的高级形式。

保险公司的功能可分为两方面：一是作为组织保险经济活动和经营保险业务的专业公司的功能，包括组织经济补偿功能、管理保险基金功能和防灾防损功能。二是作为金融机构的保险公司的功能，包括融通资金功能和吸收储蓄功能。

一、组织经济补偿

保险公司的组织经济补偿功能与保险的分散风险和补偿损失这两个基本功能相对应并由这两个基本功能决定；同时，也是这两个基本功能实现的条件。

保险公司一方面通过承保业务将风险集中于自身，出险时履行赔付义务，实现了保险的补偿损失功能；另一方面又通过扩大承保面（标的大量化）和再保险把风险分散出去，在被保险人和保险人之间进行风险的分摊，从而实现了保险分散风险的功能。保险公司这种集散风险的能力，就是保险公司组织经济补偿的功能。

保险公司是集散风险的中介，集中风险是保险公司经营保险的特有方式。诸如合作保险和相互保险等组织形式，都不存在风险集中问题，因为在这两种组织形式中，被保险人和保险人是合二为一的。但是，保险公司的经营不在于集中风险，而在于分散风险，因为保险机制的本身在于分散风险。

二、管理保险基金

保险公司为了实现其组织经济补偿的功能，通过收取保费建立并管理保险基金。从保险分配关系的本质看，保险基金主要用于未来的赔付。保险公司管理保险基金的功能由保险的积蓄基金功能所决定，同时又是保险的积蓄基金功能实现的条件。

三、防灾防损

保险公司在运营过程中，会利用专业优势和经验，积极防灾防损，提供风险减量管理服务，这种为保障国家、经济单位和个人财产安全及维护人民身体健康和生命安全提供服务的能力，即为保险公司的防灾防损功能。该功能是保险监督风险功能的要求。

四、融通资金

保险公司把积累的暂时不需要赔偿或给付的巨额保险基金用于投资。这种把保险基金转化为生产建设基金的能力，就是保险公司的融通资金功能。这种融通资金的功能是基于保险公司管理保险基金的功能，或者说是后者的派生功能。

融通资金功能对于保险公司来说相当重要，有助于实现保险基金的保值和增值，增加保险公司盈利，同时，还可为降低保险费率提供物质条件。所以，融通资金功能是保险公司的基本功能之一，也是保险公司之所以被称为金融机构的条件。

五、吸收储蓄

基于寿险可提供长期性资金，同时也为了吸引消费者，保险公司设计了诸如生死两全保险、年金保险、儿童保险、婚嫁保险等带有储蓄性质的保险险种，从而将保险与储蓄结合起来，这就使得保险公司具备了吸收储蓄的功能，形成了保险业与其他金融业之间竞争储蓄资源的格局。

在这里涉及的是"吸收储蓄功能"，而不是"储蓄功能"，因为储蓄属于货币信用的范畴，既非保险的功能，亦非保险公司的功能。

 知识链接 2-5

坚持"保险姓保"惠民生

保险业多年来的实践证明，只有坚定不移服务民生，才能实现可持续发展。保险业通过构建结构合理、功能完备、保障全面、竞争有序的供给体系，支持兜底性、普惠型、多样化的社会保障体系建设稳步推进。

保险公司积极参与"第三支柱"养老保险体系建设，推出投保简便、收益稳健的专属商业养老保险、长期护理保险等产品。银保监会（现国家金融监督管理总局）发布的数据显示，2021 年专属商业养老保险试点启动以来，不少快递员、网约车司机积极投保。随着试点在全国范围内推开，未来将有更多新产业、新业态从业人员从中受益。

保险公司开发的城市定制型商业补充医疗保险"惠民保"近年来颇受消费者青睐。银保监会（现国家金融监督管理总局）数据显示，截至 2021 年 10 月中旬，已有 58 家保险机构在 27 个省份开办该类业务，总参保人数超过 7 000 万。保险公司提供的商业补充医疗保险，使以往老年人、慢病患者等群体难以取得健康保险保障的状况得到改观。

保险公司利用保险资金长期性、稳定性的特点，以及保险行业在费用管理、健康服务等方面的技术优势，锚定"大健康""大养老"发展方向，整合康养产业链上下游资源，为消费者提供更优质的医疗、健康和养老服务。

资料来源：届信明.坚持"保险姓保"惠民生［N］.人民日报，2022-05-09.

本章小结

保险是一种平均分担经济损失的经济互助活动，具体而言，保险集合具有同类风险的众多单位或个人，以合理计算分担金的形式，实现对少数成员因约定风险事故或事件所致经济损失或由此而引起的经济需要进行补偿。因此，保险的本质是多数单位或个人为了保障其经济生活的安定，在参与平均分担少数成员因偶发的特定风险事故或事件所致经济损失的补偿过程中形成的互助共济的分配关系。保险的基本功能包括分散风险、补偿损失，派生功能包括积蓄基金、监督风险。基于保险的分配关系产生出保险的法律关系。

商业保险以保险作为经营的对象。商业保险是指保险双方当事人订立保险合同，由投保人缴纳保险费，用于建立保险基金，当被保险人发生合同约定的保险事故或事件时，保险人履行赔付或给付保险金的义务。商业保险的构成要素包括专营机构、保险合同、保险利益、大数定律和保险基金。商业保险与储蓄、救济存在明显不同。根据保险政策、立法形式、保险性质、保险标的、风险转移层次、投保单位等不同的分类标准，可以将商业保险进行分类。保险公司是保险分配关系外部组织的高级形式，具有组织经济补偿、管理保险基金、防灾防损、融通资金和吸收储蓄五大功能。

案例讨论

"店家宝"普惠保险深入个体小店

作为城市最小经济单元，个体工商户分布在餐饮、零售、生鲜、家装、生活服务等诸多领域，为居民日常生活提供着便捷服务，是我国经济发展不可或缺的重要组成部分。

但由于经营规模小、行业分散、数据匮乏，投保个体资质判断难度较大，个体工商户群体往往成为保险服务体系中"缺失"的一部分。一旦店铺发生意外事故，不仅店铺经营难以为继，而且可能让其家庭财务状况雪上加霜。

"店家宝"是针对个体工商户群体推出的一款保险产品，提供店铺财产保障、人身意外保障和责任保险，保险责任范围既包括因火灾爆炸、自然灾害造成的店内财产损失，又包括全部家庭成员的人身意外伤害保障，还提供店铺经营期间发生意外事故导致的第三者人身和财产损失赔偿责任的保障。考虑到个体工商户利润微薄、负担能力有限，"店家宝"保费低至日均1元钱，保额最高可达百余万元。

"店家宝"自上市以来，以其全面的保障和极高的性价比得到了个体工商户的广泛认可。

思考讨论题

1. "店家宝"解决了个体工商户的哪些保险保障缺口？
2. 除了"店家宝"满足的保障需求，个体工商户还有哪些方面的保障需求？

分析要点

1. "店家宝"的推出，满足了个体工商户的财产保险保障需求、人身意外伤害保障需求以及责任保障需求。
2. 健康保险、养老保险等方面的保障需求。

重要术语

保险	商业保险	自愿保险
强制保险	普通保险	政策性保险
原保险	再保险	共同保险
个人保险	团体保险	财产损失保险
人身意外伤害保险	企业保险	信用保险
保证保险	责任保险	人身保险
人寿保险	健康保险	

思考题

1. "十四五"规划提出稳妥推进银行、证券、保险等金融领域开放，请谈一谈如何提高我国保险公司的核心竞争力，更好地发挥保险公司的功能。
2. 中国式现代化是全体人民共同富裕的现代化，请分析保险在改善收入不平等中发挥作用的机制。
3. 随着全球气候变化加剧和中国城镇化的发展，重大灾害的发生频率呈加大趋势，尤其是大城市和超大城市面临的此类风险更为显著。请你谈一谈如何发挥保险公司在城市灾害风险管理中的作用。

延伸阅读

第三章
保险合同

📝 学习目标

- 重点掌握保险合同的特征及形式
- 重点掌握保险合同的主体和客体
- 掌握保险合同的订立程序，区分保险合同的成立、生效和保险责任开始
- 掌握保险合同如何履行
- 掌握保险合同的变更、中止和终止
- 掌握保险合同的解释原则和争议处理方式
- 通过本章学习，将社会主义核心价值观融入保险合同的有关内容，传播中华传统法律文化，自觉尊法、信法、守法、用法、护法，强化法治思维，践行法治精神，树立法治信仰

🔖 本章导读

　　保险的分配关系产生保险合同关系（法律关系），保险的合同关系是对保险分配关系的确立、规范和调整。保险活动必须遵循保险法律法规，接受相应法律法规的规范和调整。保险当事人的权利和义务关系按照保险合同法的规定，以保险合同的形式建立。本章首先介绍了保险合同的定义、法律要求、基本特征以及保险合同的形式和要素；接着阐述了保险合同的订立与履行，辨析了保险合同成立、生效、保险责任开始之间的关系；然后，分析了保险合同变更与终止的情形及其法律后果；最后，归纳了保险合同的解释原则与争议处理方式。

📝 开篇案例

中国人寿开封分公司赔付首例新冠肺炎患者

　　2020 年 2 月 21 日，中国人寿开封分公司接到报案信息，称被保险人徐先生于 2 月 19 日确诊新型冠状病毒感染并随后入院接受治疗。根据调查，徐先生投保的是国寿如 E 康悦百万医疗保险，按该保险合同的规定，徐先生请求的赔付并不在理赔范围内。但中国人寿为徐先生紧急扩展了保险责任，声明可以赔付确诊前期的费

用，并在第一时间告知徐先生，让其安心养病。2020年4月16日，在该公司理赔人员的帮助下，徐先生顺利完成线上理赔申请并及时领取到理赔金，他对中国人寿的贴心服务表示衷心赞扬和感谢。

资料来源：中国银行保险报网。

案例思考：

1. 中国人寿开封分公司临时扩展保险责任，是否有违保险合同的约定？
2. 你能从该案例中获得哪些思考？

第一节　保险合同的特征及形式

一、保险合同的定义

保险合同又称保险契约，不同国家或地区的专家学者或法律对此有不同的定义。《保险法》第10条规定："保险合同是投保人与保险人约定保险权利义务关系的协议。投保人是指与保险人订立保险合同，并按照合同约定负有支付保险费义务的人。保险人是指与投保人订立保险合同，并按照合同约定承担赔偿或者给付保险金责任的保险公司。"

二、保险合同的法律要求

保险合同既然是合同的一种，它必须具备一些基本的条件，才能满足法律要求。

第一，保险合同的当事人必须具备民事行为能力。

第二，投保人与保险人双方意思表示必须真实。除强制保险外，任何单位或者个人强制他人订立保险合同，都可视为意思表示不真实。另外，保险合同双方当事人必须完全履行如实告知或说明义务。

第三，保险合同是双方当事人意思表示一致的行为，而不是单方的法律行为。任何胁迫、强制（强制保险除外）和乘人之危等情况下签订的保险合同无效。

第四，保险合同必须合法，即保险合同的主体、内容和保险标的等必须合法。一方不按照约定履行合同义务时，另一方可向国家规定的合同管理机关申请调解或仲裁，也可以直接向人民法院起诉。保险合同只有具备合法性，才能得到法律的保护。

三、保险合同的基本特征

（一）保险合同是双务合同

合同以当事人取得权益是否须付出相应对价为标准，分为单务合同和双务合同。

当事人一方享有合同约定的权益，须向对方当事人偿付相应对价的合同为双务合同，如买卖合同、租赁合同等；反之，则为单务合同，如赠与合同、无偿保管合同和无偿借贷合同等。在保险合同中，投保人要获得保险保障的权利，就必须向保险人支付保险费；而保险人收取保险费的同时，必须承诺：在保险期限内，当保险标的发生约定的保险事故或者当约定事件发生时，承担赔偿或给付保险金的责任，双方的权利和义务是彼此关联的。投保人支付保险费是对价，而保险人承诺承担保险赔偿或给付责任，也是一种对价。

（二）保险合同是射幸合同

根据民法理论，双务合同分为实定合同和射幸合同。实定合同是指合同订立时当事人的义务即已确定的合同。而射幸合同则是指当事人应否履行合同义务取决于某种机会是否到来或者某种条件是否成就。由此可见，海上冒险借贷和保险合同等都属于射幸合同。

射幸合同的两个特点是：一方履行义务的不确定性；双方交换关系的非等价性。保险合同具备这两个特点。第一，保险人是否履行赔偿或给付保险金的义务具有不确定性，取决于约定的保险事故是否发生。第二，保险人补偿或给付的保险金大于或远远大于投保人支付的保险费，二者之间并不对等。所以，保险合同是射幸合同。

（三）保险合同是附合合同

根据订立合同时双方地位来划分，合同可分为附合合同和商议合同。商议合同是指当事人可以就合同条款进行充分协商而订立的合同。附合合同也称为格式合同，是指当事人不能就合同条款进行充分协商而订立的合同。

保险合同一般采用保险单、暂保单或其他保险凭证等形式订立，订立合同时，保险合同已由保险人或保险监管部门事先拟定，当事人双方的权利义务已规定在保险条款中，投保人一般只是做出同意与否的意思表示。尽管投保人可以与保险人协商增加特别约定条款，或对保险责任进行限制或扩展，但一般不能改变保险条款的基本结构和内容，因此保险合同是附合（格式）合同。

（四）保险合同是诺成性合同

根据合同的成立是否须交付标的物，合同可以分为诺成性合同与实践性合同。所谓诺成性合同，是指当事人一方意思表示一旦为对方同意即能产生法律效果的合同，即"一诺即成"的合同。其特点是当事人双方意思表示一致时合同即告成立。而实践性合同，是指除当事人双方意思表示一致外，还须交付标的物才能成立的合同。实践性合同中，仅凭双方当事人的意思表示一致，还不能产生一定的权利义务关系，必须有一方实际交付标的物的行为，才能产生法律效果。如寄存合同，寄存人必须将寄存的物品交保管人，合同才能成立并生效。

《保险法》第 13 条规定："投保人提出保险要求，经保险人同意承保，保险合同成立。"依照该法律规定，保险合同成立与否，取决于双方当事人是否就合同条款达成一致意见。由此可见，保险合同应是诺成性合同。

（五）保险合同是非要式合同

根据合同是否应以一定的形式为要件，可将其分为要式合同和非要式合同。所谓要式合同是指法律要求必须具备一定形式和手续的合同，如房屋买卖合同等。而非要式合同是指法律不要求必须具备一定形式和手续的合同。

要式与非要式的区别，不在于有无某种形式或程序，而在于法律是否要求具备特定的形式或程序，法律是否允许当事人自愿选择一定的形式并是否以一定的形式作为合同成立或生效的要件。如果形式要件属于成立要件，则当事人未根据法律的规定采取一定的形式，合同不能成立；如果形式要件属于生效要件，当事人不依法采用一定的形式，则已成立的合同不能生效。但非要式合同可由当事人自由决定合同形式，无论采取何种形式，不影响合同的成立与生效。

对于保险合同的形式，各国一般规定保险合同为非要式合同。在英美法国家，虽然实践中保险合同的主要内容记载在保险单上，但法律并没有要求保险合同采取此特定形式。在大陆法国家，一般也不要求保险合同采取特定形式，而多从保护投保人和被保险人利益出发，规定保险人应依其要求，提供有关保险合同的文件即保险单，如《德国商法典》第784条、《日本商法典》第649条、《韩国商法典》第640条。

我国《保险法》第13条规定："保险人应当及时向投保人签发保险单或者其他保险凭证。保险单或者其他保险凭证应当载明当事人双方约定的合同内容。当事人也可以约定采用其他书面形式载明合同内容。依法成立的保险合同，自成立时生效。投保人和保险人可以对合同的效力约定附条件或者附期限。"

由此可见，保险单证是证明保险合同存在的证据，请求交付保险单证也成为投保人的权利。从立法上确认保险合同的非要式性，有利于保护投保人和被保险人的利益。

四、保险合同的形式

保险合同的形式是指投保人与保险人就其保险权利义务关系达成协议的方式，即保险合同当事人意思表示一致的方式。虽然，我国《保险法》并未对保险合同应采取何种形式作出直接规定，既没有明确规定必须采取书面形式，也没有禁止口头形式，但在保险实务中，因为保险合同的复杂性、技术性和非即时结清性等，通常采取书面形式。保险合同依照其订立的程序，大致可以分为以下四种书面形式。

（一）投保单

投保单又称要保书，是投保人向保险人申请订立保险合同的书面要约。因为险种不同，保险人通常会设计不同的投保单，投保人依照保险人所列项目逐一填写。不论是出于投保人的主动，还是保险人（保险代理人或保险经纪人）的邀请，都不能改变投保单的要约性质。

通过投保单，投保人要向保险人如实告知投保风险的程度或状态等有关事项，称之为声明事项。声明事项通常是保险人核实情况、决定承保与否的依据。如财产保险中，投保人需要如实填写被保险财产的所在地、内外部环境、营业性质、消防设备等情况；人身保险中，投保人要如实填写被保险人的健康、职业、经济状况与受益人的关系等情况。上述信息对于保险人评估风险，决定是否接受投保，都非常重要。

保险实务中，保险人为简化手续、方便投保人投保，对某些险种也可不要求投保人填具投保单。投保人只要以口头形式提出要约，提供有关单据和凭证，保险人即可当即签发保单或保险凭证。

　　投保单经保险人承诺后，即成为保险合同的重要组成部分。投保人在投保单中所填写的内容会影响保险合同的效力。如果投保人在投保单中告知不实，在保险单上又没有修正，保险人即可以投保人未遵循保险合同的最大诚信原则为由，在规定的期限内解除合同。根据《最高人民法院关于适用〈中华人民共和国保险法〉若干问题的解释（二）》（以下简称《保险法司法解释二》）第 14 条，保险合同中记载的内容不一致的，按照下列规则认定：① 投保单与保险单或者其他保险凭证不一致的，以投保单为准。但不一致的情形系经保险人说明并经投保人同意的，以投保人签收的保险单或者其他保险凭证载明的内容为准。② 非格式条款与格式条款不一致的，以非格式条款为准。③ 保险凭证记载的时间不同的，以形成时间在后的为准。④ 保险凭证存在手写和打印两种方式的，以双方签字、盖章的手写部分的内容为准。

📄 知识链接 3-1

个人寿险投保单

体检件□　　免体检件□

投保人	姓名：	男□ 女□	未婚□ 已婚□	行业（工种）		职业编码	□□□ □□□
	出生日期：　年　月　日	身份证号码：□□□□□□□ □□□□□□□□□□				与被保险人关系：	
	工作单位：					联系电话：	
	通信地址或收费地址：					邮政编码：	□□□ □□□

被保险人	姓名：	男□ 女□	未婚□ 已婚□	行业（工种）		职业编码	□□□ □□□
	出生日期：　年　月　日			身份证号码：□□□□□□□ □□□□□□□□□			
	工作单位：					联系电话：	
	通信地址或收费地址：					邮政编码：	□□□ □□□

续表

受益人	姓名：	男□ 女□	未婚□ 已婚□	行业 （工种）		职业 编码	□□□ □□□	
	出生日期： 年 月 日		身份证号码：□□□□□□ □□□□□□□□□□			与被保险 人关系：		
	工作单位：					联系电话：		
	通信地址或收费地址：					邮政编码：	□□□ □□□	

投保 事项	

	险种名称	保障 类别	保额或 份数	费率或缴 费标准	被保险人 职业加费	暂收 保险费
基本险						￥：
						￥：
						￥：
附加险						￥：
						￥：

暂收保险费合计：（大写） 万 仟 佰 拾 元 角 分	￥：

缴费方式： 年缴□ 半年缴□ 季缴□ 月缴□

缴费期限： 趸缴□ 10年缴□ 15年缴□ 20年缴□ 30年缴□ 其他□

领取方式； 定期□ 一次性□ 月领□ 领取年龄：

领取形式： 自领□ 银行转账□ 账户姓名： 账号：□□□□□□□□ □□□□□□□□□□

缴费 形式	首期	集体缴费□ 个人缴费□	现金□ 支票□（支票号 ） 委托银行转账□ 账户姓名： 账号：□□□□□□□□□□□□ □□□□
	续期	集体缴费□ 个人缴费□	现金□ 支票□（支票号： ） 委托银行转账□ 账户姓名： 账号：□□□□□□□□□□□□ □□□□

被保险人是否投保过或正在申请其他人寿保险： 是□ 否□				
承保 公司	险种名称	份数或保额	承保日期	保单 现状态	备注
其他 声明					

续表

请填写或回答下列问题，并在所选项后的"□"中打"√"。选"是"者，请在"健康备注"中详细说明。

1. 目前是否接受任何药物治疗或外科手术？	1. 是□　否□
2. 目前是否使用成瘾药物、麻醉剂或接受戒毒治疗？	2. 是□　否□
3. 目前是否吸烟？若"是"，已吸烟＿＿年，每天＿＿支？ 若"否"，你是否曾经吸烟？ 若"是"曾经吸烟，何时因何种原因停止吸烟？＿＿＿＿	3. 是□　否□
4. 目前是否饮酒？若"是"，已饮酒＿＿年，每日饮 ＿＿＿＿（种类），＿＿＿＿（数量）。	4. 是□　否□
5. 是否接到过医生对你吸烟、饮酒的建议和警告？	5. 是□　否□
6. 被保险人或配偶是否曾经接受艾滋病毒（HIV）的检验？（如有请提供检查结果）	6. 是□　否□
7. 在过去六个月内是否持续超过一星期有下列病症：疲倦、体重下降、食欲不振、盗汗、腹泻、淋巴结肿大或不寻常之皮肤溃烂？	7. 是□　否□
8. 家属是否曾患小儿麻痹、肾病、心脏病、高血压、多种硬化症、肝硬化症、糖尿病、精神病、结核病、白血病、瘫痪、肌肉萎缩症、切除任何囊肿或增生物、患癌或曾被发现为乙型或非甲非乙型肝炎带菌者？	8. 是□　否□
9. 直系家庭成员中是否有早于60岁以前去世者？	9. 是□　否□
被保险人是否曾治疗或被告知患有下列疾病： 10. 眼、耳、鼻、喉或口腔之疾病、或鼻腔出血？	10. 是□　否□
11. 晕眩、抽搐、瘫痪、多次晕倒、任何精神病、脑病或神经系统之疾病？	11. 是□　否□
12. 吐血、久咳、肺结核、哮喘、胸膜炎或任何呼吸器官或肺部之疾病？	12. 是□　否□
13. 经常消化不良、溃疡、疝气、结肠炎、呕血、尿血、便血或任何有关肝、胆、胃、大小肠、直肠或肛门之疾病？	13. 是□　否□
14. 肾结石或任何生殖泌尿系统之疾病？	14. 是□　否□
15. 糖尿病、甲状腺肿大或其他内分泌疾病？	15. 是□　否□
16. 风湿病、关节炎、痛风或任何脊椎、椎间盘突出、骨节、肌肉、肌肉组织、结缔组织皮肤等疾病？	16. 是□　否□
17. 癌、瘤、囊肿或任何增生物？	17. 是□　否□
18. 性传播疾病？	18. 是□　否□
在过去五年内是否曾： 19. 被建议不宜献血？	19. 是□　否□
20. 做过X光、CT、心电图、活体检查、血液检验或其他？（如有请提供诊断报告）	20. 是□　否□
21. 患有以上未述及之疾病或接受任何外科手术、诊疗或住院接受诊断或治疗？	21. 是□　否□
22. 有任何残疾、异常或健康不良？	22. 是□　否□

被保险人健康告知书

续表

被保险人健康告知书	妇女适用： 23. 现在是否怀孕？若"是"，已怀孕____月？ 24. 曾否有任何乳房或妇科病症或分娩前后期综合征？ 25. 曾否被建议做重复的宫颈涂片、乳房检查、乳房X光检查或乳房活体检查？ 26. 曾否因为月经不调、性传播疾病或其他女性生殖器官疾病而就诊？ 27. 家庭成员中，曾否有人患过乳癌？	23. 是□　　否□ 24. 是□　　否□ 25. 是□　　否□ 26. 是□　　否□ 27. 是□　　否□
	28. 被保险人是否有危险嗜好或从事危险活动？	28. 是□　　否□
	29. 您配偶的寿险保额_____，投保公司为_____、_____、_____。如果被保险人是两人，则寿险保额总计为_____。	
	30. 身高_____厘米　体重_____公斤 最近一次体检时间_____年____月____ 体检医院_____，体检结论：_____ 如果被保险人是两人，则另一人情况请在后面重复_____。	
健康备注	上述问题如答"是"请注明编号并详细说明，如有诊治，请告知原因、日期、医院名称、详细诊断结果、诊治情况及目前状况。对本投保书及告知内容，本公司承担保密义务。	
声明	本人对保险条款已了解，对受益人的指定均认可，且在投保书中的所有陈述和告知均完整、真实，如有隐瞒或日后发现与事实不符，即使保险单签发，贵公司仍可依法解除本保险合同，不负给付责任。 投保人（签章）：　　　年　月　日　　被保险人（签章）：　　年　月　日	

（二）暂保单

暂保单又称为临时保单，是在需要进一步处理、正式保单签发之前的临时保单，但订立暂保单并不是订立保险合同的必经程序。暂保单的法律效力与正式保单完全相同，但有效期较短，大多由保险人具体规定。当正式保单交付后，暂保单即自动失效。保险人也可在正式保单发出前终止暂保单效力，但必须提前通知投保人。暂保单的形式既可以是书面的，也可以是口头的。但为了避免口说无凭而产生纠纷，人们大多还是使用书面形式。

（三）保险单

保险单简称保单，指保险合同成立后，保险人向投保人签发的正式书面凭证。保险单必须明确、完整地记载有关保险双方的权利和义务，通常由声明事项、保险事项、责任免除和条件事项等四个部分组成，它所记载的内容是保险合同双方当事人履约的依据。

知识链接 3-2

机动车交通事故责任强制保险单（电子保单）

收费确认时间：

投保确认时间：

保单生成时间：

××财产保险股份有限公司

×× PROPERTY INSURANCE COMPANY
LIMITED

NO：

保险单号：

尊敬的客户：您可通过登录×××网址、拨打×××服务专线或到承保公司柜台查询保单和理赔信息。

被保险人

被保险人身份证号（组织机构代码）

	地址			联系电话	
被保险机动车	号牌号码		机动车种类	使用性质	
	发动机号码		识别代码（车架号）		
	厂牌型号		核定载客	人	核定载质量	千克
	排量		功率	登记日期	
责任限额	死亡伤残赔偿限额	180 000 元	无责任死亡伤残赔偿限额	18 000 元
	医疗费用赔偿限额	18 000 元	无责任医疗费用赔偿限额	1 800 元
	财产损失赔偿限额	2 000 元	无责任财产损失赔偿限额	100 元

与道路交通安全违法行为和道路交通事故相联系的浮动比率

保险费合计（人民币大写）：　　　（¥：）其中救助基金（2.0%）¥：　　　元

保险期间：　　　　　　起至

续表

代收车船税	整备质量			纳税人识别号		
	当年应缴	元	往年补缴 ¥:	元	滞纳金 ¥:	元
	合计（人民币大写）:				（¥:	元）
	完税凭证号（减免税证明号）			开具税务机关		

特别约定	保单如发生争议，协商不成，提交长沙仲裁委员会仲裁。
重要提示	1. 请详细阅读保险条款，特别是责任免除和投保人、被保险人义务。投保确认码： 2. 收到本保险单后，请立即核对，如有不符或疏漏，请及时通知保险人并办理变更或补充手续。 3. 尊敬的客户：为保障您的利益，请在收到本保险单一周内拨打我公司24小时服务热线×××核实保险单资料。 4. 保险费应一次性交清，请您及时核对保险单和发票（收据），如有不符，请及时与保险人联系。 5. 投保人应如实告知对保险费计算有影响的或被保险机动车因改装、加装、改变使用性质等导致危险程度增加的重要事项，并及时通知保险人办理批改手续。 6. 被保险人应当在交通事故发生后及时通知保险人。
保险人	公司名称： 公司地址： 邮政编码：　　　　服务电话：　　　　签单日期：　　　　（保险人签章）

保险合同争议解决方式仲裁

核保：　　　　　　　制单：　　　　　　　经办：

（四）保险凭证

保险凭证也称"小保单"，是保险人向投保人签发的证明保险合同已经成立的书面凭证，是一种简化了的保险单。其法律效力与保险单相同，只是内容较为简单。保险实务中，保险凭证没有列明的内容，以同一险种的正式保险单为准；保险凭证与正式保险单内容相抵触的，以保险凭证的特约条款为准。

（五）批单

批单是保险合同双方当事人对于保单内容进行修订或增删的证明文件。

📑 **知识链接 3-3**

批 单 示 例

批改申请书

被保险人：　　　　　　　　　　　　　保险类别：

保险单号码：　　　　　　　　　　　　批单号码：

申请事由：

（投保人签章）

申请日期：　　　　年　　月　　日

核保：　　　　　　复核：　　　　　　经办：

第二节　保险合同的要素

任何法律关系都包括主体、客体和内容三个必不可少的要素，保险合同的法律关系也不例外，由这三个要素组成。保险合同的主体一般包括保险合同的当事人和保险合同的关系人。保险合同的当事人是指参加保险合同法律关系，享有权利、承担义务的人。保险合同的关系人是保险合同当事人之外的，对于保险合同规定的利益享有独立请求权的人。另外还有一类人虽然不是保险合同的主体，但他们在保险合同订立与履行过程中起着媒介、辅助作用，习惯上称之为保险合同的辅助人，即保险代理人、保险经纪人和保险公估人。保险合同的客体是保险利益。保险合同的内容是保险合同当事人双方依法约定的权利和义务。

一、保险合同的主体

保险合同的主体一般包括保险合同的当事人和保险合同的关系人。保险合同的当事人通常是投保人和保险人。保险合同的关系人主要是被保险人和受益人。

（一）保险合同的当事人

1. 投保人

投保人又称要保人，是指与保险人订立保险合同，并按照保险合同负有支付保险费义务的人。成为投保人应具备的条件：（1）具有法律规定的行为能力，包括具有完全民事行为能力的自然人、法人组织和以自己名义从事民事活动的非法人组织。因此，没有取得或者已经丧失法定资格无民事行为能力的法人以及没有民事行为能力的未成年人、精神病患者作为投保人同保险人订立的保险合同是无效合同，不受法律的保护。而限制民事行为能力的未成年人、精神病人作为投保人同保险人订立的保险合同只有经过其法定代理人追认才能生效，否则该合同不能生效。（2）人身保险合同投保时投保人应该对被保险人具有保险利益。《保险法》第12条第1款规定："人身保险的投保人在保险合同订立时，对被保险人应当具有保险利益。"第31条第3款规定："订立合同时，投保人对被保险人不具有保险利益的，合同无效。"（3）负有支付保险费的义务。《最高人民法院关于适用〈中华人民共和国保险法〉若干问题的解释（三）》（以下简称《保险法司法解释三》）第7条规定："当事人以被保险人、受益人或者他人已经代为支付保险费为由，主张投保人对应的交费义务已经履行的，人民法院应予支持。"

2. 保险人

保险人又称承保人，依照《保险法》第10条规定，是指与投保人订立保险合同，并按照合同约定承担赔偿或者给付保险金责任的保险公司。《保险法》第68条规定，设立保险公司应当具备下列条件：（1）主要股东具有持续盈利能力，信誉良好，最近三年内无重大违法违规记录，净资产不低于人民币二亿元；（2）有符合《保险法》和《中华人民共和国公司法》规定的章程；（3）有符合《保险法》规定的注册资本；（4）有具备任职专业知识和业务工作经验的董事、监事和高级管理人员；（5）有健全的组织机构和管理制度；（6）有符合要求的营业场所和与经营业务有关的其他设施；（7）法律、行政法规和国务院保险监督管理机构规定的其他条件。

《保险法》第94条规定："保险公司，除本法另有规定外，适用《中华人民共和国公司法》的规定。"保险公司首先须取得经营保险业务许可证，然后，在保险监督管理部门核定的业务范围内从事保险活动并接受监管。

绝大多数国家要求保险人必须是法人组织或者法人组织的分支机构，只有少数国家，如英国，允许保险人是自然人。

（二）保险合同的关系人

1. 被保险人

被保险人是指其财产或者人身受保险合同保障，享有保险金请求权的人。财产保险合同中，被保险人可以是自然人，也可以是法人或其他组织；人身保险合同中，被保险人只能是自然人。在大多数保险合同中，被保险人享有保险金请求权。但在死亡保险合同中，一旦保险事故发生，即被保险人死亡，则由投保人或被保险人指定的受益人享有保险金请求权。

2. 受益人

我国《保险法》第 18 条第 3 款规定："受益人是指人身保险合同中由被保险人或者投保人指定的享有保险金请求权的人。投保人、被保险人可以为受益人。"成为人身保险合同中的受益人，应当具备的条件：（1）经被保险人或投保人指定。我国法律对受益人资格并无限制，可以是自然人，也可以是法人或其他非法人组织。保险实务中，如果受益人不是被保险人、投保人，通常就是与其有利害关系的自然人。胎儿也可以成为受益人，但须以出生时存活为必要条件。《中华人民共和国民法典》（简称《民法典》）第 16 条规定："涉及遗产继承、接受赠与等胎儿利益保护的，胎儿视为具有民事权利能力。但是，胎儿娩出时为死体的，其民事权利能力自始不存在。"因此，指定或者变更胎儿为死亡保险金受益人既有实际需要，也有法律依据。如果胎儿娩出时为死体，那么，此次指定或者变更无效。用人单位为员工投保人身保险时不得指定被保险人及其亲属以外的人为受益人。（2）享有保险金请求权。受益人享有的保险金请求权，是受益人根据保险合同享有的一项基本权利。受益权是一种期待权，有可能失去。人身保险合同中，指定的受益人是一人的，保险金请求权由该人行使，并获得全部保险金；受益人是数人的，保险金请求权由该数人行使，其受益顺序和受益份额由被保险人或投保人确定；未确定的，受益人按照相等份额享有受益权。

受益人的保险金请求权直接来自人身保险合同的规定，因此被保险人死亡后，受益人获得的保险金不属于被保险人的遗产，既不纳入遗产分配，也不用于清偿被保险人生前债务。《保险法》第 42 条规定：被保险人死亡后，有下列情形之一的，保险金作为被保险人的遗产，由保险人依照《中华人民共和国继承法》的规定履行给付保险金的义务：（1）没有指定受益人，或者受益人指定不明无法确定的；（2）受益人先于被保险人死亡，没有其他受益人的；（3）受益人依法丧失受益权或者放弃受益权，没有其他受益人的。受益人与被保险人在同一事件中死亡，且不能确定死亡先后顺序的，推定受益人死亡在先。

二、保险合同的客体

保险合同的客体是保险利益。保险利益是投保人或被保险人对保险标的具有的法律上承认的利益。保险标的是指作为保险对象的财产及其有关利益或者人的寿命和身体。

特定的保险标的是保险合同订立的必要内容。保险合同保障的是被保险人对保险标的所具有的利益。因此，保险合同的客体是投保人或者被保险人对保险标的所具有的保险利益而不是保险标的。

三、保险合同的内容

保险合同的内容是保险合同当事人双方依法约定的权利和义务，通常以条文形式表现。即保险合同的内容主要由保险合同的条款体现，它由基本条款和特约条款组成。基本条款是保险合同必须具备的条款，我国《保险法》对此以列举方式进行了直接规定。特约条款是除基本条款以外，经投保人选择或与保险人协商确定的保险合同的其他条款，是投保人与保险人根据需要特别约定的保险合同条款，所以叫特约条款。但不管是基本条款还是特约条款，都是保险合同条款，都具有法律效力。

（一）保险合同的基本条款

依照我国《保险法》第18条的规定，保险合同的基本条款应当包括下列事项。

1. 保险人的名称和住所

我国对保险业的经营者做出了严格的限制性规定，明确规定除依照《保险法》设立的保险公司外，任何单位和个人不得经营商业保险业务。保险人的名称指保险公司的全称，保险人的住所是指保险公司所在的地址。保险人的名称和住所，一般列于保险格式合同。

2. 投保人、被保险人的姓名或者名称、住所，以及人身保险的受益人的姓名或者名称、住所

投保人、被保险人和受益人可以为自然人、法人或其他组织，可以为一人或者数人，人身保险中被保险人只能是自然人。投保人、被保险人和受益人的姓名或名称、住所地要使用全称。姓名和住所有重要的法律意义：（1）识别当事人的资格是否符合法律规定的要件。（2）便于保险合同履行。如保险合同成立后，保险费的交付、催告以及保险金的赔付等均与当事人的名称及住所有关。（3）发生保险纠纷后，诉讼的管辖、法律的适用、文书的送达以及进行破产清算的地点确定均涉及姓名与住所。（4）在涉外保险法律关系中，住所也有助于解决法律冲突。

3. 保险标的

保险标的是指作为保险对象的财产及其有关利益或者人的寿命和身体。只有明确保险标的，才能判明投保人或者被保险人对保险标的是否具有保险利益。另外，明确保险标的对规定赔偿数额也有重要意义。

4. 保险责任和责任免除

保险责任，是指保险合同中约定的保险事故或事件发生时，保险人应履行的合同义务。责任免除，是指按照法律规定或保险合同的约定，保险人不承担保险责任的范围。

5. 保险期间和保险责任开始时间

保险期间就是保险合同效力发生和终止的期限。保险人仅对保险期间内发生约定的保险事故所造成的损害负赔付责任。保险期间之外，即使属于保险责任范围，保险人亦不负赔付责任。由此可见，保险期间和保险责任开始时间是保险合同当事人履行义务的重要依据，不管采取哪种方式约定，必须在保险合同中明确记载。

6. 保险金额

保险金额是指保险人承担赔偿或者给付保险金责任的最高限额。

7. 保险费及其支付办法

保险费是投保人支付给保险人使其承担保险责任的对价，它是保险基金的重要来源，支付保险费是投保人的基本义务。保险合同应对保险费的数额、交付方式、交付时间和次数做出明确规定。投保人不按保险合同的约定交付保险费，保险人有权解除保险合同或者不履行赔付责任。保险费的多少由保险金额和保险费率以及保险期限等因素决定。

8. 保险金赔偿或者给付办法

保险金赔偿或者给付办法，包括赔付的计算标准和方式，应当在保险合同中载明。保险金的赔付一般采用货币方式。

9. 违约责任和争议处理

违约责任，是保险合同当事人不履行或不适当履行合同义务时所应承担的法律后果。违约责任的构成和形式既可能基于法定，也可以是当事人约定。

争议处理，是指保险合同发生纠纷后的解决方式，主要有协商、调解、仲裁和诉讼。

10. 订立合同的年、月、日

注明保险合同的订立时间，在法律上具有相当重要的意义。

（二）保险合同的特约条款

特约条款，是指除前述保险合同基本条款之外，当事人另行约定以解决某些特别事项的内容。《保险法》第18条第2款规定："投保人和保险人可以约定与保险有关的其他事项。"这类针对其他事项所作的约定即为特约条款。

第三节　保险合同的订立与履行

一、保险合同的订立

保险合同的订立是投保人与保险人之间基于意思表示一致而进行的法律行为。《保险法》规定保险合同的订立，一般需要经过投保人提出保险要求和保险人同意承保两个阶段，这就是保险合同的要约和承诺。

（一）要约

要约也称"订约提议"，是指一方以订立合同为目的而向对方做出的意思表示。一个有效的要约应具备三个条件：第一，要约须明确表示订约的愿望；第二，要约须具备合同的主要内容；第三，要约在其有效期内对要约人具有约束力。

保险合同的要约通常由投保人提出。保险公司业务员及其保险代理人等积极主动地向投保人"推销"保险的行为，只能视同为要约邀请，实质上仍然是投保人提出要约，即投保人为要约方。当然也不排除续保时，将保险人向投保人发出续保通知书等行为视同为要约。

（二）承诺

承诺即完全接受提议，是指当事人一方就同意对方要约而做出的意思表示。承诺有效应具备三个条件：承诺不能附带任何条件，即承诺须是无条件的；承诺须由受约人或其合法代理人做出；承诺须在要约的有效期内做出。合同经当事人一方做出承诺，即告成立。

保险合同的承诺也称为承保，通常由保险人或其代理人做出。当然也不排除续保时投保人成为承诺人的情形。但无论承诺人是保险人还是投保人，一旦无条件接受对方的要约，即为承诺，保险合同也随之成立。

二、保险合同的成立、生效与保险责任开始

（一）保险合同的成立

保险合同的成立是指投保人与保险人就保险合同条款达成一致，保险人同意承保。保险合同成立不一定标志着保险合同生效。保险合同成立后，如果合同双方没有采取行为来满足合同的生效要件，合同成立并不生效。

（二）保险合同的生效

保险合同生效是指保险合同条款开始对投保人（或被保险人、受益人）和保险人产生约束力，即保险合同条款产生法律效力。《民法典》第502条第1款规定："依法成立的合同，自成立时生效，但是法律另有规定或者当事人另有约定的除外。"《保险法》第13条也有相似规定。

一般来说，保险合同一经依法成立，即发生法律效力，也就是说，合同成立即生效。但是，保险合同多为附条件、附期限的合同，只有在条件成就时如按约定支付保险费后，或者保险期间届至时，保险合同生效，因此，保险合同的成立与生效存在区别。具体来说，保险合同经当事人双方协商一致就成立；保险合同生效则是保险合同对当事人发生法律效力，此时合同当事人均受合同条款约束。保险合同成立后，尚未生效前，即使发生约定的保险事故，保险人也不承担保险责任；保险合同生效后，发生保险事故的，保险人则应按保险合同约定承担保险责任。

（三）保险责任开始

保险合同生效，是指保险合同依据条款约定对合同双方当事人产生约束力；保险责任开始，是指根据保险合同的约定，保险人自某一时间开始承担保险责任，是保险人承担保险责任的起点。《保险法》第14条规定："保险合同成立后，投保人按照约定交付保险费，保险人按照约定的时间开始承担保险责任。"第18条规定保险合同应当包括保险期间和保险责任开始时间。

总之，保险合同生效的时间要么与保险合同成立同时，要么在保险合同成立之后；保险责任开始的时间既可以与保险合同生效同时，也可以在保险合同生效之后。

三、保险合同的履行

保险合同的履行，指保险合同当事人（或关系人）依法全面完成保险合同约定义务的行为。保险合同是双务合同，权利和义务是对等的，一方的权利就是另一方的义务。而且在保险合同履行的过程中还可能会出现保险合同的变更、转让、中止、复效和终止等情形。

（一）投保方的义务

1. 如实告知的义务

如实告知是指投保人在订立保险合同时，将保险标的重要事实以口头或书面形式向保险人作真实陈述。所谓重要事实，是影响保险人决定是否承保及保险费率厘定的事实。最大诚信原则要求投保人应履行如实告知义务。保险人只有在投保人如实告知后，才能正确决定是否承保和厘定保险费率。因此，如实告知是投保人必须履行的基本义务，也是保险人实现其权利的必要条件。我国实行的是"询问告知"方式，即投保人只要如实回答了保险人的询问，就履行了如实告知义务。根据《保险法》第16条、《海商法》第222条的规定，订立保险合同时，保险人可以就被保险人的有关情况向投保人询问，投保人应履行如实告知义务。

🖵 案例 3-1

投保人如实告知义务的履行

2015年7月6日，A寿险公司向甲先生出具了《电子投保申请确认书》，要求甲先生告知关于吸烟、饮酒、体重变化、血尿检等信息，A保险公司业务员乙先生代为勾选，并经甲先生确认。次日，A寿险公司向甲先生出具险种为防癌疾病保险、投保人和被保险人均为甲先生的《保险单》，甲先生已经支付当年及次年保费。

2016年12月至2017年4月间，甲先生先后在医院住院治疗，确诊为癌症并进行化疗等治疗。2017年1月，甲先生向A保险公司申领保险金。当月12日，A保险公司解除了与甲先生的保险合同，被甲先生起诉至法院。

在法院审理中，A保险公司称通过向医院调取的病历显示：2014年7月至2015年4月间，甲先生先后在B医院住院六次，病历记载其有40年吸烟史（每日两包）、饮酒史（每日半斤），接受过核磁、X光、超声波、CT等检查，甲先生投保时未履行如实告知健康状况义务。

【分析】

归结本案的焦点：

①A保险公司是否就健康告知事项向投保人甲先生询问，甲先生是否履行如实告知义务；

②A 保险公司解除保险合同的行为是否合法有效，是否应当承担给付保险金的责任。

法院审理查明，载明投保人健康状况等询问问题的文件系电子形式，由保险公司业务员乙某代填，乙某与甲某为亲戚关系，在投保时仅询问了投保人是否有癌症病史。法院认为，对于保险人未询问的范围和问题，投保人不负有告知义务。对于个人业务投保书中载明的健康告知事项与投保人实际健康状况不符的情况，并非由投保人未尽告知义务所致。法院判决 A 保险公司向甲先生支付保险金，并驳回甲先生其他诉讼请求。

资料来源：王小韦.保险代理人代签名，出险后保险赔不赔？［EB/OL］.

（2019-01-04）中国保险报网.

2. 支付保险费的义务

支付保险费是投保人的法定义务。投保人必须按照约定的时间、地点和方式支付保险费。保险费通常由投保人支付，也可以由有利害关系的第三人支付，无利害关系的第三人也可以代投保人支付保险费，但他们并不因此而享有保险合同上的利益。

3. 通知义务

（1）"危险增加"的通知义务。保险合同中，危险增加是有特定含义的，它是指订立保险合同时，双方当事人未曾估计到的保险事故危险程度的增加。保险事故危险程度增加的原因一般有两个：第一是由投保人或被保险人的行为所致。如财产保险合同中，改变保险标的的用途或使用性质。第二是由投保人或被保险人以外的原因所致，通常是自然条件、社会经济状况等发生意想不到的变化。不管怎样，投保方应当在知道危险增加后，立即通知保险人。

保险人在接到通知后，通常采取增加保费或解除保险合同的方式处理。在保险人接到"危险增加"的通知或虽未接到通知但已经知晓的情况下，应在一定期限内做出增加保费或解除合同的意思表示。如果不做任何表示，则可视为默认，之后不得再主张增加保费或解除保险合同。投保人履行"危险增加"的通知义务，对于保险人正确评估风险具有重要意义。

（2）保险事故发生的通知义务。保险合同订立以后，如果发生保险事故，投保方应及时通知保险人。因为既然已经发生约定的保险事故，意味着保险人承担保险责任，履行保险义务的条件已经产生。保险人如果能够及时得知情况，一方面可以采取适当的措施防止损失的扩大；另一方面可以迅速查明事实，确定损失，明确责任。关于通知的期限，各国法律规定有所不同。

《保险法》第 21 条规定："投保人、被保险人或者受益人知道保险事故发生后，应当及时通知保险人。故意或者因重大过失未及时通知，致使保险事故的性质、原因、损失程度等难以确定的，保险人对无法确定的部分，不承担赔偿或者给付保险金的责任，但保险人通过其他途径已经及时知道或者应当及时知道保险事故发生的除外。"

（3）保险标的转让通知义务。通常情况下，财产保险的保险标的由被保险人保管，被保险人的变更可能会引起风险的变化，因此，保单随保险标的的转让而转让时，被保险人或者受让人应当及时将此情况通知保险人。《保险法》第49条规定："保险标的转让的，保险标的的受让人承继被保险人的权利和义务。保险标的转让的，被保险人或者受让人应当及时通知保险人，但货物运输保险合同和另有约定的合同除外。因保险标的的转让导致危险程度显著增加的，保险人自收到前款规定的通知之日起三十日内，可以按照合同约定增加保险费或者解除合同。保险人解除合同的，应当将已收取的保险费，按照合同约定扣除自保险责任开始之日起至合同解除之日止应收的部分后，退还投保人。被保险人、受让人未履行本条第二款规定的通知义务的，因转让导致保险标的的危险程度显著增加而发生的保险事故，保险人不承担赔偿保险金的责任。"

（4）重复保险的通知义务。《保险法》第56条第1款规定："重复保险的投保人应当将重复保险的有关情况通知各保险人。"

4. 防灾防损义务

保险事故发生前，被保险人应积极采取措施，避免损失的发生。《保险法》第57条关于财产保险合同规定："保险事故发生时，被保险人应当尽力采取必要的措施，防止或者减少损失。保险事故发生后，被保险人为防止或者减少保险标的的损失所支付的必要的、合理的费用，由保险人承担；保险人所承担的费用数额在保险标的的损失赔偿金额以外另行计算，最高不超过保险金额的数额。"

5. 提供索赔单证义务

被保险人或受益人向保险人索赔时应当提供与确认保险事故的性质、原因、损失程度等有关的证明和资料。这些证明和资料既是被保险人或者受益人向保险人索赔的依据，也是保险人判定责任范围和赔偿或给付保险金的依据。

6. 协助保险人代位追偿义务

《保险法》第63条规定："保险人向第三者行使代位请求赔偿的权利时，被保险人应当向保险人提供必要的文件和所知道的有关情况。"被保险人的协助义务仅限于其所能提供的文件和所知道的情况，被保险人对不能提供的文件和不知道的情况没有义务向保险人提供。

（二）保险人的义务

1. 履行赔偿或给付保险金的义务

投保人订立保险合同，交付保险费的目的在于保险事故或事件发生后，能够从保险人处获得保险赔偿或给付。因此，承担保险责任，履行赔偿或给付保险金义务是保险人依照法律规定和合同约定所应承担的最重要、最基本的义务。

保险人承担保险责任的条件：第一，须有保险事故或事件发生；第二，须造成保险标的的损失；第三，保险事故与保险标的的损失须有因果关系。但在人身保险合同或给付性保险合同中，只要有合同约定的保险事故或事件发生，保险人均应承担保险责任，履行给付保险金义务。

保险人赔付的范围包括：

（1）保险金。财产保险合同中，根据保险标的的实际损失确定，但最高不得超过合同约定的保险标的的保险价值。人身保险合同中，即为合同约定的保险金额。

保险价值是指保险合同当事人在合同中议定的保险标的的价值，主要是在财产保险中作为确定保险金额的依据。

（2）检验费用。它是指保险人、被保险人为查明和确定保险事故的性质、原因和保险标的的损失程度所支付的费用。

（3）争议处理费用。主要指责任保险中应由被保险人支付的仲裁费、诉讼费以及其他必要的、合理的费用，如律师费、鉴定费等。

（4）施救费用。根据我国《保险法》第 57 条规定，第一，必要的、合理的施救费用，由保险人承担；第二，施救费用在损失赔偿金额以外另行计算；第三，施救费用以保险金额为限。

2. 说明义务

《保险法》第 17 条规定："订立保险合同，采用保险人提供的格式条款的，保险人向投保人提供的投保单应当附格式条款，保险人应当向投保人说明合同的内容。对保险合同中免除保险人责任的条款，保险人在订立合同时应当在投保单、保险单或者其他保险凭证上作出足以引起投保人注意的提示，并对该条款的内容以书面或者口头形式向投保人作出明确说明；未做提示或者明确说明的，该条款不产生效力。"

保险人承担说明义务的原因为：保险人熟悉保险业务，精通保险合同条款，并且保险合同条款大都由保险人制定，而投保人则常常受到专业知识的限制，对保险业务和保险合同都不甚熟悉，加之对合同条款内容的理解可能存在偏差、误解，均可能导致被保险人、受益人在保险事故或事件发生后，得不到预期的保险保障。因此，订立保险合同时，保险人应按最大诚信原则，对保险合同条款做出说明，使投保人正确理解合同内容，自愿投保。

免责条款的说明是保险人履行说明义务的一项重要内容。由于免责条款是当事人双方约定的免除保险人责任的条款，直接影响投保人、被保险人或者受益人的利益，因此，保险人在订立保险合同时，必须向投保人明确说明，否则，免责条款无法律效力。

3. 及时签发保险单证的义务

保险单证是指保险单或其他保险凭证。保险合同成立后，及时签发保险单证是保险人的法定义务。保险单证是保险合同成立的证明，也是履行保险合同的依据。在保险实务中，保险单证因其载明保险合同内容而成为保险合同最重要的书面形式。

4. 及时核定索赔申请并通知核定结果义务

《保险法》第 23 条规定："保险人收到被保险人或者受益人的赔偿或者给付保险金的请求后，应当及时作出核定；情形复杂的，应当在三十日内作出核定，但合同另有约定的除外。保险人应当将核定结果通知被保险人或者受益人；对属于保险责任的，在与被保险人或者受益人达成赔偿或者给付保险金的协议后十日内，履行赔偿或者给付保险金义务。保险合同对赔偿或者给付保险金的期限有约定的，保险人应当按照约定履行赔偿或者给付保险金义务。"

5. 保密义务

根据《民法典》第 501 条的规定，保险人应该在保险合同订立过程中、有效期内以及保险合同结束之后的合理期限内为投保人及其他保险合同关系人保密。《保险法》第 116 条也禁止保险人泄露投保人、被保险人的商业秘密。保险人在办理保险业务中必然了解投保人、被保险人的业务、财产以及个人身体等情况，而这些情况往往又是投保人、被保险人因其是商业秘密、个人隐私或者其他原因而不愿公开或传播的。为了维护投保人、被保险人的合法权益，保险人对其知道的上述情况，依法负有保密义务。

再保险接受人在办理再保险业务的过程中，必然知悉再保险分出人及原保险的投保人、被保险人的业务、财产及人身等情况，对此，再保险接受人也依法负有保密义务。

第四节 保险合同的变更、中止与终止

一、保险合同的变更

保险合同的变更是指在保险合同的存续期间，其主体、内容及效力的改变。保险合同依法成立，即具有法律约束力，当事人双方都必须全面履行合同规定的义务，不得擅自变更或解除合同。但有些长期性保险合同，需要随着主观和客观情况的变化而变化，保险合同的变更主要表现在以下几个方面：

（一）保险合同主体的变更

主体的变更是指保险合同当事人及关系人的变更。一般来说，主要是投保人、被保险人和受益人的变更，保险人的变更较少见，但在保险人破产、分立或合并等情况出现时，保险人也会随之变更。

保险合同主体的变更通常表现为保险合同的转让。由于保险合同的主要形式是保单，因此，这种变更在习惯上称为保单的转让。

在财产保险中，保单的转让往往因保险标的的所有权及相关权益发生转移（包括买卖、让与和继承等）而发生。

在人身保险中，保单的转让不以保险标的的转移为基础，而主要取决于投保人与被保险人的主观意愿。我国《保险法》第 34 条第 2 款规定："按照以死亡为给付保险金条件的合同所签发的保险单，未经被保险人书面同意，不得转让或者质押。"

知识链接 3-4

如何利用人寿保险合同变更进行财富传承

在人寿保险合同中，作为保险合同主体的被保险人是不可以变更的，但投保人和受益人是可以变更的，变更意味着投保人的保单及保单背后蕴藏的保单价值的转移、转让和传递，投保人可以通过主动的保单变更实现保单财富的传承。

1. 投保人的变更

在一般金融理财产品中，产品持有人是不能任意变更的。如果客户在金融机构购买了理财、基金，想把这个金融产品变更到其他家人名下，金融机构通常是不允许的。产品持有人需要提前赎回，再让家人去购买新产品，提前赎回不仅有损失，再次购买还有手续费，说明金融产品的流动性是受到限制的。

如果客户持有一张保单，把保单所有权转移到其他家人名下，《保险法》中称为投保人的变更。通过投保人变更，可以把投保人的保单财产传承到其他家人名下，是投保人在世时非常简单有效的财富传承方式，既是个人意愿的充分体现，也无须费用，无须审批。

2. 受益人的指定和变更

受益人成为保单财富传承的对象。在传统的财富传承概念中，继承是获取上一代人财富的主要方式，但无论是法定继承、遗嘱继承还是生前赠予，都存在不同的问题和风险，而保单指定受益人，却能绕开前三种传承方法的各种陷阱，完整实现被继承人（投保人）的真实诉求。

3. 合同有效性变更

很多的理财产品都是有固定期限的，在期限以内，投资人是不允许将投资款撤回或解除合同的。像基金、资管计划以及债券、信托产品等，一般投资人都需要等到产品开放赎回期，中间是不能单方解除合同的，但投保人却享有保险合同的法定解除权。

资料来源：李丽红，康意. 保险学［M］. 北京：中国金融出版社，2020.

（二）保险合同内容的变更

保险合同内容的变更是指在主体不变的情况下，改变合同中约定的事项。它包括：被保险人地址的变更；保险标的数量、品种、价值或存放地点的变化；保险期限、保险金额的变更；保险责任范围的变更；货物运输保险合同中的航程变更、船期的变化等。这些变化都对保险人承担的风险大小有影响。

保险合同内容变更的情况是经常发生的。《保险法》第 20 条规定："投保人和保险人可以协商变更合同内容。变更保险合同的，应当由保险人在保险单或者其他保险凭证上批注或者附贴批单，或者由投保人和保险人订立变更的书面协议。"

二、保险合同的中止与复效

保险合同生效后，由于某种原因，合同的效力中止。如人身保险中投保人未能按时支付保险费，保险合同的效力由此中断。在此期间，如果发生保险事故，保险人不负给付保险金的责任。但保险合同效力的中止并非终止。投保人可以在一定条件下，提出恢复保险合同的效力，经保险人的同意，合同的效力即可恢复，即合同复效。保险合同的复效是指保险合同的效力在中止以后又重新开始。已恢复效力的保险合同应视为原保险合同的继续。

三、保险合同的终止

保险合同的终止是指当事人之间由合同所确定的权利义务，因法律规定或合同约定的原因出现而不复存在。导致保险合同终止的原因很多，主要有以下几种。

（一）保险合同因期限届满而终止

保险合同关系是一种债权、债务关系。任何债权、债务都是有时间性的。保险合同订立后，虽然未发生保险事故，但如果合同的有效期已届满，则保险人的保险责任也自然终止。这种自然终止，是保险合同终止的最普遍、最基本的原因。保险合同终止，保险人的保险责任终止。当然，保险合同到期以后还可以续保。但是，续保不是原保险合同的继续，而是一个新的保险合同的成立。

（二）保险合同因解除而终止

解除是较为常见的保险合同终止的另一类原因。保险合同的解除是指当事人基于合同成立后所发生的情况，使合同无效的一种单方的行为。

保险实务中，保险合同的解除分为法定解除、约定解除和任意解除三种。

1. 法定解除

法定解除是指法律规定的原因出现时，保险合同当事人一方依法行使解除权，消灭已经生效的保险合同关系。法定解除是一种单方的法律行为。从程序上来说，依法有解除权的当事人向对方做出解除合同的意思表示，即可产生解除合同的效力，而无须征得对方的同意。

 知识链接 3-5

法定解除保险合同的情形

（1）因不可抗力致使不能实现保险合同的目的。根据《民法典》第 563 条第 1 款第 1 项的规定，因不可抗力致使保险合同目的不能实现，保险合同双方当事人都有权解除保险合同。不可抗力一般是指不能预见、不能避免并不能克服的客观情况。主要包括这样几种情形：① 自然灾害；② 政府行为；③ 社会异常事件。

不可抗力情形出现并不必然引起保险合同的解除，只有不可抗力的发生致使合同双方当事人当初订立保险合同的目的不能实现，合同当事人才可以解除保险合同。如果不可抗力仅是导致保险合同履行迟延，保险合同当事人不能据此解除保险合同。

（2）投保人不履行如实告知义务。《保险法》第 16 条第 2 款规定："投保人故意或者因重大过失未履行前款规定的如实告知义务，足以影响保险人决定是否同意承保或者提高保险费率的，保险人有权解除合同。"

（3）发生保险欺诈。《保险法》第 27 条第 1 款规定："未发生保险事故，被保险人或者受益人谎称发生了保险事故，向保险人提出赔偿或者给付保险金请求的，保险人有权解除合同，并不退还保险费。投保人、被保险人故意制造保险事故的，保险人有权解除合同，不承担赔偿或者给付保险金的责任；除本法第四十三条规定外，不退还保险费。"

（4）投保人不按期支付保费。第一，《保险法》第 37 条第 1 款针对分期交费的人身保险合同规定："合同效力依照本法第三十六条规定中止的，经保险人与投保人协商并达成协议，在投保人补交保险费后，合同效力恢复。但是，自合同效力中止之日起满二年双方未达成协议的，保险人有权解除合同。"第二，对于人身保险合同的首期保费，以及财产保险合同的保费（包括某些长期财产保险合同应分期交纳的保费），根据《民法典》第 563 条第 1 款第 3 项的规定，投保人如果未能按期交纳，经保险人催告之后仍未能在合理期限内交纳，保险人有权解除保险合同。

（5）投保人、被保险人未履行对保险标的安全义务。《保险法》第 51 条第 3 款规定："投保人、被保险人未按照约定履行其对保险标的的安全应尽责任的，保险人有权要求增加保险费或者解除合同。"

（6）被保险人不履行保险标的的危险增加通知义务。《保险法》第 52 条第 1 款规定："在合同有效期内，保险标的的危险程度显著增加的，被保险人应当按照合同约定及时通知保险人，保险人可以按照合同约定增加保险费或者解除合同。保险人解除合同的，应当将已收取的保险费，按照合同约定扣除自保险责任开始之日起至合同解除之日止应收的部分后，退还投保人。"

（7）保险人已履行财产保险合同部分损失的赔偿责任。《保险法》第 58 条第 1 款规定："保险标的发生部分损失的，自保险人赔偿之日起三十日内，投保人可以解除合同；除合同另有约定外，保险人也可以解除合同，但应当提前十五日通知投保人。"

2. 约定解除

约定解除是双方当事人约定解除合同的条件，一旦约定的条件出现，一方或双方即有权利解除保险合同。约定解除习惯上称为"协议注销"。保险合同一旦注销，保险人的责任就告终止。

3. 任意解除

任意解除是指法律允许当事人有权根据自己的意愿解除合同。《保险法》第 15 条规定："除本法另有规定或者保险合同另有约定外，保险合同成立后，投保人可以解除合同，保险人不得解除合同。"

但是，在某些特殊险种中，投保人的解除权受到一定的限制。《保险法》第 50 条规定，"货物运输保险合同和货物运输工具航程保险合同，保险责任开始后，合同当事人不得解除合同"；我国《海商法》第 227 条规定，"除合同另有约定外，保险责任开始后，被保险人和保险人均不得解除保险合同"。这是因为，货物运输保险合同和运输工具航程保险合同的保险责任开始后，保险标的往往已经处于运输途中，风险不可控制，如果赋予投保人或保险人任意的解除权，对于被保险人而言是极不公平的。

 知识链接 3-6

关于保险合同解除的法律后果

保险合同的解除不产生溯及既往的效力，即保险人对于合同解除之前发生的保险事故承担保险责任，仅退还合同解除日之日起至保险期限结束之日止的保险费。例如，《保险法》第 54 条规定，"保险责任开始前，投保人要求解除合同的，应当按照合同约定向保险人支付手续费，保险人应当退还保险费。保险责任开始后，投保人要求解除合同的，保险人应当将已收取的保险费，按照合同约定扣除自保险责任开始之日起至合同解除之日止应收的部分后，退还投保人"；又如《保险法》第 47 条规定，人身保险的"投保人解除合同的，保险人应当自收到解除合同通知之日起三十日内，按照合同约定退还保险单的现金价值"。

但我国《保险法》还规定了在几种特殊情形下，保险合同的解除产生溯及既往的后果，具体表现为：保险人对于合同解除前发生的保险事故不承担赔偿责任，或者保险人退还全部保险费。《保险法》第 16 条第 5 款规定，投保人因重大过失未履行如实告知义务，对保险事故的发生有严重影响的，保险人对于合同解除前发生的保险事故，不承担赔偿或者给付保险金的责任，但应当退还保险费。

典型的情形如《保险法》第 16 条第 4 款规定，投保人故意不履行如实告知义务保险人解除保险合同的，保险人对于合同解除前发生的保险事故不承担赔偿或者给付保险金的责任，并不退还保险费；第 27 条第 1 款规定，未发生保险事故，被保险人或者受益人谎称发生了保险事故，向保险人提出赔偿或者给付保险金请求的，保险人有权解除合同，并不退还保险费；第 27 条第 2 款规定，投保人、被保险人故意制造保险事故的，保险人有权解除保险合同，不承担赔偿或者给付保险金的责任，一般也不退还保险费（除《保险法》第 43 条规定外）。这里，法律规定保险人可以不退还保险费是对存在主观故意的投保人、被保险人或受益人的一种惩罚。

（三）保险合同因违约失效而终止

因投保人或被保险人的某些违约行为，保险人有权宣布合同无效。例如，未按保险合同约定遵守保证等。

（四）保险合同因全部履行而终止

保险事故发生后，保险人完成全部保险金额的赔偿或给付义务之后，保险责任即告终止。最常见的企业财产损失保险中，保险标的发生全损，被保险人领取了全部保险赔偿后，即使保险期限还未满，保险合同也因履行了全部赔付责任而终止。

第五节　保险合同的解释原则与争议处理

保险合同争议是指当保险合同成立后，合同主体就合同履行时的具体做法产生的意见分歧或纠纷。这种意见分歧或纠纷有些是由于合同双方对合同条款的理解互异造成的，有些则是由于违约造成的。不管是什么原因，发生争议后都需要按照一定的原则和方式来处理和解决。

一、保险合同的解释原则

保险合同的解释是指当保险当事人由于对合同内容的用语理解不同发生争议时，依照法律规定的方式或者约定俗成的方式，对保险合同的内容或文字的含义予以确定或说明。保险合同的解释原则通常有以下几种。

（一）文义解释原则

文义解释即按合同条款通常的文字含义并结合上下文来解释，既不超出也不缩小合同用语的含义。文义解释是解释保险合同条款的最主要的方法。

文义解释要求被解释的合同文句本身具有单一的且明确的含义。如果有关术语本来就只具有唯一的意思，或联系上下文只能具有某种特定含义，或根据商业习惯通常仅指某种意思，那就必须按照它们的本意去理解。

（二）意图解释原则

意图解释是指在无法运用文义解释方式时，通过其他背景材料进行逻辑分析来判断合同当事人订约时的真实意图，由此解释保险合同条款的内容。保险合同的真实内容应是当事人通过协商后形成的一致意思表示。因此，解释时必须要尊重双方当时的真实意图。意图解释只适用于合同的条款不精确、语义混乱，不同的当事人对同一条款所表达的实际意思理解有分歧的情况。如果文字表达清楚，没有含糊之处，就必须按字面解释，不得任意推测。

（三）有利于被保险人或受益人的解释原则

该原则是指当保险合同的当事人对合同条款有争议时，法院或仲裁机关要做出有利于被保险人和受益人的解释。对此，我国《保险法》第30条规定："采用保险人提供的格式条款订立的保险合同，保险人与投保人、被保险人或者受益人对合同条款有争议的，应当按照通常理解予以解释。对合同条款有两种以上解释的，人民法院或者仲裁机构应当作出有利于被保险人和受益人的解释。"因为保险合同是格式合同，订立合同时，投保方只能对已经拟定好的条款作接受还是不接受的意思表示，没有商量的余地。况且有些专业术语并不是一般人能够完全理解。为了避免保险人利用其有利的地位，侵害投保方的利益，各国普遍使用这一原则来解决保险合同当事人之间的争议。

（四）专业解释原则

专业解释是指对保险合同中使用的专业术语，应按照其所属专业的特定含义解释。在保险合同中除了保险术语、法律术语之外，还会出现某些其他专业术语。对于这些具有特定含义的专业术语，应按其所属行业或学科的技术标准或公认的定义来解释。如财产保险中对"暴风""暴雨"危险程度的解释就应按国家气象部门规定的技术标准来解释；人寿保险中对各种人身伤害及死亡的解释就应按医学上公认的标准来解释等。

（五）其他补充解释原则

当保险合同条款约定内容有遗漏或不完整时，可以借助商业习惯、国际惯例、公平原则等对保险合同的内容进行务实、合理的补充解释，以便继续履行合同。另外，书面约定与口头约定不一致时，以书面约定为准；保险单及其他保险凭证与投保单及其他合同文件不一致时，以司法解释为准；特约条款与基本条款不一致时，以特约条款为准；保险合同的条款内容因记载方式、记载先后不一致时，按照批单优于正文，后批注优于先批注，手写优于打印，加贴批注优于正文批注的规则解释等。

二、保险合同争议的处理方式

按照我国法律的有关规定，保险合同争议的处理方式主要有以下几种。

（一）协商

合同双方当事人在自愿互谅的基础上，按照法律规定和合同约定，友好地解决争议，消除分歧。自行协商解决方式简便，有助于增进双方的进一步信任与合作，并且有助于合同的继续执行。

（二）调解

调解是指在合同管理机关或法院的参与下，通过说服教育，使双方自愿达成协议、平息争端。调解必须遵循遵守法律、政策与平等自愿原则。只有依法调解，才能保证调解工作的顺利进行。如果一方当事人不愿意调解，就不能进行调解。如果调解不成立或调解后又反悔，可以申请仲裁或直接向法院起诉。

（三）仲裁

仲裁是指争议双方依照仲裁协议，自愿将彼此间的争议交由双方共同信任、法律认可的仲裁机构的仲裁员居中调解，并做出裁决。仲裁方式具有法律效力，采用一裁终裁制，当事人必须予以执行。尤其是在再保险合同中，双方当事人大多约定采用仲裁方式解决争议。

（四）诉讼

诉讼是指争议双方当事人通过国家审判机关——人民法院进行裁决的一种方式，它是解决争议方式中最极端的一种方式。双方当事人因保险合同发生争议时，有权以自己的名义直接请求法院通过审判给予法律上的保护。当事人应当在法律规定的诉讼时效内提起诉讼。

《中华人民共和国民事诉讼法》第 25 条对保险合同纠纷的管辖法院作了明确的规定："因保险合同纠纷提起的诉讼，由被告住所地或者保险标的物所在地人民法院管辖。"《最高人民法院关于适用〈中华人民共和国民事诉讼法〉若干问题的意见》的第 25 条规定："因保险合同纠纷提起的诉讼，如果保险标的物是运输工具或者运输中的货物，由被告住所地或运输工具登记注册地、运输目的地、保险事故发生地的人民法院管辖。"

本章小结

保险合同是指保险关系双方当事人之间订立的关于各自权利和义务的一种协议。保险合同是双务合同、射幸合同、附合合同、诺成性合同、非要式合同。保险合同的形式主要有投保单、暂保单、保险单、保险凭证和批单。保险合同由声明事项、保险协议、除外事项、条件事项和各种其他条款组成。保险合同的要素由保险合同的主体、客体和内容组成。保险合同的主体包括保险合同的当事人和保险合同的关系人。前者分为保险人和投保人；后者包括被保险人和受益人等。保险合同的客体是依附在保险标的上的保险利益。保险利益是指投保人或被保险人对保险标的所具有的法律上承认的利益。保险合同的内容即保险合同当事人之间的权利义务关系。保险合同的内容主要包括保险当事人的姓名和住所、保险标的、保险金额、保险费、保险期限和保险赔偿方式等。

保险合同的成立须经过要约和承诺两个步骤。保险合同分为成立即生效和延迟生效两种。保险合同的存续期间，其主体、内容等可能发生变更。另外，保险合同也可能因为期限届满、解除、违约失效、全部履行等原因而终止。保险合同的解释原则包括文义解释原则、意图解释原则、有利于被保险人或受益人的解释原则、专业解释原则和其他补充解释原则等。保险合同争议的解决方式主要有协商、调解、仲裁和诉讼等。

案例讨论

产险风控持续为深圳某金融中心大厦项目保驾护航

2015 年，平安产险派遣风控专家为深圳市某金融中心大厦建设项目进行风险勘查，提出风险改进建议。当时，随着大厦即将投运，大厦内部昂贵的设备和可燃物不断增加，大厦面临的火灾风险也陡然上升。平安产险风控专家未雨绸缪，在项目进入交叉施工高峰期之时对金融中心进行火险查勘。在整个查勘过程中，产险风控专家与施工单位坦诚地讨论防火管理上可以改进的空间，推心置腹地交换意见，找出可以合理实现的最有效防火方案。从开工到大厦落成，该建设项目从未发生人员死亡事故和重大财产损失，安全生产记录领先行业，成为国内超高层建筑安全管理的典范。

思考讨论题

防灾防损是投保人的义务，为什么保险公司要提供防灾防损的服务？

分析要点

防灾防损确实是投保人的义务，但在实务中，保险公司拥有专业的风险管理团队，可以更加精准地识别项目建设过程中的风险隐患，减少未来发生风险事故的概率以及由此导致的赔偿责任。

☑ 重要术语

保险合同	保险人	投保人	被保险人
受益人	保险标的	保险金额	保险利益
投保单	保险单	暂保单	责任免除

💡 思考题

1. 保险人会同意所有中止的保单复效吗？为什么？
2. 简述保险合同成立和保险合同生效的区别。
3. 如何理解保险合同的格式化和标准化？

延伸阅读

即测即评

第四章
保险的基本原则

学习目标

- 重点掌握保险利益的含义和作用以及各类保险的保险利益
- 掌握最大诚信原则及其对保险双方当事人的要求
- 掌握弃权与禁止反言的适用情形
- 识别近因并掌握近因原则
- 重点掌握损失补偿的计算方式
- 理解代位追偿中保险双方的权利与义务
- 掌握重复保险的构成条件以及在重复保险下保险人分摊损失的方式
- 通过学习保险利益原则和最大诚信原则，理解现代保险的高度伦理性以及诚信守法对维护当事人双方利益的重要意义，培养守信践诺的品质
- 通过学习近因原则和损失补偿原则，强调保险人的合同履行和社会责任，培养契约精神以及以人为本、包容向善的价值观

本章导读

　　保险业在长期发展的历史进程中，形成了一系列符合其经营规律和特点的基本原则，包括保险利益原则、最大诚信原则、近因原则和损失补偿原则及其派生的代位原则和分摊原则。这些原则是保险合同双方当事人、关系人在订立和履行保险合同过程中必须遵守的原则，已成为各国保险的法律规定，对于维护保险合同双方当事人、关系人的合法权益，保证保险合同的顺利履行，实现保险功能具有重要意义。

开篇案例

晋江市为 387 株古树名木购买保险

　　古树名木是历史文化遗产的重要组成部分。近年来，福建省晋江市一些古树名木因台风、塌方、病虫害等原因，加上普遍树龄较高，生长状况堪忧，存在一定安全隐患。为了加大对古树名木的保护力度，晋江市林业和园林绿化局于 2021 年 12 月为晋江市登记在册的 164 株古树及 223 株后备资源树木（树龄 50—100 年），购买了保护救治保险和第三者公众责任险，保险期限为一年，在因意外事故、气象灾

害、地质灾害、病虫害等事故造成的树木无法正常生长，需要保护救治的情况下将获得保险赔偿。

资料来源：黄祖祥，林晓燕.晋江为387株古树名木上保险［N］.泉州晚报，2021-12-17.

案例思考：

1. 若普通热心市民也想保护古树，为古树购买保险是否可行呢？

2. 我们是否可以为与自己毫无关联的人或财物购买保险？如若可以，可能会存在哪些风险隐患？

3. 在社会经济生活和商业交往中，保险交易关系是否需要满足一定的前提或条件才能成立？

第一节 保险利益原则

一、保险利益及其构成要件

保险利益是投保人或被保险人对保险标的所具有的法律上承认的利益，它体现了投保人或被保险人与保险标的之间经济上的利害关系。衡量投保人或被保险人对保险标的是否具有保险利益，是看投保人或被保险人是否因保险标的的损害或丧失而遭受经济上的损失。即当保险标的安全时，投保人或被保险人可以从中获益；反之，当保险标的受损，投保人或被保险人会遭受经济损失。

但在保险史上，并不是一开始就要求投保人或被保险人对保险标的具有法律认可的经济利益关系的。

 知识链接 4-1

保险利益原则的起源

保险利益原则的产生在于"保护公众免受赌博合同的滋扰，减少谋财害命的诱因"。

现代保险制度起源于海上保险，保险利益原则也源于海上保险。在1746年之前，海上保险并不要求投保人或被保险人证明他们对投保的船舶或货物拥有所有权或其他合乎法律规定的利益关系，从而导致许多人以被承保的船舶能否完成其航程作为赌博的对象，同时也诱使一些人破坏航程而导致航程无法顺利完成，造成大量海事欺诈。正是在这种情况下，《1746年英国海上保险法》第一次正式以法律条文的形式，规定被保险人必须对承保财产具有利益，这是有法律约束力的海上保险合同存在的前提条件。

与此同时，寿险中也存在类似赌博问题，有的投保人为遭受死刑起诉的犯罪嫌疑人或军人投保死亡保险，有的则为年迈的名人投保。劳合社就曾出现过一份投保拿破仑死亡或被活擒到英国的保险单，这激起公众的义愤和政府的关注。甚至为了防范以他人生命进行赌博，法国曾于1681年以法令形式禁止了人身保险。最终在1774年，英国议会通过《1774年英国人身保险法》，该法明确规定：凡无保险利益的人，或以赌博、博彩为目的的人，不得以他人的生命投保，或为任何事件投保。

《1746年英国海上保险法》和《1774年英国人身保险法》的立法重点在于禁止赌博，至于何种利益为保险利益，并无明确约定。直到《1906年英国海上保险法》出现，才具体规定了保险利益的内涵：当一个人与某项海上冒险有利益关系，即因与在冒险中面临风险的可保财产有着某种合法的或合理的关系，并因可保财产完好无损如期到达而受益，或因这些财产的灭失、损坏或被扣押而遭受利益上的损失，或因之而负有责任，则此人对此项海上冒险就具有保险利益。

资料来源：张虹，陈迪红.保险学教程［M］.北京：中国金融出版社，2012.

（一）保险利益的性质

1. 保险利益是保险合同的客体

保险标的是作为保险对象的财产及其有关利益，或人的寿命和身体。保险标的是保险利益产生的前提，保险利益建立在保险标的之上，而不是保险标的本身。保险并不能保证标的本身不会发生危险，投保的目的在于保险标的遭受损失后能得到经济上的补偿。投保人或被保险人要求保险人予以保障的是其对保险标的的经济利益，保险合同保障的也是投保人或被保险人对保险标的所具有的利益关系，即保险利益。

2. 保险利益是保险合同生效的依据

保险利益是保险合同关系成立的根本前提和依据。只有当投保人或被保险人对保险标的具有保险利益时，才能对该标的投保。否则，若允许投保人或被保险人将与自己没有任何利益关系的财产或人的生命作为保险标的投保，就会引发不良的社会行为和后果。另外，在订立合同时，若投保人或被保险人对同一标的有多方面的保险利益，可就不同的保险利益签订不同的保险合同。例如，对于房屋，其所有权人可以基于因所有权产生的保险利益订立保险合同，抵押权人也可以基于因抵押权产生的保险利益订立保险合同，租赁权人也可以基于因租赁权产生的保险利益订立保险合同。

3. 保险利益并非保险合同的利益

保险利益体现了投保人或被保险人与保险标的之间存在的利益关系。该关系在保险合同签订前已经存在或已有存在的条件，投保人与保险人签订保险合同的目的在于保障这一利益的安全。保险合同的利益则是指因保险合同生效后取得的利益，是保险权益，如受益人在保险事故发生后得到的保险金等。

（二）保险利益的构成条件

并非投保人或被保险人对保险标的所具有的任何利益都可以成为保险利益，保险利益的构成必须符合下列条件。

1. 保险利益应为合法的利益

投保人或被保险人对保险标的所具有的利益要为法律所承认。只有在法律上可以主张的合法利益才能受到国家法律的保护,因此,保险利益必须是符合法律规定的、符合社会公共秩序的、为法律所认可的利益。例如,在财产保险中,投保人或被保险人对保险标的的所有权、占有权、使用权、收益权或对保险标的所承担的责任等,必须是依照法律、法规、有效合同等合法取得、合法享有、合法承担的。因违反法律规定或损害社会公共利益而产生的利益,不能作为保险利益,例如,因偷税漏税、盗窃、走私、贪污等非法行为所得的利益不得作为投保人或被保险人的保险利益而投保。

 知识链接 4-2

善意的买受人对盗窃物是否具有保险利益?

盗窃为违法行为,占有人对盗窃物没有保险利益,但通过拍卖或公共市场善意取得盗窃物,善意的买受人有保险利益。在英国法中,如果占有是不当的,那么只有当该占有是无意的时候,才存在保险利益。在美国,早期的法院认为,即便购买的赃物的买方是善意的,他对这种财产也不具备保险利益;但20世纪80年代后的判例发生了变化,法院现在普遍认为,赃物的善意购买人拥有保险利益。法院的理由是:假设赃物的善意购买者不知道也没有理由知道自己所购买的财产是赃物,他所拥有的所有权便是有效与合法的,只是不能对抗真正的所有人而已,这样的权利足以构成保险利益。但如果购买者知道或应当知道该财产是盗窃所得,则其不具有保险利益。例如,购买者在买车时曾对车况产生疑问,怀疑该车来路不明,被判不具有保险利益。

资料来源:最高人民法院民事审判第二庭.最高人民法院关于保险法司法解释(二)理解

与适用[M].北京:人民法院出版社,2013.

2. 保险利益应为经济上的利益

由于保险保障是通过货币形式的经济补偿或给付来实现其功能的,如果投保人或被保险人的利益不能用货币来反映,则保险人的承保和补偿就难以进行。因此,投保人或被保险人对保险标的的保险利益在数量上应该可以用货币来计量,无法定量的利益不能成为保险利益。财产保险中,保险利益一般可以精确计算,对那些像纪念品、日记、账册等不能用货币计量其价值的财产,虽然对投保人有利益,但一般不作为可保财产。由于人的生命无法用金钱来衡量,一般情况下,人身保险合同的保险利益有一定的特殊性:要求投保人与被保险人具有利害关系或者被保险人同意投保人为其订立合同,才能认为投保人对被保险人具有保险利益。在个别情况下,人身保险的保险利益也可加以计算和限定,比如债权人对债务人生命的保险利益可以确定为债务的金额加上利息及保险费。

3. 保险利益应为确定的利益

保险利益必须是一种确定的利益,是投保人或被保险人对保险标的在客观上或事实上已经存在或可以确定的利益，而不是当事人主观臆断的利益。这种客观存在的确定利益包括现有利益和期待利益。

现有利益是指在客观上或事实上已经存在的经济利益。期待利益是指在客观上或事实上尚未存在，但根据法律、法规、有效合同的约定等可以确定在未来某一时期内将会产生的经济利益。例如，企业的所有人对其所经营企业的预期利益，货物运输公司对货物安全、按期到达的期待利益等。企业财产保险中的利润损失险（或称营业中断险）承保被保险人遭受保险事故并导致正常生产或营业中断所造成的预期利润损失。家庭财产保险中的租金损失保险也属于对期待利益的保障。期待利益是基于现有利益于未来可能产生的利益，必须具有客观依据，仅凭主观预测、想象可能会获得的利益不能成为保险利益。在投保时，现有利益和期待利益均可作为确定保险金额的依据。

二、保险利益原则的含义与意义

保险利益原则可以表述为：在订立和履行保险合同的过程中，投保人或被保险人对保险标的必须具有保险利益。根据我国《保险法》第 12 条的规定，人身保险的保险利益的判断主体是投保人，判断时点是保险合同订立时；财产保险的保险利益的判断主体是被保险人，判断时点是保险事故发生时。

关于保险利益缺失的法律后果，根据《保险法》第 31 条、第 48 条的规定，人身保险合同中保险利益的缺失将使保险合同无效，财产保险合同中保险利益不存在的法律后果为被保险人不得向保险人请求赔偿保险金。

保险利益原则的作用主要有以下几点。

（一）防止将保险变为赌博行为

保险利益原则要求投保人或被保险人必须对保险标的具有保险利益，被保险人只有在经济利益受损的条件下，才能得到保险赔付，从而划清了保险与赌博的界线，有效地防止了赌博性质的行为。

（二）防止道德风险的发生

保险赔偿或者保险金的给付是以保险事故或事件的发生为前提条件，如果投保人或被保险人对保险标的无保险利益，那么该标的受损，对其而言不仅没有遭受损失，相反还可以获得保险赔款，这样就可能诱发投保人或被保险人为谋取保险赔款而故意破坏保险标的的道德风险。反之，如果有保险利益存在，投保人或被保险人会因标的受损而遭受经济上的损失，这样投保人或被保险人就会关心保险标的的安危，使其避免遭受损害。即使有故意行为发生，被保险人充其量也只能获得其原有的利益，因为保险利益是保险保障的最高限度，保险人只是在这个额度内根据实际损失进行赔偿，因此也无利可图。而在人身保险方面，保险利益的存在更为必要，不仅是为了防止赌博，更重要的是为了保证被保险人的生命安全，如果投保人可以以任何人的死亡为条件而获取保险金，其道德风险发生的后果不堪设想。

（三）限制保险补偿的额度

保险旨在补偿被保险人在保险标的发生保险事故时遭受的经济损失，但不允许其获得额外的利益。以保险利益作为保险保障的最高限度既能保证被保险人获得充分的补偿，又能确保被保险人不会因保险而获得额外利益。投保人依据保险利益投保，保险人依据保险利益确定是否承保，并在其额度内进行保险赔付。因此，保险利益原则为投保人确定了保险保障的最高限度，同时为保险人进行保险赔付提供了科学依据。但在人寿保险中，通常不是根据保险利益，而是按照订立保险合同时双方约定的保险金额来进行给付。

三、财产保险的保险利益

（一）保险利益的来源

保险利益体现的是投保人或被保险人与保险标的之间的经济利益关系，这种经济利益关系在财产保险中来源于投保人或被保险人对保险标的所具有的各种权利。这些权利主要包括以下几类。

1. 财产所有权

财产所有人对其所有的财产具有保险利益。财产共同所有人的保险利益仅限于每一所有人对该财产所拥有的份额。

2. 财产经营权、使用权

虽然财产并不为其所有，但由于其对财产拥有经营权或使用权而享有由此产生的利益及承担相应的责任，所以财产的经营者或使用者对其负责经营或使用的财产具有保险利益。

3. 财产承运权、保管权

财产的承运人或保管人对其负责运输或保管的财产具有法律认可的经济利害关系，若承运或保管的财产在运输或保管过程中遭受损失，承运人或保管人必须承担赔偿责任，因而具有保险利益。

4. 财产抵押权、留置权

在债权债务关系中，抵押权人、质权人、留置权人，对抵押、出质、留置的财产具有经济上的利害关系，因此对抵押、出质、留置的财产具有保险利益。但债权人对债务人没有设定抵押权、质权、留置权的其他财产不具有保险利益。

值得注意的是，保险利益的内涵并非一成不变，而是伴随着保险行业的发展不断变化的。从历史角度看，保险制度从海上保险发展到陆地保险，从财产保险发展到人身保险，保险利益的范围逐渐扩大，内容不断丰富。尤其在财产表现形式趋于多样化的今天，保险利益的概念也越来越宽泛。

📑 **知识链接 4-3**

社会发展推动财产形态的变化和保险创新

由于现代科学技术与商品经济的发展，社会财富形态随之发生变化。知识与技术作为生产要素在经济增长中的重要性持续提升，人类通过脑力劳动创造的财富在全部社会财富中占据的比重日益提高。生产力发展、生产生活资源形态的扩张导致财产形态的扩充，出现了越来越多的无形、非物质性财产。科学技术的进步是推动财产形态从有体、物质性财产向无形、非物质性财产（如作品、专利、商标等智力成果）扩张的决定性因素。

所谓非物质性财产，是指财产的存在不具有一定的形态（如固态、液态、气态等），不占有一定的空间。人们对无形、非物质性财产的占有和支配不是一种实在而具体的控制，而表现为认识和利用。当然，无形、非物质性财产会通过一定的客观形式表现出来，例如，作品表现为文字著述、舞台表演、绘画、雕塑、音像制品等；发明创造表现为文字叙述、设计图表、形状构造等；商标表现为图案、色彩、符号、文字等。作品、专利、商标等智力成果的经济价值和财产属性被越来越多的人所接受。但应注意，作为无形、非物质性财产表现形式的载体，并非财产本身。智力成果等非物质性财产的效能和价值是其载体所难以全部包括和体现的。

进入信息时代，大数据、云计算、区块链、人工智能等信息技术的迅猛发展催生了数字经济的产生和发展。数据正在成为继有体物与智力成果之后可供人类支配与利用的新型财产。

近年来，我国保险公司开发了包括专利、商标、著作权、地理标志、集成电路布图设计、植物新品种及商业秘密等各类知识产权20多款保险产品。截至2022年年底，保险行业累计为2.8万家科技企业的4.6万件知识产权提供风险保障逾1 100亿元。2023年5月，全国首单数据知识产权被侵权损失保险成功签发，该保险基于企业对自身数据知识产权的风险保障需求，为合法拥有，并在数据知识产权登记系统或存证平台，取得数据知识产权登记证书或存证证书的数据，提供知识产权被侵权风险等一系列风险保障。

资料来源：

［1］全国首单数据知识产权被侵权损失保险签发，法治日报综合版，2023-05-24.

［2］张新宝. 论作为新型财产权的数据财产权［J］. 中国社会科学，2023（04）.

［3］吴汉东著. 无形财产权基本问题研究. 第4版. 北京：中国人民大学出版社，2020.

（二）保险利益存在的时间

《保险法》第12条规定："财产保险的被保险人在保险事故发生时，对保险标的应当具有保险利益。"这样规定的原因在于，财产保险的目的在于补偿经济损失。如果某人在订立保险合同时具有保险利益，但发生保险事故时不具有保险利益，则表明他并未遭受损失，因此不能获得赔偿。例如，某人为其车辆购买机动车辆损失保险，但在保险期间将车辆转让给他人，如果该车随后发生损失，他不能从保险人处获得赔偿，因为在事故发生时，这位投保人已经对该车不具有保险利益。

四、人身保险的保险利益

（一）保险利益的来源

人身保险的保险利益来源于投保人与被保险人之间所具有的各种利害关系。各国法律对人身保险的保险利益没有统一的规定。但一般都认为，凡是被保险人的继续生存对投保人具有现实或预期的经济利益，即认为投保人对该被保险人具有保险利益。人身保险的保险利益通常存在于下列几种情形。

1. 本人

任何人都可以为自己的生命保险，每个人对自己的生命都具有保险利益。一般而言，任何人都对自己的生命具有无限的保险利益。以自己生命为标的的保险合同，由于很难从经济意义上确定生命的价值，保险金额的确定原则上以保险人愿意接受和投保人能够支付的保费为限。为自己生命保险的人有权指定任何个人或法人作为受益人。

2. 有婚姻、血缘、抚养和赡养关系的亲属

由于家庭成员之间具有婚姻、血缘、抚养或赡养关系，因而也具有经济上的利害关系。家庭成员之间普遍存在着的"挚爱和感情"，可以在一定程度上防止道德风险的发生。在一般情况下，个人对其核心家庭成员具有保险利益，包括配偶、子女、父母。如果寿险保单的被保险人不是核心家庭成员（如叔侄关系、表亲关系），要满足保险利益的要求，必须能够证明有经济利益的存在，比如存在抚养、赡养或者扶养关系。

3. 雇用关系

由于企业或雇主与其雇员之间具有经济利益关系，因此，企业或雇主对其雇员具有保险利益。

4. 债权债务关系

由于债权人债权的实现有赖于债务人依约履行义务，债务人的人身安危关系到债权人的切身利益，所以债权人对债务人具有保险利益。

5. 为本人管理财产或具有其他利益关系的人

例如，在合伙关系中，每一合伙人对其他任一合伙人的生命具有保险利益；委托人对于受托人的生命具有保险利益。

实务中，当投保人以他人的生命或身体投保时，保险利益的确定具体要依据本国的法律，因为各国对人身保险的保险利益的立法有所不同。如英美法系国家基本上采取"利益主义"原则：即以投保人与被保险人之间是否存在经济上的利益关系为判断依据，如果有，则存在保险利益。而大陆法系的国家通常采用"同意主义"原则：即无论投保人与被保险人之间有无利益关系，只要被保险人同意，则具有保险利益。

另外，还有一些国家比如我国，采取"利益和同意相结合"原则：即投保人与被保险人之间具有经济上的利益关系或其他的利益关系，或投保人与被保险人之间虽没有利益关系，但只要被保险人同意，也被视为具有保险利益。《保险法》第31条第1款规定："投保人对下列人员具有保险利益：（1）本人；（2）配偶、子女、父母；（3）前项以外与投保人有抚养、赡养或者扶养关系的家庭其他成员、近亲属；（4）与投保人有劳动关系的劳动者。"第2款规定，被保险人同意投保人为其订立保险合同的，视为投保人对被保险人具有保险利益。

（二）保险利益存在的时间

人身保险着重强调投保人在订立保险合同时对被保险人必须具有保险利益，即只需要在合同订立时存在，保险合同订立后，就不再追究投保人对被保险人的保险利益问题。

对人身保险来说，在保险利益存在的情况下投保，即使后来投保人因离异、雇用合同解除或者其他原因而丧失对被保险人的保险利益，并不影响人身保险合同的效力，这个合同仍然是一个有效的、可以强制执行的合同，保险人仍然有给付保险金的义务。

人身保险中的保险利益原则要求投保人在投保时具有保险利益，主要是由三个因素所决定的：第一，人身保险常常是为亲属或配偶的利益而订立的。家庭关系，例如父母与子女的关系，一般并不随着时间的流逝而改变，这种关系在死亡时依然存在。第二，大部分寿险具有现金价值，兼具保障和投资功能，寿险合同可被视为一种有价证券。仅要求投保人在寿险合同订立时具有保险利益，可以使这种有价证券保持流动性。反之，如果要求投保人在被保险人死亡时仍具有保险利益，就会限制寿险合同的可转让性。第三，寿险合同是一种长期合同，在合同长期有效之后，如果因为投保人的保险利益停止，保险人以此拒绝履行给付义务，对投保人、被保险人及其受益人而言是不公平的。

案例 4-1

邻居帮忙投保　患病时保险公司该不该赔

吴大妈和刘大爷是多年邻居，两家关系甚是要好。2014 年 8 月，某保险公司业务员向刘大爷推荐一份保险，承诺刘大爷今后若不幸罹患癌症，保险公司将赔付癌症确诊保险金、住院津贴保险金以及癌症手术保险金等。刘大爷不仅给自己买了一份，还电话告诉了吴大妈。在得到吴大妈肯定回复后，刘大爷帮吴大妈也投保了一份。2016 年 2 月，吴大妈在确诊为胃癌后向保险公司提出索赔，但保险公司以投保人刘大爷与吴大妈非亲非故，不存在保险利益为由，拒绝赔付保险金。吴大妈随后向法院提起诉讼，要求保险公司赔付保险金共计 16 万余元。

庭审中，吴大妈表示自己当时同意刘大爷为其投保，保险合同依法有效，保险公司应当承担理赔责任。

【分析】

之所以规定保险利益原则，主要是为了防范道德风险。《保险法》第 31 条第 2 款规定，被保险人同意投保人为其订立合同的，视为投保人对被保险人具有保险利益。据此，刘大爷对吴大妈具有保险利益。法院最终判决保险公司赔付吴大妈保险金共计 16 万余元。

资料来源：上海法院网。

第二节　最大诚信原则

最大诚信原则起源于海上保险。在早期的海上保险中，保险人在与投保人签订保险合同时，往往远离船舶和货物所在地，难以对保险财产进行实地查勘，仅能凭投保人提供的有关被保险船舶和货物的信息，决定是否予以承保或以何种条件承保，所以特别要求投保方诚实可靠。《1906年英国海上保险法》首先从立法上确认了最大诚信原则，并且对于被保险人的告知和陈述义务、内容、时间和法律后果都做了非常详尽的规定。此后，世界各国的保险立法纷纷效仿《1906年英国海上保险法》的规定，相继确立了最大诚信原则。我国《保险法》第5条规定："保险活动当事人行使权利、履行义务应当遵守诚实信用原则。"

一、最大诚信原则的含义

诚信即坦诚、守信用。诚信是世界各国立法对民事、商事活动的基本要求，具体来说，就是要求一方当事人对另一方当事人不得隐瞒、欺骗，做到诚实；任何一方当事人都应善意地、全面地履行自己的义务，做到守信用。由于保险经营活动的特殊性，保险活动中对诚信原则的要求更为严格，要求做到最大诚信。

最大诚信原则可表述为：保险合同当事人在订立保险合同时及在合同的有效期内，应依法向对方提供影响对方作出是否缔约及缔约条件的全部实质性重要事实；同时绝对信守合同订立的约定与承诺。否则，受到损害的一方，可以以此为理由宣布合同无效或不履行合同的约定义务或责任，还可以对因此而受到的损失要求对方予以赔偿。

在保险合同订立和履行期间，保险双方当事人之间存在明显信息不对称，投保人和保险人双方各自具有自己的信息优势，双方是否向对方据实告知直接影响着保险合同是否订立、订立的条件、履行的结果等各方面：

第一，在整个保险经营活动中，保险标的始终控制在投保人、被保险人手中，投保人对保险标的的价值及风险状况最为了解，保险人往往没有足够的人力、物力、财力、时间对投保人、被保险人、保险标的进行详细的调查研究，保险经营活动要想正常进行，就要求投保方在合同订立与履行过程中将保险标的的情况如实告知保险人。投保人对保险标的价值及风险程度等情况陈述得完整准确与否，将直接决定保险人是否承保以及保险费率，投保人的任何欺骗或隐瞒行为，必然会侵害保险人的利益。

第二，保险合同属于附合合同，保险条款一般由保险人单方面事先拟定，具有较强的专业性和技术性，一般的投保人或被保险人不易理解和掌握。投保人或被保险人的投保决策，主要取决于保险人对保险责任的承诺以及对保险合同的解释，这就要求保险人也坚持最大诚信原则，将保险合同的主要内容告知投保人、被保险人。

二、最大诚信原则的基本内容

最大诚信原则的基本内容包括告知、保证、弃权与禁止反言。

（一）告知

告知是指保险合同订立时，保险人应当向投保人说明保险合同的条款内容；投保人应当将与保险标的有关的重要事实向保险人陈述。告知是保险双方当事人必须履行的义务。对投保人来说，通常称为如实告知义务，对保险人来说，称为说明义务。

1. 投保人的如实告知义务

对投保人而言，应当将与保险标的有关的重要事实如实向保险人陈述。何为重要事实？《1906 年英国海上保险法》第 18 条规定了判断的依据：该事实是否会对一个谨慎的保险人决定是否承保或确定保险费率的判断产生影响。世界各国保险法在决定一个事实是否属于重要事实时，基本上都采用了与《1906 年英国海上保险法》相同的标准。例如，我国《海商法》规定，重要事实是指"有关影响保险人据以确定保险费率或者确定是否同意承保的重要情况"。

一个事实是否构成重要事实，并不取决于投保人自己认为它是否重要，通常也不是以某一个特定保险人看法为标准，而是以一个合理谨慎的保险人在这种情况下是否会受到影响作为标准。换言之，在这种情况下，大多数保险人会怎样做，是接受投保还是拒绝投保，或者会给予什么样的费率。这种标准也叫作"客观合理的保险人标准"，它较为重视客观，以大多数保险人的立场来衡量一个事实的重要性。

可见，判断重要事实的标准有两个：第一，是否会对保险人接受投保，即与投保人达成保险合同产生影响；第二，是否会对保险人按何种费率收取保费产生影响。在判断一个事实时，回答上述两个问题，只要有一个问题的回答是肯定的，这个事实就是重要事实。

（1）投保人告知的内容。

第一，投保人在投保时，必须按保险人的要求将与保险标的有关的实质性的重要事实告知保险人，陈述不得遗漏、隐瞒或欺诈，目的在于让保险人了解保险标的的现实风险和潜在风险。

第二，保险合同存续期间，由于客观或被保险人的主观原因致使保险标的风险增加的，须及时通知保险人。保险人可以根据风险增加程度确定是否继续承保或增加保险费。如船舶保险中，船舶转借、出租、变更航行区域将使风险增加，投保人如不及时履行如实告知义务，因保险标的的危险程度显著增加而发生的保险事故，保险人不承担赔偿保险金的责任。

第三，若在保险合同订立时或保险期间，出现重复保险，投保人应将重复保险的有关情况告知保险人。

第四，保险标的发生转让，应及时通知保险人。若被保险人或受让人未履行通知义务，因转让导致保险标的危险程度显著增加而发生的保险事故，保险人不承担赔偿保险金的责任。

第五，保险事故发生后的通知。保险事故发生后，投保人、被保险人或者受益人应及时通知保险人，目的在于使保险人准确查找损失原因，协助减少保险损失，同时也有利于被保险人或受益人尽早得到保险赔付。

案例 4-2

私家车从事网约车运营　保险公司被判免责

2016 年 9 月，赵某乘坐王某驾驶的网约车，王某在赵某下车后倒车时，将赵某放在地上的摄像器材碾压损坏。经认定，王某负事故的全部责任。事故发生后，赵某将摄像设备送修并支付了 1.6 余万元维修费。王某驾驶的车辆登记为非营运性质，并在保险公司投保了交强险及第三者商业责任险，此次交通事故发生在保险期限内。王某于 2016 年 2 月份注册某网约车平台进行快车工作，但在保险投保时并未告知保险公司车辆用于网约车运营。

王某提出，自己驾驶的车辆投保了保险，保险公司应该对赵某的损失承担相应赔偿责任。保险公司认为，事故的发生是由于王某将非运营车辆用于运营，导致赵某物品受损，因此不属于保险责任，保险公司不同意承担赔偿责任。

【分析】

王某驾驶的车辆登记性质为非营运车辆，并依登记性质在保险公司投保了交强险和商业险。由于王某从事网约车快车工作，其车辆的使用频率与个人自用相比明显提高，保险标的的危险程度显著增加，依据相应法律规定，王某应将其此事实通知保险公司。因王某未履行法定的通知义务，保险公司在第三者商业责任险范围内不需要承担保险责任。但从交强险设立的制度功能及其作用角度考虑，保险公司应在交强险的范围内对于赵某的损失承担保险责任，赔偿赵某 2 000 元。王某自行赔偿赵某 1.4 万余元机器维修费。

资料来源：北京法院网

（2）投保人告知的方式。

从各国保险立法来看，投保人的告知方式一般分为两种：一是无限告知，二是询问回答告知。

无限告知，是指法律或保险人对告知的内容没有确定性的规定，投保人应将知道或应当知道的所有保险标的的危险状况及相关重要事实如实告知保险人，或者投保人应向保险人提供足够的信息以便后者能够进一步询问。

询问回答告知，是指投保人或被保险人只需对保险人询问的问题如实告知，对询问以外的问题投保人无须告知。

大多数国家的保险立法采用询问回答告知的方式。我国也是采用这一形式。我国《保险法》第 16 条第 1 款规定："订立保险合同，保险人就保险标的或者被保险人的有关情况提出询问的，投保人应当如实告知。"所以，对于某一事项是否为重要事实，在询问回答告知的立法形式下，通常将保险人询问的事项推定为重要事实，而将保险人未询问的推定为非重要事实。

至于合同订立后的危险增加和事故发生的通知义务，法律没有要求具体形式，只要求投保人、被保险人及受益人应在最大诚信的基础上自觉地、主动地及时履行。

（3）投保人违反告知义务的法律后果。

投保人在订立保险合同或整个保险合同存续期间，未将重要事实如实告知保险人，即构成违反告知义务。对违反告知义务的法律后果，各国保险法律的规定不尽相同，大多数国家保险立法规定，在投保人或被保险人违反告知义务时，保险人有权解除合同。

但保险人并非可以随意以"违反告知义务"为由而解除合同或拒绝赔付，保险人必须举证如下两个要件：其一，投保人须有未如实告知的事实，包括有意隐瞒、欺诈或过失遗漏（如以营业车冒充非营业车、隐瞒既往病史等），或者在合同履行期间未及时通知保险人保险标的风险增加；其二，这种事实属于重要事实而且足以影响保险人对保险标的风险的估计，影响保险人决定是否承保或者提高保险费率，如寿险中被保险人的既往病史、火灾保险中建筑物的构造和使用性质等。只有当"违反告知义务"同时满足了上述两要件时，保险人才能够解除合同或拒赔，否则不得擅自解除合同或拒赔。如果投保人仅因轻微过失未履行告知义务，保险人并不因此而取得解除合同的权利。

我国《保险法》对投保人违反告知义务区分故意和重大过失，分别赋予不同的法律后果。《保险法》第16条第2款规定："投保人故意或者因重大过失未履行前款规定的如实告知义务，足以影响保险人决定是否同意承保或者提高保险费率的，保险人有权解除保险合同。"第4款规定："投保人故意不履行如实告知义务的，保险人对于合同解除前发生的保险事故，不承担赔偿或者给付保险金的责任，并不退还保险费。"第5款规定："投保人因重大过失未履行如实告知义务，对保险事故的发生有严重的影响的，保险人对于保险合同解除前发生的保险事故，不承担赔偿或者给付保险金的责任，但应当退还保险费。"

同时为了公平起见，《保险法》第16条第3款对保险人因投保人未履行如实告知义务而拥有的解除权进行了限制：保险人因投保人故意或因重大过失未履行如实告知义务所具有的第2款规定的合同解除权，自保险人知道有解除事由之日起，超过三十日不行使而消灭。自合同成立之日起超过两年的，保险人不得解除合同；发生保险事故的，保险人应当承担赔偿或给付保险金的责任。这一规定即不可抗辩条款，它通过限制保险人的合同解除权来维护被保险人的利益和保险合同效力的稳定。

2. 保险人的说明义务

保险人的说明义务是指，在保险合同的订立过程中，保险人具有将保险合同条款向投保人进行说明的义务。大部分保险合同是典型的格式合同，合同条款由保险人单方拟定，具有附合性。并且，由于保险业务的专业性，条款多有一些艰涩难懂的专业术语，若保险人不做说明，对于缺乏保险专业知识的普通投保人而言，很难准确理解条款的内涵和法律后果，造成双方当事人缔约地位实质上的不平等和意思表示实质上的不自由，对投保人有失公平。

（1）保险人的说明方式。

保险人的说明方式可分为明确列明与明确说明。明确列明是指保险人只需将保险的主要内容明确列明在保险合同当中，即视为已告知投保人。明确说明是指不仅应将保险的主要内容明确列明在保险合同当中，还需对投保人进行明确提示，并加以适当、正确的解释。

我国为了更好地保护保险消费者的利益，采用的是明确说明的方式。《保险法》第17条规定："订立保险合同，采用保险人提供的格式条款的，保险人向投保人提供的投保单应当附格式条款，保险人应当向投保人说明合同的内容。对保险合同中免除保险人责任的条款，保险人在订立合同时应当在投保单、保险单或者其他保险凭证上作出足以引起投保人注意的提示，并对该条款的内容以书面或者口头形式向投保人作出明确说明；未做提示或者明确说明的，该条款不产生效力。"根据《最高人民法院关于适用〈中华人民共和国保险法〉若干问题的解释（二）》，提示应采用"足以引起投保人注意的文字、字体、符号或者其他明显标志"；至于保险人对保险合同中有关免除保险人责任条款的"明确说明"，则要对这些条款的概念、内容及其法律后果以书面或者口头形式向投保人作出常人能够理解的解释说明。

（2）保险人未尽到说明义务的法律后果。

根据我国《保险法》第17条规定，保险人未对免除保险人责任的条款作提示或明确说明的，该条款不产生效力。

根据我国《保险法》第116条、第161条和第171条的规定，保险公司及其工作人员在保险业务中不得欺骗投保人、被保险人或者受益人，不得对投保人隐瞒与保险合同有关的重要情况，不得阻碍投保人履行如实告知义务或者诱导其不履行如实告知义务；如有上述行为，由保险监督管理机构责令该单位改正，处五万元以上三十万元以下的罚款，情节严重的，限制其业务范围、责令停止接受新业务或者吊销业务许可证；对直接负责的主管人员和其他直接责任人员给予警告、并处一万元以上十万元以下的罚款，情节严重的，撤销任职资格。

📺 案例 4-3

尹某诉某互联网保险有限责任公司财产保险合同纠纷案

某财产保险公司是一家互联网保险公司，投保、理赔均在互联网上进行。尹某在该保险公司投保车险后，收到了该公司邮寄的保险单，但未收到《机动车综合商业保险免责事项说明书》（以下简称《说明书》）和《中国保险行业协会机动车综合商业保险示范条款》（以下简称《保险条款》）。2017年6月，尹某在停车时碰撞到戴某的车辆，造成两车损坏。事故发生后，尹某向该保险公司报案，保险公司客服称无须报警，也不用现场查勘，仅需拍照上传至保险公司平台即可，尹某根据要求拍照上传进行定责定损，并提交了相应证据，但未报交警。

尹某修好车辆后向保险公司提出理赔时被拒，保险公司主张此次事故无法查清事实及原因，且尹某不配合验车致使无法定损。于是，尹某诉至法院，请求保险公司赔付车辆维修费1 250元、已垫付的戴某车辆维修费16 600元，合计17 850元。广东省东莞市第一人民法院一审判决支持尹某全部诉讼请求。

【分析】

本案中，尹某虽无报警处理事故，但已向保险公司报案，该保险公司作为保险格式条款的提供方和保险服务的提供者，应在被保险车辆出险后派员积极履行查勘、定损及理赔的义务，而该保险公司并未派员到事故现场查勘，也无派员对车辆进行定损。该保险公司并无提交证据证明其有将《说明书》《保险条款》送达给尹某，尹某亦不确认收到，因此并无证据证明该保险公司对尹某已履行了对相关免责保险条款的提示及明确说明义务。

本案系互联网保险合同纠纷。随着互联网的快速发展，互联网保险因其方便快捷的优势日渐被消费者接受。一方面，它为投保人提供了线上投保、拍照定损、快速理赔等便捷的保险服务；另一方面，互联网情形下，保险条款的提示及说明、无纸化运营下的取证及证据保管等，也给保险双方当事人带来了困扰。本案的判决对保护投保人或被保险人的合法权益、完善互联网保险运营方式有积极意义。

资料来源：广东高院发布 2018 年度涉互联网十大典型案例［EB/OL］.

（2019-09-27）.广东法院网.

（二）保证

保险中的保证是指保险合同中以书面文字或通过法律规定的形式使投保人或被保险人承诺某一事实状态存在或不存在，持续存在或不存在，履行某种行为或不履行某种行为的保险合同条款。保证主要是对投保方的要求，是保险人签发保险单或承担保险责任所需投保人或被保险人履行某种义务的条件。保险人之所以要求投保方承诺某种保证，目的在于控制风险，确保保险标的及其周围环境处于良好的状态。

保证与告知都是对投保人或被保险人诚信的要求，但二者有所区别。告知强调的是诚实，对有关保险标的的重要事实如实申报，目的在于使保险人能够正确估计其所承担的危险；而保证则强调恪守诺言，许诺的事项与事实一致，目的在于控制危险。

保证最早出现在 18 世纪的海上保险中，当时由于保险合同双方当事人的信息不对称，保险人仅能依赖被保险人的承诺来实现对海上运输风险的控制和对保险标的的管理。随着海上保险中有关保证判例的大量出现，保证制度最终在《1906 年英国海上保险法》中被正式确立。该法对保证的性质和定义、保证的方式、保证如何遵守以及违反保证的后果等一系列问题进行了规定。

我国关于保证的规定主要集中在《海商法》第 235 条[①]以及最高人民法院 2006 年11 月发布的《关于审理海上保险纠纷案件若干问题的规定》第 6—8 条。[②]

---

① 尽管我国的法律主要承袭自以德国和法国为代表的大陆法系国家的法律，但我国《海商法》的制定却较多地参考了以英国为代表的英美法系国家的海商法。《中华人民共和国海商法》第 235 条规定，"被保险人违反合同约定的保证条款时，应当立即书面通知保险人。保险人收到通知后，可以解除合同，也可以要求修改承保条件、增加保险费。"

②《最高人民法院关于审理海上保险纠纷案件若干问题的规定》第 6 条规定："保险人以被保险人违反合同约定的保证条款未立即书面通知保险人为由，要求从违反保证条款之日起解除保险合同的，人民法院应予以支持。"第 7 条规定："保险人收到被保险人违反合同约定的保证条款书面通知后仍支付保险赔偿，又以被保险人违反合同约定的保证条款为由请求解除合同的，人民法院不予支持。"第 8 条规定："保险人收到被保险人违反合同约定的保证条款的书面通知后，就修改承保条件、增加保险费等事项与被保险人协商未能达成一致的，保险合同于违反保证条款之日解除。"

1. 保证的类型

（1）根据保证事项是否已存在，可分为确认保证和承诺保证。

确认保证又称为事实保证，指投保人或被保险人对过去或现在某一特定事实的存在或不存在的保证。确认保证是要求对过去或投保当时的事实作出如实的陈述，而不是对该事实以后的发展情况作保证。例如，投保人身保险时，投保人保证被保险人健康状况良好。

承诺保证，指投保人或被保险人保证某种状况不仅存在于保险合同订立之时，而且将持续存在于整个保险期间，或者，保证在保险期间履行某种行为或不做某种行为。例如，家庭财产保险单规定，投保人或被保险人不得在家中放置危险物品；盗窃险保单规定被保险人在承保处所安排警卫员 24 小时值班。

（2）根据保证存在的形式，可分为明示保证和默示保证。

明示保证，指以文字或书面的形式载明于保险合同之中。

默示保证，不载明于保险合同中，一般是国际惯例所通行的准则，习惯上或社会公认的被保险人应在保险实践中遵守的规则。默示保证与明示保证具有同等的法律效力。默示保证在海上保险中运用比较多，如海上保险的默示保证有三项：① 保险船舶必须有适航能力；② 要按规定的或习惯的航线航行；③ 必须从事合法的运输业务，统称适航保证。

2. 违反保证的法律后果

根据《1906 年英国海上保险法》，保证条款被视为保险合同的条件和基础，凡是投保人或被保险人违反保证事项，无论其是否存在过失，无论轻微还是重大，亦无论是否对保险人造成损害，甚至损失的发生与违反保证之间无因果关系，保险人均有权解除合同，不予承担赔付责任。即使违反保证的事实更有利于保险人，保险人仍能以违反保证为由，使合同无效。

案例 4-4

1922 年道生公司诉劳合社承保人博宁火险案

被保险人投保了卡车的火险和第三者责任险，投保单要求被保险人"写明卡车通常停放的详细地点"，被保险人下意识地将卡车的存放地点填写成他的公司所在地格拉斯哥市中心，而实际上该车经常存放在郊区。虽然卡车停放在郊区的危险性比停放在市中心的危险性小得多，但由于保单上列有下述保证条款："保证填报各项属实，投保单作为合同的基础。"所以当某日卡车在郊区停车场失火，被保险人提出索赔后，保险人因其告知不实而拒赔。被保险人声称此系错填，对保险人拒赔不服上告到最高法院。法院认为，保险人可以解除保险单和拒赔，因为停车场的填报地点不实，且保单上的保证条款是合同的基础，所填具的申报影响陈述事实的真实性。

资料来源：许谨良.保险学原理（第 5 版）[M].上海：上海财经大学出版社，2017.

但《1906 年英国海上保险法》根植于英国 19 世纪末社会经济情况，当时的立法背景已与现代社会大相径庭。随着时间的推移，保证条款因其过于严苛的规定对投保人（被保险人）不仅有失公平还造成严重的不利后果而备受争议和批评。许多国家开始采取措施，缓和和限制违反保证条款带来的严重法律后果，只有出现针对保证条款的重大违反时才会发生保单无效的后果。

《2015 年英国保险法》重新规定了违反保证的法律后果，保险人不得以被保险人违反保单中特定的"保证"条款为由拒赔与特定"保证"条款无关的实际损失。同时，该法还禁止将被保险人在投保时的陈述作为"合同基础"条款转变为保证的做法。

根据《2015 年英国保险法》，诸多以往生效的判例可能产生截然不同的裁判结论。以上述《1922 年道生公司诉劳合社承保人博宁火险案》为例，若类似案件再次发生在今日，则法官至少要查明以下两个问题，即卡车停放在郊区是否增加了风险，以及该增加的风险是否同保险事故的发生存在因果联系。案例中，卡车停放在郊区的危险性比停放在市中心的危险性小得多，同事故的发生不存在因果关系，按照《2015 年英国保险法》的规定，保险人显然应当承担保险责任。

 知识链接 4−4

保险保证制度的发展与改革

保证的具体法律规则及法律效果，由英国曼斯菲尔德勋爵担任王座法庭的首席大法官期间（1756—1788 年）明确并发展而来。在这一时期的一系列判决中，曼斯菲尔德大法官基于保险法中的诚信原则，将"保证"上升到制度层面，明确了保险中的保证必须被严格遵守，否则合同无效。假如保证船舶于 8 月 1 日启航，但实际于 8 月 2 日才启航，即为违反保证条款。鉴于曼斯菲尔德大法官在"保证"问题上创建的理论和归纳的原则，其被冠之以"海上保险保证制度之父"的称号。到《1906 年英国海上保险法》颁布，保证制度得以形成一个完整的体系。

在早期航海技术、通信条件和承保技术相对落后的年代，保险人无法准确或及时得知航行于世界各地的船舶及其所载货物的实际情况，也无法防控海上可能发生的事故，故只能为投保人规定一项严格的义务，即在订立合同时，要求投保人对某种事实的存在与否或者为或不为某种行为做出确定或否定的回答，而一旦其做出某种承诺，就必须严格遵守，即使其后来违反保证的行为与保险人承保的风险没有关联，也可免除保险人的赔偿责任。保证制度在当时信息不对称条件下，有助于保险人确定并且限制承保的风险，防范逆选择和道德风险。违反保证事项所致的严重后果使得投保人（被保险人）具有遵守保证的强烈动机。由于该项制度适应了当时的航海技术和通信条件，短期内即被许多英美法系国家接受，也为大陆法系国家立法所借鉴。保证制度对调整保险合同关系、降低保险交易成本，保障和促进海上运输和海上保险的发展发挥了不可磨灭的作用。

然而，随着时代的发展、科学技术的进步以及法律制度的完善，保证制度的不合理之处不断显现，乃至不断遭到学界、业界和司法界的质疑和批评。故而，国际范围内一些国家立法和司法实践对保证制度正在进行或已经改革。例如，加拿大限制了违法保证条款的效力，只有在违反保证对于所造成的特定损失起到十分重要的作用时，保险人才可以免除保险责任。美国纽约州的保险法规定，只有当违反保证条款极大地增加了可能造成损失风险的时候，合同才会终止。新西兰在《1977年新西兰保险法修正案》中规定，如果证明被保险人违反保证的行为并未造成损失，将不影响被保险人就保险事故向保险人提起索赔的权利。《2015年英国保险法》对违反保证的法律后果的规定是：将违反保证后保险人自动解除保险责任，改为被保险人违反保证后，保险合同的效力"中止"，直到违反行为被改正或情况已经发生变化而不需改正，保险合同的效力继续，保险人对合同中止期间发生的事故或责任没有保险赔偿责任；如果被保险人能证明其违反特定"保证"条款的行为不可能导致某一特定损失风险的增加，亦不可能导致合同中其他种类或发生在其他时间或地点的损失发生，则该违反行为与增加的风险或额外的损失没有关联性。

资料来源：李伟群，丁旭鸣.英国保险法改革历程检视与立法启示［J］.上海商学院学报，

2017，18（01）：55-63.

（三）弃权与禁止反言

从告知和保证的内容要求可见，虽然从理论上来说，最大诚信原则适用于保险双方当事人，但在保险实践中，更多的是体现在对投保人或被保险人的要求上。通常，由保险人拟定保险合同，并且在保险合同中约定了诸多投保人或被保险人应当履行的特定义务，以此作为保险人承担保险责任的前提条件，所以保险人在保险合同的履行过程中，特别是对保险合同的解除和保险金的赔付享有十分广泛的抗辩机会。因此，为了保障投保人和被保险人的利益，限制保险人利用违反告知或保证而拒绝承担保险责任，各国保险法一般都有弃权和禁止反言的规定，以约束保险人及其代理人的行为，平衡保险人与投保人（被保险人）之间的权利义务关系。

1. 弃权

弃权是指保险合同的一方当事人放弃其在保险合同中可以主张的某项权利，通常是指保险人放弃保险合同的解除权与抗辩权。构成保险人的弃权必须具备两个要件：第一，保险人必须知道投保人或被保险人有违反约定义务（如告知义务或保证条款）的情形，因而享有合同解除权或抗辩权；第二，保险人必须有弃权的意思表示，无论是明示的还是默示的。

对于默示弃权，如果保险人知道投保人或被保险人有违背约定义务的情形，却仍然做出如下行为，通常被视为默示弃权：

第一，投保人未按期缴纳保费或违背其他约定义务，保险人原本有权解除合同，但却在已知此行为的情况下仍然收取投保人逾期交付的保费，则证明保险人有继续维持合同的意思表示，因此，其本应享有的合同解除权或抗辩权被视为放弃。

第二，被保险人违反防灾减损义务，保险人可以解除保险合同，但在已知该事实的情况下并没有解除合同，而是指示被保险人采取必要的防灾减损措施，该行为可视

为保险人放弃合同解除权。

第三，投保人、被保险人或受益人在保险事故发生时，应于约定或法定的时间内通知保险人。但投保人、被保险人或受益人逾期通知而保险人仍接受，可视为保险人对逾期通知抗辩权的放弃。

第四，在保险合同有效期内，保险标的危险增加，保险人有权解除合同或请求增加保费，当保险人请求增加保费或继续收取保费时，视为保险人放弃合同解除权。

2. 禁止反言

禁止反言也称为禁止抗辩或禁止反悔，是指合同一方既已放弃其在合同中的某项权利，日后不得再向另一方主张这种权利。在保险实践中，禁止反言主要用于约束保险人，是指保险人对某种事实向投保人（被保险人）所做的错误陈述为其所合理依赖，以至于如果允许保险人不受该陈述的约束将损害投保人（被保险人）的权益时，保险人只能接受其所陈述事实的约束，失去反悔权利的情况。构成保险人的禁止反言需要符合三个条件：第一，保险人一方，包括保险代理人，对一项重要事实错误陈述；第二，投保人（被保险人）对该项陈述合理依赖；第三，如果该项陈述不具法律约束力，将会给投保人（被保险人）造成危害或损害。

在弃权与禁止反言之间，弃权是原因，而禁止反言是弃权的必然结果。弃权与禁止反言的规定，可以约束保险人的行为，它要求保险人为其自身的行为及其代理人的行为负责，有效地保护了投保人、被保险人和受益人的利益，有利于保险双方权利义务关系的平衡。

第三节　近因原则

一、近因及近因原则的含义

近因原则是判断保险事故与保险标的的损失之间的因果关系，从而确定保险人是否承担保险赔付责任的一项基本原则。在保险实践中，是否对保险标的的损害进行赔付是依据损害事故发生的原因是否属于保险责任来判断的。但保险标的的损害并不总是由单一原因造成的，其表现形式是多种多样的：有的是多种原因同时造成，有的是多种原因不间断地造成，有的是多种原因时断时续地造成。对于这类因果关系较为复杂的赔案，保险人应如何判定责任归属？这就需要根据近因原则判定。

近因是指引起保险标的的损失的最直接、最有效、起决定性作用的原因。近因原则是指若引起保险事故发生、造成保险标的的损失的近因属于保险责任，则保险人承担损失赔偿责任；若近因属于除外责任，则保险人不负赔偿责任。

近因原则既有利于保险人，也有利于被保险人。对保险人来说，它只负责赔偿承保风险为近因所造成的损失，对于承保风险为远因所造成的损失不承担赔偿责任，避免了保单项下不合理的索赔；对被保险人来说，他可以防止保险人以损失原因是远因为借口，解除保单项下的责任，不承担承保风险所造成的损失。

我国《保险法》和《海商法》均未对"近因"或"近因原则"进行规定。但法律界、保险界的大多数专家均主张"近因原则"是保险理赔的基本原则之一，换言之，我国法律是承认和接受近因原则的。

案例 4-5

英国利兰船运有限公司诉诺威治联合火灾保险公司

货船"艾卡丽亚号"于 1915 年 1 月 30 日被敌人潜艇的鱼雷击中。该船的水险保单承保了海上危险，但把"一切敌对行为或类似战争行为的后果"作为除外责任。"艾卡丽亚号"的船壳被炸开了两个大洞，一号船舱灌满了海水。但"艾卡丽亚号"仍驶进了法国的勒哈佛尔港，停泊在正在进行军事运输的码头边。如果一直停泊在这里，"艾卡丽亚号"本可以获救。但港务局担心船会沉没，妨碍码头的使用，于是命令"艾卡丽亚号"起锚。"艾卡丽亚号"不得不停靠在防波堤外，由于海床不平及被鱼雷击中后头重脚轻的共同作用，"艾卡丽亚号"船壳严重扭曲，最终在 2 月 2 日沉没。保险人认为损失的近因是鱼雷，属于除外责任。被保险人则主张，时间上最后造成损失的原因才是近因，因此，船舶的沉没是由于停靠在防波堤边反复搁浅造成的。法庭判定保险人胜诉，并拒绝以时间标准作为衡量近因原则的方法。

【分析】

在该案中，大法官认为，把近因看成是时间上最接近的原因是不正确的。把原因说成像一片接一片的面包片，互不连接，或像锁链一环扣一环，也不完全如此。因果关系不是链状，而是网状的。在每一点上，影响、力量、事件已经并正在交织在一起，并从每一交汇点呈放射状无限延伸出去。近因不是指时间上的接近，真正的近因是指效果上的接近，是导致承保损失的真正有效的原因。近因所表示的是对结果产生作用最有效的因素。如果各种因素或原因同时存在，要选择一个作为近因，必须选择可以将损失归因于那个具有现实性、决定性和有效性的原因。在此，近因原则中"时间"概念被"有效性"概念所取代。

资料来源：魏华林，林宝清.保险学（第四版）[M].北京：高等教育出版社，2017.

二、近因原则的应用

（一）确定近因的基本方法

在保险中要准确确定损失原因与损失结果之间的关系，尤其是在先后或同时存在几种原因时，要对造成承保损失最具有现实性、支配性和有效性的原因加以确定往往不是一件容易的事情。最基本的方法有两个。

第一，从最初事件出发，按逻辑推理，问下一步将发生什么？若最初事件导致了第二事件，第二事件又导致了第三事件……如此推理下去，导致最终事件。那么，最初事件为最终事件的近因。若其中两个环节无明显联系，出现中断，则其他事件为致损原因。

第二，从损失开始，自后往前推，问为什么会发生这样的情况。若追溯到最初事件，则最初事件为近因；若逆推中出现中断，其他原因为致损原因。

例如，暴风吹倒木屋的山墙，倒塌的山墙压断了电线，电线短路喷发火花，火花引起木屋着火，向消防队报警，消防队扑灭大火的同时也浇湿损坏了木屋内未燃的物品。不论运用上述的哪一种方法，都能发现暴风、墙倒、燃烧与财物水损之间的因果关系链，从而推断出暴风为近因。

（二）近因原则的运用

1. 单一原因造成的损失

如果造成保险标的损失的原因只有一个，那么这一原因就是损失的近因，只要该原因属于承保风险，保险人就应负赔偿责任。例如，企业投保财产保险综合险，如果厂房、机器由于火灾而损毁，保险人承担责任；如果因地震而损毁，则不承担责任。

2. 多种原因造成的损失

实践中，承保风险的发生与保险标的的损害之间的因果关系错综复杂，损失往往由两种或两种以上的多种原因造成，此时应区别对待，认真辨别。以下分三种情况，介绍损失由多种原因导致时近因的判定和保险责任的承担。

（1）多种原因相互延续。在多种原因连续发生所造成的损失中，如果后因是前因直接导致的必然的结果，或者后因是前因的合理的连续，或者后因属于前因自然延长的结果，那么前因为近因。前因属于承保风险的，即使后因不属于承保风险，保险公司仍承担赔偿责任。在著名的"艾思宁顿诉某意外保险公司"案中，被保险人打猎时不慎从树上掉下来，受伤后的被保险人爬到公路边等待救援，因夜间天冷染上肺炎死亡。肺炎是意外险保单中的除外责任，但法院认为被保险人的死亡近因是意外事故——从树上掉下来，因此保险公司应给付保险金。

相反，前因不属于承保风险的，即使后因属于承保风险，保险公司亦不承担赔偿责任。例如，船舶遭炮火袭击受损，船体进水沉没。船体进水是战争行为的直接后果，若保单将战争引起的损失除外，那么被保险人无法获赔。

（2）多种原因交替。在因果关系链中，有一个新的独立的原因介入，使原有的因果关系链断裂并直接导致损失，那么该新介入的独立原因为近因。如果该近因属于保险责任范围内的风险，则保险公司应对其所导致的损失予以赔付。例如，某人为其财产投保了火险，但没有投保盗窃险，当火灾发生时，一部分财产在被抢救出来后因事发现场混乱，遂又被盗走了，则保险公司不会对被盗部分的财产损失承担责任。

（3）多种原因并存。具体又可分为两种情况。

第一，多种原因各自独立，无重合。假如损害可以以原因划分，保险公司仅对承保风险承担责任。

第二，多种原因相互重合，共同作用。因为各种原因之间的关联性，使得从中判定某个原因为最直接、有效的原因有一定的困难，甚至从中强行分出主次原因会产生自相矛盾的结论。

例如，人身意外伤害保险的被保险人因不慎跌倒致使上臂肌肉破裂，后由于伤口感染，导致右肩关节结核扩散至颅内及肾，最终医治无效死亡。事后保险人经过调查发现，被保险人有结核病史，且动过手术，体内存留有结核杆菌。保险人认为被保险人是因其体内存留的结核杆菌感染伤口，扩散至颅内及肾而死亡的，其死亡与意外摔伤并无直接必然的因果联系。疾病死亡不属于"意外保险"的保险范围，所以保险人不承担保险责任。然而，如果没有摔伤，又如何产生伤口感染的后果？单纯体内存留结核杆菌或摔伤都不会导致被保险人死亡。被保险人是在这两种原因共同、持续作用下死亡的，这两种原因都是近因。

如果损失是多个近因共同作用的结果，保单至少承保一个近因且未明确除外任何一个近因的，保险公司应负赔偿责任。例如，在某案中，一艘船投保了定期保险，在保险期内的一次航行中受损，保险公司因为该船存在设计缺陷不适航，拒绝赔付。法院认定损失由不适航和恶劣天气共同造成，因此损失的近因有两个。恶劣天气是承保风险，设计缺陷造成的不适航在非被保险人明知的情况下不是定期保单的除外风险。因此，保险公司应予赔付。

两个或多个近因中，至少有一个明确除外的，保险人免除赔偿责任。该原则在英国"1973年韦恩罐泵公司诉某保险公司"一案中得以确定。原告是一家生产塑料制品的工厂，购买的保险承保因意外事故造成的财产损失。保单的除外条款规定，保险人对因原材料的性质引起的损失不负赔偿责任。保险期内，储藏和运输化工原料的设备在无人看管的状态下运行，引起火灾，烧毁了工厂。原告向保险公司索赔被拒，于是提起诉讼。法院认为人工操作不当与原料自身的易燃性共同作用导致了损失，其中人工操作不当为可保近因，但原料自身的易燃性是除外近因，由于保单明确除外了因原料自身性质导致的损失，因此保险公司可以免除赔偿责任。

第四节　损失补偿原则

一、损失补偿原则的含义

损失补偿原则是指对于价值补偿性保险合同，当保险标的发生保险责任范围内的损失时，保险人应当按照保险合同的约定履行赔偿义务，从而使被保险人恢复到受灾前的经济状况，但不能使被保险人获得额外利益。

这一原则包含了两层含义。

第一，损失补偿以保险责任范围内的损失发生为前提，即有损失发生则有损失补偿，无损失则无补偿。被保险人因保险事故所致的经济损失，依据合同有权获得赔偿。

第二，损失补偿以被保险人的实际损失为限，但不能使其获得额外的利益。即通过保险赔偿使被保险人的经济状态恢复到事故发生前的状态。被保险人的实际损失既包括保险标的的实际损失，也包括被保险人为防止或减少保险标的损失所支付的必要的、合理的施救费用和诉讼费用。因此，在保险赔偿中应包含此两部分金额。这样，保险赔偿才能使被保险人恢复到受损失前的经济状态，同时不会获得额外利益。

📖 知识链接 4-5

国内某些财产保险险种关于保险标的损失和施救费用的赔偿规定

某财产保险股份有限公司
财产综合险条款（节选）

第三十二条 保险标的的保险金额大于或等于其保险价值时，被保险人为防止或减少保险标的的损失所支付的必要的、合理的费用，在保险标的损失赔偿金额之外另行计算，最高不超过被施救保险标的的保险价值。

保险标的的保险金额小于其保险价值时，上述费用按被施救保险标的的保险金额与其保险价值的比例在保险标的损失赔偿金额之外另行计算，最高不超过被施救保险标的的保险金额。

被施救的财产中，含有本保险合同未承保财产的，按被施救保险标的的保险价值与全部被施救财产价值的比例分摊施救费用

某财产保险股份有限公司
国内水路、陆路货物运输保险条款（节选）

第十一条 货物发生保险责任范围内的损失时，按货价确定保险金额的，保险人根据实际损失按起运地货价计算赔偿；按货价加运杂费确定保险金额的，保险人根据实际损失按起运地货价加运杂费计算。但最高赔偿金额以保险金额为限。

第十二条 如果被保险人投保不足，保险金额低于货价时，保险人对其损失金额及支付的施救保护费用按保险金额与货价的比例计算赔偿。保险人对货物损失的赔偿金额，以及因施救或保护货物所支付的直接、合理的费用，应分别计算，并各以不超过保险金额为限。

资料来源：中国平安保险（集团）股份有限公司官网。

损失补偿原则集中体现了保险的宗旨。坚持这一原则对于维护保险双方的正当权益，防止被保险人通过保险赔偿而得到额外利益，避免道德风险的产生具有十分重要的意义。

损失补偿原则适用于补偿性保险，财产保险、责任保险和费用补偿型医疗保险都属于补偿性保险。

二、保险人履行损失赔偿责任的限度

保险人履行损失补偿原则，通常是以保险金额、实际损失和保险利益作为限制的，为了保证被保险人既能恢复失去的经济利益，又不会由于保险补偿而获取额外利益，

在这三者中，应以金额最低的限额作为保险补偿的额度。

（一）保险金额

保险金额是指保险人承担赔偿保险金责任的最高限额。因此，无论保险标的发生全损或任何一次部分损失，保险人的最高赔付责任都不应该超过合同规定的保险金额。

保险合同通常规定，保险事故发生时，被保险人有义务积极抢救保险标的，防止损失进一步扩大。被保险人抢救保险标的所支出的合理费用，由保险人负责赔偿。这样保险人实际上承担了两个保险金额的补偿责任，显然扩展了损失补偿的范围与额度，但在这种情况下，被保险人并不能获得额外利益。这主要是为了鼓励被保险人积极抢救保险标的，减少社会财富的损失。

（二）实际损失

财产保险中对保险人赔偿责任的另一个重要限制是损失发生时被保险人所遭受的实际损失。实际损失根据损失发生时承保财产的实际价值来确定，保险人承担的赔偿责任不超过实际损失。

（三）保险利益

保险利益是保险赔偿的前提条件，保险赔款要以损失发生时被保险人对所保财产具有的保险利益作为最高限度。例如，某公司为其拥有的一批设备投保了企业财产保险，保险金额为 80 万元。在保险期间内，该公司转让了该批设备 60% 的产权，仅保留 40% 的产权，不久之后，该批设备因意外失火而发生全部损失，损失当时市价为 80 万元，保险人只赔偿该公司 32 万元，即 40% 产权对应的设备价值。

三、损失赔偿计算方式

保险赔偿额的计算与保险价值的确定时间有关，也与保障程度相关，在介绍保险赔偿额的计算方式之前，先厘清以下几个概念，包括定值保险与不定值保险，以及足额保险、不足额保险与超额保险。

以保险价值确定时间为标准，保险可分为定值保险与不定值保险。

不定值保险是指在保险合同订立时不列明保险标的的保险价值，仅列明保险金额，等到保险标的发生保险事故之后再确定其保险价值的保险。

定值保险是指在保险合同订立时由当事人双方确定好保险标的的保险价值，并以此作为保险金额，载明于保险合同的保险。

按照保险金额与保险价值之间的关系，保险可分为足额保险、不足额保险和超额保险。

足额保险是指保险合同中投保人约定的保险标的的保险金额与其出险时的保险价值相等的保险。

不足额保险也称部分保险，是指保险合同中投保人约定的保险标的的保险金额小于其出险时保险价值的保险。产生不足额保险的原因有：一是投保人为了少缴保险费或认为标的发生全损的可能性非常小，没有足额投保；二是因为保险标的发生危险事故的可能性非常大，保险人为了控制风险，只接受保险标的的保险价值的一部分作为保险金额；三是保险合同签订以后，因为保险标的的价值上涨，导致最初的足额保险变成了不足额保险。

超额保险是指保险合同中投保人约定的保险标的的保险金额大于其出险时保险价值的保险。

（一）比例赔偿方式

（1）在不定值保险中，保险赔偿金额按照保险财产保障程度的比例计算：

$$保险赔偿额 = 保险财产实际损失额 \times 保险保障程度$$

$$= 保险财产实际损失额 \times \frac{保险金额}{保险财产受损时的完好价值} \times 100\% \quad （4\text{-}1）$$

当出现足额保险与不足额保险时，保险保障程度≤1；当出现超额保险时，若无道德风险因素的干扰，按照足额保险对待。

【例4-1】ABC公司投保火灾保险，保险金额为600万元，合同有效期内发生火灾，损失发生时，保险人对该项财产估价为1 200万元。

（1）如果财产损失200万元，保险人应赔偿多少？

（2）如果财产损失200万元，施救费用支出20万，保险人应赔偿多少？

【解析】

（1）保险赔偿额 $= 200 \times \dfrac{600}{1\,200} \times 100\% = 100$（万元）

（2）保险赔偿额 $= 200 \times \dfrac{600}{1\,200} \times 100\% + 20 \times \dfrac{600}{1\,200} \times 100\% = 110$（万元）

（2）在定值保险中，保险赔偿金额按照财产受损时损失程度的比例计算：

$$保险赔偿额 = 保险金额 \times 损失程度$$

$$= 保险金额 \times \frac{保险财产的受损价值}{保险财产的完好价值} \times 100\%$$

$$= 保险金额 \times \frac{保险财产完好价值 - 残值}{保险财产的完好价值} \times 100\% \quad （4\text{-}2）$$

【例4-2】公司将一批电子出口产品向保险公司投保货物运输险，起运港为深圳，目的港为纽约，约定保险价值和保险金额为5 000万元。在航行途中，货轮遭遇海上风暴而沉没，后被打捞。经查，该批货物在出事地的合理市价为4 000万元。

（1）如果货物全部损失，保险人应赔偿多少？

（2）如果货物部分损失，残值为800万元，保险人应赔偿多少？

【解析】海洋货物运输保险为定值保险。

（1）货物全部损失，即损失程度为100%，按约定的保险金额5 000万元赔偿。

（2）货物部分损失，先确定损失程度，再按保险金额与损失程度的乘积赔偿。

$$赔偿金额 = 5\,000 \times \frac{4\,000 - 800}{4\,000} \times 100\% = 4\,000（万元）$$

（二）第一损失赔偿方式

第一损失赔偿又称第一危险赔偿或第一责任赔偿。它是指保险人在承保时把责任或损失分为两部分：第一部分是小于或等于保险金额的损失，也称第一损失；第二部分是大于保险金额的损失，也称第二损失。保险人仅对第一部分的损失承担赔偿责任，第二损失不在保险责任范围内，应由被保险人自己负责。我国家庭财产保险中的室内财产采用这种赔偿方式。

（三）限额赔偿方式

限额赔偿方式在农业保险中运用较广。在订立保险合同时，当事人双方约定一个标准限额，保险人对小于标准限额的差额部分予以赔偿。例如，保险双方当事人约定一个标准产量，因保险责任事故发生导致农作物收获达不到该标准时，保险人赔偿实际产量与标准产量之间的差额。若发生保险责任事故，但实际产量仍达到或超过标准产量，则保险人无须承担赔偿责任。

$$保险赔偿额＝农产品价格 \times （标准产量-实际产量） \qquad (4-3)$$

【例4-3】某保险公司开办水稻产量保险，每亩标准产量限额定为600千克。某种粮大户投保100亩[①]，每亩实际收获是500千克，水稻价格为3元/千克，则保险赔偿金额为多少？

$$保险赔偿额 = 3 \times 100 \times （600-500）= 30\ 000 （元）$$

第五节　损失补偿原则的派生原则

一、代位原则

代位原则是指保险人依照法律或保险合同约定，对被保险人因保险事故所致损失予以赔偿后，取得向对保险财产损失负有责任的第三方进行追偿的权利或取得被保险人对保险标的的所有权。代位在保险中是指保险人取代被保险人的地位。代位原则的意义在于，维护损失补偿原则，防止被保险人因同一损失而获取超额赔偿。

代位原则包括代位追偿和物上代位。

（一）代位追偿

代位追偿（又称代位求偿）是指，在财产保险中当保险标的发生了保险责任范围内的事故造成损失时，第三者根据法律或合同，需要对保险事故引起的保险标的的损失承担损害赔偿责任，保险人向被保险人履行了损失赔偿责任之后，在赔偿金额的限度

---

① 1亩≈666.6平方米。

内，有权站在被保险人的地位向该第三者索赔，即代位被保险人向第三者进行追偿。保险人享有的这种权利被称为代位追偿权。《保险法》第60条第1款规定："因第三者对保险标的损害而造成保险事故的，保险人自向被保险人赔偿保险金之日起，在赔偿金额范围内代位行使被保险人对第三者请求赔偿的权利。"

当保险标的发生承保责任范围内的损失时，被保险人有权要求保险人对损失进行赔偿，这种赔偿是建立在保险合同的基础之上的，是根据合同产生的权利。如果该项损失又是由第三者的原因所致，第三者因过失、疏忽或故意造成了保险标的的损失而应负民事损害赔偿责任时，被保险人依法有权向第三者请求赔偿，这种赔偿建立在民法的基础上，是根据民事法律产生的权利。被保险人的这两项权利均符合法律要求，两项赔偿请求权均受到法律的保护。

就被保险人而言，他的两项债权同时成立，保险人不能以保险标的的损失是第三者的责任所致为由拒绝履行保险合同的赔偿责任；同理，第三者也不能以受损的标的已有保险为由解除自己的民事损害赔偿责任。在这两种法律权益同时依法并存的情况下，被保险人因依法享有双重赔偿请求权而有可能获得双重的补偿。这种双重补偿无疑将使被保险人获得超过其实际损失的补偿，从而出现因损失而获得额外利益的情况。这种获利不符合保险补偿原则。

为解决这个矛盾，绝大多数国家的保险法都规定，保险人在赔付被保险人之后，可以采取代位追偿的方式，向负有责任的第三者索赔。这样可以使被保险人既能及时取得保险赔偿，又可以避免产生双重获利，同时第三者也不能逃脱其应承担的法律责任。

例如，在海运货物保险中，由于承运人的管货责任导致承运货物受海水浸泡，而该损失又属于保险责任范围，保险人按保险合同赔偿被保险人（货主）之后，有权向导致损失的责任方（承运人）进行追偿，即代位行使货主对该承运人的损害赔偿请求权。

代位追偿只适用于补偿性的保险合同，而不适用于给付性保险合同，比如大部分人身保险合同。我国《保险法》第46条规定："被保险人因第三者的行为而发生死亡、伤残或者疾病等保险事故的，保险人向被保险人或者受益人给付保险金后，不享有向第三者追偿的权利，但被保险人或者受益人仍有权向第三者请求赔偿。"这是因为给付性的人身保险的保险标的是无法估价的人的生命和身体机能，因而不存在由于第三者的赔偿而使被保险人或受益人获得额外利益的问题。所以，如果发生第三者侵权行为导致的人身伤害，被保险人可以获得多方面的赔付而无须转让权益，保险人也无权代位追偿。

1. 代位追偿的作用

（1）防止被保险人由于保险事故的发生而获得超额赔偿。

（2）被保险人从保险人那里获得赔偿后有可能不再对第三者责任方追究责任，通过代位追偿赋予保险人代替被保险人追究责任方的权利，使得那些责任方不能因为被保险人事先谨慎地办理了保险而逃脱其应负的责任。

（3）通过代位追偿，保险人可以部分甚至全部弥补其对被保险人所做的赔偿，这不仅有利于提高保险公司的经营效益，还有可能带来保费的降低。

2. 代位追偿中保险双方的权利与义务

（1）保险人在代位追偿中享有的权益以其对被保险人赔偿的金额为限，如果保险人向第三者追偿取得的金额超过其支付给被保险人的赔偿金额，超出部分应归被保险人所有。这是为了防止保险人通过行使代位追偿权而获得额外利益，损害被保险人的利益。

（2）被保险人有权就未取得保险人赔偿的部分向第三者请求赔偿。《保险法》第60条第3款规定："保险人依照本条第一款规定行使代位请求赔偿的权利，不影响被保险人就未取得赔偿的部分向第三者请求赔偿的权利。"

（3）被保险人不能损害保险人的代位追偿权。具体内容为：第一，在保险人赔偿之前，如果被保险人放弃了向第三者的请求赔偿权，那么，他也就同时放弃了向保险人请求赔偿的权利。《保险法》第61条第1款规定："保险事故发生后，保险人未赔偿保险金之前，被保险人放弃对第三者请求赔偿的权利的，保险人不承担赔偿保险金的责任。"第二，在保险人赔偿之后，如果被保险人未经保险人的同意而放弃了对第三者请求赔偿的权利，该行为无效。《保险法》第61条第2款规定："保险人向被保险人赔偿保险金之后，被保险人未经保险人同意放弃对第三者请求赔偿的权利的，该行为无效。"第三，如果因被保险人的过错影响了保险人代位求偿权的行使，保险人可扣减相应的保险赔偿金。《保险法》第61条第3款规定："被保险人故意或因重大过失致使保险人不能行使代位请求赔偿的权利的，保险人可以扣减或者要求返还相应的保险金。"第四，被保险人有义务协助保险人行使代位求偿权。《保险法》第63条也规定，保险人向第三者行使代位请求赔偿权利时，被保险人应向保险人提供必要的文件和知道的有关情况。

3. 代位追偿的对象与限制

保险人代位追偿的对象为对保险事故的发生及保险标的的损失负有民事赔偿责任的第三者，它既可以是自然人也可以是法人。在理论上，既然某个保险赔案有代位追偿权的存在，就必然是以有确定的对保险标的的损失负有责任的第三者及其应承担的责任为前提的。但在实践中，确定第三者及其应承担的责任是比较复杂的问题。一般来说，凡是因侵权行为、不履行合同规定义务的行为、不当得利的行为而对保险标的损失负有责任的人均可成为保险人代位追偿的对象。只要保险人对被保险人应承担的保险赔偿责任的原因与被保险人对上述对保险标的损失应承担民事赔偿责任的人具有请求权的原因事实相同，保险人在赔付被保险人之后，均可向上述第三者行使代位追偿权。

对保险人代位追偿的对象，许多国家的立法或惯例都有所限制。我国《保险法》第62条规定："除被保险人的家庭成员或者其组成人员故意造成本法第六十条第一款规定的保险事故外，保险人不得对被保险人的家庭成员或者其组成人员行使代位请求赔偿的权利。"这是因为，被保险人的家庭成员或其组成成员往往与被保险人具有一致的利益，即他们的利益受损，被保险人的利益也同样遭受损失；他们的利益得到保护，实质上也就是保护被保险人的利益。如果保险人对被保险人先行赔偿，而后向被保人的家庭成员或其组成成员追偿损失，则无异于又向被保险人索还，被保险人的损失将得不到真正的补偿。因此，保险人不得向被保险人的家庭成员或其组成成员行使代位追偿权，除非他们故意造成保险事故的发生。

案例 4-6

网络代驾服务过程中发生保险事故，保险公司应向谁追偿？

王某在某财产保险公司购买了车损险。保险期间内，王某因饮酒不能驾驶，遂通过代驾平台向北京某汽车服务公司请求有偿代驾服务，该汽车服务公司接受后指派了吴某提供代驾服务。王某签署了由吴某提供的《委托代驾服务协议》，王某在委托方署名，吴某、汽车服务公司在被委托方签名和签章。吴某提供代驾服务时发生交通事故，据交警部门作出的事故认定书，吴某负事故全部责任。保险公司在定损后向王某赔付了保险金 159 194 元。王某承诺将已获赔部分的追偿权转给保险公司。保险公司遂将吴某、汽车服务公司起诉至法院，要求赔偿保险公司经济损失159 194 元。

法院裁判认为，吴某代驾过程中发生事故造成车损，对车辆损失负有责任，保险公司在向被保险人王某赔偿后，有权在赔偿金额范围内行使代位求偿权。因吴某持代驾标识证件在汽车服务公司的管理和约束下提供服务，与汽车服务公司属雇用关系。因此，保险公司可向汽车服务公司进行追偿。

【分析】

随着网络时代的兴起，通过网约代驾平台请求有偿代驾服务越来越常见，而在代驾服务期间发生事故进而引发纠纷的情形也时有发生。提供有偿网约代驾服务的主体对保险标的不具有保险利益，并不具有车损险被保险人地位，若代驾人作为第三人在提供有偿服务的过程中造成投保车辆受损并负全责，则对被保险人的财产构成侵权，被保险人有权请求赔偿，保险公司亦可代位行使求偿权。

资料来源：中华人民共和国最高人民法院。

（二）物上代位

物上代位是指保险标的遭受保险责任范围内的损失，保险人按保险金额全数赔付后，依法取得该项保险标的的全部或部分权利。我国《保险法》第 59 条规定："保险事故发生后，保险人已支付了全部保险金额，并且保险金额等于保险价值的，受损保险标的的全部权利归于保险人；保险金额低于保险价值的，保险人按照保险金额与保险价值的比例取得受损保险标的的部分权利。"

如果保险金额等于保险价值，保险人支付全部保险金额后，即取得对保险标的的全部权利。在这种情形下，由于保险标的的全部权利已经转移给保险人，保险人在处理保险标的时所获得的利益如果超过所支付的赔偿金额，超过的部分归保险人所有。如果保险金额低于保险价值，保险人按照保险金额与保险价值的比例取得受损保险标的的部分权利，由于保险标的的不可分性，保险人在依法取得受损保险标的的部分权利后，通常会将该部分权利作折价给予被保险人，并在保险赔偿金中做相应的扣除。

物上代位以保险标的的全损（包括实际全损和推定全损）为条件，其目的是从损失补偿原则的角度平衡保险人与被保险人的利益，防止被保险人在获得全损赔偿后仍保有对保险标的残值的权利而双重获利。推定全损是指保险标的遭受保险事故尚未达到完全损毁或完全灭失的状态，但实际全损已不可避免，或者修复和施救费用将超过保险价值，或者失踪达一定时间，保险人按照全损处理的一种推定性的损失。由于推定全损是指保险标的并未完全损毁或灭失，仍有残值；失踪也可能是被他人非法占有，并非物质上的灭失，日后或许能够得到索还，所以保险人在按全损支付保险赔款后，理应取得保险标的的全部权利，否则被保险人就可能由此而获得额外的利益。

案例 4-7

保险公司推定为全损赔偿后，车主还能转让残车吗？

张某将其汽车向某保险公司投保了车辆损失险，保额为 10 万元。保险期间内的某日，该车坠入河中，驾驶员系张某堂兄，随车遇难。事故发生后，张某向保险公司索赔。保险公司经过现场查勘，认为地形险要，无法打捞，按推定全损处理，当即赔付张某 10 万元；同时声明，车内尸体及善后工作保险公司不负责任，由车主自理。后来，为了打捞堂兄尸体，张某与李某约定：由李某负责打捞汽车，车内尸体及死者身上采购货物的 2 800 元现金归张某，残车归李某，李某向张某支付 4 000 元。残车终于被打捞起来，张某和李某均按约行事。保险公司知悉后，认为张某未经保险公司允许擅自处理实际所有权已转让的残车是违法的。双方争执不果而诉讼。

【分析】

本案属于代位原则中的物上代位，在保险标的推定全损情形下，保险人支付全部保险金额后，取得对受损保险标的的全部权利，即保险标的相关权益（残值）全部归属保险人。因此，本案中保险公司已取得残车的全部权利，只是认为地形险要而暂时没有进行打捞。张某在获得推定全损的全额赔偿后，又通过转让残车获得 4 000 元的收入，其所获总收入大于总损失，显然不符合损失补偿原则。保险公司有权追回张某额外所得的 4 000 元。

资料来源：找法网。

在海上保险中，世界各国的海上保险法均设有委付制度，以解决海上保险标的在发生推定全损后的索赔问题。委付是指当保险标的发生推定全损时，投保人或被保险人将保险标的的全部权利和义务转移给保险人，而请求保险人按保险金额全数赔偿的行为。委付是一种特殊的物上代位，是海上保险中特有的一种法律行为。

构成委付的条件包括：

（1）委付必须由被保险人向保险人提出。《海商法》第 249 条第 1 款规定："保险标的发生推定全损，被保险人要求保险人按照全部损失赔偿的，应当向保险人委付保险标的。保险人可以接受委付，也可以不接受委付，但是应当在合理的时间内将接受委付或者不接受委付的决定通知被保险人。"委付通知是被保险人向保险人作推定全损索赔之前必须提交的文件，被保险人不向保险人提出委付，保险人对受损的保险标的只能按部分损失处理。委付通知通常采用书面的形式。

（2）委付应就保险标的的全部。由于保险标的的不可分性，委付也具有不可分性，所以委付应就保险标的的全部。如果仅委付保险标的的一部分，而其余部分不委付，则容易产生纠纷。但如果保险标的是由独立可分的部分组成，其中只有一部分符合委付的条件，可仅就该部分保险标的请求委付。

（3）委付不得附有条件。《海商法》第249第2款明确规定："委付不得附带任何条件。"例如，船舶失踪而被推定全损，被保险人请求委付，但不得要求日后如船舶被寻回，可以通过返还其受领的赔偿金而取回该船。因为这会增加保险合同双方关系的复杂性，从而增加保险人与被保险人之间的纠纷。

（4）委付必须经过保险人的同意。被保险人向保险人发出的委付通知，必须经保险人的同意才能生效。保险人可以接受委付，也可以不接受委付。因为委付不仅将保险标的的一切权益转移给保险人，同时也将被保险人对保险标的的所有义务一起转移给保险人。《海商法》第250条规定："保险人接受委付的，被保险人对委付财产的全部权利和义务转移给保险人。"所以，保险人在接受委付之前必须慎重考虑，权衡利弊，即受损保险标的的残值是否能大于由此而承担的各种义务和责任风险所产生的经济损失，不能贸然从事。如船舶因沉没而推定全损，被保险人提出委付，保险人要考虑打捞沉船所能获得的利益是否大于打捞沉船以及由此而产生的各项费用支出。

被保险人提出委付后，保险人应当在合理的时间内将接受委付或不接受委付的决定通知被保险人。如果超过合理的时间，保险人对是否接受委付仍然保持沉默，应视作不接受委付，但被保险人的索赔权利并不因保险人不接受委付而受影响。在保险人未作出接受委付的意思表示以前，被保险人可以随时撤回委付通知。但保险人一经接受委付，委付即告成立，双方都不能撤销，保险人必须以全损赔付被保险人，同时取得保险标的的代位权，包括标的物上的权利和义务。

二、分摊原则

（一）重复保险的含义

重复保险是指投保人对同一保险标的、同一保险利益、同一保险事故分别与两个以上的保险人订立保险合同，且保险金额的总和超过保险标的的保险价值的保险。构成重复保险必须同时满足下列四个条件：

第一，对处于同一危险中的同一标的上的相同保险利益投保。在这里不仅需要是相同的保险标的，而且必须是相同保险标的上的相同保险利益，并处于同一危险之中，即投保相同的危险。例如，对一栋房屋投保财产保险，屋主对该房屋具有所有权利益，如果他以该房屋进行抵押借贷，则抵押贷款银行对该房屋具有抵押贷款人利益，如果他们分别就各自的利益进行投保，并不构成重复保险。

第二，存在着两个或两个以上的保险人或保单。同一投保人向同一保险人对同一批货物或同一艘船舶投保了超过该标的保险价值的保险金额，只构成超额保险，并不构成重复保险。

第三，几张保单的保险期间具有重叠性。保险期间的重叠分为全部重叠和部分重叠。全部重叠是指投保人同数个保险人订立的数个保险合同，其保险的起讫时间完全相同；部分重叠是指投保人同数个保险人订立的数个保险合同，其起讫时间虽非完全相同，但时间上有交叉。保险期间的全部重叠或者部分重叠都构成重复保险的条件。需要注意的是，时间上的重叠性是指数个保险合同的责任期间的重叠，并非指"成立期间"的重叠。

第四，几张保单的保险金额之和超过了保险价值。如果被保险人虽有几张保单，但其保险金额之和并未超过保险标的的保险价值，这种情况属于共同保险，而不是重复保险。

（二）重复保险分摊原则的含义

在重复保险的情况下，当保险标的发生保险损失时，被保险人有可能就同一损失分别向两个以上的保险人索要保险赔偿金，且可能使赔偿金总额超过其实际损失，这样就从根本上违背了使被保险人恢复到损失发生前的经济状况这一补偿原则的要求，因此为了防止被保险人通过重复保险获得不当得利，就确立了重复保险的分摊原则。分摊原则也是由损失补偿原则派生的，是损失补偿原则的补充和体现。

分摊原则可以表述为：在重复保险的情况下，当保险损失发生，被保险人向数家保险公司索赔时，其损失须在各保险人之间进行分摊，使被保险人所得总赔偿金额不得超过实际损失额。

通过规定分摊原则，一方面，防止被保险人利用重复保险在保险人之间进行多次索赔，以获取高于实际损失额的赔偿金，从而更好地捍卫补偿原则；另一方面，由各保险人对损失进行分摊，保证了保险人之间的公平。

（三）重复保险的分摊方式

在重复保险下，保险人分摊损失的方式主要包括比例责任分摊、限额责任分摊和顺序责任分摊三种方式。

1. 比例责任分摊方式

这种分摊方式是指各保险人按其承保的保险金额占保险金额总和的比例分摊保险事故造成的损失。其计算公式为：

$$\text{各保险人承担的赔款} = \text{损失金额} \times \text{该保险人承保的保险金额} \Big/ \text{各保险人承保的保险金额总和} \qquad (4\text{-}4)$$

【例4-4】某项财产的保险价值为120万元，投保人与甲、乙保险人分别订立相同的保险合同，保险金额分别是80万元和60万元。

若保险事故造成的实际损失是80万元，那么，根据该分摊方式，两个保险人的分摊金额分别为：

甲保险人应分摊的赔偿：80×80/140＝45.71（万元）

乙保险人应分摊的赔偿：80×60/140＝34.29（万元）

2. 限额责任分摊方式

这种分摊方式是指不以保险金额为基础，而是按照各保险人在没有重复保险的情况下，单独应承担的赔偿责任限额占各保险人赔偿责任限额之和的比例来分摊损失金额。其计算公式为：

$$\begin{matrix}\text{各保险人承}\\\text{担的赔款}\end{matrix} = \begin{matrix}\text{损失}\\\text{金额}\end{matrix} \times \begin{matrix}\text{该保险人的赔}\\\text{偿责任限额}\end{matrix} \Big/ \begin{matrix}\text{各保险人赔偿}\\\text{责任限额总和}\end{matrix} \qquad (4-5)$$

【例4-5】A、B两家保险公司承保同一财产，A公司承保4万元，B公司承保6万元，实际损失为5万元。A公司在无B公司的情况下应赔付4万元，B公司在无A公司的情况下应赔付5万元。在重复保险的情况下，如以限额责任的方式来分摊，则：

A公司应赔付：5×4/9＝2.22（万元）

B公司应赔付：5×5/9＝2.78（万元）

3. 顺序责任分摊方式

这种分摊方式是指各保险公司按出单时间顺序赔偿，先出单的公司先在其保额限度内负责赔偿，后出单的公司只在损失额超出前一家公司的保额时，在自身保额限度内赔偿超出的部分。例如，某公司为同一财产同时向甲、乙两家保险公司分别投保10万元和12万元，甲公司先出单，乙公司后出单，若被保财产实际损失16万元，按顺序责任，甲公司赔款额为10万元，乙公司赔款额为6万元。

在保险实务中，各国采用较多的是比例责任和限额责任分摊方式，因为顺序责任分摊方式有欠公平。我国保险法规定，除非合同另有约定，否则对于重复保险采用比例责任方式赔偿。《保险法》第56条第2款规定："重复保险的各保险人赔偿保险金的总和不得超过保险价值。除合同另有约定外，各保险人按照其保险金额与保险金额总和的比例承担赔偿保险金的责任。"

本章小结

本章论述了保险的四个基本原则及其两个派生原则。保险利益原则强调投保人或被保险人在保险合同的订立和履行期间，必须对保险标的具有保险利益，否则保险合同无效或者不得向保险人请求赔偿保险金。由于财产保险和人身保险的性质不同，因而保险利益的应用及适用时限也不尽相同。最大诚信原则要求保险人和投保人、被保险人在订立与履行保险合同的过程中，应向对方提供实质性重要事实，遵守合同的约定与承诺，其主要内容包括告知、保证、弃权和禁止反言。近因原则是判断保险事故与保险标的的损失之间的因果关系，从而确定保险赔偿责任的一项基本原则。近因是引起保险标的的损失的最直接的、最有效的、起决定作用的因素。损失补偿原则是指当保险标的发生保险责任范围内的损失时，被保险人有权按照合同的约定，获得全面、充分的赔偿，但不能由此而获得额外的利益。所以，保险人在履行赔偿责任时，必须以保险金额、实际损失和保险利益中的最小额为限。具体的损失赔偿计算方式包括比例赔偿方式、第一损失赔偿方式和限额赔偿方式三种。损失补偿原则主要适用于财产保险以及其他补偿性保险合同。

损失补偿原则的派生原则有代位原则和分摊原则。代位原则是指保险人依照保险合同对被保险人的损失进行赔偿后，依法取得向对损失负有责任的第三方进行追偿的权利或取得被保险人对保险标的的所有权。代位原则包括代位追偿和物上代位。分摊原则是指在重复保险的情况下，当保险事故发生造成损失时，各保险人应采取适当的分摊方法分配保险责任，使被保险人既得到充分的补偿，又不会获得超过其实际损失的利益。保险人分摊损失的方法有比例责任分摊、限额责任分摊和顺序责任分摊。

⚙ 案例讨论

抗击新冠疫情，保险业的产品开发与调整

新冠疫情暴发之后，中国银保监会等部门先后发布《关于加强银行业保险业金融服务配合做好新型冠状病毒感染的肺炎疫情防控工作的通知》《关于进一步强化金融支持防控新型冠状病毒感染肺炎疫情的通知》《关于进一步做好疫情防控金融服务的通知》等。保险行业积极发挥保险保障功能，彰显了保险业的行业价值和社会担当。

第一，为疫情防控一线人员和家属捐赠专属保险产品。多家保险公司发布公告，向新冠疫情一线医护人员及其家属、政府工作人员、武警部队、新闻工作者、武汉火神山及雷神山两所医院一线建设者、物流运输保障人员等捐赠专属保险产品，对在疫情防控过程中感染新冠肺炎或其他意外导致的身故、伤残提供保障。

第二，扩展保障责任范围。60家人身保险公司在不增加保费的情况下，将医疗保险、重大疾病保险、意外伤害保险等产品的责任范围扩展至包含新冠肺炎导致的身故、伤残和重疾的赔付，撤销了对于"特殊传染病"免责的规定。一些保险公司对旅行取消险等类型的险种也针对疫情暴发的特殊情况扩大了承保范围。伴随国内新冠疫苗接种人数的增加和全民接种速度的加快，多家保险公司推出疫苗接种医疗意外保险，为新冠肺炎疫苗与常规疫苗接种后的异常反应或新冠肺炎疫苗失效等风险提供保障。另外，还有一些保险公司在疫情防控期间取消了提交纸质资料、限定医疗机构、限制诊疗项目等方面的规定，以便使客户的需求得到最快速度的响应。

第三，开发疫情防控综合保险，为企业复工复产提供保障支持。多家财产保险公司推出复工复产企业疫情防控综合保险，在传统企业财产险和营业中断险的基础上拓展责任，明确企业复工复产过程中因重大突发公共事件，政府采取一级响应措施致使企业额外增加的工资和隔离费用等可按合同约定赔付，同时将投保企业的保险责任范围由财产项目拓宽到企业生产经营过程中的产品。此外，保险公司还积极为投保企业提供多种风险管理服务，如提供防疫指导、防疫物资等，将保险服务链从事后损失补偿延伸到事前风险管控，降低疫情冲击的负面影响。

资料来源：孙祁祥等.中国保险业发展报告（2021）［M］.北京：经济科学出版社，2021.

思考讨论题

1. 根据近因原则，人身意外伤害保险是否应对感染新型冠状病毒导致的身故或残疾承担给付责任？

2. 新冠疫情相关风险是否符合可保风险的条件？在应对新冠疫情中，我国保险公司积极扩展保险产品的责任范围，有针对性地开发保险新产品，如何理解我国保险行业发展与履行社会责任、国家长治久安之间的关系？

分析要点

1. 通常，人身意外伤害保险以被保险人因遭受意外伤害造成死亡或残疾为给付条件，因此，根据近因原则，这类保险不对因感染新型冠状病毒导致的身故或残疾承担给付责任。但在抗击新型冠状病毒感染疫情中，我国多家保险公司对意外伤害保险的保险责任进行了扩展，承担因新型冠状病毒感染导致的身故和残疾给付。

2. 新型冠状病毒具有极强的传染性，导致风险单位之间具有高度关联性，疫情的影响后果具有复杂性，因此，不符合可保风险的条件。但面对新冠疫情激发的保险需求，如果保险行业以可保风险的边界来确定经营范围，一方面与社会的现实需求相冲突，另一方面也会弱化公众对保险业功能的预期，不利于保险业未来的发展。更重要的是，任何企业、行业的发展都与国家、社会的稳定和发展休戚相关，保险行业作为经营风险的特殊行业，从诞生伊始就形成了扶危济困、团结互助、推动文明进步、崇尚伦理道德的特质，更应积极履行社会责任，发挥经济"减震器"和社会"稳定器"作用。

☑ 重要术语

保险利益	最大诚信原则	重要事实	告知
弃权	禁止反言	近因	代位追偿
物上代位	推定全损	委付	重复保险

💡 思考题

1. 在保险实践中，如果不遵循保险利益原则，可能会出现什么样的后果？随着经济关系的日益复杂、新型社会关系的不断涌现以及财产形式和利益的多样化，如何平衡保险利益原则的灵活性和相对稳定性？

2. 信息技术的发展和大数据的应用是消除了保险双方当事人的信息不对称，还是加剧了双方当事人的数据不平等？思考在信息爆炸时代，双方当事人如何遵循最大诚信原则，合理利用信息和数据来维护双方的利益平衡。

3. 由保险人和投保人充分协商的保险合同，保险人是否需要向投保人说明合同内容？

4. 简述代位追偿与物上代位的区别。

第二篇

财产保险篇

第五章
财产损失保险

学习目标

- 重点掌握海上保险、火灾保险、机动车辆保险、工程保险和农业保险的概念、业务种类及其特征
- 掌握海上保险、企业财产保险、家庭财产保险、机动车辆保险和农业保险的主要内容
- 通过学习财产损失保险的各类业务，充分认识保险在服务国家经济建设、民生保障和乡村振兴中的积极作用，增强民族自豪感和社会责任感，增强对我国经济制度以及政治制度的认同，坚定"四个自信"

本章导读

财产损失保险，是以财产及其相关利益为保险标的的一种保险。14世纪中期，海上保险最先在意大利产生，17世纪中期，被称为"现代保险之父"的巴蓬开始经营房屋的火灾保险。此后，汽车保险、工程保险等财产保险不断产生。本章主要介绍海上保险、火灾保险、机动车辆保险、工程保险和农业保险这五种财产损失保险业务的基本内容。

开篇案例

保险业全力应对"山竹"台风灾害理赔案例

2018年9月16日，"山竹"在江门市台山沿海登陆，造成湖南、广东、广西、海南、贵州、云南6省（自治区）受灾严重，直接经济损失达142.3亿元。

面对破坏力巨大的台风灾害，保险业发挥风险保障功能，迅速启动重大灾害应急机制，协调各方理赔资源积极应对，采用创新技术协助理赔作业，提升理赔效率。2018年年底，人保财险、太保产险、平安产险、国寿财险、大地保险、中华财险、阳光产险、华泰财险、阳光农业相互保险等共计车险结案12.27万件，赔付12.58亿元，非车险结案6.97万件，赔付17.61亿元，有力地支援了大灾恢复重建工作。

资料来源：金融界网。

第一节 海上保险

一、海上保险概述

（一）海上保险的概念

海上保险是最早的保险业务。在国际上，海上保险被称为"水险"，作为现代保险制度的起源，海上保险是随着海上运输和海上贸易而产生和发展起来的。海上保险在国际贸易和国际航运业中发挥着重要作用。

海上保险是以船舶、货物以及与之有关的利益作为保险标的，对其在海上运输过程中遭受自然灾害、意外事故或其他外来风险造成的损失进行补偿的保险。根据保险标的不同，海上保险包括海上货物运输保险、远洋船舶保险和运费保险。

（二）海上保险的特点

海上保险与一般财产保险相比较，有以下几个特点。

1. 承保风险广泛

海上保险承保的风险范围远远超过一般财产保险。从性质上看，既有财产损失的风险，又有预期收益损失和各种费用损失的风险；从风险种类上看，既有自然灾害和意外事故引起的风险，又有外来原因引起的风险，同时还可承保战争、罢工等风险。

2. 采用定值保险

海上保险是为国际贸易、远洋运输和其他对外经济活动服务的，其承保标的主要是远洋船舶和国际贸易货物，它们以流动状态为主，发生事故损失的地点、价值变化不定。为了便于及时、合理定损，保险人一般采用定值保险方式。

3. 保险期限多样

海上保险的保险期限既有固定日历时间的定期保险，也有采用"仓至仓"条款约定的航程保险。根据"仓至仓"条款，保险期间自保险货物运离保险单载明的起运港（地）发货人的仓库时开始，到货物运达保险单载明目的港（地）收货人的最后仓库为止。如未抵达上述仓库，则以被保险货物在最后目的港（地）卸离海轮满60日为止。我国《保险法》和《海商法》规定，一旦货物运输保险、运输工具航程保险的保险责任开始，合同当事人不得解除合同。

4. 业务规则具有国际性

海上保险在对外贸易中扮演着重要角色。由于国际贸易、国际运输牵涉的各方当事人分属于不同国家，因此在其合同订立、履行的过程中，都会受到不同国家的法律和惯例的影响和面临国际法规适用的问题，同时还要按照有关国际公约或国际惯例来进行仲裁。《海牙规则》《汉堡规则》和《鹿特丹规则》是划分保险人、托运人、承运人之间货损责任关系的国际公约，《约克–安特卫普规则》是进行共同海损理算的国际惯例。

（三）海上保险的保障范围

海上保险的保障范围，包括所保风险、所保损失和所保费用三个方面。

1. 海上保险所保障的风险

海上保险承保的风险主要有：（1）海难。海难是指海上偶发的意外事故或灾害，不包括正常的风浪影响。普通海难包括：沉没、搁浅、船破、碰撞和恶劣气候。（2）火灾或爆炸。不论在海上或陆上，保险标的因火灾或爆炸而遭受的直接损失，烟熏、水渍损失均属保障范围，但由于货物的内在缺陷导致的燃烧、爆炸除外。（3）强盗或海盗行为。即船外人员以暴力劫夺或海盗行为所致的损失。（4）投弃。货物或船舶设备被抛弃，此行为一般为共同海损行为。（5）船长、船员的疏忽或恶意行为。（6）战争。

2. 海上保险所保障的损失

按损失程度不同，海上损失分为全部损失与部分损失。

（1）全部损失。全部损失简称"全损"，指运输中整批货物或不可分离的一批货物全部损失。全损有实际全损和推定全损之分。

实际全损又称绝对全损，构成实际全损的情况主要有：保险标的的完全丧失，例如货物被火烧毁，船舶遭遇海难后沉入海底无法打捞；保险标的的所有权丧失已无法挽回，例如载货船舶被海盗抢劫、船货被敌对国扣押；保险标的的受损后已完全丧失其使用价值，例如水泥受海水浸泡后结成硬块；船舶失踪达到一定期限。

推定全损是指保险标的的因实际全损不可避免，予以合理委付，或者为避免实际全损而需要支付超过其价值费用的情况。在这种情况下，被保险人可以要求按部分损失赔偿，也可以按推定全损索赔。但按推定全损索赔时必须先向保险人提出委付，并经保险人承诺才有效。

（2）部分损失。部分损失按其性质不同分为单独海损和共同海损。

共同海损是指载货的船舶在海上遭遇灾害事故，威胁船货等各方的共同安全时，为解除威胁，维护船货安全，使航程得以继续完成，由船方有意识地、合理地采取措施而作出的特殊牺牲或支付的特殊费用。

构成共同海损，必须具备以下六个条件：第一，船方在采取紧急措施时，确实存在危及船货共同安全的危险。任何主观臆测可能发生的风险而采取的措施不能视为共同海损。第二，牺牲和费用必须是特殊性质的，并不是根据运输合同本来应该由船方负责的。第三，采取的措施必须是自觉的、有意识的，有意识是指人为的、故意的行为。第四，采取的措施必须是谨慎的，特殊的牺牲和费用是合理的。第五，损失必须是共同海损行为所造成的直接后果，不包括间接损失。第六，特殊牺牲和支付的费用必须有效果，即保全了处在共同风险中的财产，或者使部分船货获救。

单独海损是指除共同海损以外的部分损失。这种损失只与单独利益方有关，不涉及其他货主或船方，损失仅由受损者单独负担。保险标的的发生单独海损是否可以得到赔偿，由所属的保险单条款决定。

3. 海上保险所保障的费用

海上保险所保障的费用主要包括救助费用、施救费用、额外费用和特别费用。

救助费用是指因第三者的救助行为使船货有效地避免或减少损失而由被救方支付的酬金。施救费用是指被保险人、代理人、受雇人在保险标的遭受保险事故时采取合理措施减轻损失而支出的费用。额外费用是为了证明损失索赔的成立而支付的费用，比如检验费用、查勘费用、海损理算师费用等。特别费用是指运输工具遭遇海难后，在中途港或避难港卸货、存包、重装及续运所产生的费用。

二、海上货物运输保险

（一）海上货物运输保险的概念

海上货物运输保险是以远洋船舶承载的各种货物作为保险标的，由保险人对所保货物在运输过程中遭受可保风险的损失进行补偿的保险。

货物运输保险所承保的货物，主要是具有商品性质的贸易货物，不包括个人行李或随运输所消耗的各类供应和储备物品。

（二）海上货物运输保险的险种

我国海上货物运输保险由基本险、附加险和专门险构成。

基本险即主险，主要承保运输货物因自然灾害和意外事故所造成的损失，分为平安险、水渍险和一切险。

附加险不能单独投保，只有投保基本险之后才能加保。海上货物运输保险的附加险主要承保海上运输过程中的各种外来风险，它分为一般附加险、特别附加险和特殊附加险三种。一般附加险包括 11 种：偷窃提货不着险、淡水雨淋险、短量险、混杂沾污险、渗漏险、碰损破碎险、串味险、受潮受热险、钩损险、包装破裂险和锈损险。特别附加险有 6 种：交货不到险、进口关税险、舱面险、拒收险、出口货物到中国香港（包括九龙在内）或中国澳门存仓火险责任扩展条款、黄曲霉毒素险。特殊附加险有 2 种：战争险和罢工险。

专门险分为海洋运输冷藏货物保险和海洋运输散装桐油保险。

（二）海上货物运输基本险的主要内容

1. 保险责任

平安险：主要承保被保险货物在运输途中由于恶劣气候、雷电、海啸、地震、洪水等自然灾害造成整批货物的实际全损或推定全损；由于运输工具遭受搁浅、触礁、沉没、互撞、与流冰或其他物体碰撞，以及失火、爆炸等意外事故造成货物的全部或部分损失。

水渍险：在平安险的基础上，还承保被保险货物由于恶劣气候、雷电、海啸、地震、洪水等自然灾害以及海水、湖水或河水进入船舶、驳船、运输工具、集装箱、大型海运箱或储存处所造成的部分损失。

一切险：除包括平安险和水渍险的所有责任外，还包括 11 种一般附加险所造成的货物全部损失或部分损失。

2. 责任免除

我国海上货物运输保险的责任免除有：被保险人的故意行为或过失所造成的损失；属于发货人责任所引起的损失；在保险责任开始前，保险货物已存在的品质不良或数量短差所造成的损失；保险货物的自然损耗、本质缺陷、特性以及市价跌落、运输延迟所引起的损失和费用；海洋货物运输战争险和罢工险条款规定的责任范围和责任免除。

3. 保险期限

我国海上货物运输保险的保险期限，以"仓至仓"条款为依据。所谓"仓至仓"条款，即保险责任自保险货物从保险单载明的起运地运离发货人仓库时开始，至货物抵达保险单载明的目的地，进入收货人仓库时为止。如未抵达上述仓库，则以被保险货物在最后卸载港全部卸离海轮后满60天为止。

4. 赔偿处理

我国海上货物运输保险采用定值保险方式，一旦所保货物发生损失，由保险人依据保险金额和货物损失程度进行赔偿。

案例 5-1

华泰财险货船 H 轮碰撞致纸浆全损理赔案例

2018 年 1 月 6 日，满载 3 012 吨纸浆的船舶货船 H 轮，在温州海域与渔船 F 轮相撞，继而翻扣沉没。华泰财险的理赔人员立即赶赴现场，确认货物实际全损，总价值 1 662 万元的纸浆全部灭失。此后，华泰财险多次前往温州、杭州、上海、宁波等地与货主、船东等各方代表进行交流，协助货主通过确权诉讼的程序前置完成对碰撞两船方的追偿，货主从上述两船舶的基金中共分配得 288 万元。扣除未发生的增值税额，被保险人仅需就 1 132 万元进行赔偿，华泰财险依保险合同约定条件理算后共支付 1 064 万元赔款。

【分析】

本案是海上碰撞事故导致的货物全损案件，第一现场不具备查勘条件，且被保险人处于中间运输环节，不具备事故主导权，正常保险理赔程序处理烦琐，会产生诸多争议和矛盾。华泰财险理赔人员主动出击，从客户利益出发提出适宜的解决方案，协调指导货主先行以其名义向实际承运方进行索赔，前置完成了对事故责任方的追偿。同时，由于本次事故影响，客户面临巨大的财务压力，华泰财险多次向客户预付赔款，有效缓解了被保险人的资金压力。

本案属常见的船舶碰撞事故，华泰财险以科学、灵活的处理方案为各方搭建了有效解决渠道，并采用"一站式"前置方案，通过保险理赔人的专业优势，避免了不同环节的层层索赔，减少了各方不必要支出，不仅取得了良好的处理结果，更树立了保险理赔的良好形象。

资料来源：中国保险行业协会。

三、远洋船舶保险

（一）远洋船舶保险的概念与险种

远洋船舶保险是以各种远洋船舶作为保险标的，承保其在海上航行或停泊期间发生保险事故所造成的损失以及可能引起的第三者责任的保险。

我国远洋船舶保险由基本险和附加险组成，基本险分为全损险和一切险，附加险分为战争险和罢工险。

在我国，战争险和罢工险不能单独投保，只有在投保全损险或者一切险之后才能投保。但在国际上，战争险、罢工险可以单独投保。

（二）远洋船舶保险的主要内容

1. 保险责任

全损险承保由于海上风险、火灾或爆炸、来自船外的暴力盗窃或海盗行为、抛弃货物、核装置或反应堆发生的故障或意外事故、船员疏忽或过失等原因所造成的保险船舶的全损。

一切险除承保全损险责任范围内的风险所造成的保险船舶全损外，还负责因这些风险而导致的船舶的部分损失，以及碰撞责任、共同海损分摊、救助费用、施救费用和其他费用。

2. 责任免除

被保险船舶不适航，包括人员配备不当、装备或装载不妥，但以被保险人在船舶开航时，知道或应该知道此种不适航为限；被保险人及其代表的疏忽或故意行为；被保险人恪尽职守应予发现的正常磨损、锈蚀、腐烂及保养不周或材料缺陷，包括不良状态部件的更换和修理；战争、内战、革命、叛乱或由此引起的内乱或敌对行为；捕获、扣押、扣留、羁押、没收或封锁；各种战争武器，包括水雷、鱼雷、炸弹、原子弹、氢弹或核武器；罢工、被迫停工或其他类似事件；民变、暴动或其他类似事件；任何人怀有政治动机的恶意行为；被保险船舶被征用或被征购。

3. 赔偿处理

（1）全部损失。被保险船舶发生完全毁损或者严重损坏不能恢复原状，或者被保险人不可避免地丧失该船舶，保险人可按全部损失赔偿；被保险船舶在预计到达目的港日期，超过两个月仍未得到它的行踪消息就视为实际全损，保险人按全部损失赔偿；当被保险船舶实际全损似已不能避免，或者恢复、修理、救助的费用或者这些费用的总和超过保险价值时，在向保险人发出委付通知后，可视为推定全损。不论保险人是否接受委付，以不超过保险金额为限赔偿。如保险人接受了委付，保险标的归保险人所有。

（2）部分损失。对于保险责任范围内海损的索赔，以新换旧均不扣减；保险人对船底的除锈或喷漆的索赔不予负责，除非与海损修理直接有关；船东为使船舶适航做必要的修理或通常进入船坞时，被保险船舶也需就所承保的损坏进坞修理，进出船坞和船坞的使用时间费用应平均分摊；被保险人为获取和提供资料和文件所花费的时间和劳务，以及被保险人委派或以其名义行事的任何经理、代理人、管理或代理公司等的佣金或费用，保险人均不给予补偿，除非经保险人同意；凡保险金额低于约定价值或低于共同海损或救助费用的分摊金额时，保险人对保险单承保损失和费用的赔偿，按保险金额在约定价值或分摊金额所占的比例计算。

被保险船舶与由同一船东所有的或由同一管理机构经营的船舶之间发生碰撞或接受救助，应视为第三方船舶，保险人予以负责。本款也称"姊妹船"条款。

4. 保险期限

保险期限分为定期保险和航程保险。定期保险是以保单上载明的日期作为保险责任的起止时间，一般期限为 1 年，最短 3 个月。航程保险是以船舶自起运港到目的港为保险责任起止时间的保险。

第二节　火灾保险

一、火灾保险的概念与特点

（一）火灾保险的概念及险种

火灾保险源于 14~15 世纪德国的火灾"基尔特"。1666 年一场摧毁伦敦城三分之二建筑物的大火，成为现代火灾保险制度建立的直接动因。火灾保险从最初只为建筑物提供保障，到后来将保险标的扩展至动产及其与财产相关的经济利益，从最初的单一火灾责任扩展至其他自然灾害和意外事件，如今火灾保险已成为财产保险中最基本的保险业务。

火灾保险简称火险，是以被保险人存放在固定场所并处于相对静止状态的不动产和动产作为保险标的，对其因遭受保险事故而导致的经济损失由保险人进行赔偿的保险。

火灾保险分为以企事业单位为投保人的团体火灾保险（企业财产保险）和以居民家庭为投保人的个体火灾保险（家庭财产保险）。

（二）火灾保险的特点

火灾保险作为一种传统的财产保险业务，具有如下基本特点。

第一，所保标的为陆上处于相对静止状态条件下的各种财产，如各种建筑物，机器设备、原材料、半成品、成品、家用电器、生活资料等，它们与运输货物和运输工具等处于流动状态的财产相区别。

第二，所保财产的地点应在保单上载明，投保后不得随意移动，否则保险人不承担赔付责任。

第三，所保风险不仅包括火灾和与火灾相关的风险，如爆炸、雷击，还包括其他与火灾无直接关联的风险，如暴风、暴雨、泥石流、雪灾、洪水等。

第四，承保与理赔方式多样。团体火灾保险采用不定值保险方式，赔款计算要考虑是否足额投保。个体火灾保险中的房屋采用不定值保险方式，室内财产、家用电器等采用第一危险保险方式，按照被保险人的实际损失进行赔偿。

二、企业财产保险

（一）企业财产保险的概念与险种

企业财产保险是在火灾保险的基础上发展起来的，它是以各类企业和其他法人团体为被保险人，以存放在固定地点且处于相对静止状态的固定资产、流动资产以及与其经济利益相关的财产作为保险标的的保险业务。

企业财产保险适用范围很广，一切工商、建筑、交通、服务企业，以及国家机关、社会团体等均可投保。在我国，企业财产保险包括财产保险基本险、综合险和一切险。

（二）企业财产保险的主要内容 [①]

1. 保险标的

企业财产保险的保险标的分为可保财产和特约承保财产。

可保财产是指在保险合同载明地址内保险人所接受投保的财产，包括：凡是属于被保险人所有或与他人共有而由被保险人负责的财产；由被保险人经营管理或替他人保管的财产；其他法律上承认的与被保险人有经济利害关系的财产。一般包括三类财产：固定资产，如房屋、建筑物及装修、机器设备、工具仪器等；流动资产，如原材料、半成品、在产品、产成品或库存品等；账外或代保管财产。

特约承保财产是指在保险合同载明地址内、经保险合同双方特别约定并在保险合同中载明保险价值的财产，包括：金银、珠宝、钻石、玉器、首饰、古币、古玩、古书、古画、邮票、字画、艺术品、稀有金属等珍贵财物；堤堰、水闸、铁路、道路、涵洞、隧道、桥梁、码头；矿井（坑）内的设备和物资；便携式通信装置、便携式计算机设备、便携式照相摄像器材以及其他便携式装置、设备；尚未交付使用或验收的工程。

企业财产保险的不保财产是指保险公司不予承保的财产，包括：土地、矿藏、水资源及其他自然资源；矿井、矿坑；货币、票证、有价证券以及有现金价值的磁卡、集成电路（IC）卡等卡类；文件、账册、图表、技术资料、计算机软件、计算机数据资料等无法鉴定价值的财产；枪支弹药；违章建筑、危险建筑、非法占用的财产；领取公共行驶执照的机动车辆；动物、植物、农作物。

2. 保险责任

财产保险基本险的责任范围较小，其责任范围包括：火灾、爆炸、雷击、飞行物体及其他空中运行物体坠落造成的损失，以及这些原因造成的保险事故发生时，为抢救保险标的或防止灾害蔓延，采取必要的、合理的措施而造成保险标的的损失，以及保险事故发生后，被保险人为防止或减少保险标的的损失所支付的必要的、合理的

---

① 资料来源：中国人民财产保险股份有限公司正在执行的财产基本险、综合险、一切险条款（2009版）。

费用。

财产保险综合险的责任范围在基本险的基础上，扩展了暴雨、洪水、暴风、龙卷风、冰雹、台风、飓风、暴雪、冰凌、突发性滑坡、崩塌、泥石流、地面突然下陷下沉这 13 种风险，以及被保险人拥有财产所有权的自用的供电、供水、供气设备因保险事故遭受损坏，引起停电、停水、停气以致造成保险标的直接损失。

财产保险一切险的保障范围最大，它不同于基本险和综合险的列明风险，一切险承保保险标的由不属于责任免除范围内的自然灾害或意外事故造成的直接物质损坏或灭失。

3. 责任免除

企业财产保险普遍将投保人、被保险人及其代表的故意或重大过失行为；行政行为或司法行为；战争、罢工、骚乱、政变、恐怖活动；地震、海啸及其次生灾害；核辐射、核污染；保险标的的内在或潜在缺陷、自然磨损、自然损耗；盗窃、抢劫；保险标的遭受保险事故引起的各种间接损失等列为责任免除。

4. 保险价值与保险金额

保险标的的保险价值可以为出险时的重置价值、出险时的账面余额、出险时的市场价值或其他价值，由投保人与保险人协商确定。

保险金额由投保人参照保险价值自行确定。保险金额不得超过保险价值。超过保险价值的，超过部分无效，保险人应当退还相应的保险费。

5. 赔款计算

保险标的发生保险责任范围内的损失，保险人按以下方式计算赔偿：

保险金额等于或高于保险价值时，按实际损失计算赔偿，最高不超过保险价值；保险金额低于保险价值时，按保险金额与保险价值的比例乘以实际损失计算赔偿，最高不超过保险金额；若保险合同所列标的不止一项时，应分项处理。

保险标的的保险金额大于或等于其保险价值时，被保险人为防止或减少保险标的的损失所支付的必要的、合理的费用，在保险标的损失赔偿金额之外另行计算，最高不超过被施救保险标的的保险价值。

保险标的的保险金额小于其保险价值时，上述费用按被施救保险标的的保险金额与其保险价值的比例在保险标的损失赔偿金额之外另行计算，最高不超过被施救保险标的的保险金额。

被施救的财产中，含有保险合同未承保财产的，按被施救保险标的的保险价值与全部被施救财产价值的比例分摊施救费用。

保险标的发生部分损失，保险人履行赔偿义务后，本保险合同的保险金额自损失发生之日起按保险人的赔偿金额相应减少，保险人不退还保险金额减少部分的保险费。如投保人请求恢复至原保险金额，应按原约定的保险费率另行支付从投保人请求的恢复日期起至保险期间届满之日止，按日比例计算的恢复部分的保险费。

案例 5-2

浙江某仓库火灾受损 1.2 亿元保险理赔案

2014 年 12 月 9 日，位于浙江嘉兴海宁的某工业品仓库发生火灾。仓库内存放的洗衣机、冰箱、空调等电器成品及塑料、泡沫等大量易燃品遇火后发生剧烈燃烧，火势蔓延较快，现场浓烟蔽日。39 辆消防车、180 余名消防员参与灭火，约 48 小时后，明火被完全扑灭。事故发生后，太保财险立即成立工作小组，开展理赔工作，积极调解被保险人与众多利益相关人的关系，推进案件快速处理。在正式入场 14 天内完成所有清点，在正式入场的第 138 天，太保财险正式给付合计 1.2 亿元的保险赔款。

【分析】

本案较为复杂，保险公司在理赔过程中，积极调解被保险人与众多利益相关人的关系，确保准确、高效理赔。

保险是企业进行风险转移的重要途径之一。事故发生后，保险能够发挥损失补偿功能，为企业恢复正常生产提供有力保障。同时，也能缓和事故责任方之间的矛盾，起到社会"缓冲器"的作用。

资料来源：中国保险行业协会。

三、家庭财产保险

（一）家庭财产保险的概念与险种

家庭财产保险是以城乡居民为被保险人，主要以其房屋和室内财产为保险标的的财产保险。

我国家庭财产保险主要包括以下三种。

1. 普通家庭财产保险

它是保险人为城乡居民家庭开设的一种通用性家庭财产保险业务，保险期限为 1 年，主要为被保险人的财产损失提供经济补偿。

2. 家庭财产两全保险

它是在普通家财险的基础上衍生的一种较受保险客户欢迎的家财险险种。它将被保险人所缴纳储金的利息收入作为保险费，在规定的保险期限内（3 年、5 年），无论是否发生保险事故，到保险期满时，保险人都将储金返还给被保险人。也就是说，即便在保险期限内发生了保险事故，被保险人已经得到赔款，合同期满时仍然能获得全部储金的返还。因此该险具有经济补偿和到期还本的性质。

3. 投资型家庭财产保险

近年来，我国财产保险公司推出了一系列投资型家庭财产保险。例如，华泰保险公司的居安理财型家庭综合保险、阳光财产保险公司的阳光富安居投资型家庭财产保险。投资型家庭财产保险是普通型家庭财产保险与投资产品的组合，保险期限一般相对较长。

（二）普通家庭财产保险的主要内容 [①]

1. 保险标的

可保财产：房屋及其室内附属设备（如固定装置的水暖、气暖、卫生、供水、管道煤气及供电设备、厨房配套的设备）；室内装潢；室内财产（家用电器和文体娱乐用品、衣物和床上用品、家具及其他生活用具）；存放于院内室内的农机具、农用工具、生产资料、粮食及农副产品。

特约承保财产：无人居住的房屋以及存放在里面的财产；地下室、毛坯房及装修过程中的房屋；房屋外部的露台、院子、雨棚、花园、自建阳光房等延屋建筑。

不予承保的财产：金银、珠宝、钻石及制品、玉器、首饰、古币、古玩、字画、邮票、艺术品、稀有金属、手稿、古书籍、收藏性手表等珍贵财物；货币、票证、有价证券、文件、账册、图表、技术资料、电脑软件及电子存储设备和资料；日用消耗品、机动车、商业性养殖及种植物；用于生产和商业经营活动的房屋及其他财产；用芦席、稻草、油毛毡、麦秆、芦苇、竹竿、帆布、塑料布、纸板等为外墙或屋顶的简陋屋棚及柴房、禽畜棚；与保险房屋不成一体的厕所、围墙；政府有关部门征用、占用的房屋，违章建筑、危险建筑、非法占用的财产。

2. 保险责任与责任免除

普通家庭财产保险的保险责任和责任免除与企业财产保险综合险大致相同。

3. 保险金额

保险金额由投保人和保险人协商确定，并在保险合同中载明，以保险标的实际价值为限。

4. 赔款计算

发生保险责任范围内的损失时，保险人按照实际损失扣除保险合同约定的免赔额或按保险合同载明的免赔率计算出免赔额后，在保险金额范围内计算赔偿。

保险标的发生部分损失，保险人履行赔偿义务后，保险合同的保险金额自损失发生之日起按保险人的赔偿金额相应减少，保险人不退还保险金额减少部分的保险费。如投保人请求恢复至原保险金额，应按原约定的保险费率另行支付从投保人请求的恢复日期起至保险期间届满之日止，按日比例计算的恢复部分的保险费。

---

① 资料来源：中国人民财产保险股份有限公司正在执行的家庭财产损失保险条款（2022 版）。

第三节 机动车辆保险

一、机动车辆保险概述

（一）机动车辆保险的概念与险种

随着汽车的普及，因交通事故导致的生命财产损失越来越严重，道路交通事故由此被称为"和平时代的战争"。19世纪末产生的汽车保险，对保障交通事故受害人的利益，维护社会稳定具有重要意义。1895年，英国法律意外保险公司签发了第一张机动车辆保险单——汽车第三者责任保险单。

机动车辆保险，实务中简称为车险，是以机动车辆本身及被保险人对第三者的民事责任作为保险标的的一种财产保险，适用于拥有各种机动车辆的法人团体和居民个人。广义上，这一险种的保险标的包括汽车、电车、拖拉机、摩托车以及各种专用车、特种车，狭义上仅以汽车为保险标的。

我国现行机动车辆保险由法定保险和商业保险组成。法定保险即机动车交通事故责任强制保险（简称交强险），机动车商业保险由主险和附加险组成。

（二）机动车辆保险的特征

与其他财产保险相比，机动车辆保险具有以下特性。

1. 保险标的出险率较高

机动车辆是陆地上的主要交通工具，经常处于运动状态，容易发生碰撞及其他意外事故造成人员伤亡和财产损失。

2. 保险利益的扩大性

在机动车辆保险中，不仅被保险人本人对保险车辆具有保险利益，而且凡是被保险人允许的合格驾驶人，也视为其对保险车辆具有可保利益，如果发生保险损失，保险人同样要承担赔偿责任。

3. 采用绝对免赔额（率）和无赔款优待

为了鼓励被保险人及其驾驶人员严格遵守交通规则安全行车，降低交通事故发生的可能，减少道德风险，机动车辆保险在损失赔偿时采用绝对免赔额（率），损失由保险人与被保险人共担承担，当保险车辆在保险期限内未发生保险事故、未产生赔款时给予投保人在续保时享受无赔款费率即费率下浮优待。

二、机动车交通事故责任强制保险

2004年5月1日生效的《中华人民共和国道路交通安全法》（简称《道路交通安全法》）规定，我国建立机动车交通事故责任强制保险制度和道路交通事故社会救助基金制度。2006年7月1日实施的《机动车交通事故责任强制保险条例》，标志着我国机动车交通事故责任强制保险制度的正式实施。

 拓展阅读 5-1

机动车交通事故责任强制保险条款

（一）机动车交通事故责任强制保险的概念

机动车交通事故责任强制保险简称为交强险，是由保险公司对被保险机动车发生道路交通事故造成受害人的人身伤亡、财产损失，在责任限额内予以赔偿的强制性责任保险。

交强险中的受害人是指因被保险机动车发生交通事故遭受人身伤亡或者财产损失的人，但不包括被保险机动车本车车上人员、被保险人。

交强险是我国首个由国家法律规定实行的强制保险险种。根据《机动车交通事故责任强制保险条例》，在中华人民共和国境内道路上行驶的机动车的所有人或者管理人都应当投保交强险，机动车所有人、管理人未按照规定投保交强险的，公安机关交通管理部门有权扣留机动车，通知机动车所有人、管理人依照规定投保，并处应缴纳保险费的 2 倍罚款。

（二）机动车交通事故责任强制保险的主要内容

1. 保险责任

在中华人民共和国境内（不含港、澳、台地区），被保险人在使用被保险机动车过程中发生交通事故，致使受害人遭受人身伤亡或者财产损失，依法应当由被保险人承担的损害赔偿责任，保险人按照交强险合同的约定对每次事故在下列赔偿限额内负责赔偿：死亡伤残赔偿限额为 180 000 元；医疗费用赔偿限额为 18 000 元；财产损失赔偿限额为 2 000 元；

被保险人无责任时，无责任死亡伤残赔偿限额为 18 000 元；无责任医疗费用赔偿限额为 1 800 元；无责任财产损失赔偿限额为 100 元。

死亡伤残赔偿限额和无责任死亡伤残赔偿限额项下负责赔偿丧葬费、死亡补偿费、受害人亲属办理丧葬事宜支出的交通费用、残疾赔偿金、残疾辅助器具费、护理费、康复费、交通费、被抚养人生活费、住宿费、误工费，被保险人依照法院判决或者调解承担的精神损害抚慰金。

医疗费用赔偿限额和无责任医疗费用赔偿限额项下负责赔偿医药费、诊疗费、住院费、住院伙食补助费，必要的、合理的后续治疗费、整容费、营养费。

2. 垫付与追偿

被保险机动车在驾驶人未取得驾驶资格、驾驶人醉酒、被保险机动车被盗抢期间肇事、被保险人故意制造交通事故这四种情形下发生交通事故，造成受害人受伤需要抢救的，保险人在接到公安机关交通管理部门的书面通知和医疗机构出具的抢救费用清单后，按照国务院卫生主管部门组织制定的《道路交通事故受伤人员临床诊疗指南》和国家基本医疗保险标准进行核实。对于符合规定的抢救费用，保险人在医疗费用赔偿限额内垫付。被保险人在交通事故中无责任的，保险人在无责任医疗费用赔偿限额内垫付。对于其他损失和费用，保险人不负责垫付和赔偿。对于垫付的抢救费用，保险人有权向致害人追偿。

3. 责任免除

下列损失和费用保险公司不负责赔偿和垫付：因受害人故意造成的交通事故的损失；被保险人所有的财产及被保险机动车上的财产遭受的损失；被保险机动车发生交通事故，致使受害人停业、停驶、停电、停水、停气、停产、通信或者网络中断、数据丢失、电压变化等造成的损失以及受害人财产因市场价格变动造成的贬值、修理后因价值降低造成的损失等其他各种间接损失；因交通事故产生的仲裁或者诉讼费用以及其他相关费用。

三、机动车商业保险

我国机动车商业保险由投保人自愿选择投保。目前，各保险公司执行的是中国保险行业协会制定的《机动车商业保险示范条款（2020 版）》。依据该条款，我国机动车商业保险由主险和附加险组成，主险包括机动车损失保险、机动车第三者责任保险、机动车车上人员责任保险三个独立的险种，投保人可以选择投保全部险种，也可以选择投保其中部分险种，附加险不能独立投保。

（一）机动车损失保险

1. 保险责任

（1）保险期间内，被保险人或被保险机动车驾驶人在使用被保险机动车过程中，因自然灾害、意外事故造成被保险机动车直接损失。

（2）保险期间内，被保险机动车被盗窃、抢劫、抢夺，经出险地县级以上公安刑侦部门立案证明，满 60 天未查明下落的全车损失，以及因被盗窃、抢劫、抢夺受到损坏造成的直接损失。

（3）发生保险事故时，被保险人或驾驶人为防止或者减少被保险机动车的损失所支付的必要的、合理的施救费用，由保险人承担；施救费用数额在被保险机动车损失赔偿金额以外另行计算，最高不超过保险金额。

2. 责任免除

（1）事故发生后，被保险人或驾驶人故意破坏、伪造现场，毁灭证据。

（2）驾驶人有下列情形之一者：交通肇事逃逸；饮酒、吸食或注射毒品、服用国家管制的精神药品或者麻醉药品；无驾驶证，驾驶证被依法扣留、暂扣、吊销、注销期间；驾驶与驾驶证载明的准驾车型不相符合的机动车。

（3）被保险机动车有下列情形之一者：发生保险事故时被保险机动车行驶证、号牌被注销；被扣留、收缴、没收期间；竞赛、测试期间，在营业性场所维修、保养、改装期间；被保险人或驾驶人故意或重大过失，导致被保险机动车被利用从事犯罪行为。

（4）下列原因导致的被保险机动车的损失和费用：战争、军事冲突、恐怖活动、暴乱、污染（含放射性污染）、核反应、核辐射；违反安全装载规定；被保险机动车被转让、改装、加装或改变使用性质等，导致被保险机动车危险程度显著增加，且未及时通知保险人，因危险程度显著增加而发生保险事故的；投保人、被保险人或驾驶人故意制造保险事故。

下列损失和费用，保险人不负责赔偿：因市场价格变动造成的贬值、修理后因价值降低引起的减值损失；自然磨损、锈蚀、腐蚀、故障、本身质量缺陷；投保人、被保险人或驾驶人知道保险事故发生后，故意或者因重大过失未及时通知，致使保险事故的性质、原因、损失程度等难以确定的，保险人对无法确定的部分，不承担赔偿责任，但保险人通过其他途径已经知道或者应当及时知道保险事故发生的除外；因被保险人违反约定，导致无法确定的损失；车轮单独损失，无明显碰撞痕迹的车身划痕，以及新增加设备的损失；非全车盗抢，仅车上零部件或附属设备被盗窃。

3. 保险金额

保险金额按投保时被保险机动车的实际价值确定。投保时被保险机动车的实际价值由投保人与保险人根据投保时的新车购置价减去折旧金额后的价格协商确定或其他市场公允价值协商确定。折旧金额可根据保险合同列明的参考折旧系数表确定。

4. 赔偿处理

（1）全部损失：

$$赔款 = 保险金额 - 被保险人已从第三方获得的赔偿金额 - 绝对免赔额 \quad (5-1)$$

（2）部分损失：

$$赔款 = 实际修复费用 - 被保险人已从第三方获得的赔偿金额 - 绝对免赔额 (5-2)$$

（3）施救费用：

施救的财产中，含有保险合同之外的财产，应按保险财产的实际价值占总施救财产的实际价值比例分摊施救费用。

被保险机动车发生保险事故，导致全部损失，或一次赔款金额与免赔金额之和（不含施救费）达到保险金额，保险人按合同约定支付赔款后，保险责任终止，保险人不退还机动车损失保险及其附加险的保险费。

（二）机动车第三者责任保险

机动车第三者责任保险中的第三者是指因被保险机动车发生意外事故遭受人身伤亡或者财产损失的人，但不包括被保险机动车本车车上人员、被保险人。

1. 保险责任

保险期间内，被保险人或其允许的驾驶人在使用被保险机动车过程中发生意外事故，致使第三者遭受人身伤亡或财产直接损毁，依法应当对第三者承担的损害赔偿责任，且不属于免除保险人责任的范围，保险人对于超过机动车交通事故责任强制保险各分项赔偿限额的部分负责赔偿。

保险人依据被保险机动车一方在事故中所负的事故责任比例，承担相应的赔偿责任。

被保险人或被保险机动车一方根据有关法律法规选择自行协商或由公安机关交通管理部门处理事故，但未确定事故责任比例的，按照下列规定确定事故责任比例：被保险机动车一方负主要事故责任的，事故责任比例为70%；被保险机动车一方负同等事故责任的，事故责任比例为50%；被保险机动车一方负次要事故责任的，事故责任比例为30%。

2. 责任免除

保险人不负责赔偿下列人身伤亡、财产损失和费用：被保险机动车发生意外事故，致使任何单位或个人停业、停驶、停电、停水、停气、停产、通信或网络中断、电压变化、数据丢失造成的损失以及其他各种间接损失；第三者财产因市场价格变动造成的贬值，修理后因价值降低引起的减值损失；被保险人及其家庭成员、驾驶人及其家庭成员所有、承租、使用、管理、运输或代管的财产的损失，以及本车上财产的损失；被保险人、驾驶人、本车车上人员的人身伤亡；停车费、保管费、扣车费、罚款、罚金或惩罚性赔款；超出《道路交通事故受伤人员临床诊疗指南》和国家基本医疗保险同类医疗费用标准的费用部分；律师费，未经保险人事先书面同意的诉讼费、仲裁费；投保人、被保险人或驾驶人知道保险事故发生后，故意或者因重大过失未及时通知，致使保险事故的性质、原因、损失程度等难以确定的，保险人对无法确定的部分，不承担赔偿责任，但保险人通过其他途径已经知道或者应当及时知道保险事故发生的除外；因被保险人违反条款约定，导致无法确定的损失；精神损害抚慰金；应当由机动车交通事故责任强制保险赔偿的损失和费用；保险事故发生时，被保险机动车未投保机动车交通事故责任强制保险或机动车交通事故责任强制保险合同已经失效的，对于机动车交通事故责任强制保险责任限额以内的损失和费用，保险人不负责赔偿。

3. 责任限额

每次事故的责任限额，由投保人和保险人在签订保险合同时协商确定。主车和挂车连接使用时视为一体，发生保险事故时，由主车保险人和挂车保险人按照保险单上载明的机动车第三者责任保险责任限额的比例，在各自的责任限额内承担赔偿责任。

4. 赔款计算

（1）当（依合同约定核定的第三者损失金额 − 机动车交通事故责任强制保险的分项赔偿限额）× 事故责任比例等于或高于每次事故责任限额时：

$$赔款 = 每次事故责任限额 \qquad (5-3)$$

（2）当（依合同约定核定的第三者损失金额 − 机动车交通事故责任强制保险的分项赔偿限额）× 事故责任比例低于每次事故责任限额时：

$$赔款 = \left(\begin{array}{c} 依合同约定核定的 \\ 第三者损失金额 \end{array} - \begin{array}{c} 机动车交通事故责任强 \\ 制保险的分项赔偿限额 \end{array} \right) × 事故责任比例 \quad (5-4)$$

（三）机动车车上人员责任保险

机动车车上人员责任保险中的车上人员是指发生意外事故的瞬间，在被保险机动车车体内或车体上的人员，包括正在上下车的人员。

1. 保险责任

保险期间内，被保险人或其允许的驾驶人在使用被保险机动车过程中发生意外事故，致使车上人员遭受人身伤亡，且不属于免除保险人的责任范围，依法应当对车上人员承担的损害赔偿责任。

被保险机动车一方在事故中所负的事故责任比例与机动车第三者责任保险一致。

2. 责任免除

保险人不负责赔偿下列人身伤亡、损失和费用：被保险人及驾驶人以外的其他车上人员的故意行为造成的自身伤亡；车上人员因疾病、分娩、自残、斗殴、自杀、犯罪行为造成的自身伤亡；罚款、罚金或惩罚性赔款；超出《道路交通事故受伤人员临床诊疗指南》和国家基本医疗保险同类医疗费用标准的费用部分；律师费、未经保险人事先书面同意的诉讼费、仲裁费；投保人、被保险人或驾驶人知道保险事故发生后，故意或者因重大过失未及时通知，致使保险事故的性质、原因、损失程度等难以确定的，保险人对无法确定的部分，不承担赔偿责任，但保险人通过其他途径已经知道或者应当及时知道保险事故发生的除外；精神损害抚慰金；应当由机动车交通事故责任强制保险赔付的损失和费用。

3. 责任限额

驾驶人每次事故责任限额和乘客每次事故每人责任限额由投保人和保险人在投保时协商确定。投保乘客座位数按照被保险机动车的核定载客数（驾驶人座位除外）确定。

4. 赔款计算

（1）对每座的受害人，当（依合同约定核定的每座车上人员人身伤亡损失金额 – 应由机动车交通事故责任强制保险赔偿的金额）× 事故责任比例高于或等于每次事故每座责任限额时：

$$赔款 = 每次事故每座责任限额 \qquad (5-5)$$

（2）对每座的受害人，当（依合同约定核定的每座车上人员人身伤亡损失金额 – 应由机动车交通事故责任强制保险赔偿的金额）× 事故责任比例低于每次事故每座责任限额时：

$$赔款 = \left(\begin{array}{c} 依合同约定核定的 \\ 每座车上人员人身 \\ 伤亡损失金额 \end{array} - \begin{array}{c} 应由机动车交通 \\ 事故责任强制保 \\ 险赔偿的金额 \end{array} \right) × 事故责任比例 \qquad (5-6)$$

保险人按照《道路交通事故受伤人员临床诊疗指南》和国家基本医疗保险的同类医疗费用标准核定医疗费用的赔偿金额。未经保险人书面同意，被保险人自行承诺或支付的赔偿金额，保险人有权重新核定。不属于保险人赔偿范围或超出保险人应赔偿金额的，保险人不承担赔偿责任。

（四）附加险

我国机动车保险附加险包括 11 项：绝对免赔率特约条款、车轮单独损失险、新增加设备损失险、车身划痕损失险、修理期间费用补偿险、发动机进水损坏除外特约条款、车上货物责任险、精神损害抚慰金责任险、法定节假日限额翻倍险、医保外医疗费用责任险、机动车增值服务特约条款。

知识链接 5-1

交强险与三责险的区别

1. 制度设计的目的与功能不同。交强险制度兼顾交通事故受害人的经济保障、医疗救治和减轻交通事故肇事方的经济负担等方面，具有很强的社会公益性。其根本目的在于使受害人能够得到及时有效地补偿。机动车第三者责任保险（以下简称三责险）则属于一种普通的商业保险，其根本目的在于分散风险，保护被保险人利益，即通过保险的风险管理功能转移被保险人的赔偿责任风险。

2. 性质与经营原则不同。交强险是一种特殊的责任保险，尽管实行商业化运作模式，但保险公司在业务运作上总体上遵循不盈不亏的原则，实际上起到了代办作用。三责险则是一般的商业责任保险，保险公司经营此项业务以营利为目的。

3. 实施方式不同。交强险是法定强制保险，只要是在中国境内道路上行驶的机动车的所有人或者管理人都应当投保交强险，未投保的机动车不得上路行驶，否则将受到法律法规的处罚。这种强制性不仅体现在强制投保上，也体现在强制承保上，具有经营机动车交通事故责任强制保险资格的保险公司不得拒绝承保，也不能随意解除合同。三责险则属于民事合同，机动车所有人或者是管理人拥有是否选择购买的权利，保险公司也享有拒绝承保的权利。

4. 保险条款和基础费率制定方式不同。交强险在全国实行统一的保险条款和基础费率，保险公司不能任意更改，保险监管机构按照交强险业务总体上"不盈不亏"的原则审批费率。三责险保险合同的条款和费率原则上则由保险公司依据国家指导性条款和基础费率自主拟定，投保人具有一定的选择权。

5. 归责原则与责任范围不同。除特别规定外，交强险的赔偿范围几乎涵盖了所有的道路交通责任风险。按照《道路交通安全法》第76条的规定："机动车发生交通事故造成人身伤亡、财产损失的，由保险公司在机动车第三者责任强制保险责任限额范围内予以赔偿。"无论被保险人有无过错，只要因交通事故造成第三者损害，受害人均可请求保险赔偿给付，即通常所说的"无责赔付原则"。由于不设任何免赔率和免赔额，其保障范围大大拓宽。反观三责险，则是纯粹的责任保险，保险标的是"被保险人对第三者依法应负的赔偿责任"，即采用"过错责任原则"。保险公司一般依据投保人或被保险人在交通事故中应负的责任比例来确定赔偿责任，且不同程度地规定了免赔率、免赔额或责任免除事项等。

6. 责任限额不同。交强险在全国范围内实行统一的分项责任限额，即分为死亡伤残赔偿限额、医疗费用赔偿限额、财产损失赔偿限额以及被保险人在道路交通事故中无责任的赔偿限额。全国各地限额相同，投保人不可进行选择。三责险则实行单一的分档次责任限额，不再区分人身损害赔偿限额和财产损害赔偿限额，而且分为若干个档次，投保人可以选择。

资料来源：陈冬梅.财产与责任保险［M］.上海：复旦大学出版社，2019.

第四节　工程保险

一、工程保险概述

（一）工程保险的概念

工程保险起源于 19 世纪中期的英国，它是适应现代工程技术和建筑业的发展，由火灾保险、意外伤害保险及责任保险等演变而成的一类综合性财产保险，目前工程保险已成为大型工程项目建设风险管理不可或缺的手段之一。

工程保险是指以各种在建工程项目为保险标的，对被保险人因可保风险遭受的工程物质损失、费用以及对第三者应承担的法律责任由保险人提供保障的保险。

传统的工程保险仅指建筑、安装及船舶建造工程项目的保险。进入 20 世纪以来，尤其是第二次世界大战以后，许多科技工程活动获得了迅速发展，又逐渐形成了科技工程项目保险。因此，建筑工程保险、安装工程保险、科技工程保险构成了工程保险的三大主要业务。

（二）工程保险的特征

由于工程建设本身的特点，使得工程保险具有不同于普通财产保险的以下特征。

1. 承保风险的广泛性

工程建设本身是一个动态的过程，在此过程中所涉及的风险极为广泛，既有自然灾害、意外事故引起的损失，也有盗窃、施工或技术人员缺乏经验引起的损失，还有被保险人对第三者承担法律责任的风险，这些风险可以在工程保险中获得保障。

2. 被保险人的多方性

工程建设涉及多方利益，业主、总承包商、分包商、技术顾问、设备供应商、贷款银行等因与工程自身的关系不同利益也不同，所以他们对同一工程都具有保险利益，各方都可以成为被保险人。

3. 保险费率的个别性

工程保险没有固定或统一的保险费率。在承保时，保险公司对承保工程的风险进行评估，根据工程的风险状况确定保险费率。不同的工程由于其施工地点、工程性质、施工方法、工地及邻近地区的自然地理条件、承包商及其他关系方的资信情况、承保范围不同，都有不同的保险费率。

4. 保险期限的特殊性

工程保险的保险期限并非按日历年度确定，一般按照施工期来定，通常约定从工程动工之日起至工程竣工验收合格之日止。

5. 保险内容的交叉性

在建筑工程保险中，通常也承保相关安装项目，例如房屋建筑过程中的供水、供电、照明设施等安装工程；而在安装工程保险中一般也包含着建筑工程项目，例如新产品生产线安装过程中的土方建筑工程。虽然各工程保险业务相互独立，但是内容有交叉，在经营上也有一定的相关性。

二、建筑工程保险

（一）建筑工程保险的概念

建筑工程保险是指以各类民用、工业用和公用事业用的建筑工程项目为承保对象，由保险人对被保险人在工程建筑过程中因自然灾害、意外事故引起的物质损失、相关费用和第三者责任进行经济赔偿的保险。

（二）建筑工程保险的主要内容[①]

1. 物质损失保险

（1）保险标的。保险合同明细表中分项列明的、在列明工地范围内的与实施工程合同相关的财产或费用，属丁保险标的。

特约承保标的：施工用机具、设备、机械装置；在保险工程开始以前已经存在或形成的位于工地范围内或其周围的属于被保险人的财产；在保险期间终止前，已经投入商业运行或业主已经接受、实际占有的财产或其中的任何一部分财产，或已经签发工程竣工证书或工程承包人已经正式提出申请验收并经业主代表验收合格的财产或其中任何一部分财产；清除残骸费用。

不予承保标的：文件、账册、图表、技术资料、计算机软件、计算机数据资料等无法鉴定价值的财产；便携式通信装置、便携式计算机设备、便携式照相摄像器材以及其他便携式装置、设备；土地、海床、矿藏、水资源、动物、植物、农作物；领有公共运输行驶执照的，或已由其他保险予以保障的车辆、船舶、航空器；违章建筑、危险建筑、非法占用的财产。

（2）保险责任。保险期间内，保险财产在列明的工地范围内，因保险合同责任免除以外的任何自然灾害或意外事故造成的物质损坏或灭失；保险事故发生后，被保险人为防止或减少保险标的的损失所支付的必要的、合理的费用；保险合同列明的因发生上述损失所产生的其他有关费用。

（3）保险人不负责赔偿下列原因造成的损失、费用：设计错误引起的损失和费用；自然磨损、内在或潜在缺陷、物质本身变化、自燃、自热、氧化、锈蚀、渗漏、鼠咬、虫蛀、大气（气候或气温）变化、正常水位变化或其他渐变原因造成的保险财产自身的损失和费用；因原材料缺陷或工艺不善引起的保险财产本身的损失以及为换置、修理或矫正这些缺点错误所支付的费用；非外力引起的机械或电气装置的本身损失，或施工用机具、设备、机械装置失灵造成的本身损失。

保险人也不负责赔偿下列损失、费用：维修保养或正常检修的费用；档案、文件、账簿、票据、现金、各种有价证券、图表资料及包装物料的损失；盘点时发现的短缺；领有公共运输行驶执照的，或已由其他保险予以保障的车辆、船舶和飞机的损失；除非

---

① 资料来源：中国人民财产保险股份有限公司正在执行的建筑工程一切险条款（2009 版）。

另有约定，在保险工程开始以前已经存在或形成的位于工地范围内或其周围的属于被保险人的财产的损失；除非另有约定，在保险期间终止以前，保险财产中已由工程所有人签发完工验收证书或验收合格或实际占有或使用或接收部分的损失。

（4）保险金额。建筑工程的保险金额应不低于保险工程建筑完成时的总价值，包括原材料费用、设备费用、建造费、安装费、运保费、关税、其他税项和费用，以及由工程所有人提供的原材料和设备的费用；其他保险项目的保险金额由投保人与保险人商定。

（5）赔款计算。保险标的发生保险责任范围内的损失，保险人按以下方式计算赔偿：保险金额等于或高于应保险金额时，按实际损失计算赔偿，最高不超过应保险金额；保险金额低于应保险金额时，按保险金额与应保险金额的比例乘以实际损失计算赔偿，最高不超过保险金额。

2. 第三者责任保险

（1）保险责任。在保险期间内，因发生与所承保工程直接相关的意外事故引起工地内及邻近区域的第三者人身伤亡、疾病或财产损失，依法应由被保险人承担的经济赔偿责任；保险事故发生后，被保险人因保险事故而被提起仲裁或者诉讼的，对应由被保险人支付的仲裁或诉讼费用以及其他必要的、合理的费用，经保险人书面同意，保险人也负责赔偿。

（2）责任免除。保险人不负责赔偿下列原因造成的损失、费用：由于震动、移动或减弱支撑而造成的任何财产、土地、建筑物的损失及由此造成的任何人身伤害和物质损失；领有公共运输行驶执照的车辆、船舶、航空器造成的事故。保险人也不负责赔偿下列损失、费用：保险合同物质损失项下或本应在该项下予以负责的损失及各种费用；工程所有人、承包人或其他关系方或其所雇用的在工地现场从事与工程有关工作的职员、工人及上述人员的家庭成员的人身伤亡或疾病；工程所有人、承包人或其他关系方或其所雇用的职员、工人所有的或由上述人员所照管、控制的财产发生的损失；被保险人应该承担的合同责任，但无合同存在时仍然应由被保险人承担的法律责任不在此限。

（3）责任限额。责任限额包括每次事故责任限额、每人人身伤亡责任限额、累计责任限额，由投保人与保险人协商确定，并在保险合同中载明。

（4）赔款计算。在保险期间内发生保险责任范围内的损失，保险人按以下方式计算赔偿：

① 对于每次事故造成的损失，保险人在每次事故责任限额内计算赔偿，其中对每人人身伤亡的赔偿金额不得超过每人人身伤亡责任限额。

② 在依据第①条计算的基础上，保险人在扣除本保险合同载明的每次事故免赔额（率）后进行赔偿，但对于人身伤亡的赔偿不扣除每次事故免赔额；保险人对多次事故损失的累计赔偿金额不超过本保险合同列明的累计赔偿限额。

③ 对每次事故法律费用的赔偿金额，保险人在依据第①条计算的赔偿金额以外按合同的约定另行计算。

④ 保险人对被保险人给第三者造成的损害，可以依照法律的规定或者合同的约定，

直接向该第三者赔偿保险金。

案例 5-3

平安产险"白格堰塞湖"洪水事故致在建水电站受损理赔案例

2018 年，金沙江上游白格发生山体滑坡阻断长江干流形成堰塞湖，后形成超万年一遇洪水，直接威胁下游数万群众生命财产安全以及流域内数座在建和已投产电站，事故造成平安产险承保的两座在建电站设施及设备受损。事故发生后，平安产险第一时间出入险境，在 24 小时内快速预赔 1 500 万元。出险标的地处偏远，山高谷深，出入不便，平安产险将卫星和无人机建模等科学技术在保险事故救灾与核损场景中予以应用，快速完成全部赔偿金额 1.34 亿元。

【分析】

本案的事故涉及面积广阔、项目繁杂，定损难度大，保险公司通过采集卫星图片、使用无人机高效定损，践行了保险行业服务国家发展战略和实体经济的使命。随着西部大开发的推进，位于偏远地区的工程施工项目越来越多，面临的风险也大幅增加。通过保险的风险转移和社会保障功能，能够有效提高工程相关企业的抗风险能力。

资料来源：中国保险行业协会。

拓展阅读 5-2

点赞！港珠澳大桥背后的工程保险力量！

第五节　农业保险

一、农业保险概述

（一）农业保险的概念与分类

农业保险是指专门为农业生产者在从事种植业、林业、畜牧业和渔业生产过程中，遭受自然灾害、意外事故、疫病或者疾病等保险事故所造成的经济损失提供保障的财产保险。

农业是国民经济的基础，农业保险对于弥补自然灾害对农民收入减少的影响，保障粮食安全和农业健康稳定，促进农业新科技和农村金融的发展具有重要作用。

农业保险按照不同的分类标准分为以下类别。

按承保对象划分，有种植业保险和养殖业保险。种植业保险主要包括生长期农作物保险、收获期农作物保险等；养殖业保险包括牲畜保险、家禽保险、水产品保险等。

按保险责任划分，有单一风险保险、混合风险保险和一切险。单一风险保险只承保一种风险，如小麦雹灾保险、林木火灾保险等。混合风险保险承保一种以上的列明风险，如水果保险承保风灾、冻灾等风险。一切险除了不保的风险以外，其他风险都予以承保。

按承保方式划分，有成本保险和产量（产值）保险。成本保险，是以生产投入成本确定保险金额的保险。产量（产值）保险，是以生产产出作为确定保险金额的保险，以实物量计，称为产量保险；以价值量计，称为产值保险。

（二）农业保险的特点

与一般财产保险相比，农业保险具有以下特点。

1. 保险标的的生命性

一般财产保险承保的保险标的都是无生命的财物或经济利益，而农业保险的保险标的大多是有生命的农作物或饲养的家禽家畜、水产动物等，种类繁多，其价值始终处于变化中，生命周期各异，因此农业保险保险金额的确定、查勘定损复杂。

2. 经营风险的特殊性

一般财产保险的风险大都符合可保风险的要件，而农业保险的可保风险与这些条件多有不符：农业风险具有很强的相关性，例如洪灾、干旱、虫灾等灾害事故常常表现为高度的时间与空间的相关性，风险造成的经济损失难以度量；同时由于动植物的养殖、生长离不开人的行为作用，农村地域广阔，业务分散，交通不便，管理难度大，使得农业保险具有较为严重的逆选择和道德风险。

3. 风险单位的广泛性

风险单位（即险位）是指发生一次灾害事故可能造成的保险标的的损失范围。对于一般财产保险，一个保险标的或地段就是一个险位。而在农业保险中，一个险位包含成千上万个保险标的，一次风险事故往往涉及数县甚至数省，例如洪涝、干旱、流行性疫病一旦发生，波及千万农户的农田、牲畜，因此一般都为巨灾损失。

4. 业务性质的政策性

由于农业风险大，农业生产中的损失率高，农业保险的赔付率通常都较高，而农民收入较低，不可能支付较高的保险费，因而农业保险很难盈利，甚至经常出现亏损。因此许多国家将农业保险作为政策性保险由政府给予支持。

二、种植业保险

种植业保险是指保险人对被保险人在从事种植业生产过程中，由于其所种植的各种农作物、林木等遭受自然灾害或意外事故所造成的损失给予经济补偿的一种保险。

农作物保险是种植业保险的主要险种，包括生长期农作物保险和收获期农作物保险。

（一）生长期农作物保险

1. 保险标的

处于生长期的各种农作物，包括粮食作物、经济作物和其他作物。

2. 保险责任

自然气候原因引起的自然灾害，包括干旱、水灾、涝灾、冰雹、干热风、霜冻、暴风、暴雨、台风、龙卷风、寒潮等；由病虫草的危害引起的自然灾害。

3. 责任免除

被保险人的故意行为、欺骗行为所致的损失；间作、套种的非保险标的和毁种复播的农作物损失；因盗窃、他人毁坏或畜、兽、禽啃食所致的损失；未尽力防范和抢救所致的损失；战争行为；保险责任以外的灾害所致的损失。

4. 保险期限

保险期限根据农作物的生长期来确定，一般定为从作物出土定苗到成熟收割这段时间的全部或某一部分或该段时间的延伸部分。

5. 保险金额

成本保险是以农作物的投入成本来确定保险金额，投入成本包括种子、肥料等材料耗用费、人力作业费、机械或畜力作业费等直接费用。而产量保险是按亩平均收获量的成数确定保险金额。

6. 赔偿处理

保险期间发生数次责任范围内的灾害损失，累计赔偿额不超过保额；部分赔偿后，保单继续有效，但有效保险金额变动为原保险金额减去已赔偿额；保险亩数低于实际种植亩数时，按保险亩数与实际种植亩数的比例赔偿；农作物损余残值折价给被保险人，从赔款中扣除。

生长期农作物受灾后80%以上的农作物死亡，已没有实现该作物预期收获量的可能或改种其他作物的季节已过，这种情况下视为全部损失，按保险金额赔偿。若可以改种，则补偿改种成本并对改种后的农作物继续承担保险责任。

遭受部分损失时，在成本保险中，每亩赔款等于每亩保险金额减去每亩损后实际收入，每亩损后实际收入用每亩平均收入乘以损失程度可得。在产量保险中，每亩赔款等于单价（政府收购价）乘以每亩保险产量和实收亩平均产量的差。

（二）收获期农作物保险

1. 保险标的

成熟后进入收割、脱粒、晾晒、碾打、烘烤等初加工的夏、秋粮食作物、经济作物和其他作物。

2. 保险责任

分为单一责任和混合责任。单一责任只承保火灾，并负责发生火灾时的施救费用及灾后整理费用；混合责任除承保单一责任外，还承保农产品在加工期遭受的如洪涝、暴风雨、阴雨、霉烂、雷电等灾害造成的损失。

3. 责任免除

保险人不承担的保险责任主要有：被保险人的故意行为、欺骗行为所致的损失；被保险人违反法律、法规，在公路、街道等场所晾晒、碾打农作物发生火灾造成的损失；发生灾害时，被保险人不采取必要保护或施救措施造成的损失；战争行为；保险责任以外的灾害所致的损失。

4. 保险期限

此保险是生长期农作物保险的后续保险。其承保期限一般是从农作物收割（采摘）后进入晾晒场起至完成初级加工进入仓库之前的这一阶段，一般时间较长。而实际承保时，保险人通常会把起保期向前推，定在收割、采摘前 10 天左右。

5. 保险金额

每亩保险金额用当年或上年国家对于保险标的同类的农产品的收购价格乘以被保险人所在地同类标的作物前 3 年或前 5 年平均亩产量的 60%~80% 确定。在保险实务中，计算所在地的平均产量时，往往以"村"为基础。

6. 赔偿处理

全部损失时，当农作物的投保面积小于等于实际种植面积时，按保险金额赔偿；当投保面积大于实际种植面积时，按实际种植面积和每亩保险金额计算赔偿金额。

部分损失时，按农作物的投保面积与实际种植面积的比例计算赔偿金额。此外，施救、整理和保护保险财产所支付的费用，另行计算。

📑 知识链接 5−2

我国农业保险保费规模超千亿元

在中央和地方财政补贴政策支持下，我国农业保险快速发展，顶层设计逐步完善，农业保险产品和服务不断升级，已逐渐形成了"政府引导、市场运作、自主自愿、协同推进"的农业保险发展模式，初步建立了覆盖全国、涵盖主要大宗农产品的农业生产风险保障体系，保险已成为化解农业风险、稳定农业生产和增加农民收入的重要政策工具。除中央财政补贴的 16 大险种，农业保险还为蔬菜水果、牲畜家禽、水产养殖等地方优势特色农业提供风险保障，为地方优势特色农业规模化、产业化发展提供了有力支撑。2019 年，财政部、农业农村部、原银保监会等联合印发《关于加快农业保险高质量发展的指导意见》。据全国农业保险数据信息系统统计，2023 年，我国农业保险保费规模为 1 430 亿元，同比增长 17%，为 1.6 亿户次农户提供风险保障共计 4.98 万亿元。其中，中央财政拨付保费补贴 477.66 亿元，同比增长 9.9%。

资料来源：财政部官网。

📖 **拓展阅读 5-3**

"保险＋期货"模式精准发力乡村振兴

📑 **本章小结**

本章论述财产损失保险业务类别及其主要内容。财产损失保险主要包括海上保险、火灾保险、机动车辆保险、工程保险和农业保险。海上保险以船舶、货物以及与之有关的利益作为保险标的，对其在海上运输过程中遭受自然灾害、意外事故或其他外来风险造成的损失进行补偿，在国际贸易和国际航运业中发挥着重要作用。火灾保险以被保险人存放在固定场所并处于相对静止状态的不动产和动产作为保险标的，对其因遭受保险事故而导致的经济损失进行赔偿，包括企业财产保险和家庭财产保险。机动车辆保险是以机动车辆本身及被保险人对第三者的民事责任作为保险标的。我国现行机动车辆保险由交强险和商业车险组成。工程保险以各种在建工程项目为保险标的，对被保险人因可保风险遭受的工程物质损失、费用以及对第三者应承担的法律责任提供保障。农业保险承保种植业、养殖业、林业因遭受自然灾害、意外事故、疫病或者疾病造成的损失。

随着物质财富的极大丰富，现代社会的风险因素日益增多，财产损失保险客观上满足着企业、社会团体和居民家庭的各种风险保障需求，是不可或缺的风险管理机制和经济补偿制度。

⚙️ **案例讨论**

携手应对新兴市场的粮食安全问题

中国是世界上最大的农业国之一，虽然农业部门具有全球重要性，但是中国在满足国内粮食需求和防范洪水、干旱或台风等自然灾害方面面临着重大挑战。1999—2003年间，中国政府采取一系列措施提振农业，包括增加农业投入和机械补贴、保障粮食最低采购价、免征税收及提供粮食直补。自此之后，发展农业，建设农业强国一直是中国政府的工作重点。

2007年以来，政府试点为农民提供保费补贴支持，使得农民有能力购买农业保险。2012年，试点计划扩大至全国，并覆盖更多农作物，如谷物、棉花、油类植物和糖类植物。中央政府还为林业、生猪和橡胶设计和开发出农业保险产品。此外，中央政府未提供补贴的一些特殊农作物得到地方政府的补贴支持。

思考讨论题

1. 中国农业发展面临哪些主要风险？

2. 农业保险是如何保障粮食安全的？

3. 政府应该在农业保险发展中扮演怎样的角色？

分析要点

1. 自然风险、市场风险、技术风险。

2. 首先，我国在粮棉油等对国计民生有重要影响的农产品上实施政策性农业保险，提供风险保障，使农户在遭受灾害后及时获得保险赔款，在保证农业生产、稳定农村经济、保障粮食生产安全和农民收益、提高农民种粮积极性等方面发挥了重要的作用；其次，农业保险机构通过推广指数型农业保险、目标价格保险和收入保险，推动"保险＋期货或期权""保险＋信贷"等创新性产品，降低保险交易成本，为农民建立安全网。

3. 政府在农业保险的发展中扮演引导的角色：一是作为农业保险需求和供给的拉动者，使农业保险的覆盖面尽可能大；二是作为农业保险市场培育者和合作者，帮助保险机构建立风险区划、巨灾基金和合理的责任分摊机制，确保农业保险的稳健运行。

☑ 重要术语

财产损失保险	货物运输保险	共同海损
单独海损	火灾保险	机动车辆保险
交强险	机动车第三者责任保险	车辆损失保险
车上人员责任保险	工程保险	农业保险
种植业保险	成本保险	产量保险

💡 思考题

1. 如何理解海上保险承保风险的广泛性？

2. 企业财产保险中的不保财产具有什么特征？

3. 结合港珠澳大桥的建设，思考以下问题：

（1）在大桥施工建设过程中面临哪些风险？

（2）保险业在港珠澳大桥的风险管理中发挥了什么作用？

（3）政府投资的工程保险为什么多采用共保体进行承保？

 延伸阅读

 即测即评

第六章
责任保险

📝 学习目标

- 重点掌握责任保险的概念、特征、法律和承保基础
- 掌握责任保险的主要险种及其基本内容
- 通过学习责任保险与民事法律之间的关系，认识我国《民法典》实施的意义，树立依法治国的社会主义法治理念
- 通过学习责任保险的各类业务，理解责任保险在公共安全管理、生态环境保护、和谐社会构建中的社会治理功能，增强制度自信和道路自信

👓 本章导读

责任保险的出现与各国法律制度的健全和国民法治意识的提高息息相关，责任保险的发展程度是衡量一国或地区财产保险业发达与否的重要指标。本章首先阐述责任保险的特征、作用、责任保险与民事法律之间的关系以及责任保险的承保基础，然后对公众责任保险、产品责任保险、雇主责任保险和职业责任保险的基本内容进行介绍。

✒️ 开篇案例

600 辆违法车被洪水淹成"土车"如何赔偿引争议

2017 年 6 月，湖南省普降大到暴雨，部分地区大暴雨，长沙靳江河水暴涨，洪水倒灌进入位于长沙市岳麓区的某停车场。该停车场由政府招标，停放的是交警机动大队、特勤大队等扣押的违法车辆。洪水渐渐退却后，统计发现约有 600 辆违法车辆被淹，近一半车辆的车身浸在水中，泥沙铺满车盖和车顶，超过 500 台车辆被鉴定为报废，其中不乏保时捷、奔驰等名车。

资料来源：快科技网。

案例思考：

1. 假设受损车辆为被扣押的车辆，车主能否从其车损险保险人处获得保险赔偿？
2. 车辆水淹受损，扣押车辆的行政机关承担赔偿责任吗？
3. 车辆被扣押后，如何通过商业保险转嫁此类由自然灾害所致的责任风险？

第一节　责任保险概述

一、责任保险的概念与特征

责任保险始于 19 世纪的欧美国家，其中最先问世的是雇主责任保险。在责任保险发展最初的几十年，并没有得到足够的重视。直至 20 世纪中叶，随着各国社会经济的发展和法律制度的健全，各种民事活动急剧增加，人们的索赔意识不断增强，责任保险逐渐在工业化国家得到全面迅速的发展。虽然责任保险发展的时间相对其他保险而言较短，但是目前已经成为具有相当规模和影响力的保险险种。

（一）责任保险的概念

责任保险是以被保险人（致害人）对第三者（受害人）在法律上应承担的民事损害赔偿责任作为保险标的，当被保险人由于过失或无过失行为造成第三者财产损失或人身伤害，根据法律规定需要对其承担相应的赔偿责任时，由保险人提供经济补偿的保险。

在生产经营或社会经济活动中，企业、团体和公民个人由于疏忽、过失等行为，可能造成他人的财产损失或人身伤害，由此要对受害人承担相应的民事损害经济赔偿责任，通过投保责任保险，本应由企业、团体和公民个人承担的这种赔偿责任可由保险人在合同限额内予以承担。例如，美国某航空公司的飞机坠落导致地面房屋倒塌并致屋内 1 人死亡，屋主向法院起诉，要求航空公司进行赔偿，最后法院判决该航空公司向其支付超过 1 900 万美元的赔偿金。如果这家航空公司投保了相关责任保险，那么就可以由保险公司在航空公司投保的责任限额内来支付这笔赔偿金。

（二）责任保险的特征

责任保险属于广义财产保险的范畴，遵循损失补偿原则。与一般财产保险相比，责任保险在如下几方面具有不同特征。

1. 责任保险产生与发展的基础

对于一般财产保险而言，其产生和发展的基础是各种自然灾害和意外事故，例如台风、洪水、火灾、爆炸等。而责任保险承保的是被保险人对第三方的民事责任风险，其产生和发展建立在一定的法制基础上。正是因为世界各国的法律、法规都规定了侵权人一旦造成他人的财产损失或人身伤害就必须承担相应的经济赔偿责任，有关单位或个人才会觉得有必要通过保险来转嫁这种风险，责任保险的必要性才会被人们所认识和接受。

在当代社会，如果没有环境污染防治法，那些造成污染的单位或个人就不会有对污染受害者的经济赔偿责任；如果没有食品卫生法和消费者权益保护法，那些对消费者权益造成损害的单位或个人也不会有对受害人的经济赔偿责任。责任保险产生与发展的基础是健全的法律制度。

2. 责任保险的承保标的

一般财产保险承保的是实体的各种财产物资，而责任保险承保的是没有实体的各种民事法律赔偿责任。对于每一个被保险人来说，在不同的责任事故中需要对第三方受害人承担多大的经济赔偿责任，与实体财产的市场价值并没有直接关联，而往往取决于被保险人在责任事故中是负全部责任、主要责任还是次要责任，以及当地的经济发展水平、人均收入水平和法庭判决等，这种标的风险往往不容易识别，也很难预料。

3. 责任保险的承保方式

责任保险在承保时一般根据业务种类或被保险人的要求，采用独立承保、附加承保和与其他险组合承保的方式。在独立承保方式下，保险人签发专门的责任险保单，如公众责任保险、产品责任保险、职业责任保险和雇主责任保险。在附加承保方式下，一般财产保险是主险，责任保险则是没有独立地位的附加险。比如建筑工程保险中的第三者责任保险。而在组合承保方式下，财产保险中就包含有责任保险，被保险人既不需要签订单独的责任保险合同，也不必签订责任险的附加或特约条款。例如船舶碰撞责任保险就是和船舶保险组合承保的。

4. 责任保险的补偿对象

在一般财产保险中，保险人的赔款直接支付给被保险人，用以补偿其经济损失。而在责任保险中，保险人不仅直接保障被保险人（致害人）的利益，还间接保障在责任事故中受到损害的第三者的利益。责任保险的直接补偿对象是与保险人签订保险合同的被保险人，间接补偿对象是不确定的第三者即受害人。保险人的赔款既可以直接支付给受害人，也可以在被保险人赔偿受害人后补偿给被保险人。这就是说，原来应由被保险人（致害人）支付给受害人的经济赔偿，由于致害人事先投保了责任保险，转由保险人代为承担。这样，既使被保险人避免了经济赔偿损失，又保障了受害人的合法权益。

5. 责任保险事故及赔偿额度

一般财产保险中的保险事故是各种自然灾害和意外事故，而责任保险的保险事故确定需要两个条件：一是被保险人对第三者发生了侵权，造成了其人身伤害或财产损失，依照相关法律需要对其承担相应的经济赔偿责任；二是该第三者的损害是被保险人侵权行为的直接后果，并且其向被保险人提出赔偿要求，二者缺一不可。在赔偿额度方面，财产保险通常以保险金额作为保险人的最高赔偿限度，它主要依据财产的实际价值确定；而责任保险承保的是被保险人对第三者依法应承担的民事经济赔偿责任，这种责任没有固定的价值，很难准确预计。因此，不论何种责任保险，均无保险金额的规定，而是采用在承保时由保险双方约定责任限额的方式来确定保险人的最高赔偿限度，凡超过责任限额的索赔仍须由被保险人自行承担。

6. 责任保险的赔偿处理

第一，每一起责任保险赔案，均以被保险人造成第三者（受害人）的损害并依法应承担经济赔偿责任为前提条件，因此并非只是保险人和被保险人双方的事情，还要涉及受到损害的第三者；第二，责任保险中的被保险人是否要对第三者承担赔偿责任、需要支付多少赔偿金不是由保险人决定，而是由法院根据被保险人的责任大小、受害人的实际损害程度、相关法律规定进行裁定；第三，由于保险人要在限额以内代替被保险人承担对第三者的经济赔偿责任，因此责任事故的处理与保险人的利益密切相关，从而使保险人具有处理责任事故的参与权；第四，责任保险赔款最后并非归被保险人所有，而是实质上支付给了受害方。

二、责任保险的作用

责任保险是一种以被保险人的民事损害赔偿责任作为保险标的的保险。责任保险的特定作用表现在以下三个方面。

（一）为被保险人承担民事赔偿责任，解决他们的后顾之忧

一方面，经济的发展、社会的进步离不开企业、个人从事各项活动，而在这些活动中责任事故的发生是难以避免的。一旦这类事件发生并造成后果，责任方就必须依法对受害的第三方进行赔偿。另一方面，因为法制的健全和公民收入水平的不断提高，企业、团体、家庭个人面临的索赔金额可能越来越大，通过责任保险，将民事赔偿责任转嫁给保险公司，可以达到化不确定为确定的目的。

（二）保证无辜受害者的合法权益，促进社会安定

在责任事故发生后，如果责任方无力赔偿受害人的经济损失，受害者的合法权益就无法得到保障。而通过责任保险，由保险人代替被保险人对受害人承担赔偿责任，可以保障受害者的合法权益不受侵害，维护和促进社会的安定。

（三）有利于民事纠纷的顺利解决，保证法律的贯彻执行

造成他人人身伤害、财产损失的单位和个人要依法承担经济赔偿责任。但在实际中，难免有少数负有赔偿责任的单位和个人由于种种原因缺乏承担赔偿责任的经济能力，也就难以保证法律判决的执行。通过责任保险，只要被保险人依法需要承担的民事赔偿责任由保险责任范围内的原因所致，保险人就有义务履行赔付义务。这样，责任保险从经济上维护了法律的尊严，保障了法律的贯彻执行。在某种意义上，责任保险对完善法治建设是十分有意义的。

三、责任保险的法律基础

（一）民事责任

按照行为主体违法行为所涉及的法律性质，我国法律责任主要分为刑事责任、行政责任、违宪责任、民事责任等。责任保险仅承保被保险人对第三者依法应负的民事责任。

民事责任是指违反民事法律义务、违约所应当承担的不利后果。民事责任包括侵权责任和违约责任（合同责任）（见图6-1）。承担民事责任的方式主要有停止侵害、排除妨碍、消除危险、返还财产、恢复原状、赔偿损失、赔礼道歉、消除影响、恢复名誉等。

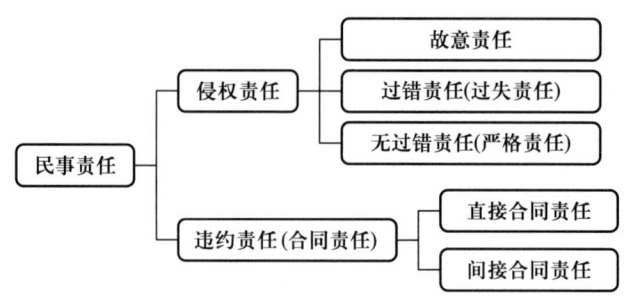

图 6-1　民事责任的分类

侵权责任是指行为人侵害他人的财产、人身权利，依法应承担的民事责任，一般分为故意责任、过错责任和无过错责任。责任保险保障的是被保险人的过错责任和无过错责任。违约责任是当事人不履行合同义务的法律后果。一般来说责任保险不提供违约责任的保障，除非在保险合同中特别约定。

（二）侵权责任的归责原则

归责原则是确定侵权行为人承担民事法律责任的根据和标准，即在损害事实发生的情形下，确定侵权行为人对其行为所造成的损害是否需要承担民事责任的原则。

1. 过错责任原则

过错责任原则是民事责任最重要的归责原则，它以行为人的过错为承担民事责任的要件，即在损害发生的情况下，与此相关的行为人谁有过错谁就应承担责任，没有过错的行为人不应承担侵权责任。在过错原则下，举证责任由原告承担。

过错是指行为人有预见和注意的义务，但是由于疏忽或轻信自己可以避免，在某些场合未能实施并达到法律要求的谨慎程度，因而导致不良后果。过错是一般侵权行为的法律责任来源，也是责任保险项下最常见的索赔基础。构成过错必须同时具备四个必要条件：负有法律义务；违背法律义务；造成损害；行为和损害之间有近因关系。

在适用过错责任原则时，为加强对受害人的救济可应用过错推定。过错推定，也称过失推定，指行为人因过错侵害他人民事权益，依据法律规定，推定行为人具有过错，如行为人不能证明自己没有过错的，就应当承担侵权责任。过错推定是根据法定的基础事实，推定侵权人有过错。过错推定采取举证责任倒置的证明方式，如果行为人未能有效证明其没有过错，则人民法院最终得以认定其具有过错，并据此确立侵权责任。

我国《民法典》第1165条规定："行为人因过错侵害他人民事权益造成损害的，应当承担侵权责任。依照法律规定推定行为人有过错，其不能证明自己没有过错的，应当承担侵权责任。"

知识链接 6-1

过错推定责任的适用范围

过错推定责任的适用范围在我国《民法典》中有所规定：

第 1199 条：无民事行为能力人在幼儿园、学校或者其他教育机构学习、生活期间受到人身损害的，幼儿园、学校或者其他教育机构应当承担侵权责任；但是，能够证明尽到教育、管理职责的，不承担侵权责任。

第 1222 条：患者在诊疗活动中受到损害，有下列情形之一的，推定医疗机构有过错：

（一）违反法律、行政法规、规章以及其他有关诊疗规范的规定；

（二）隐匿或者拒绝提供与纠纷有关的病历资料；

（三）遗失、伪造、篡改或者违法销毁病历资料。

第 1248 条：动物园的动物造成他人损害的，动物园应当承担侵权责任；但是，能够证明尽到管理职责的，不承担侵权责任。

第 1253 条：建筑物、构筑物或者其他设施及其搁置物、悬挂物发生脱落、坠落造成他人损害，所有人、管理人或者使用人不能证明自己没有过错的，应当承担侵权责任。所有人、管理人或者使用人赔偿后，有其他责任人的，有权向其他责任人追偿。

2. 无过错责任原则

无过错责任原则，又称为严格责任原则，是指不以行为人的过错为条件而成立的侵权责任，即只要行为人给他人造成了损害，不论该行为人是否有过错，如不存在法定的免责事由，都应当承担侵权责任。我国《民法典》第 1166 条规定："行为人造成他人民事权益损害，不论行为人有无过错，法律规定应当承担侵权责任的，依照其规定。"

 知识链接 6-2

无过错责任的适用范围

无过错推定责任的适用范围在我国《民法典》中有所规定：

第 1202 条：因产品存在缺陷造成他人损害的，生产者应当承担侵权责任。

第 1229 条：因污染环境、破坏生态造成他人损害的，侵权人应当承担侵权责任。

第 1236 条：从事高度危险作业造成他人损害的，应当承担侵权责任。

第 1240 条：从事高空、高压、地下挖掘活动或者使用高速轨道运输工具造成他人损害的，经营者应当承担侵权责任；但是，能够证明损害是因受害人故意或者不可抗力造成的，不承担责任。被侵权人对损害的发生有过失的，可以减轻经营者的责任。

第 1245 条：饲养的动物造成他人损害的，动物饲养人或者管理人应当承担侵权责任；但是，能够证明损害是因被侵权人故意或者重大过失造成的，可以不承担或者减轻责任。

3. 公平责任原则

公平责任原则规定，当事人对损害的发生均无过错，可依据法律规定由当事人公平合理分担损失。我国《民法典》第 1186 条规定："受害人和行为人对损害的发生都没有过错的，依照法律的规定由双方分担损失。"

📖 知识链接 6-3

公平责任的适用范围

公平责任的适用范围在我国《民法典》中有所规定：

第 182 条：因紧急避险造成损害的，由引起险情发生的人承担民事责任。

危险由自然原因引起的，紧急避险人不承担民事责任，可以给予适当补偿。

紧急避险采取措施不当或者超过必要的限度，造成不应有的损害的，紧急避险人应当承担适当的民事责任。

第 183 条：因保护他人民事权益使自己受到损害的，由侵权人承担民事责任，受益人可以给予适当补偿。没有侵权人、侵权人逃逸或者无力承担民事责任，受害人请求补偿的，受益人应当给予适当补偿。

第 1190 条：完全民事行为能力人对自己的行为暂时没有意识或者失去控制造成他人损害有过错的，应当承担侵权责任；没有过错的，根据行为人的经济状况对受害人适当补偿。

第 1254 条：禁止从建筑物中抛掷物品。从建筑物中抛掷物品或者从建筑物上坠落的物品造成他人损害的，由侵权人依法承担侵权责任；经调查难以确定具体侵权人的，除能够证明自己不是侵权人的外，由可能加害的建筑物使用人给予补偿。可能加害的建筑物使用人补偿后，有权向侵权人追偿。

四、责任保险的承保基础

责任保险的承保基础是指确定保险责任事故有效期间的方法。在责任保险中，损失的起因、损失的发生、损失的发现、索赔提出以及赔款支付通常间隔较长时间，可能长达几年甚至数十年，所以对责任保险的承保人来说，确定保险的有效期间至关重要。在责任保险实务中，有两种确定保险责任事故有效期间的方法。

（一）期内发生式

期内发生式是以保险事故发生的时间作为承保基础的。在这种承保基础下，保险人仅对在保险有效期内发生的责任事故而引起的索赔负责，而不论受害方是否在保险有效期内提出索赔，其实质是将保险责任期限延长了。如美国著名的石棉纤维尘肺案、硅胶隆胸案等，由于保险单采用期内发生式承保，使其保险责任长达几十年，现在保险人还在为几十年前的保单承担责任、支付赔款。对此，在实务处理上，保险人一般会根据各类事故潜伏期的时间规定一个索赔的截止期。

（二）期内索赔式

期内索赔式是以索赔提出的时间作为承保基础。在这种承保基础下，保险人仅对在保险期内受害人向被保险人提出的有效索赔负赔偿责任，而不论导致该索赔案的事故是否发生在保险有效期内，其实质是将保险时间前置了。以这种方式承保的保险单，保险人可能赔偿在保险单起保日期以前发生的责任事故所引起的损失。为了避免将保险人承担责任的时间无限前置，避免现有保单的承保人承受过重的负担，在实行以索赔提出为基础的责任保险中，实务处理上保险人一般会规定一个追溯期。追溯期是指追溯以往的期限。一般情况下，保险人仅对于在追溯期或保险有效期内发生的，并在保险有效期内提出索赔的责任事故进行赔付。

五、责任保险的赔偿限额与免赔额

责任保险的赔偿限额包括每次事故赔偿限额、每次事故每人赔偿限额、每次事故人身伤亡赔偿限额、每次事故财产损失赔偿限额、累计赔偿限额，由投保人与保险人协商确定，并在保险合同中载明。

每次事故免赔额由投保人与保险人在签订保险合同时协商确定，并在保险合同中载明。

六、责任保险的保险期限

责任保险的保险期限一般为一年。

第二节 公众责任保险

一、公众责任保险的概念与种类

（一）公众责任与公众责任保险

公众责任又称为公共责任或综合责任，是指致害人在公众活动场所由于侵权行为，致使第三者的人身或财产受到损害，依法由致害人承担的对受害人的经济赔偿责任。

公众责任的范围很广，它涉及各个行业的企业、事业单位、社会团体、家庭和个人，包括了除汽车、飞机等各种运输工具引起的第三者责任和雇主对雇员所负责任以外的一切风险责任。在各公共场所，如广场、商店、饭店、办公楼、体育场、学校、医院、车站、公园、歌舞厅、电影院等场所，法人或公民都可能会在其生产经营或日常生活中，因疏忽、过失或意外事故的发生造成第三者的人身伤亡或财产损失。我国《民法典》第 1198 条规定："宾馆、商场、银行、车站、机场、体育场馆、娱乐场所等经营场所、公共场所的经营者、管理者或者群众性活动的组织者，未尽到安全保障义务，造成他人损害的，应当承担侵权责任。"

公众责任保险又称普通责任保险或综合责任保险，是承保被保险人在公共场所进行生产经营或日常生活中，因发生意外事故造成他人的人身伤害或财产损失，依法应由被保险人承担的经济赔偿责任的保险。例如，顾客因为酒店地面湿滑未尽告知义务而摔倒，起诉酒店赔偿其由此而产生的医疗费用 18 400 元，如果酒店投保了公众责任保险，本来应由酒店支付的这笔赔偿金则由保险人在责任保险的限额内承担。

公众责任保险是责任保险中适用范围最为广泛的保险类别。

（二）公众责任保险的主要险种

我国的公众责任险险种多样，主要有以下 5 类。

1. 综合公众责任保险

综合公众责任保险承保被保险人在任何地点，因非故意行为或活动造成他人人身伤害或财产损失依法应负的经济赔偿责任。

2. 火灾公众责任保险

火灾公众责任保险承保被保险公共营业场所发生火灾、爆炸等保险事故，造成他人人身伤害或财产损失，依法应由被保险人承担的经济赔偿责任。

3. 场所责任保险

场所责任保险是公众责任保险的主要业务来源，它承保固定场所（包括房屋、建筑物及其设备、装置等）因存在结构上的缺陷或管理不善，或被保险人在被保险场所内进行生产经营活动时因疏忽、过失发生意外事故，造成他人人身伤害或财产损失的经济赔偿责任。

场所责任保险是公众责任保险中业务量最大的一个险别，广泛适用于商店、办公楼、学校、旅馆、展览馆、影剧院、公园、动物国、游乐场等生产经营和公共娱乐场所。根据场所不同，可进一步分为若干具体险种，例如旅馆责任保险、电梯责任保险、车库责任保险、展览会责任保险、机场责任保险、娱乐场所责任保险、商店责任保险、办公楼责任保险、校园责任保险等。

4. 环境污染责任保险

环境污染责任保险又称绿色保险，以被保险人发生污染水、土地或空气等污染事故对第三者造成损害依法应承担的赔偿责任为保险标的。它是一种生态保险，投保人以向保险人缴纳保险费的形式，将突发、意外的恶性污染风险或累积性环境责任风险转嫁给保险公司。环境污染责任保险是一项国际上普遍采用的应对环境污染问题的绿色保险制度。

知识链接 6-4

国外环境责任保险概况

环境责任保险出现在 20 世纪 60 年代以后，伴随环保浪潮席卷西方发达国家，一些环保法案纷纷出台，在环境民事诉讼领域出现了一系列有利于受害人求偿的变化，如无过失责任原则的确立，使受害人获得救济的可能性大大提高。而同时，为了遏制日益严重的环境污染，各国对环境污染行为进行严厉处罚，罚金之高有时让非故意造成污染的企业面临破产倒闭的危险。在此背景下，公益性和商业性相结合的环境责任保险在短期内得到了迅速发展。

美国的环境责任保险发展走在了世界的前列。1966 年以前，意外环境责任损害赔偿直接由公众责任保险单承保。1966—1973 年，持续或渐进的污染所引起的环境责任，被纳入公众责任保险单的承保范围。1973 年后，由于巨额的赔偿费用以及环境污染诉讼的迅猛增加，保险公司倾向于让投保人购买专门的环境责任保险。1988 年，美国成立了专门的环境责任保险公司，并于同年 7 月开出了第一张污染责任保险单，承保范围包括被保险人渐发、突发、意外的污染事故和第三者责任及其清理费等，其责任限额最高为 100 万美元。

英国在 1965 年发布核装置法，其中规定安装者必须购买最低限额为 500 万英镑的核责任保险。同时，英国政府在 1970 年开办了声震保险，承保因声震等噪声污染而造成的损害赔偿责任。

意大利在 1990 年以后面对严重的环境污染问题，由 76 家保险公司组成联合承保集团，承保因环境污染而引起的损害责任保险，其业务量在短期内就达到了整个责任保险业务总量的 90% 以上。

此外，世界各国对于新出现的责任风险源也予以关注。如欧盟针对电磁辐射污染，颁布"计算机监视器指令"明确辐射污染责任，在实务中通过保险设计，以风险社会化的形式来保障受害人的人身权益。

资料来源：陈冬梅.财产与责任保险［M］.上海：复旦大学出版社，2019.

5. 个人责任保险

个人责任保险习惯上被划入公众责任保险，但实际上是承保个人或家庭各种责任风险的独成体系的责任保险。

个人损害赔偿的法律责任主要包括三项：

一是个人侵权行为造成他人人身伤害或财产损失的损害赔偿责任，如骑自行车撞伤了行人，骑车者应当承担被撞者的医药费、误工工资等损失赔偿责任。

二是个人或家庭所有的静物责任，主要指归个人或家庭所有的物质财产在个人不作为时发生意外而造成他人人身伤害或财产损失的损害赔偿责任，如阳台上的花盆由于自然力或其他意外落下砸伤他人或损坏了他人的财物，花盆的主人依法应对受害者负赔偿责任。

三是个人或家庭饲养的动物责任，主要指个人或家庭饲养的动物在个人不作为时造成他人人身伤害或财产损失的损害赔偿责任，如个人养的狗咬伤行人，狗的主人就要对伤者的损失承担赔偿责任。

个人或家庭可将自己或自己的所有物可能造成损害他人利益的责任风险通过投保个人责任险转移给保险人。

二、公众责任保险的主要内容

（一）保险责任范围

（1）在保险期间内，被保险人在保险单载明的区域范围内因经营业务发生意外事故，造成他人人身伤害或财产损失，依照法律应由被保险人承担的经济赔偿责任。

（2）在保险期间内，发生意外事故造成他人人身伤害，受害人或其近亲属提出精神损害赔偿的，依照法院判决应由被保险人承担的精神损害赔偿责任。

（3）保险事故发生后，被保险人因保险事故而被提起仲裁或者诉讼的，对应由被保险人支付的仲裁或诉讼费用以及事先经保险人书面同意支付的其他必要的、合理的费用。

（二）责任免除

公众责任保险的责任免除列举得非常细，主要包括以下三种。

1. 绝对责任免除

被保险人及其代表的故意或重大过失行为、战争、军事行为、武装冲突、骚乱、暴动、核子辐射和放射性污染、地震、雷击、暴雨、洪水、龙卷风、台风、暴风等自然灾害、锅炉爆炸、空中运行物体坠落等。

2. 被保险人的损失和费用除外

被保险人或其代表、雇用人员人身伤亡的赔偿责任，以及上述人员所有的或由其保管或控制的财产的损失；罚款、罚金或惩罚性赔款；被保险人与他人签订协议所约定的责任，但应由被保险人承担的法律责任不在此限。

3. 属于其他保险的责任除外

被保险人或其雇员因从事专门职业所发生的赔偿责任；不洁、有害食物引起的食物中毒或传染性疾病；有缺陷的卫生装置，以及售出的商品存在缺陷造成他人人身伤害或财产损失等。

（三）赔偿处理

发生保险责任范围内的损失，对于每次事故造成的损失，保险人在扣除每次事故免赔额后，在每次事故赔偿限额内计算赔偿额，其中对每人的赔偿金额不得超过每次事故每人赔偿限额，对每次事故多人人身伤亡的赔偿金额不得超过每次事故人身伤亡赔偿限额，对每次事故多人财产损失的赔偿金额不得超过每次事故财产损失赔偿限额，对每次事故承担的法律费用的赔偿金额不超过每次事故赔偿限额的10%，但合同另有约定的除外。保险人对多次事故承担的赔偿金额之和不超过累计赔偿限额。

案例 6-1

深圳自然灾害公众责任险山体滑坡案

　　2015年12月20日11点40分许，深圳市工业园突发重大山体滑坡，灾害滑坡覆盖面积约38万平方米，造成33栋建筑物掩埋或不同程度受损，77人失联，多人受伤。灾害发生后，人保财险启动大灾应急预案，并在第一时间主动联系被保险人。在深圳市政府的统一协调下，人保财险积极参与灾害应急指挥中心善后工作，认真做好事故伤亡人员家属接待、安抚和赔偿等工作。人保财险共支付保险理赔770万元。

【分析】

　　本案是保险分担政府责任的典型案例。

　　本案充分彰显了保险的风险转移和损失补偿社会功能。同时，发展并完善自然灾害公众责任保险制度，不仅可以增强政府应对巨灾的能力和水平，而且还体现了党和国家对于广大民众应该承担的保障责任和人文关怀。

资料来源：中国保险行业协会。

第三节　产品责任保险

一、产品与产品责任

　　产品的界定是确定产品责任的前提，也是确定产品责任赔偿的基础，世界各国都作出了明确的界定。

　　根据我国《产品质量法》，产品是指经过加工、制作，用于销售的产品。因此产品具有两个前提：一是经过加工制作，也就是将原材料、半成品经过加工、制作，改变形状、性质、状态，成为产成品，未经加工的天然形成的产品，如原矿、原煤、石油、天然气等，以及初级农产品，如农、林、牧、渔等产品，不在其列；二是用于销售，也就是进入市场用于交换的商品。建设工程不动产不属于产品，但是，建设工程使用的未与不动产混合前的建筑材料、建筑构配件和设备，属于产品范围。

　　产品责任是指产品生产者、销售者因产品具有缺陷造成他人人身伤害或财产损失而依法应承担的民事责任。产品责任构成要件：一是产品存在缺陷。我国《产品质量法》第46条规定："本法所称缺陷，是指产品存在危及人身、他人财产安全的不合理的危险；产品有保障人体健康和人身、财产安全的国家标准、行业标准的，是指不符合该标准。"二是这种缺陷产品造成了生产者、修理者或销售者之外的第三者的人身伤害或缺陷产品之外的财产损害。三是产品缺陷与损害后果之间具有因果关系。

二、产品责任保险的概念

产品责任保险始于 1910 年，早期的产品责任保险主要承保与人体健康直接有关的产品，比如食品、饮料、药品，后来逐渐扩展到纺织、机械、化工、电子类产品。

产品责任保险是指以产品制造者、销售者、维修者等的产品责任为承保标的的一种责任保险，一旦他们因产品责任造成消费者或其他受害人的人身伤害或财产损失，依法应由其承担的赔偿责任以及由此而导致的有关法律费用，由保险人在保单规定的赔偿限额内予以赔偿的保险。例如，顾客因割草机刀片飞出而受伤，起诉割草机生产商，法院审理后判决厂商赔偿其医疗费、误工费、营养费等共计 124 800元，如果厂商事先投保了产品责任保险，这笔赔偿金额就由保险人在责任限额内予以承担。

依据我国《民法典》，生产者的产品责任为严格责任，销售者的产品责任为过错责任。

三、产品责任保险的主要内容

（一）保险责任

一是在保险有效期内，被保险人生产、销售的产品在承保区域内发生事故，造成用户、消费者或其他受害人的人身伤害、财产损失，依法应由被保险人承担的赔偿责任。

在产品责任保险中，保险人承担赔偿责任以产品有缺陷为前提，且产品责任事故，须具有"意外""偶然"的性质，而非被保险人事先所能预料。此外，产品责任事故必须是发生在制造或销售该产品场所之外的地点，而且产品的所有权必须已转移至用户。

二是被保险人为产品责任事故索赔所支付的诉讼、抗辩费用及其他经保险人事先同意支付的费用。

（二）责任免除

产品责任保险的责任免除，一般包括：根据合同或协议应由被保险人承担的责任；根据劳工法律制度或雇用合同等应由被保险人承担的对其雇员及有关人员的损害赔偿责任；被保险人所有、照管或控制的财产的损失；产品仍在制造或销售场所，其所有权仍未转移至用户或消费者手中时的责任事故；被保险人故意违法生产、出售或分配的产品造成的损害事故；被保险产品本身的损失以及退换、回收有缺陷产品造成的费用损失；不按照被保险产品说明去安装、使用或在非正常状态下使用时造成的损害事故。

（三）赔偿处理

发生保险责任范围内的损失，保险人对于每次事故造成的损失，在每次事故赔偿限额内计算赔偿，其中对每人人身伤亡的赔偿金额不得超过每人人身伤亡赔偿限额；

保险人在扣除每次事故免赔额后进行赔偿，但对于人身伤亡的赔偿不扣除每次事故免赔额。

案例 6-2

出口压力锅产品责任险案

美国洛杉矶的用户在使用电压力锅时发生爆炸，造成用户胸部、腹部、大腿二至三级烫伤，用户在美国当地法院以被保险人为被告提出诉讼。华泰财险在接到被保险人索赔后，及时为其指定律师，并根据律师意见协助被保险人完成涉案产品确认、产品检测、产品信息披露等工作，共同与律师、被保险人商讨事故处理、受害人损失程度及赔偿金额，最终与受害人达成理赔协议，赔款金额为100万美元。

【分析】

本案是体现产品责任险为中国出口企业提供良好风险保障的典型案例。

本赔案是我国出口企业在海外发生的产品责任纠纷事故，保险机构通过协调海外理赔合作伙伴，及时帮助被保险人处理在海外市场上面临的责任风险，为制造行业提供专业的海外风险保障。

资料来源：中国保险行业协会。

第四节　雇主责任保险

一、雇主责任

雇主责任是指雇主对其雇员在受雇期间执行任务时，因发生意外事故或因职业而造成人身伤残或死亡时依法应承担的经济赔偿责任。

构成雇主责任需满足两个条件：一是雇主与雇员之间必须存在直接的雇用合同关系，这种雇用关系应通过书面形式的雇用合同加以确定，并且事故发生应在受雇期间。因此，只要有书面雇用合同的员工都符合这一条件，而无论雇用时间或工作时间的长短。二是雇主未能或未能全部履行安全义务。也就是说，雇主自身存在一定的疏忽或过失。通常，以下情形都会被视为雇主存在过失或疏忽责任：雇主提供危险的工作地点、机器工具或工作程序；雇主提供的是不称职的管理人员；雇主本人直接的疏忽或过失行为，如未对有害工种提供合格的劳动保护用品等。

目前，越来越多的国家对雇主责任实行严格责任制，即只要雇员在受雇期间受到伤害，无论雇主有没有过错，除非雇员自己故意所致，雇主均应承担赔偿责任。

二、雇主责任保险的概念

雇主责任保险是以雇主责任为保险标的的保险。当法院判决雇主应当为员工的意外事故或职业病承担赔偿责任时，若雇主购买了雇主责任保险，则保险人可以在赔偿限额内负责赔偿；倘若雇主没有购买雇主责任保险，则由雇主自行承担赔偿金额。因此，雇主在购买了雇主责任保险之后，将风险转移给了保险公司。例如，小张在从事井下作业时，因矿井瓦斯爆炸而受伤住院，医疗费用高达 9 万元，由于小张是在工作期间因遭受意外而受到的伤害，所以这笔医疗费用应由其雇主承担。如果雇主事先投保了雇主责任保险，那么保险公司就可以在责任限额内代替雇主承担对受害人小张的这笔费用。

雇主责任保险是责任保险中最早产生的险种，在许多国家是法定保险。

三、雇主责任保险的主要内容

（一）保险责任

在保险期间内，被保险人的雇员因从事保单载明的业务工作而遭受意外，导致负伤、残疾或死亡，依法应由被保险人承担的经济赔偿责任，包括但不限于下列情形：在工作时间和工作场所内，因工作原因受到事故伤害；工作时间前后在工作场所内，从事与工作有关的预备性或收尾性工作受到事故伤害；在工作时间和工作场所内，因履行工作职责受到暴力等意外伤害；因工外出期间，由于工作原因受到伤害或者发生事故下落不明；在上下班途中，受到交通及意外事故伤害；在工作时间和工作岗位，突发疾病死亡或者在 48 小时之内经抢救无效死亡；在抢险救灾等维护国家利益、公共利益活动中受到伤害；原在军队服役，因战、因公负伤致残，已取得革命伤残军人证，到用人单位后旧伤复发；法律、行政法规规定应当认定为工伤的其他情形。

保险事故发生后，被保险人因保险事故而被提起仲裁或者诉讼的，应由被保险人支付的仲裁或者诉讼费用以及事先经保险人书面同意支付的其他必要的、合理的费用。

（二）责任免除

1. 绝对责任免除

投保人、被保险人的故意行为或重大过失；战争、敌对行为、军事行为、武装冲突、罢工、暴动、骚乱、恐怖活动；核辐射、核爆炸、核污染及其他放射性污染；行政行为或司法行为；地震及其次生灾害；罚款、罚金及惩罚性赔款。

2. 雇员不合格

被保险人对其承包商的雇员的赔偿责任。

3. 雇员行为不合格

雇员犯罪、自杀自残、斗殴，或因受酒精、毒品、药品影响而造成自身人身伤亡的；雇员无有效驾驶证驾驶机动车辆或无有效资格证书而使用各种专用机械、特种设备、特种车辆或类似设备装置，造成自身人身伤亡的；雇员在中华人民共和国境外发生的人身伤亡。

4. 疾病或费用不合格

雇员由于职业性疾病以外的疾病、传染病、分娩、流产以及因上述原因接受医疗、诊疗；精神损害赔偿；超出雇员所在地工伤保险诊疗项目目录、工伤保险药品目录、工伤保险住院服务标准的医疗费用；工伤保险已经支付的医疗费用。

（三）赔偿处理

保险人只按照被保险人提供的雇员名单承担赔偿责任。即使被保险人对名单以外的雇员承担了赔偿责任，保险人仍不予负责。通常，当雇员遭受保险责任范围内的事故伤害之后，被保险人应当先行赔偿。如果被保险人未向该雇员赔偿，则保险人将不负责向被保险人赔偿保险金。

雇主责任保险的赔偿金按照以下方式计算：

若雇员死亡的，保险人按照保险单载明的每人伤亡赔偿限额进行赔偿。

若雇员残疾的，由保险人认可的伤残鉴定机构依据职工工伤与职业病致残等级的现行国家标准鉴定残疾程度，保险人将按照规定的伤残百分比，乘以每人伤亡赔偿限额进行赔偿。

雇员暂时丧失工作能力超过五天的，经二级及以上或保险人认可的医疗机构证明，保险人依据所在地的最低工资标准，按照每人每天补助误工费用，当医疗期满后或确定残疾程度后就立即停发，最长不超过365天。

如果最终鉴定为残疾的，保险人对残疾赔偿金与误工费用的赔偿金额之和，以合同的责任限额为限。

一般而言，被保险人承担的诊疗项目、药品住院服务及辅助器具配置费用，保险人均按照国家工伤保险待遇规定的标准，在赔偿限额内扣除免赔额之后赔偿。

相关费用包括以下各项：挂号费、治疗费、手术费、检查费、医药费；住院期间的床位费、陪护费、伙食费、取暖费、空调费；就诊及转诊的交通费、急救车费；安装假肢、假牙、假眼和残疾用具费用。

📽 案例 6-3

某电厂施工平台倒塌致多人死伤事故案

2016 年 11 月 24 日 7 时 40 分左右，江西某电厂在建工程发生冷却塔平桥吊倒塌事故，造成 74 人死亡、2 人受伤。事故发生后，人保财险第一时间启动应急预案，事发当日中午即赶赴现场，协助政府开展善后工作，出险 72 小时内，将此案死亡人员包括意外险和雇主责任险在内的全部保险赔款 6 570 万元赔付完毕。

【分析】

本案具有社会影响大、受关注度高以及赔付金额大的典型特点。

针对重大安全生产事故，保险行业积极响应，主动服务，第一时间参与事故处理，与政府部门积极联动，充分发挥网点优势，无缝对接事故处理工作组，高效配合政府开展事故处理工作，确保事故受害者得到及时赔付，保证企业有效恢复生产，充分发挥保险行业社会稳定器的功能，体现责任险保障民生社会的作用。

资料来源：中国保险行业协会。

第五节　职业责任保险

一、职业责任保险的概念与主要险种

（一）职业责任保险的概念

职业责任是指具有特别知识和技能的专业人员在执行专业职能的过程（执业）中给他人造成损害所应承担的民事责任。

专业人员是指具有专业知识或技能，得到执业许可或资格证书，并向顾客或者当事人提供专门服务的人，包括但不限于会计师、律师、医务人员、公证人员、董事和高级职员、建设工程设计、勘察和监理人员、保险代理人和保险经纪人、资产评估师、房地产评估师等。

职业责任保险是以各种专业技术人员因工作中的疏忽、过失造成他人人身伤害或财产损失依法而产生的经济赔偿责任为保险标的的保险。职业责任保险一般是由提供各种专业技术服务的单位（如医院、会计师事务所等）投保的团体业务，个体职业技术工作的职业责任保险通常由专门的个人责任保险来承保。例如，医院在给病人动手术时，由于疏忽大意将一块纱布遗留在病人腹腔内，导致其腹痛多年，后来病人通过法律途径起诉该医院，法院判决该医院应对这起医疗责任事故负全部责任，赔偿病人各项费用总计 136 000 元，如果该院事先投保了职业责任保险，就可以将自身应承担的赔偿责任在责任限额内转由保险人承担。

（二）职业责任保险的主要险种

1. 医师职业责任保险

医师职业责任保险承保医务人员或其前任由于医疗责任事故而致病人死亡或伤残、病情加剧、痛苦增加等，受害者或其家属要求赔偿且依法应当由医方负责的经济赔偿责任。医师职业责任保险是职业责任保险中最主要的业务来源，它几乎覆盖了整个医疗、健康领域及一切医疗服务团体。

2. 律师责任保险

律师责任保险承保律师或其前任在其能力范围内，在职业服务中发生的一切疏忽、错误或遗漏过失行为所导致的法律赔偿责任，包括一切侮辱、诽谤，以及赔偿被保险人在工作中发生的或造成的对第三者的人身伤害或财产损失。

3. 建筑工程设计责任保险

建筑工程设计责任保险面向从事各种建筑工程设计的法人团体（如设计院、所等），承保工程设计单位因设计工作中的疏忽或失职，导致所设计的工程发生工程质量事故，造成工程本身的物质损失及第三者的人身伤亡和财产损失，依法应由设计单位承担的经济赔偿责任。

4. 会计师责任保险

会计师责任保险承保被保险人或其前任或被保险人对其负有法律责任的人，因违反会计业务上应尽的责任及义务，而使他人遭受损失，依法应负的经济赔偿责任。

5. 董事及高级管理人员责任保险

董事及高级管理人员责任保险，是指由公司或者公司与董事、高级管理人员共同出资购买，对被保险董事及高级管理人员在履行公司管理职责过程中，因被指控工作疏忽或行为不当（其中不包括恶意、违背忠诚义务、信息披露中故意的虚假或误导性陈述、违反法律的行为）而被追究其个人赔偿责任时，由保险人负责赔偿该董事或高级管理人员进行责任抗辩所支出的有关法律费用并代为偿付其应当承担的民事赔偿责任的保险。

此外，职业责任保险还有建筑、工程技术人员责任保险，美容师责任保险，保险经纪人和保险代理人责任保险等。

知识链接 6-5

董事及高级管理人员责任保险的发展历程

董事及高级管理人员责任保险（以下简称董责险）出现于20世纪30年代的美国。受1929年美国股市崩盘影响，美国政府强化了对资本市场的监管，确立了上市公司信息披露制度，建立了证券民事赔偿制度，董责险应运而生。目前，在欧美等发达国家和地区，董责险已发展成熟，有着很高的参保率。美国上市公司董责险的投保率在90%以上，欧洲、加拿大、新加坡投保率在80%以上，中国香港、中国台湾上市公司的投保率约为70%。

2002年1月7日，中国证监会和经贸委联合发布《上市公司治理准则》（2018年9月30日修订施行，2002年发布的同时废止）规定"经股东大会批准，上市公司可以为董事购买责任保险"，奠定了董责险的合法性地位。

2002年1月24日，在平安保险公司的董责险发布会上，平安保险公司和美国丘博保险集团共同为万科集团董事会主席出具了国内第一份董责险合同。沪深A股上市公司公告披露的信息显示，2002年至2019年8月，累计有523家上市公司投保董责险，投保比例由2002年的1%上升至2019年的4%，投保公司以国有企业和公众企业为主，拥有外资股份或拥有海外业务的企业的投保率相对更高。

📖 **拓展阅读 6-1**

瑞幸事件后，72 家中国公司购买了董事责任保险

二、职业责任保险的主要内容

（一）保险责任

（1）由于被保险人提供的保险单载明的专业服务存在过失、错误或遗漏，被保险人因过失未能提供专业服务，造成委托人或其利害关系人的损失，委托人或其利害关系人在保险期间内首次向被保险人提出经济损失赔偿请求的，依照法律应由被保险人承担的经济赔偿责任。

但保险人承担责任的前提条件是该引致赔偿请求的专业服务同时满足：根据被保险人与委托人在保险期间或追溯期内签订的业务合同而提供；在保险单载明的保险期间或追溯期内完成或应该完成；在保险单载明的地域范围内提供。

（2）保险事故发生后，被保险人因保险事故而被提起仲裁或者诉讼的，对应由被保险人支付的仲裁或诉讼费用以及事先经保险人书面同意支付的其他必要的、合理的费用。

（二）责任免除

1. 除外情形

被保险人从事的业务超出其执业许可证或营业执照核定的范围；被保险人超越委托人的授权范围所办理的业务；被保险人在执业许可证、营业执照被注销、撤回、吊销期间，或其雇员在被取消执业资格或受停业、停职处分的情况下承办的业务；被保险人的雇员未经被保险人同意私自承办的业务，或在受被保险人雇用之前所承办的业务；被保险人从事的非保险单载明的业务；在保险单规定的追溯期起始日之前被保险人已经完成的专业服务。

2. 除外的损失原因

投保人、被保险人及其代表、雇员的故意行为、犯罪行为、重大过失、欺诈或不诚实行为、恶意串通损害委托人或其利害关系人利益的行为；战争、敌对行动、军事行为、武装冲突、罢工、骚乱、暴动、恐怖活动；核辐射、核爆炸、核污染及其他放射性污染；大气污染、土地污染、水污染及其他各种污染；行政行为或司法行为；地震、火山爆发、海啸、雷击、洪水、暴雨、台风、龙卷风、暴风、雪灾、雹灾、冰凌、泥石流、崖崩、地崩、突发性滑坡、地面突然下陷等自然灾害；委托人提供的账册、报表、文档、数据、资料、电子数据及其他性质类似文件的损毁、灭失、遭盗窃或抢劫、丢失；被保险人违反书面或口头约定的保密义务；被保险人

泄露或不正当使用他人商业秘密，或侵犯他人知识产权、名誉权、隐私权；被保险人的明示保证，但无该保证时仍然应由被保险人承担的赔偿责任不受此限；被保险人进行的任何担保。

3. 除外的损失

被保险人或其雇员的人身伤亡及其所有或管理的财产的损失；被保险人与他人签订的协议中约定的转嫁给被保险人来承担的、在无该协议的情况下本不应由被保险人承担的责任，但无该协议存在时仍然应由被保险人承担的经济赔偿责任不受此限；罚款、罚金、惩罚性赔偿；精神损害赔偿；间接损失；投保人、被保险人在投保之前已经知道或可以合理预见的赔偿请求或索赔的情况；合同中载明的免赔额。

（三）赔偿处理

对于每次事故造成的损失，保险人在每次事故赔偿限额内扣除每次事故免赔额计算赔偿，其中对每次事故承担的法律费用的赔偿金额不超过每次事故赔偿限额的10%，但合同另有约定的除外。第一个赔偿请求提出的日期将被视为该系列赔偿请求提出日期。对多次事故承担的赔偿金额之和累计不超过累计赔偿限额。

案例 6-4

审计师职业责任——科龙股东正式起诉德勤

深陷"科龙门"的德勤被科龙的一位股东告上法庭。诉状称，2004年4月19日，被告对科龙电器2003年年报出具了无保留意见的审计报告。原告于2004年11月11日、2005年3月23日，分别买入科龙电器100股，成交价格为5.02元/股、3.81元/股。但2005年8月2日，中国证监会对外公布：科龙电器披露的财务报告与事实严重不符。原告这才知晓科龙2003年年报不真实，被告作为审计机构，却对此出具了无保留意见的审计报告。被告的行为违反了注册会计师法第21条及证券法第173条等法律规定，按照注册会计师法第42条，应当承担赔偿责任。

原告提出了三项诉讼请求：第一，判令被告（德勤华永会计师事务所有限公司）在中国证监会指定的信息披露媒体上向原告赔礼道歉；第二，判令被告向原告赔偿因被告违反注册会计师法而给原告造成的损失495元；第三，判令本案的诉讼费用由被告承担。

资料来源：中国保险行业协会。

本章小结

本章介绍了责任保险的法律基础及其业务种类。责任保险是以被保险人对第三者应承担的民事损害经济赔偿责任作为保险标的的财产保险。民事责任是责任保险的法律基础。民事责任包括侵权责任和违约责任。责任保险保障被保险人的过错侵权责任或无过错侵权责任，一般不提供违约责任的保障。

与一般财产保险不同，责任保险产生的基础是健全的法律制度；保险标的是被保险人应承担的民事法律责任；承保方式具有多样性；补偿对象具有替代性和保障性；只设赔偿限额而没有保险金额的规定；赔偿处理复杂。

在保险实务中，独立承保的责任保险业务主要包括公众责任保险、产品责任保险、雇主责任保险和职业责任保险。责任保险的承保基础分为期内发生式和期内索赔式。

案例讨论

聚焦《民法典》"侵权责任编"七大亮点

2020年5月28日，十三届全国人大三次会议表决通过了《中华人民共和国民法典》，《民法典》将于2021年1月1日起施行。关于"侵权责任编"有七大亮点。

1. 确立"自担风险"规则

自愿参加具有一定风险的文体活动，因其他参加者的行为受到损害的，受害人不得请求没有故意或者重大过失的其他参加者承担侵权责任。（第1176条第一款）

2. 规定"自助行为"制度

明确合法权益受到侵害，情况紧迫且不能及时获得国家机关保护，不立即采取措施将使其合法权益受到难以弥补的损害的，受害人可以在保护自己合法权益的必要范围内采取扣留侵权人的财物等合理措施，但是应当立即请求有关国家机关处理。（第1177条）

3. 加强对知识产权的保护

故意侵害他人知识产权，情节严重的，被侵权人有权请求相应的惩罚性赔偿。（第1185条）

4. 完善生产者、销售者召回缺陷产品的责任

依照相关规定采取召回措施的，生产者、销售者应当负担被侵权人因此支出的必要费用。（第1206条第二款）

5. 规范医患关系与患者隐私保护

进一步保障患者的知情同意权，明确医务人员的相关说明义务，加强医疗机构及其医务人员对患者隐私和个人信息的保护。（第1219条、第1226条）

6. 加强生态环境保护

规定生态环境损害的惩罚性赔偿制度，并明确规定了生态环境损害的修复和赔偿规则。（第1232条、第1234条、第1235条）

7. 完善高空抛物坠物治理规则

禁止从建筑物中抛掷物品。从建筑物中抛掷物品或者从建筑物上坠落的物品造成他人损害的，由侵权人依法承担侵权责任；经调查难以确定具体侵权人的，除能够证明自己不是侵权人的外，由可能加害的建筑物使用人给予补偿。可能加害的建筑物使用人补偿后，有权向侵权人追偿。同时针对此类事件处理的主要困难是行为

人难以确定的问题，强调有关机关应当依法及时调查。查清责任人，并规定物业服务企业等建筑物管理人应当采取必要的安全保障措施防止此类行为的发生。（第1254条）

资料来源：澎湃新闻。

思考讨论题

1.《民法典》的颁布实施有何重大意义？

2.《民法典》侵权责任编对责任保险将产生哪些影响？

分析要点

1.《民法典》的颁布实施，对于推进全面依法治国、建设社会主义法治国家、发展社会主义市场经济、巩固社会主义基本经济制度、保障人民权益、推动我国人权事业发展、推进国家治理体系和治理能力现代化，都具有重大意义。

2. 责任保险的基础是侵权责任。《民法典》的"侵权责任编"对产品生产销售、机动车交通事故、医疗、环境污染和生态破坏、高度危险、饲养动物、建筑物和物件等领域的规则进行了完善和提升，它将与责任保险的发展形成一种良性互动：《民法典》侵权责任的强化，一方面有助于提高各民事主体的法律意识与风险转移需求，为责任保险的发展营造更为完善的法律环境与更广阔的发展空间；另一方面会在责任险领域引起更多的索赔，给保险公司带来较大的挑战。

☑️ 重要术语

责任保险	侵权责任	过错
过错责任原则	无过错责任原则	公平责任原则
期内发生式	期内索赔式	公众责任保险
产品责任保险	雇主责任保险	职业责任保险

💡 思考题

1. 责任保险在赔偿处理方面与财产保险有哪些区别？

2. 法律对于责任保险的意义是什么？简述责任保险与民事法律责任的关系。

3. 瑞幸事件后，72家中国公司购买了董事责任保险，请思考：这一险种在公司治理中具有哪些积极作用？又带来哪些负面影响呢？

📋 延伸阅读

即测即评

第七章
信用保险与保证保险

学习目标

- 重点掌握信用保险、保证保险的概念
- 掌握信用保险、保证保险的主要险种及其保险责任
- 通过了解信用保险和保证保险在现代信用经济中的广泛应用，培养契约精神和守信践诺的品质
- 通过了解我国信用保险和保证保险的产品创新发展，理解保险创新本土化、中国化的必要性和重要性

本章导读

在现代经济社会中，信用是建立市场信用交易的出发点，已经成为连接生产、交易、分配和消费各个环节的纽带。信用风险在一定程度上可谓无处不在。如何有效防范信用风险，以及如何有效应对信用风险所致的损失是风险管理的重要内容。信用保险和保证保险是伴随着商业信用的发展而产生的财产保险业务，它们对促进国际、国内商品服务的生产、交易、消费以及投融资活动，维护以信用经济为主要特征的现代经济的正常秩序起到了重要的作用。本章主要阐释信用保险与保证保险的概念和主要的险种。

开篇案例

农民工工资支付履约保证保险破解农民工"忧薪"难题

2020年，我国农民工总量已经达到28 560万人，农民工为我国经济发展作出了重大贡献，但拖欠农民工工资的现象却时有发生。《国务院办公厅关于全面治理拖欠农民工工资问题的意见》以及《保障农民工工资支付条例》明确要求，在工程建设领域全面实行工资保证金制度，施工单位和建设单位在银行设立账户并按照工程施工合同额的一定比例存储工资保证金，专项用于支付农民工被拖欠的工资。

2021年，人社部、原银保监会等7部门联合印发《工程建设领域农民工工资保证金规定》指出，施工单位和建设单位可以投保农民工工资支付履约保证保险来替代工资保证金。目前，全国多家财险公司已经推出农民工工资支付履约保证保

险。当建设单位或者施工单位因破产清算、流动资金不足等情况无法支付农民工工资时，保险公司按照所承保的保证金约定额度向农民工支付相应的保险金。

农民工工资支付履约保证保险作为建设施工企业依法应缴纳的工资保证金的替代，不但保障了农民工的合法权益，而且因其保费费率仅为工资保证金的 1%~3%，可以缓解建设施工企业缴纳工资保证金的压力，释放大量流动资金。农民工工资支付履约保证保险充分发挥了保险业的保障作用，成为政府治理欠薪、维护民工权益、促进社会和谐稳定的重要推手。

资料来源：戴梦希.保险破解"忧薪"难题 农民工吃下"定心丸"[N].
金融时报，2021-11-10.

案例思考：

1. 为何农民工工资支付履约保证保险的保费费率仅为工资保证金的 1%~3%？

2. 在保险公司承担代偿责任后，欠薪的建设施工企业是否无须再承担任何支付责任？

第一节　信用保险

一、信用保险的概念与作用

（一）信用保险的概念

信用保险是在商品赊销和信用放款中，当义务人未能如约履行债务清偿而使权利人遭受损失时，由保险人向权利人提供经济补偿的一种保险。根据我国《信用保险和保证保险业务监管办法》的规定，在信用保险中，权利人既是投保人又是被保险人。

例如：某商品购销合同约定，买方应在卖方发货后 45 天内付清货款。如果卖方（权利人）担心买方（履约义务人）不能按期支付货款而使自己遭受损失，就可以向保险人投保买方的信用，这样，卖方因买方不守信用而遭受的经济损失就由保险人给予补偿。

📖 **拓展阅读 7-1**

世界信用保险的起源与发展

知识链接 7-1

我国信用保险和保证保险的发展历程

我国信用保险和保证保险的发展始于 20 世纪 80 年代初期。在中国保险市场发展的很长一段时间内，信用保险主要是政策性的出口信用保险和海外投资保险。近年来，伴随着普惠金融、消费金融、供应链金融的快速崛起，对融资增信的需求不断增加，信用保险和保证保险业务获得快速发展。我国信用保险和保证保险的发展历程大致可以分为三个阶段。

第一阶段：1983—1998 年，出口信用保险和产品质量保证保险方兴未艾。1983 年，国务院发布《财产保险合同条例》，明确财产保险包括信用保险和保证保险。原中国人民保险公司（以下简称人保）于 1983 年试办全国第一笔中长期出口信用保险业务；1986 年又试办短期出口信用保险业务；1988 年人保成立出口信用保险部。1994 年，中国进出口银行成立，其业务中也包括出口信用保险业务。1994 年，人保与国家技术监督局合作，推出产品质量保证保险。

第二阶段：1998—2005 年，专门的出口信用保险机构成立，消费贷款保证保险开始发展。1998 年，中国人民银行颁布《汽车消费贷款管理办法》，允许工农中建四大国有商业银行试点开办汽车消费贷款业务，由于彼时商业银行尚未完全放开汽车消费贷款业务，大多数借款人不易获得汽车消费贷款，在此背景下，发挥增信作用的汽车消费贷款保证保险应运而生。但随着汽车消费贷款保证保险业务的迅猛发展，经营风险逐渐显现，诈骗、挪用资金、恶意拖欠及经营不善引发的拖欠贷款问题日益严重，保险公司赔付率剧增，部分地区业务赔付率甚至高达 100% 以上，以至于 2004 年该业务被原保监会暂停[①]。尽管汽车消费贷款保证保险业务暂停，但国内汽车信贷消费市场的发展却一直呈快速发展态势。于是，2009 年原保监会发布了《促进汽车消费贷款保证保险业务稳步发展的通知》，鼓励保险公司在风险可控的情况下，积极稳妥地发展汽车消费贷款保证保险业务。

2001 年，国务院批准成立专门的国家信用保险机构——中国出口信用保险公司（以下简称中国信保），由人保和中国进出口银行各自代办的信用保险业务合并而成。中国信保是由国家出资设立、支持中国对外经济贸易发展与合作、具有独立法人地位的国有政策性保险公司，注册资本 40 亿美元。

第三阶段：2005 年至今，信用保险和保证保险业务高速发展。自 2013 年以来，我国出口信用保险的承保业务规模连年位居全球各出口信用保险机构的榜首，承保范围覆盖全球约 230 个国家和地区。从 2013 年开始，出口信用保险市场开始向商业保险公司开放，财政部先后批复同意人保等公司经营短期出口信用保险业务。随着居民消费升级、产业升级和对融资增信的政策支持，供应链金融、普惠金融和消

[①] 2004 年，原保监会下发《关于规范汽车消费贷款保证保险业务有关问题的通知》，要求各保险公司规范车贷险的经营管理，严格控制经营风险，并废止各保险公司车贷险条款费率，车贷险业务全面暂停。

（二）信用保险的作用

1. 有利于企业生产经营活动的稳定发展

企业采用信用收款方式，应收账款往往会增加，坏账风险也会随之增加，通过投保信用保险，企业可以通过保险赔偿及时收取应收账款，稳定收入流。此外，企业还可以将信用保险项下的赔款权益转让或质押给银行，向银行申请贷款，从而获得（未来）应收账款项下的融资。可见，信用保险为企业融资提供了便利，既提高了银行放贷的积极性，也加快了企业的资金周转速度。并且，保险公司向企业提供的信用风险管理服务也有助于企业提高自身的信用风险管理能力。

2. 有利于商品交易和供应链的正常进行

在商业贸易活动中，一旦商品交易中的某一环节出现信用问题，不仅会造成权利人自身的损失，而且常常会引发连锁反应，阻碍商品交易和供应链的正常进行。而信用保险不仅可以使商品交易双方采取更为灵活的付款方式，而且可以在义务人违约时对权利人的损失及时进行补偿，从而增加了商品成交的机会，促进了商品交易的发展。

 知识链接 7-2

上海创新"信保＋银行＋担保"融资方案 支持外贸企业复工复产

受新冠疫情的影响，国内许多外贸企业都面临订单付款账期被延长、已交付货物被拖欠货款、已有订单被取消等风险。这些外贸企业上接国内生产厂家，下接海外买家，在供应链中起到承上启下的重要作用。2020 年 4 月，为加强对产业链、供应链的金融支持，中国信保上海分公司、中国银行上海市分行、建设银行上海市分行、上海市担保中心共同签署《"信保＋银行＋担保"融资合作备忘录》。在"信保＋银行＋担保"融资模式下，外贸企业购买出口信用保险保障收汇风险，银行结合出口信用保险保单以及上海市担保中心的增信，为企业提供综合的授信方案。通过同时发挥出口信用保险的增信和政策性融资担保资金的增信作用，外贸企业可以获得银行低成本、高额度的融资支持。

【分析】

应收账款是沉淀在外贸企业未被盘活的重要资产，"保单＋担保"解决了外贸企业收汇不畅的风险和贷款担保问题，降低了银行的贷款风险敞口，促进银行加大信贷投放力度，从而降低了外贸企业的融资门槛和融资成本，缓解了"融资难""融资贵"的难题。信用保险的应用对于畅通供应链、产业链融资，支持外贸企业产业链、供应链的复工复产具有重要作用。

资料来源：王默玲.稳住外贸中小企业 上海创新"信保＋银行＋担保"融资方案［N］.
新华日报，2020-04-17.

3. 有利于国家产业政策的有效实施

出口信用保险有助于提高出口企业的市场开拓能力和国际竞争能力，推动一国出口产业政策的实施。利用出口信用保险的差别费率和不同的保费补贴力度，政府可以引导资金和各类社会资源投向国家鼓励发展的产业领域，相较于政府直接投入资金或强制性配置资源到指定产业领域，出口信用保险对市场资源配置的扭曲程度较小。

二、信用保险的种类

从业务内容看，信用保险一般分为国内信用保险、出口信用保险和投资保险三大类。

（一）国内信用保险

国内信用保险是承保在国内的商业活动中，权利人因义务人不履行商业信用而使权利人遭受商业利益损失的一种信用保险。在发生保险事故后，保险人首先向权利人履行赔偿责任，同时自动取得向义务人代位追偿的权利。它包括以下 3 种基本类型。

1. 贷款信用保险

贷款信用保险是在银行或其他金融机构发放贷款过程中，保险人为银行或其他金融机构提供的保险。银行等金融机构投保贷款信用保险后，一旦出现借款人未按照借贷合同约定履行还款义务的情形，保险人将按照保险合同约定对放款人进行赔偿。

2. 赊销信用保险

赊销信用保险是指在商品赊销活动中，保险人为卖方的应收账款提供的保险，当企业采用延期付款或者分期付款时，卖方因收不到买方全部或者部分货款而遭受损失时，就由保险人对该损失进行补偿。赊销信用保险的目的在于保证卖方能按期收回赊销货款，保障商业贸易的顺利进行。

3. 预付信用保险

预付是买方先向卖方交付货款，经过一定时期后才取得货物的一种商业信用交易方式。预付信用保险是保险人为买方的预付款提供的保险，当买方由于保险责任范围内的原因导致其不能收回相应预付款项而遭受损失，由保险人按照保险合同约定负责赔偿。

（二）出口信用保险

出口信用保险是承保出口商在经营出口业务的过程中因进口商的商业风险或进口国的政治风险而遭受经济损失的信用保险。

在国际贸易市场上，出口商为了扩大销售、提高竞争能力，往往允许进口商以非银行信用证方式付款，甚至延期付款，这导致出口商的收汇风险大大增加。从宏观角度，出口信用保险有利于促进出口、推动对外贸易和海外投资、拉动经济增长。因此，大多数国家都高度重视出口信用保险，将其作为促进海外贸易和投资、增加外汇收入的重要宏观政策工具。比如，我国《对外贸易法》明确将出口信用保险、进出口信贷、出口退税列为促进对外贸易的三大政策。出口信用保险也是世界贸易组织（WTO）补贴和反补贴协议原则上允许的支持出口的政策手段。

许多国家的出口信用保险都是非营利性的政策性保险业务，通常会成立专门的出口信用保险机构进行经营。除了向出口商提供收汇风险的保障，出口信用保险机构还可提供关于进口商的信用风险评估、风险监测、商账追收以及国内外法律咨询等增值服务。

出口信用保险的承保范围包括商业风险和政治风险两种。

商业风险（又称买家风险）是指进口商付款信用方面的风险，包括买方破产或无力偿付债务、买方拖欠货款、买方违约拒绝接受货物等。

政治风险（又称国家风险）是指因进口商所在国家的政治经济状况变化而导致的收汇风险，包括买方所在国禁止或者限制买方支付货款、禁止买方购买的货物进口、撤销买方的进口许可证、发生战争暴动等。

我国的出口信用保险包括以下几个基本类型。

1. 短期出口信用保险

短期出口信用保险，是指承保的信用期限一般在 1 年以内，最长不超过 2 年的出口信用保险。它一般适用于大批量、重复性出口的初级产品和消费性工业成品的出口。

2. 中长期出口信用保险

中长期出口信用保险，是指承保的信用期限一般为 2~15 年的出口信用保险。它适用于大型资本性货物（如飞机、船舶、成套设备等）的出口。

3. 特约出口信用保险

特约出口信用保险，适用于资信程度较高的被保险人因临时性的或比较特殊的业务需要，在其他出口信用保险中不能承保的业务。

 知识链接 7-3

出口信用保险的特点

出口信用保险作为一种政策性保险，其主要特点表现为以下几点。

1. 不以营利为目标

出口信用保险在经营目标上并非为了营利，而是为了保护本国出口商的利益、鼓励扩大出口，从而促进对外贸易的发展。

2. 风险高且控制难度大

由于出口商所在国与进口商所在国分属不同的国家，彼此在政治、经济、外

交、法律以及经营作风、贸易习俗方面相差甚大，由此造成进口商违约的原因非常复杂，因此出口信用保险不仅出险的概率大，而且风险很难控制。

3. 政府参与程度高

出口信用保险的经营目标、所承保风险的性质以及承保标的等因素决定了它是一种离不开政府参与的政策性很强的险种。出口信用保险的经营机构通常由政府出资设立或给予资金支持，并提供各种税收优惠政策，同时政府也是风险的最终承担者。

（三）投资保险

投资保险又称政治风险保险，是为鼓励和保障海外投资开办的保险，主要承保投资者及金融机构因投资所在国发生的征收、汇兑限制、战争及政治暴乱、违约等政治风险造成的经济损失。

投资保险的保险金额一般为投资金额的90%，保险费率根据保险期间的长短、投资所在国的政治形势、投资者的能力、工程项目以及地区条件等因素确定，承保业务的保险期限一般不超过20年。

投资保险的责任范围包括：

第一，汇兑风险。例如，东道国政府实行外汇管制，阻碍、限制投资者换汇自由；因东道国发生战争、革命或内乱，无法进行外汇交易；东道国政府对投资者各项应得款项实行管制（如冻结）；东道国政府取消对各项应得款项汇回本国的许可；东道国政府对各项应得款项予以没收。

第二，征收风险。东道国采取国有化、没收、征用等方式，剥夺投资项目的所有权和经营权，或投资项目资金、资产的使用权和控制权。

第三，战争及类似行为风险。东道国发生革命、骚乱、政变、内战、叛乱、恐怖活动以及其他类似战争的行为，导致投资企业资产损失或永久无法经营。

第四，东道国政府或经保险人认可的其他主体违反或不履行与投资项目有关的协议，且拒绝赔偿。

第二节　保证保险

一、保证保险的概念

保证保险是在权利人因义务人未履行义务或不诚实行为而遭受经济损失时，由保险人向权利人提供经济补偿的一种保险。在保证保险中，通常投保人是义务人，被保险人是权利人。

保证保险中的投保人（义务人）对保险人给予被保险人（权利人）的赔偿具有偿

还义务。保证保险的保险人可以在理赔后对投保人进行追偿和催收。保险人也可以在投保人投保时要求其提供反向担保，反向担保措施主要有抵押、质押、保证（如银行保函）等方式，便于理赔后能向投保人追回赔款。

📖 **拓展阅读 7-2**

世界保证保险的起源与发展

二、保证保险的种类

目前国内保险市场上常见的保证保险类型有如下几种。

（一）雇员忠诚保证保险

雇员忠诚保证保险又称为雇员诚实保证保险，是指雇主（权利人）因雇员（义务人）的不诚实行为或疏于职守（如欺骗、偷盗、伪造、失职、非法挪用、故意误用等）而遭受经济损失时，由保险人提供经济补偿的保险。

雇员忠诚保证保险的投保人可以是雇主，也可以是雇员，但以雇主居多。在国外，早期的雇员忠诚保证保险由雇员向保险公司投保，要求保险公司为其向雇主提供信用担保，好让雇主"放心"雇用自己。但是，一方面保险公司为了操作方便，另一方面，也因为很多国家法律逐渐禁止雇主要求员工提供担保，因此，雇员忠诚保证保险逐渐由雇主投保来代替雇员投保。

我国《劳动合同法》第 9 条规定，用人单位招用劳动者，不得扣押劳动者的居民身份证和其他证件，不得要求劳动者提供担保或者以其他名义向劳动者收取财物。因此，尽管我国很多保险公司开展业务时仍沿用"雇员忠诚保证保险"名称，但实际投保人却是雇主，而不是雇员。此外，国内也有少数保险公司已经将其纳入信用保险范畴，称作"雇员忠诚信用保险"。实务中，雇员忠诚保证保险的义务人往往为任职于金融机构、事业单位、政府机关、企业的工作人员，尤其以任职于金融机构的较为常见。

我国现行使用的雇员忠诚保证保险条款规定，被保险人应在雇佣所有雇员前向其先前的雇主或者经其他有效途径查证雇员诚实情况，并保存查询资料，在索赔时，如有必要应提供给保险公司。通过对其雇员受雇前情况的必要查询来防范雇员在忠诚信用方面潜在的风险，这是被保险人的义务之一，也是保险公司提供雇员忠诚保证保障的前提。

（二）履约保证保险

履约保证保险是在义务人不按约定履行合同义务，造成权利人的经济损失时，由保险人向权利人提供经济补偿的一种保险。目前国内的履约保证保险主要应用于工程、投标、预付款以及维修等领域。

例如：某建筑工程承包合同规定，承包商应在和业主签订承包合同后 20 个月内交付工程项目，业主（权利人）为了能确保按时接收此项目，要求承包人（义务人）购买履约保证保险，一旦承包人不能如期完工对业主造成经济损失，则由保险公司负责向业主进行赔偿。

（三）贷款保证保险

贷款保证保险是在借款人（义务人）不按贷款合同约定的期限偿还所欠款项导致放款人（权利人）经济损失时，由保险人承担偿还责任的保险。在国内，较为常见的贷款保证保险包括个人消费贷款保证保险、个人信用贷款保证保险、住房抵押贷款保证保险、教育贷款保证保险、国家助学贷款保证保险、小额贷款保证保险、小微企业贷款保证保险等。

贷款保证保险的赔偿限额（有的合同中也被称作保险金额）一般是贷款的本金和利息（甚至包含逾期罚息）之和，也有少数保险公司的贷款保证保险中约定的赔偿限额为出险时的贷款本金余额。在实务中，为了控制借款人的主观信用风险，贷款保证保险一般会要求借款人用其他财产向保险公司或发放贷款的金融机构提供担保。

知识链接 7-4

"政府＋银行＋保险"模式开辟小微企业融资新途径

小微企业是国家实体经济和社会发展的重要力量，对于扩大就业、改善民生具有重要意义。2018 年，中国人民银行行长在第十届陆家嘴论坛上表示，我国小微企业贡献了全国 80% 的就业、70% 左右的专利发明权、60% 以上的 GDP 以及 50% 以上的税收。然而，小微企业获得的信贷资源支持与其在国民经济发展中发挥的作用极不匹配。根据全国工商联、国家金融与发展实验室和蚂蚁金服研究院联合发布的《2019—2020 小微企业融资状况报告》，微型企业和个体经营者普遍面临资金缺口。2019 年，44.2% 的小型企业存在融资需求，71.6% 的微型企业和个体经营者存在融资需求。

2015 年，原保监会等五部门联合印发《大力发展信用保证保险服务和支持小微企业的指导意见》，引导保险行业加快发展信用保险和贷款保证保险。2018 年，人民银行等五部委联合印发《关于进一步深化小微企业金融服务的意见》提出，推动小微企业信用保证保险业务的发展，推广"政府＋银行＋保险"模式。在"政府＋银行＋保险"模式下，政府提供保费补贴，参与建立反担保安排（比如政府建立超额赔偿机制或贷款本金损失赔偿基金），保险公司提供贷款保证保险，通过保证保险特有的融资增信功能，银行对购买贷款保证保险进行贷款的小微企业合理确定贷款利率，提高审贷效率，从而提升了小微企业的贷款可获得性。

目前，全国各地针对不同类型或领域的小微企业融资需求和特点，利用贷款保证保险的增信功能，形成了各具特色的"政府＋银行＋保险"经营模式，如宁波小微贷、苏州科技贷、山东寿光农业贷等。

小微企业公司治理不健全、经营管理不规范、抵御风险能力差等自身不足导致金融机构在为小微企业提供金融服务时，很难在风险与收益间取得平衡。随着我国经济的发展，小微企业信贷需求持续增长，信用增级需求强烈。贷款保证保险凭借其增信助贷的特质，在帮助小微企业获取融资，破解融资难、融资贵的困境上发挥着不可替代的作用。

资料来源：作者根据公开资料整理。

（四）产品质量保证保险

产品质量保证保险，是由产品生产商或销售商向保险人投保，因产品丧失或不能达到合同规定的效能而造成产品本身损失以及由此引起的有关间接损失和费用，由保险人承担赔偿责任的保险。

产品质量保证保险的责任范围包括：（1）对用户或消费者负责更换或整修不合格产品或赔偿有质量缺陷产品的损失和费用；（2）赔偿用户或消费者因产品质量不符合使用标准而丧失使用价值的损失及由此引起的额外费用，如运输公司因购买不合格汽车而造成的停业损失（包括利润和工资损失）以及为继续营业临时租用他人汽车而支付的租费等；（3）被保险人根据法院判决或有关行政当局的命令，收回、更换或修理已投放市场的质量有严重缺陷的产品造成的损失及费用。

目前，国内的产品质量保证保险合同关于被保险人的约定不尽相同。有的保险公司在保险合同中约定产品生产商或销售商为被保险人，有的保险公司约定产品用户为被保险人。综观各家保险公司的合同条款，将生产商或销售商约定为被保险人、产品用户约定为权利人的情形最多，保险责任通常约定为由于产品缺陷而造成被保险人应承担的产品本身的损失赔偿责任和相关费用。从保险合同的基本要素来看，目前国内的保险公司实际上将其做成了一种以被保险人（义务人）的赔偿责任为保险标的的责任保险；而不是以权利人为被保险人、以补偿权利人遭受的损失为保险责任的保证保险。

 知识链接 7-5

激活"中国制造"的创新之源
——财政与金融协同推动首台（套）重大技术装备保险

重大技术装备是关系国家安全和国民经济命脉的战略产品，是国家核心竞争力的重要标志，但由于其技术复杂、价值量大且直接关系用户企业生产经营，其创新成果转化存在一定风险，面临市场初期应用瓶颈，这成为制约装备制造业创新发展的难题。

基于此，助力重大技术装备应用与推广的首台（套）保险风险补偿机制应运而生。2015年，财政部、工信部、原保监会联合开展首台（套）重大技术装备①保险补偿机制试点工作。工信部制定《首台（套）重大技术装备推广应用指导目录》（以下简称《目录》），保险公司为《目录》内装备定制综合保险，装备制造企业投保，中央财政按照3%的保险费率上限及年度保费的80%补贴投保企业。

针对重大技术装备单体价值大，投保数量少，缺乏历史风险数据的特点，保险业将质量保险、责任保险打包设计形成首台（套）重大技术装备综合保险。该险种承保重大技术装备的质量风险和责任风险，被保险人制造销售的重大技术装备因存在质量缺陷，导致用户单位在操作、使用过程中发生意外事故，造成装备自身损坏或人身伤亡、其他财产损失，由用户单位向被保险人提出索赔，依法应由被保险人承担的修理、更换、退货或应对第三者承担的人身伤亡、财产损失等经济赔偿责任，保险人按照保险合同的约定负责赔偿。

通常，在首台（套）装备销售过程中存在扣押5%~10%的货款作为质保金的销售条件。在引入保险制度后，装备制造企业可以利用保险代替质保金，政府也会提供保费补贴，从而减轻了企业的生产成本，加快了资金周转，在很大程度上解决了用户不敢用、不愿用国产首台（套）重大技术装备的"老大难"问题。

该险种是继农业保险之后，中央财政采取保费补贴方式支持的第二大类保险险种，截至2021年年底，中央财政共拨付103亿元保费补贴资金，共撬动约2 500亿元装备产品的首台（套）应用，成为财政和金融政策协同服务实体经济的标志性保险产品之一。随着首台（套）重大技术装备保险试点工作的深入开展，多个省份也推出了区域性的管理办法和扶持首台（套）保险的政策。

首台（套）重大技术装备保险的保险责任综合了产品质量保证保险和产品责任保险的保障范围，既突出保险保障的针对性，又提高了财政补贴资金的使用效率。该险种突破了重大技术装备市场化初期的推广应用瓶颈，激发了投保企业自主创新的动力，投保企业通过保险杠杆实现了产品推广和市场拓展，用户通过保险权益分担了新产品的使用风险，保险机构拓展了业务空间，财政资金发挥了良好的使用绩效，实现了政府、企业、用户、保险机构的多方共赢，对加快重大技术装备发展，促进装备制造业高端转型具有重要意义，保险行业在支持高水平科技自立自强，激发"中国制造"的创新之源方面发挥着越来越重要的作用。

资料来源：戴正宗.激活"中国制造"的创新之源——财政与金融协同推动首台（套）重大技术装备保险补偿机制试点综述［N］.中国财经报，2022-3-18.

---

① 首台（套）重大技术装备是指经过创新，其品种、规格或技术参数等有重大突破，具有知识产权但尚未取得市场业绩的首台（套）或首批次装备、系统和核心部件等。

本章小结

信用交易和信用风险是信用保险和保证保险产生与发展的基础。随着经济社会和信用的发展，信用保险和保证保险也在不断地丰富和完善。信用保险是以在商品赊销和信用放款中义务人的信用为保险标的，在义务人未能如约履行债务清偿而使权利人遭受损失时，由保险人向权利人提供经济补偿的一种保险。在信用保险中，权利人既是投保人又是被保险人。它一般分为国内信用保险、出口信用保险和投资保险三大类。保证保险是在权利人因义务人未履行义务或不诚实行为而遭受经济损失时，由保险人向权利人提供经济补偿的一种保险。在保证保险中，通常投保人是义务人，被保险人是权利人。常见的保证保险包括雇员忠诚保证保险、履约保证保险、贷款保证保险、产品质量保证保险。信用保险和保证保险的保险人可以在理赔后对义务人进行追偿。信用保险和保证保险项下的实际损失基于权利人和义务人之间的法律关系，承保责任和保障范围取决于法定的或者约定的请求权，有较大的不确定性。

案例讨论

土地流转履约保证保险为农村土地流转编织"安全网"

2005 年，原农业农村部发布的《农村土地承包经营权流转管理办法》指出，承包方依法取得的农村土地承包经营权可以采取转包、出租、互换、转让或者其他符合有关法律和国家政策规定的方式流转。随着土地流转市场扩大和交易量增加，出现了流转过程不规范等诸多问题，加之受自然灾害、农产品价格浮动等因素影响，土地流入方"毁约弃耕""跑路"、拖欠农户租金等违约情况时有发生。2016 年，中共中央、国务院发布《关于深入推进农业供给侧结构性改革加快培育农业农村发展新动能的若干意见》，提出鼓励发展土地流转履约保证保险，防范和分担土地流转违约风险。

土地流转履约保证保险由土地流入方向保险公司投保，如果土地流入方未按照土地流转合同履行支付流转费的义务，则由保险公司按照保险合同约定向土地流出方支付保险金，补偿流转费损失。农村土地流转履约保证保险适应了新时代新业态下深化农村土地制度改革、健全农村土地流转风险防控机制的需要，在微观上降低了农户等土地流出方的土地流转风险，保障了流转收益，宏观上有利于土地流转政策的实施，提高农村土地利用效率。

思考讨论题

1. 分别讨论土地流转履约保证保险对政府、流出土地的农户、土地流入方的功能和作用。

2. 保险公司在开办土地流转履约保证保险过程中，应如何控制风险？

分析要点

1. 在办理土地流转履约保证保险过程中，保险公司会制定相应的投保条件，对投保人的资信和履约能力进行尽职调查和审核，符合一定条件的土地流入方才能向保险公司投保，同时也会收集汇总土地流转信息，确保流入方不会改变土地使用性质，从而帮助政府及时掌握土地流转交易情况，协助规范土地流转过程，避免耕地流失。在引入土地流转履约保证保险后，农户可以取得固定的土地流转收入而无须担心流入方的资质，有助于保障其合法权益。对于土地流入方而言，在消除广大农户流转土地的顾虑后，其更容易获得更多、更长期的土地经营权，从而提高了其加大土地投资的积极性。土地流转履约保证保险对于建立健全农村土地流转风险防控机制、促进产业规模经营和规模效益、激发农村土地活力具有积极意义。

2. 制定和完善土地流入方的准入机制和投保条件；承保前对土地流入方进行尽职调查，并在承保后定期进行保后跟踪，一旦出现履约风险，及时防范；完善违约索赔追偿机制，在按照保险合同的约定进行赔付后，向土地流入方进行追偿。

☑ 重要术语

信用保险	国内信用保险	出口信用保险
投资保险	保证保险	雇员忠诚保证保险
履约保证保险	产品质量保证保险	

💡 思考题

1. 假设在出口商品贸易中，没有采取出口信用保险作为防范风险的手段，可能会产生哪些后果？为什么出口信用保险是一种政策性很强的险种？

2. 随着消费金融、普惠金融、供应链金融的发展，贷款保证保险的应用日益广泛。思考保险公司应如何控制相关风险。

📋 延伸阅读

📱 即测即评

第三篇

人身保险篇

第八章
人寿保险

✍ **学习目标**

- 重点掌握人寿保险的概念及特征
- 理解人寿保险合同的常见条款
- 重点掌握普通型人寿保险的种类及其特点
- 了解团体人寿保险的特征及种类
- 掌握新型人寿保险的种类及其特点
- 理解年金保险的含义及分类，了解年金保险合同条款
- 通过学习人寿保险主要类型，理解对死亡风险未雨绸缪的意义
- 通过学习年金保险，理解和掌握个人养老需求、养老供给以及养老缺口的补充方法

📖 **本章导读**

人的一生面临各种各样的人身风险，其中人寿风险是指人们因死亡、年老而导致收入减少、支出增加以及因此无法履行个人和家庭责任的风险。尽管人类采取各种措施来提高预防和抵御这些风险的能力，但无论如何也不可能完全避免这些风险的发生，从而产生了人寿保险的必要性。本章共分为三个部分，分别介绍人寿保险的概念、特征、主要条款；普通型及新型人寿保险的概念、特点；年金保险的定义、特点、分类以及条款等内容。

✒ **开篇案例**

"美满一生"保障一生

李先生是一家私营科技企业的老板。像所有人一样，李先生希望自己在事业发达期能进行有效的财务规划，一方面使自己在短期内完成资本积累，有效预防未来的财务危机；另一方面还要考虑如何让孩子继承自己的财产，以实现望子成龙的愿望。李先生为自己刚出生的儿子购买了"美满一生"保险组合计划，选择 3 年期交，每年交费 10 万元，基本保险金额为 15.63 万元，他的保险利益为：

关爱年金：保单生效后，即可领取关爱年金，以后每年均可以领取 15.63 万 × 3% = 4 689 元，直至 74 周岁。

满期保险金：75 周岁可领取 46.89 万元满期保险金。

红利：75 年累计红利，分享保险公司的经营成果。

保障：为期 75 年的生命保障，最高保障金额为 51.579 万元。

"生命保障"是保险理财产品特有的功能，一旦客户在合同有效期内发生意外，此产品将会提供超额身故金，合同随即终止，这也是其他储蓄、基金、证券产品所不具备的特征。

如此完善的保险计划，立即就得到李先生的认可。他说，在自己事业有成时，为孩子提供生命保障并积累部分财富，可以使孩子在今后长达几十年的人生中受益，这是多少家长梦寐以求的事啊！

资料来源：牟晓伟，李彤宇. 保险学原理与实务［M］. 上海：上海财经大学出版社，2019.

案例思考：

1. 这个保险组合计划包含了哪些种类的寿险产品呢？
2. 这个保险计划可以满足客户的哪些需求呢？

第一节　人寿保险概述

一、人寿保险的概念

人寿保险简称寿险，是以人的寿命为保险标的，以人的生死为保险事件，当发生保险事件时，保险人履行给付保险金责任的一种人身保险。人寿保险是人身保险中最基本、最主要的组成部分，业务量也占人身保险的绝大部分。人寿保险的保险责任是，当被保险人在保险有效期内发生合同规定的保险事件时，保险人按照约定给付死亡保险金或生存保险金。

知识链接 8-1

人寿风险及其影响

1. 早亡风险

早亡风险是过早死亡风险的简称。所谓过早死亡，是指死亡发生在自然的、预期的生命结束阶段之前的情形。虽然就个人而言，死亡最终一定会发生，但具体何时发生却是未知的。如果死亡过早地降临在家庭主要经济收入提供者身上，那么对家庭的影响可能是灾难性的。

早亡风险产生的费用和损失主要包括：①丧葬费用；②未成年子女的抚养、教育费用损失；③配偶、需要由其赡养的父母和其他在经济上对其有经济依赖关系的人需要的费用损失；④偿还贷款的经济损失，如住房抵押贷款、汽车消费贷款和信用卡债务等偿还来源的丧失。此外，如果一个人在工作单位从事的工作别人无法替代，其早亡还会给工作单位带来损失。工作单位不仅要承受早亡者原来的工作无法完成的损失，还要花费一定费用去寻找或培训替代人员。

家庭成员死亡对家庭产生的经济影响取决于该成员健在时所提供的家庭收入或服务的多少。家庭的主要收入提供者死亡后，家庭为恢复或维持原有的经济生活水平，会产生两项基本的财务需求：一是弥补死者给家庭造成的收入损失；二是弥补身故给家庭带来的家庭劳务损失。除此之外，家庭成员过早死亡会使其他成员在精神上受到重大伤害，影响其正常生活。

2. 长寿风险

随着医疗科技水平的进步和国民生活水平的提高，人类的寿命不断提高，与此同时，老年人所需要的社会服务成本也不断加大。此外，长寿风险还在于，如果实际寿命高于预期寿命，则可能会因工作期间累积的退休资金不足而无法满足退休后个人和家庭的生活需要，从而导致退休后生活水平的降低。这就要求人们在退休前做出适当财务安排以保证退休后有足够的收入来源。

资料来源：魏丽.保险学（第三版）[M].大连：东北财经大学出版社，2019.

二、人寿保险的特征

（一）生命风险的相对稳定性

人寿保险以人的生死为保险事件，死亡率的规律直接影响人寿保险的经营成本。对于死亡保险而言，死亡率越高则保险费率越高。死亡率受很多因素的影响，如年龄、性别、职业等。同时，死亡率也随着经济的发展、医疗卫生水平和生活水平的提高而不断降低，因此可以说死亡率是变动的。但是根据对死亡率经验的研究，死亡率因素较其他非寿险风险发生概率的波动而言是相对稳定的，所以寿险经营中的巨灾风险较少，对于再保险手段的运用相对较少，寿险公司主要对于大额保单和次标准体保险进行再保险安排。

（二）保险标的的不可估价性

人寿保险的保险标的是人的生命，而人的生命难以用货币衡量其价值。对于财产保险，保险标的在投保时的实际价值是确定保险金额的客观依据，而人寿保险金额的确定却无法以人的生命的实际价值作为客观依据。在实务中，人寿保险的保险金额是由投保人和保险人双方约定后确定的。一般从两个方面来考虑：一方面是被保险人对人寿保险的需要程度，另一方面是投保人缴纳保费的能力。对于人寿保险的需求程度可以采用"生命价值"理论来进行粗略的测算，缴费能力则主要是通过投保人的职业和经济收入进行判断。

（三）保险利益的特殊性

由于人寿保险的保险标的是人的生命，人寿保险的保险利益与财产保险有很大的不同，主要表现在以下两个方面：

一方面，在财产保险中，保险利益有量的规定性，不仅要考虑投保人有没有保险利益，还要考虑保险利益的金额。被保险人对保险标的的保险利益通常依据保险标的的实际价值而定。但是，人的生命是无价的，不能用货币来衡量，理论上人寿保险没有金额上的限制，保险利益没有量的规定性，即保险利益一般是无限的。然而实务中，人寿保险的保险金额受投保人的缴费能力限制。在某些特殊情况下，人寿保险的保险利益有量的规定性。例如，债权人以债务人为被保险人投保死亡保险，保险利益以债权金额为限。

另一方面，在财产保险中，保险利益不仅是订立保险合同的前提条件，而且也是维持保险合同效力、保险人支付赔款的条件，一旦被保险人对保险标的丧失保险利益，即使发生保险事故，保险人也不负赔偿责任。在人寿保险中，保险利益只是订立保险合同的前提条件，不是维持保险合同效力、保险人给付保险金的条件。只要投保人在投保时对被保险人具有保险利益，此后即使投保人与被保险人的关系发生了变化，投保人对被保险人已丧失保险利益，也不影响保险合同的效力，发生了保险事故，保险人仍要给付保险金。例如，丈夫为妻子投保人寿保险后，夫妻离婚；企业为雇员投保人寿保险后，雇员与企业解除劳动合同。在这两种情况下，虽然投保人对被保险人已丧失了保险利益，但人寿保险合同并不因此而失效，发生保险事故后，保险人仍要给付保险金。

（四）保险金额的定额给付性

人寿保险金额的确定与给付的特殊性是由人的生命无法用货币衡量这一特殊性决定的，人寿保险是定额给付性保险。人寿保险标的的特殊性使得当被保险人发生保险责任范围内的保险事故或事件时，保险人只能按照保险合同的约定金额支付保险金。因此，人寿保险不适用损失补偿原则，也不存在比例分摊和代位追偿的问题。同时，在人寿保险中一般也不存在重复投保、超额投保和不足额投保等问题。

（五）保险期限的长期性

人寿保险合同往往是长期合同，保险期限短则数年，长则数十年甚至是人的一生。这种长期性的特点使寿险容易受到诸多外界因素的影响。

1. 利率因素

人寿保险合同的长期性使保险人应对投保人缴纳的保险费承担保值增值的责任。人寿保险的长期合同中通常有预定利率假设，即保险公司承诺给投保人的利率保证。对于长期合同，利率因素会产生很大的影响，时间越长，利率的影响越大。分红保单和利率敏感型保单都在一定程度上克服了利率波动对寿险的影响。

2. 通货膨胀因素

通货膨胀是常见的经济现象，传统寿险的最主要特征是固定利率和固定给付，即保险合同规定的预定利率和约定的保险金额不会因为通胀的存在而改变，因此持续的通货膨胀会导致人寿保险实际保障水平的下降。例如，某人寿保险合同的保险金额是10万元，保险期限是30年。若在第20个保单年度发生了保险事件，保险人给付保险金10万元。由于通货膨胀的影响，这个额度的实际保障水平会远远低于投保时的预期。

克服通货膨胀影响的最主要的办法是进行险种的不断变革。利率敏感型险种如变额寿险、万能寿险、变额万能寿险、变额年金等可以在一定程度上抵御通货膨胀的影响。

（六）储蓄性

除提供一般保险保障外，大多数人寿保险还具有储蓄性。大部分人寿保险业务中，无论保险事故是否发生，投保人都可以收回一部分保险费（一般称作保单的现金价值）。因为人寿保险的多数险种具有这种储蓄性质，所以人寿保险的投保人可以在规定的额度内，用保单质押的方式向保险人借款，也可以在中途解除保险合同时领取退保金等。

（七）保险费率的均衡性

人寿保险中的风险是以死亡为基础测定的。不同年龄的人死亡率不同，特别是人到晚年，死亡率更是加速上升。如果单纯按死亡率来确定保险费率，那么保险费率就会年年变动。被保险人年龄越大，保费越高，而大多数被保险人在晚年最需要保险保障的时候就会因无力缴纳高额保费退出保险，这样人寿保险就失去了存在的意义；甚至还可能出现身体健康的人因费率上升而退出保险，体弱多病的人因其危险程度增大而坚持投保的逆选择，而且自然保费实际操作复杂，对保险人的经营很不利。为了避免费率频繁变动，使人到晚年仍可获得保险保障，保证保险人的正常经营，人寿保险一般采用均衡保费法，以均衡的费率代替每年更新的自然保险费率。

三、人寿保险合同的常见条款

世界各国的保险监管部门为了使保险人的人寿保险条款比较统一，在各自的保险法律、法规中都规定了一些标准条款，供保险人设计保险条款时采用。在我国《保险法》中，人身保险合同一节也规定了若干标准条款，如不可抗辩条款、不丧失价值条款、宽限期条款、复效条款等。以下是国际上常见的人寿保险条款。

（一）不可抗辩条款

不可抗辩条款又称不可争议条款。此条款规定，自保单成立之日起满两年后，保险人将不得以投保人在投保时的隐瞒、误告、遗漏或不实说明作为理由，主张合同无效或拒绝给付保险金。即保险人有两年的时间来调查投保人或被保险人的诚信情况，若发现投保人或被保险人违反了最大诚信原则，保险人可以解除保险合同。但两年过后，保险人丧失此权利。

保险合同是最大诚信合同，它要求投保人在投保时如实告知、据实回答保险人的询问，否则保险人有权解除保险合同。但在人寿保险业务的实务中，如果不加时间限制，保险人就可能滥用该规定，特别是对长期性的人寿保险合同来说，更是如此。人寿保险合同保障的是受益人的利益，经过多个保单年度后，不易查清当时的告知是否属实，且被保险人死亡后，受益人也不一定了解当时的告知情况。若保险人因投保人或被保险人的不实告知而解除合同或拒付保险金，受益人就失去了保障，从而实际上让受益人承担了投保人的误告之责。因此为了保护保险消费者的利益，许多国家都制定了不可抗辩条款。不可抗辩条款在我国已属于法定条款。

我国《保险法》第 16 条规定："订立保险合同，保险人就保险标的或者被保险人的有关情况提出询问的，投保人应当如实告知。投保人故意或者因重大过失未履行前款规定的如实告知义务，足以影响保险人决定是否同意承保或者提高保险费率的，保险人有权解除合同。前款规定的合同解除权，自保险人知道有解除事由之日起，超过三十日不行使而消灭。自合同成立之日起超过二年的，保险人不得解除合同；发生保险事故的，保险人应当承担赔偿或者给付保险金的责任。"

在抗辩期间内发生保险事故的，保险人的合同解除权不受 2 年抗辩时间的限制。即：不可抗辩条款不适用于抗辩期间内发生的保险事故。如果在抗辩期间内发生保险事故，被保险人、受益人为了获得保险金，故意拖延至抗辩期间届满才向保险公司索赔，保险公司可以不受这一条款约束，也就是说，即使合同成立已满 2 年，保险公司仍能拒赔。

（二）不丧失价值条款

人寿保险合同的投保人享有保单现金价值的权利，不因保险合同效力变化而丧失。也就是说，即使保险单失效了，保单中的现金价值所有权不变。

在人寿保险发展之初，对保险单失效后是否给付投保人保险单中的现金价值没有统一的规定。因此，各保险人做法不一，有的保险人给付投保人部分现金价值，有的保险人没收失效保险单的现金价值。后来，这些做法逐步被人们认识到对投保人极不公平。于是，一些国家的法律就规定，储蓄性的人寿保险单失效，其投保人对保险单享有的现金价值权利不丧失。

由于人寿保险实行均衡费率，使得投保人在交付一定时期（一般为 2 年或 3 年）保险费之后，人寿保险合同就具有了一定量的现金价值，且大部分险种的现金价值是不断递增的。在不发生给付的情况下，这部分现金价值如同储蓄存款一样，应为投保人所拥有。也就是说，当保险费交给保险人后，其中的一部分用于支付保险人的费用，大部分被积存用作责任准备金。保险事故发生前，保险人可以使用这部分现金价值；保险事故发生后，保险人给付全部保险金；而当投保人不愿继续投保而致使保险合同失效时，投保人仍然享有现金价值的权利。因此称其为不丧失价值条款。

📇 知识链接 8-2

保单现金价值

保单现金价值，又称保单价值、账户价值或累积价值，是指带有储蓄性质的人寿保险单在扣除退保费用或未偿还的保单贷款本息之前所具有的价值。在长期寿险合同中，保险人为履行合同责任，通常需要提存一定数额的责任准备金。当投保人在保险期间要求解约或退保时，保险人按规定，将提存的责任准备金减去退保手续费后的余额退还给投保人，这部分余额即退保现金价值。

资料来源：Jr.Kenneth Black, Jr. Harold D. Skipper.Life Insurance［M］.N.J.: Prentice-Hall, 1994.

（三）宽限期条款

大多数人寿保险合同是长期合同，通常缴费期间也较长，在这种情况下，投保人可能由于如疏忽、外出、经济变化等多种原因而不能按时缴纳保险费，如果保险人据此解除保险合同，不仅将使被保险人或受益人失去保障，也不利于自身业务的巩固。因此，寿险合同通常包含宽限期条款。

宽限期条款规定，投保人在缴纳续期保费时，保险人给予其一定的宽限时间（通常为 1 个月或 2 个月），在这一期限内，投保人即使未缴保费也不影响保单的有效性。也就是说，如果在宽限期内发生保险事故，保险人承担给付保险金的责任，但要从保险金中扣除当期应交的保险费和利息。若宽限期满，投保人仍未交付保险费，保险合同自宽限期满翌日效力中止。

例如，王先生以自己的生命为保险标的，向某寿险公司购买了一份 10 年期的定期寿险，保险金额为 10 万元，以年缴方式支付保险费。王先生在缴纳了首期保费后，未能在保单规定的宽限期内续缴保费，在保单没有另外规定的情况下，该保险合同效力中止。此时，若王先生死亡，保险人无须给付保险金。但如果王先生是在宽限期内死亡，保险人应当从 10 万元保险金中扣除当期应缴纳的保费和利息，再给付给受益人。

我国《保险法》第 36 条规定："合同约定分期支付保险费，投保人支付首期保险费后，除合同另有约定外，投保人自保险人催告之日起超过三十日未支付当期保险费，或者超过约定的期限六十日未支付当期保险费的，合同效力中止，或者由保险人按照合同约定的条件减少保险金额。被保险人在前款规定期限内发生保险事故的，保险人应当按照合同约定给付保险金，但可以扣减欠交的保险费。"

（四）复效条款

合同履行过程中，在一定的期间内，由于未能满足合同要求的某些必要条件致使合同失去效力，称为合同中止；一旦在法定或约定的时间内所需条件得到满足，合同就恢复原来的效力，称为合同复效。复效条款规定，人寿保险合同因欠缴保费而效力中止的，投保人可以在一定期限内申请复效。

为了保护被保险人和受益人的利益，保险人提供保险费缴纳的宽限期，在宽限期结束后仍未缴纳应付保险费的，保险合同的效力中止。一旦投保人补缴合同效力停止期间的保险费和利息，保险合同效力可能恢复。但如果中止期限届满，投保人仍未能就复效问题与保险人达成一致意见并补缴保险费，那么保险人有权解除保险合同。我国保险法规定，合同的中止期限为二年。

投保人如果申请合同复效，须满足以下条件：第一，必须在规定的期限内办理复效申请。第二，被保险人要符合可保条件。第三，申请复效时须补缴失效期间未缴的保险费和利息。

我国《保险法》第 37 条规定："合同效力依照本法第三十六条规定中止的，经保险人与投保人协商并达成协议，在投保人补交保险费后，合同效力恢复。但是，自合同效力中止之日起满二年双方未达成协议的，保险人有权解除合同。"

（五）保费自动垫缴条款

该条款规定，投保人在合同有效期内已缴足 2 年以上保险费的，若以后的续期保险费超过宽限期仍未交付，而保险单当时的现金价值足以垫缴应缴保险费及利息时，除投保人事先另以书面作反对申明外，保险人将自动垫缴其应缴保险费及利息，使保险单继续有效。如果垫缴后，投保人续期保费仍未交付，垫缴应继续进行，直到应缴保费和累计利息达到保单的现金价值时，保险合同效力中止，此中止适用复效条款。如果被保险人在垫缴期间发生保险事故，保险人应在扣除应缴保险费和累计利息后支付保险金。规定该条款是为了减少保单失效，维持较高的续保率。

（六）保单贷款条款

该条款规定，人寿保险单经过两年时间后，投保人可以以保单为质押向保险人申请贷款。根据不丧失价值条款，保单经过一定时期之后会积存一定的现金价值，且该现金价值归投保人所有。因此，如果投保人有经济上的临时性需要，保险人可以将该现金价值暂时提供给投保人使用。保单贷款的金额只能是保单现金价值的一定比例，如 75% 或 80% 等。保险人将按照保单上规定的利率收取利息。当贷款本利和达到保单的现金价值时，投保人应按照保险人的通知日期还清款项，否则保单失效。因为这相当于投保人已经领取了退保金，所以此种失效一般不得申请复效。如果被保险人或受益人领取保险金时，保险单上的借款本息尚未还清，保险人也将在保险金内扣除贷款本息。

保单贷款的期限多以 6 个月为限，贷款利率略高于或等于金融机构的贷款利率。保单贷款并非真正的"贷款"，一般贷款是指债权人借款给债务人，两者签订协议，约定债务人到期还本付息。保单贷款与一般贷款的区别在于：在保险人给予保单贷款时，投保人并未许诺将来还贷。更准确地说，保单贷款是保险人将最终必然要支付的款项预付给投保人。实行保单贷款方便了投保人，降低了保单解约率。

（七）年龄误报条款

被保险人的年龄是确定保险费率的重要依据之一，也是保险人决定是否承保的条件。年龄误报条款一般规定：第一，在被保险人生存期间发现年龄误告，可调整保费而维持原保额不变；第二，在被保险人死亡时发现年龄误告，则只能按真实年龄调整保额；第三，在真实年龄超过保险公司规定的最高年龄时，保险合同自始无效，保险人退还保单的现金价值。

我国《保险法》第 32 条规定："投保人申报的被保险人年龄不真实，并且其真实年龄不符合合同约定的年龄限制的，保险人可以解除合同，并按照合同约定退还保险单的现金价值。保险人行使合同解除权，适用本法第十六条第三款、第六款的规定。投保人申报的被保险人年龄不真实，致使投保人支付的保险费少于应付保险费的，保险人有权更正并要求投保人补交保险费，或者在给付保险金时按照实付保险费与应付保险费的比例支付。投保人申报的被保险人年龄不真实，致使投保人支付的保险费多于应付保险费的，保险人应当将多收的保险费退还投保人。"

被保险人死亡时发现年龄误报，保险金额的调整方法如例 8-1 所示。

【例8-1】某人投保10年期的寿险，保险金额为10万元，保费的缴纳方式是10年期缴，投保年龄为30岁，年交保费为3 300元。6年后，此被保险人死亡。保险人在理赔时发现此被保险人投保时的实际年龄为31岁，而31岁的人年交保费为3 500元。因此，保险人实际应给付受益人的保险金调整为多少？

【解析】保险人应给付受益人的保险金为

$$100\ 000 \times (3\ 300 \div 3\ 500) = 94\ 286 (元)$$

（八）自杀条款

所谓自杀，在法律上是指故意剥夺自己生命的行为。如果没有主观上的故意，则不能称为自杀。在人寿保险合同中，一般都规定了自杀的责任免除条款，这主要是为了避免蓄意自杀者通过保险方式谋取保险金，防止道德风险的发生。但自杀毕竟是死亡的一种，有时被保险人遭受意外事件的打击或心态失常亦会做出结束自己生命的行为，并非在有意图谋保险金。为了保障保险消费者的利益，很多国家在人寿保险合同中都将自杀列入保险责任范围，但规定保险合同成立一定期限后（通常是2年）发生被保险人的自杀行为，保险人才承担给付保险金责任。

我国《保险法》第44条规定："以被保险人死亡为给付保险金条件的合同，自合同成立或者合同效力恢复之日起二年内，被保险人自杀的，保险人不承担给付保险金的责任，但被保险人自杀时为无民事行为能力人的除外。保险人依照前款规定不承担给付保险金责任的，应当按照合同约定退还保险单的现金价值。"

在寿险业务中，曾在很长一段时间内将自杀作为除外责任，人们认为如把自杀包括在保险责任范围内，会助长因道德风险而产生的骗保行为。但是后来人们发现对自杀完全免除责任是不尽合理的，因为：第一，人寿保险是保障受益人利益的，因此当被保险人与受益人并非为同一人的情况下，被保险人自杀，若保险人一概不负给付保险金责任，会给受益人带来生活上的困难。第二，生命表中的死亡率包含了自杀的情形。所以，保险人完全把自杀排除在保险责任之外是不合理的。第三，虽然为了保护保险公司的利益，防止某些蓄意自杀以谋取保险金的行为是必要的，但对这种损害保险公司利益的逆选择行为规定一个免责期限即可。根据心理学的调查，一个人的自杀计划与自杀意图能够持续2年期限并最终实施的可能性很小。因为随着时间的推移、环境的变化、新机会的出现，人的不理智决定会发生改变。因此，自杀条款的规定既可避免道德风险的发生，又可最大限度地保障被保险人和受益人的利益。

需要注意的是，自杀条款只适用于以死亡为给付条件的保险合同，不适用意外伤害保险。在人身意外伤害保险中，对于被保险人的自杀，保险人一律不承担保险金给付责任。

案例 8-1

终身寿险自杀理赔案例

2015 年 2 月，齐某以自己为被保险人向甲保险公司投保了 100 万元保额的终身寿险；2017 年 6 月，齐某又向乙保险公司投保了 200 万元保额的终身寿险，两份保险合同的受益人均为其母。2018 年 10 月，齐某自杀身亡。受益人持两份保险合同分别向甲、乙两家保险公司提出索赔。请问两家保险公司各应如何处理？

【分析】

《保险法》第 44 条的规定："以被保险人死亡为给付保险金条件的合同，自合同成立或者合同效力恢复之日起二年内，被保险人自杀的，保险人不承担给付保险金的责任，但被保险人自杀时为无民事行为能力人的除外。保险人依照前款规定不承担给付保险金责任的，应当按照合同约定退还保险单的现金价值。"第 16 条规定："自合同成立之日起超过二年的，保险人不得解除合同；发生保险事故的，保险人应当承担赔偿或者给付保险金的责任。"

在本案中，齐某向甲保险公司投保的终身寿险截至 2018 年 10 月已超过两年，甲保险公司应承担给付受益人母亲 100 万元保险金的责任。齐某向乙保险公司投保的终身寿险不足两年，乙保险公司不承担给付保险金的责任，但要按照合同约定向其母亲退还保险单的现金价值。

资料来源：杨娟，周艳玲，付书科.保险学原理与实务［M］.北京：清华大学出版社，2021.

（九）保单转让条款

人寿保险单是一种特殊的金融资产，其现金价值逐年递增，同时它需要在一定的条件下，才能从依法占有变为实际占有。人寿保险的投保人在不侵犯受益人既得权利的情况下可以将其保单转让。转让分为绝对转让和质押转让两种。绝对转让是指把保单所有权完全转让给另一个所有人。如母亲购买了一份以其女儿为被保险人的寿险保单，在其女儿成人时，将保单赠予她，这就属于绝对转让。质押转让是指把保单作为投保人的信用担保或贷款的质押品。人寿保单的转让仅仅是一种民事权利和义务的转移，并不改变被保险人。通常，受让人取得保单后，一方面取得了权利，另一方面也要承担相应的原保险合同规定的一些尚未履行的义务。

需注意的是，我国保险法规定，按照以死亡为给付保险金条件的合同所签发的保险单，未经被保险人书面同意，不得转让或者质押。

第二节　人寿保险的主要类型

人寿保险的产品种类随着人们对寿险产品的需求和金融产品及现实条件的成熟而

不断增加，其主要类型可以分为普通型人寿保险和新型人寿保险两大类。人身保险公司可以向消费者提供个人人寿保险和团体人寿保险。其中个人普通型人寿保险保障的是人的死亡风险和长寿风险等基本风险，包括死亡保险、生存保险和两全保险。年金保险是一种特殊的生存保险，其保险金的支付采用分期的方式。在我国，新型人寿保险包括分红寿险、万能寿险、变额寿险等带有投资理财功能的险种。

一、普通型人寿保险

（一）死亡保险

死亡保险是以被保险人的死亡为保险事件，在保险事件发生时，由保险人给付保险金的一种保险，保障的是受益人在被保险人死亡后仍能维持一定的生活水平。按照保险期限的不同，分为定期死亡保险和终身死亡保险。

1. 定期死亡保险

定期死亡保险即定期寿险，是以被保险人在保险合同规定的一定期限内发生死亡事件而由保险人给付保险金的一种人寿保险。也就是说，如果被保险人在规定的期限内死亡，保险人向受益人给付保险金；如果被保险人在期满仍然生存，保险人不需给付保险金，也不退还保费。

通常情况下，定期寿险的特点可以概括为：①保险期限灵活，可长可短。一般可在合同中约定年限，也可约定保险期限达到一定的年龄为保险期满。②保费低廉。定期寿险之所以保费低廉，是因为它仅提供风险保障，不具有储蓄性质。在保险有效期内，发生合同约定的死亡事件，保险人则给付保险金；倘若期满未发生合同约定的死亡事件，保险人与投保人所签订的保险合同届满终止。③由于其低费率高保障，使得被保险人的逆选择增加，同时也容易诱发道德风险。④可续保性。几乎所有的一年期、五年期、十年期等定期寿险保单都包含一项续保选择权。该选择权允许被保险人在保单到期时，不经可保性检查便可以续保，通常续保的期间长度有一定的限制，被保险人续保时的年龄也有一定限制。⑤可转换性。很多定期寿险都可以进行转换，即允许投保人将定期寿险转换成终身寿险或其他储蓄性寿险而无须提供可保性证明。通常，定期寿险的可转换期较保单有效期要短，过了可转换期而没有提出保单转换的要求，则视为自动放弃该权利。

2. 终身死亡保险

又称终身寿险，即终身提供死亡保障的保险。在保险合同有效期间，不论被保险人何时死亡，保险人都给付保险金。

通常情况下，终身寿险的特点为：第一，保险期限是被保险人的终身。第二，保险金额通常保持不变，除非保单有特约条款允许在一定情况下进行调整，如按物价指数调整。第三，具有储蓄性。投保人对保单现金价值具有处置权。在中国，生命表中规定的最高年龄为105岁。这样，为求得公平，保险人就应在被保险人生存至105岁时就支付全部保险金，而不是等到被保险人在105岁后死亡时支付。

（二）生存保险

生存保险是以被保险人于保险期满或达到某年龄时仍生存为给付保险金条件的一种人寿保险。生存保险主要是为年老的人提供养老保障，或为子女提供教育的资金等。

1. 单纯的生存保险

单纯的生存保险以被保险人在保险期满或达到某年龄时仍生存为给付条件，并一次性给付保险金。若被保险人在保险期限内死亡，则不能得到保险金，且所缴保费也不予退还。在寿险实务中，单纯的生存保险一般不作为独立的险种。

2. 年金保险

年金保险属于一种特殊的生存保险，其特点是保险金的支付采用分期方式，可以作为养老保障的补充。随着老龄化社会的来临，年金保险的作用日益受到重视，因此我们将在本章第三节中对其进行详细介绍。

（三）两全保险

两全保险是既提供死亡保障，又提供生存保障的一种保险。两全保险中的死亡给付对象是受益人，而期满生存给付的对象是被保险人。

两全保险的保险人提供两种承诺，一是被保险人若在保险有效期内死亡，向受益人支付保单规定数额的死亡保险金；二是若被保险人生存至保险满期，则向被保险人支付保单规定数额的生存保险金。可以看出，两全保险中的两个因素：定期寿险及生存保险，组合在一起构成了两全保险的保障。

（四）团体人寿保险

团体人寿保险是以团体为保险对象，以团体中的成员为被保险人，团体或团体雇主作为投保人，原则上不需要体检即可提供保障的人寿保险。在团体人寿保险中，其"团体"一般指机关、社会团体、企事业单位等独立核算的组织，其"成员"不包括已退休、离休、退职的人员。

1. 团体人寿保险的特征

（1）风险选择的对象是团体，而不是个人。投保团体必须是依法成立的组织，要有自身专业活动；投保团体寿险只是该组织的附带活动，以减少投保的逆选择风险；投保团体中参加保险的人数必须达到规定的标准，一般对参保人员绝对数或参保比例有要求。例如，对参加团体保险的员工人数规定一个最低比例，如果保费是由雇主缴纳的，那么全部员工都必须参加；如果保费是雇主和员工共同缴纳的，那么全部合格员工参加团体保险的比率应达到75%。

（2）使用团体保单。团体人寿保险用一张总的保险单为成百上千甚至更多的人提供保险保障。投保团体是保单的持有人，而每个被保险人持有保险凭证。保险金额不能由企业和员工任意选择。团体保险对每个被保险人的保险金额按照统一的标准确定。

（3）保险费率较低。团体人寿保险由于采取团体投保的方式，具有规模经营效益，使团体可以用较低的保费获得较高的保险保障。

（4）采用经验费率。团体人寿保险的投保人是一个团体，同个人投保一样，每个投保团体的风险程度也是不同的。因此，团体人寿保险按风险程度的不同分别制定费率，在制定费率时主要考虑投保团体的业务性质、职业特点、以往的理赔记录等，其中理赔记录是决定费率的主要因素。

（5）保障范围比较广泛，保险计划相对灵活。较大规模的团体投保团体人寿保险时，可以就保单条款的设计和保险条款内容与保险公司进行协商，但团体人寿保险单也遵循一定的格式和包含一些特定的标准条款。

2. 团体人寿保险的种类

团体人寿保险通常包括团体定期人寿保险、团体终身寿险、团体遗属收入给付保险、团体缴清保险、团体年金保险等。

团体定期人寿保险简称为团体定期寿险，绝大部分的团体定期寿险是以每年可续保的定期保单方式承保的，主要为团体所属员工提供工作期间的死亡保障。

团体终身寿险可以为团体所属员工提供退休后的死亡保障，以弥补团体定期寿险期限较短的不足。

在团体遗属收入给付保险中，通常是团体或雇主与保险人签订保险合同，以员工的遗属为受益人，约定在员工死亡时，由保险人向死亡员工的遗属给付保险金。保险金通常按月支付，给付金额通常按该死亡员工原工资额的一定比例确定。例如，在美国，配偶一般获得死者工资 25% 的保险金，子女获得 15%，对家庭给付的最高限额是死者工资的 40%，同时规定了给付期限。

团体缴清保险是 1 年定期寿险和终身寿险相结合的险种。1 年定期寿险的保费由雇主缴纳，雇主缴纳的保费每年都不变，因此随着雇员年龄的增加，保险金额逐渐下降。终身寿险由雇员趸缴，每年购买一次，因此，终身寿险累计的保额递增。由于雇员缴费部分的保额增幅更大，总体来看，两部分构成的总保额不断增加。

团体年金保险简称团体年金，是以团体方式投保的年金保险。团体年金主要用于员工退休后的生活补助，是员工福利计划的重要部分。

二、新型人寿保险

新型人寿保险相对于普通型人寿保险的主要区别在于充分考虑了通货膨胀的影响，带有一定的投资理财功能。在我国，新型人寿保险主要包括分红寿险、万能寿险和变额寿险等险种。

 知识链接 8-3

新型人寿保险的起源

20 世纪 70 年代至 80 年代，欧美国家正值高通货膨胀及高利率时代，消费者想通过购买金融工具来获取高回报，银行和证券公司开发出大量新型金融产品。保险公司传统型保险产品的给付选择无法应对高通胀，造成保险公司的资金外流，这就迫使欧美的寿险公司纷纷调整寿险产品的设计方向，开发出"投资型保险"即创新型寿险产品。创新型寿险产品的竞争对手不再是同行业的产品，而是其他金融产品。

20世纪70年代后期，投资型保险"基金连结保险"在英国的保险市场上逐渐取代传统型保险，越来越多的传统型寿险公司开始拓展与共同基金相结合的寿险商品，由于股票市场的稳定获利，大多数英国人开始意识到创新型产品的好处，需求不断上升。从1987年至1997年间，英国的基金连结保险在寿险市场上的份额由39%提高到50%，增长了11个百分点。

1976年，美国Equitable人寿保险公司开发出"变额保险"创新型寿险产品。从80年代开始，变额保险在美国获得迅速发展，共有30多家保险公司销售此类保单。截止到1999年，变额保险在美国寿险市场所占份额已超过30%。

资料来源：荆涛 . 人寿与健康保险［M］. 北京：北京大学出版社，2011.

（一）分红保险

1. 分红保险的含义

分红寿险是指保险人除了按照保单所载明的保险责任进行给付以外，还将该产品经营中所取得的一部分盈利以保单红利的方式返还给投保人的保险。按照我国的监管规定，分红寿险可以采取终身寿险、两全保险或年金保险的形式。对于投保时被保险人的年龄满18周岁的，个人分红终身寿险、个人分红两全保险在保单签发时或等待期结束时的死亡保险金额不得低于已交保费的120%。死亡保险责任至少应当包括疾病身故保障责任和意外身故保障责任。

2. 分红保险的主要特点

第一，投保人享受经营成果。购买分红保险不仅能够获得合同规定的各种保障，而且，保险公司每年要将经营分红险种产生的部分盈余以红利的形式分配给投保人。我国监管机构规定，保险公司应至少将分红业务当年度可分配盈余的70%分配给客户。这样投保人就可以与保险公司共享经营成果，与非分红保险相比增加了投保人的获利机会。

第二，投保人承担一定的投资风险。由于保险公司每年的经营状况不一样，客户所能得到的红利也会不一样。在保险公司经营状况良好的年份，投保人会分到较多的红利；但如果保险公司的经营状况不佳，投保人能分到的红利就会比较少，甚至没有。因此，分红保险使保险公司和投保人在一定程度上共同承担了投资风险。

第三，定价的精算假设比较保守。寿险产品在定价时主要以预定死亡率、预定利率和预定费用率三个因素为依据，这三个预定因素与实际情况的差距直接影响到寿险公司的经营成果。对于长期寿险，由于预期的困难，在进行各个因素的假设时，往往比较保守，对于分红保险，由于寿险公司要将部分盈余以红利的形式分配给投保人，所以更保守的精算假设可以使保险公司在一定程度上规避风险。

第四，退保金中含有红利。分红保险的被保险人身故后，受益人在获得保险金额的同时，还可以得到未领取的累积红利和利息；在满期给付时，被保险人在获得保险金额的同时还可以得到未领取的累积红利和利息；分红保险的投保人在退保时得到的退保金也包括保单红利及其利息之和。

📑 知识链接 8-4

保单红利的来源

分红产品从本质上说是一种客户享有保单盈余分配权的产品，即将寿险公司的盈余，如死差益、利差益、费差益等按一定比例分配给投保人。分配给客户的保单盈余，也就是我们所说的保单红利。

1. 红利来源

分红保险的红利，实质上是保险公司盈余的分配。盈余就是保单资产份额高于未来负债的那部分价值。盈余（或红利）的产生是由很多因素决定的，但最为主要的因素是死差益、利差益和费差益。

（1）死差益（损）：对于以死亡作为保险责任的寿险，死差益是由于实际死亡率小于预定死亡率而产生的利益，反之为死差损。

（2）利差益（损）：当保险公司实际投资收益率高于预定利率时，则产生利差益，反之为利差损。

（3）费差益（损）：指公司的实际营业费用少于预计营业费用所产生的利益，反之为费差损。

除了以上三个主要来源以外，其他的盈余来源还包括：

（1）退保收益，是指寿险合同中途退保时，保险公司支付给投保人的解约金小于保单所积存的资产份额。

（2）投资收益及资产增值等。

2. 红利分配

我国《分红保险精算规定》要求：保险公司应为分红保险业务设立一个或多个单独账户，单独账户应单独管理、独立核算。保险公司为各分红保险账户确定每一年度的可分配盈余时应当遵循普遍接受的精算原理，并符合可支撑性、可持续性原则，其中分配给投保人的比例不低于可分配盈余的70%。分红保险产品可以采用现金红利或增额红利方式分配盈余。

（1）现金红利：包括现金领取、抵交保费、累积生息以及购买交清保额等形式。

（2）增额红利：指每年以增加保额的方式分配红利，增加的保额作为红利一旦公布，则不得取消。采用增额红利分配方式的保险公司可在合同终止时以现金方式给付终了红利。

保险公司应对分红保险账户提取分红保险特别储备。分红保险特别储备是分红保险账户逐年累积的，其权益属于投保人和股东双方，用于平滑未来的分红水平。

资料来源：魏华林，林保清.保险学（第四版）[M].北京：高等教育出版社，2017.

（二）万能保险

1. 万能保险的含义

万能保险是一种交费灵活、保额可调整的人寿保险。投保人在缴纳一定的首期保费后，可以按自己的意愿选择任何时候缴纳任何数量的保费，只要保单的现金价值足以支付保单的相关费用，甚至可以不再交费。而且，投保人在具备可保性的前提下，可以根据自己的需要提高保额或降低保额。

万能保险的经营透明度高，投保人可以了解到该保单的内部经营情况。投保人可以得到有关保单的相关因素，如保费、死亡给付、利息率、死亡率、费用率、现金价值之间相互作用的各种预期结果的说明。保单经营的透明度也并不意味着投保人能对保单价值做出精确估计，而是可以了解保单基金的支配情况。万能保险具有透明度的一个重要原因是，其保单的现金价值与风险保额是分别计算的。保单现金价值每年随保费缴纳情况、费用估计、死亡率及利息率的变化而变化。风险保额与现金价值之和就是全部的死亡给付额。

2. 万能保险的主要特征

万能保险产品的主要特征表现在以下五个方面。

（1）风险保额。风险保额是指有效保额减去保单账户价值的金额。其中有效保额是指被保险人因疾病和意外等身故时，保险公司支付的死亡保险金额。对于投保时被保险人的年龄满 18 周岁的，个人万能保险在保单签发时的死亡风险保额不低于保单账户价值的 20%。

（2）死亡给付模式。万能保险主要提供两种死亡给付方式，行业习惯上称为 A 方式和 B 方式。A 方式是一种均衡给付的方式，B 方式是死亡给付金额直接随保单现金价值的变化而改变的方式。

在 A 方式中，死亡给付额固定，风险保额每期都进行调整，使得风险保额与现金价值之和成为均衡的死亡给付额。如果现金价值增加了，风险保额就会等额减少；反之，若现金价值减少了，则风险保额会等额增加。这种方式与其他传统的具有现金价值的给付方式的保单较为类似。

在 B 方式中，规定了死亡给付额为均衡的风险保额与现金价值之和。这样，如果现金价值增加了，则死亡给付额会等额增加。

（3）保险费缴纳。万能保险的投保人可以用灵活的方法来缴纳保险费。只要符合保单规定，投保人可以在任何时间不定额地缴纳保险费。大多数保险公司仅规定第一次保险费必须足以覆盖第一个月的费用和死亡成本，但实际上大多数投保人支付的首次保费会远远高于规定的最低金额。这种灵活的交费方式也带来了万能保险容易失效的缺点。

（4）万能账户及结算利率。我国《万能保险精算规定》中规定，万能保险应当提供最低保证利率，最低保证利率不得为负。保险期间内各年度最低保证利率数值应一致，不得改变。保险公司应为万能保险设立一个或多个单独账户。万能单独账户的资产应当单独管理，应当能够提供资产价值、对应保单账户价值、结算利率和资产负债表等信息，满足保险公司对该万能单独账户进行管理和保单利益结算的要求。保险公司应当根据万能单独账户资产的实际投资状况确定结算利率。结算利率不得低于最低保证利率。保险公司可以为万能单独账户设立特别储备,用于未来结算。特别储备不得为负,并且只能来自实际投资收益与结算利息之差的积累。

(5)费用收取。万能保险可以并且仅可以收取以下几种费用:

① 初始费用,即保险费进入万能账户之前扣除的费用。

② 死亡风险保费,即保单死亡风险保额的保障成本。风险保费应通过扣减保单账户价值的方式收取,其计算方法为死亡风险保额乘以死亡风险保费费率。保险公司可以通过扣减保单账户价值的方式收取其他保险责任的风险保费。

③ 保单管理费,即为维护保险合同向投保人或被保险人收取的管理费用。保单管理费应当是一个不受保单账户价值变动影响的固定金额,在保单首年度与续保年度可以不同。保险公司不得以保单账户价值一定比例的形式收取保单管理费。

④ 退保费用,保单退保或部分领取时保险公司收取的费用,用以弥补尚未摊销的保单获取成本。保险公司收取的退保费用不得高于保单账户价值或部分领取部分对应的保单账户价值的一定比例。

(三)变额寿险

变额寿险是一种保额随其分离账户的投资收益变化而变化的终身寿险,在不同的国家有不同的名称,美国叫变额寿险、英国称为基金连接保险、加拿大叫权益连接保险、新加坡和中国称为投资连结保险(简称投连险)。保险人为变额寿险的资产设立单独账户(称为独立账户或分离账户),单独进行投资,死亡给付金额将随着投资结果进行调整。

保险人为了稳妥经营,大多采用了投资组合方法。保险人提供的投资账户有:股票基金、债券基金和货币市场基金等。投保人有投资选择权,他们可以决定净保费投入各种基金的比例或投入每一种基金的限额。保险人每年还要向投保人寄送报告,以说明他们所持有保单的现金价值、死亡保障金额和各项费用。

变额寿险大多是终身寿险。投保的根本目的是希望受益人得到较大的死亡保险金数额,但最终结果如何取决于投资业绩。如果投资收益率高,现金价值和死亡保障都会增加;如果投资收益率低,只能保证最低死亡给付金额。也就是该保单的死亡给付包括两个部分:第一部分是保单约定的最低死亡给付额,这一部分是固定的;第二部分是可变的死亡给付部分,即随投资收益变化的部分。投资收益超过保单预定利率的部分用来购买一份额外的保险。这份保险通常按纯费率购买,购买时间可以按天、按周、按月、按年进行,如果投资收益低于保单预定的利率,则会相应减少保额,直至最低限度。投保人承担了几乎全部的投资风险,但死亡率和费用率的变动风险仍由保险人承担。

变额寿险还提供许多传统的保单选择权,如家庭定期保障、意外死亡保障、保费豁免保障和保证可保等。变额寿险的保单抵押贷款一般以现金价值的75%为限,这是因为变额寿险的现金价值数额波动比较大。投保人要求退保时,退保金根据当时的保单现金价值计算。

(四)变额万能人寿保险

变额万能人寿保险是融合了保费缴纳灵活的万能寿险与投资灵活的变额寿险后而

形成的保费缴纳灵活、投资灵活和保额可调整的新险种。

其特点如下：

（1）采用万能人寿保险的保费缴纳方式，投保人在规定限度内可自行决定缴费期限及每期保费缴付金额。

（2）吸收变额寿险的特点，在具备可保性及保单最低保额的情况下，投保人可任意选择降低或提高保额。

（3）保单现金价值的变化与变额寿险相同，取决于专项账户基金的投资组合及其收益状况，没有最低收益率限制和本金的保证。投保人可以选择各种投资组合，并承担投资风险。

第二节　年金保险

长寿是人类追求的目标，生活在现代社会的人都希望能够在退休以后过上体面而舒适的生活，但在生活来源没有保障的情况下，长寿特别是超长存活将可能是一种风险。从这个意义上来说，目前人类社会对无保障的长寿的担忧甚至会超过对死亡的恐惧。年金保险就是防范由于被保险人寿命延长而导致经济资源耗尽的财务风险的一种保险。

一、年金保险的含义

年金保险是指以被保险人生存为给付保险金条件，并按约定的时间间隔分期给付生存保险金的人寿保险。

市场上年金保险通常包括两类：一类是养老年金保险。养老保险通常采用年金保险的方式，按原保监会发布的《人身保险公司保险条款和保险费率管理办法》规定，养老年金保险是指以养老保障为目的的年金保险。养老年金保险应当符合下列两个条件：第一，保险合同约定给付被保险人生存保险金的年龄不得小于国家规定的退休年龄；第二，相邻两次给付的时间间隔不得超过 1 年。养老年金保险一般为终身年金保险，本节中的年金保险主要指养老年金保险。另一类是教育年金保险，该年金保险是少儿教育金保险的重要组成部分，以定期年金保险为主。

年金保险是基于生命不确定性设计的，由于每个人的寿命长短是无法预期的，以储蓄方式获得的固定资金数量无法与人的寿命相对应，而年金保险的支付是以生存为条件，因此年金保险可以解决生命不确定性带来的财务风险，帮助购买保险的人解除老年生活的后顾之忧。年金保险与死亡保险虽然都是以人的寿命作为保险标的，但两者之间存在一定的差异。死亡保险以死亡为给付保险金的条件，是为被保险人因过早死亡而丧失的收入提供经济保障，保障的是其他人的利益；而年金保险以生存为给付条件，是预防被保险人因寿命过长而可能丧失收入来源或耗尽积蓄而进行的经济储备，保障的是自己的利益。从某种意义上来说，年金保险和死亡保险的作用正好相反。

由于年金保险和一般死亡保险的给付条件不同，身体健康、预期死亡率低于平均水平的人更倾向于购买年金保险；而身体健康欠佳、预期死亡率高于平均水平的人更倾向于购买死亡保险。被保险人的这种逆向选择导致相同年龄和性别的人购买年金和死亡保险的死亡率呈现明显差异，前者显著低于后者，从而使得两种业务的保险成本产生较大差异。为此，保险公司经营年金保险业务和死亡保险业务时，采用不同的生命表。对于相同年龄段，通常年金保险生命表死亡率低于定期寿险、终身寿险生命表死亡率。

二、年金保险的分类

根据不同的标准，年金保险可划分为不同的种类。

（一）按照年金保险的购买方式分类，可以分为趸缴年金和分期缴费年金保险

趸缴年金就是投保人在购买年金保险时一次缴清保费。在趸缴年金的情况下，保险公司可以在投保人缴清保费后很短的时间内给付，也可以在缴清保费多年后开始给付。

分期缴费年金即投保人采用分期缴纳保费的方式购买年金保险，又可以分为均衡缴费年金和浮动缴费年金两种方式。均衡缴费年金允许投保人按照规定的时间间隔（例如月缴或者年缴）缴纳等额保费，直到合同规定的缴费期间结束为止。浮动缴费年金允许投保人在规定期间定期缴纳保费，但各期保费可以在保单规定的范围内变动，例如，保单可以规定，投保人每年缴纳的保费为200~1 000元。

无论是趸缴保费还是分期缴费年金保险，运作的方式是基本相同的。但是，缴费方式影响保险人持有本金并赚取利息的时间长度，保险人持有保费的时间越长，本金所产生的投资收益就越高。

（二）按照年金保险给付频率的不同分类，可以分为按年给付年金、按季给付年金、按月给付年金保险等

年金保险给付频率取决于年金期间的长度。年金期间是指相邻两次定期给付的时间间隔。按此定义，按年给付年金是指每年给付一次的年金；按季给付年金是指每个季度给付一次的年金；按月给付年金是指每月给付一次的年金。

（三）按照年金保险给付日期的不同分类，可以分为期初给付年金和期末给付年金保险

期初给付年金是指保险人在每个给付周期之初给付年金，例如年初、季初，月初；期末给付年金是指保险人在每个给付周期之末给付年金，例如年末、季末、月末。实际业务中大多采取期末给付年金的方法。

（四）按照年金保险给付的不同起始时间分类，可以分为即期年金和延期年金保险

保险人给付年金的起始日称为年金的满期日或年金到期日。即期年金保险是指，投保人在与保险人订立了年金保险合同，并支付了所有保费以后，立即从保险人那里领取年金的保险。具体领取年金的时间可因给付周期的不同而不同。例如，如果给付

周期为半年一次，那么年金的领取人将在缴纳保费半年之后领取年金，如果给付周期为一年一次，年金的领取人将在缴纳保费一年之后领取年金；如果给付周期为一个月一次，那么在缴纳保费一个月之后领取年金。即期年金保险通常采取一次缴清保费的方式，因此这类保单又被称为趸缴即期年金。

延期年金保险是指投保人与保险人订立保险合同后，迟延一段时间，比如说5年、10年或20年以后，或者年金的领取者必须达到合同所规定的某一个年龄，比如说65岁时，再从保险人那里领取年金的保险。延期年金保险既可以采取一次缴清保费的方式，也可以采取分期缴清保费的方式。

📑 知识链接 8-5

年金保险的术语

1. 年金累积期间

从投保人购买延期年金之日起，到开始领取年金之日的这段时间称为累积期间。由于延期年金有一个累积期间，因此投保人既可以选择趸缴保费，也可以选择分期缴纳保费。在延期年金的累积期间，保险人会将保费进行投资，因此，在累积期间，延期年金会形成累积价值。年金的累积价值等于投保人缴付的净保费与已赚取的利息之和减去提现金额，累积价值的增值方式取决于延期年金是固定给付年金还是变额年金。

2. 年金给付期间（又称年金清偿期）

当年金保险满期时，保险人就利用累积价值开始定期给付年金，这被称为年金给付期间或年金清偿期。

3. 提现条款

提现条款允许投保人在累积期间提取全部或部分的年金累积价值。欧美国家的许多公司的年金合同通常都有提现条款，大多数合同允许投保人每年按累积价值的约定百分比提取现金而不收取费用。如果在一年内提现金额超过其约定的百分比，保险人通常要收取一笔提现手续费。

4. 退保金

许多年金合同都规定，在年金的整个累积期间，投保人有权解除合同并领取退保金。如果投保人在年金购买后的规定年限内退保，投保人必须缴付退保手续费。退保手续费通常随着保单持有时间的增加而减少。

5. 遗嘱给付

延期年金保单通常提供遗嘱给付。如果年金领取人在年金开始给付之前死亡，那么年金的累积价值将由投保人所指定的受益人领取。当累积价值作为遗嘱给付时，保险人不收取退保手续费。

资料来源：孙祁祥. 保险学（第六版）[M]. 北京：北京大学出版社，2017.

（五）按照年金保险给付的期限分类，可以分为定期年金和终身年金保险

定期年金保险是指保险人在约定的期限内给付年金，约定期满给付终止的保险。如果被保险人在约定期内死亡，则自被保险人死亡时终止给付年金。换句话说，年金给付的期限是从开始给付到约定期满或被保险人死亡，以先发生者作为终止给付年金的时间。例如，一个人投保了一份10年期的定期年金保险。假定他从65岁开始领取年金，他可以领到74岁。但如果他在70岁时死亡，保险人也就给付年金到第6年，第7年不再给付。

终身年金是指保险人在被保险人的生存期间定期给付的年金。换句话说，保险人给付年金直至被保险人死亡时为止。

常见的终身年金有以下三种。

1. 纯粹终身年金

纯粹终身年金是一种仅在年金领取人生存期间定期给付的年金，保险人在年金领取人死后不负给付责任。由于年金领取人的死亡时间不确定，因此纯粹年金保险的投保人所缴纳的保费有可能大大超过定期给付总额。许多人不愿意承担这种风险，因此倾向于选择含有更多保证的终身年金保险。

2. 固定期间终身年金

固定期间终身年金保险是指不论被保险人生存与否，保险人在规定时期内都需支付的一种年金保险。这种年金保险保证在约定期间内定期给付，且给付时期的长短与年金领取人的寿命无关。这一规定期间称为固定期间。比如，固定给付期间为10年，但被保险人在第5年死亡，那么，保险人除了已经支付4年的年金以外，还必须向合同指定的受益人支付余下6年的年金。固定期间终身年金可以满足一个人在某一特定时期的收入需求，也能为领取其他收入（如养老金等）之前的一个特定时期提供收入。

3. 带返还终身年金

带返还终身年金保证在年金领取人生存期间定期给付，还保证年金给付总额至少等于该年金的购买价格。后一项保证是指，如果年金领取人在给付总额尚小于年金购买价格时死亡，其差额由投保人指定的受益人领取。这样，其偿还额就等于年金购买价格与已支付年金的差额。

（六）按照年金领取人数分类，可以分为个人年金和联合年金保险

个人年金保险是指只有单个年金领取人，即以一个被保险人作为年金领取人的年金保险。联合年金保险是以两个或两个以上的被保险人的生命作为给付年金的条件的年金保险。联合年金保险又有两种主要形式：一种是以联合被保险人共同生存作为给付条件。如果联合被保险人中有一人死亡，年金给付立刻停止。例如，夫妻二人联合投保，假如丈夫先死，妻子虽然存活，年金也停止给付，这种方式就是共同生存年金保险。[①] 第二种方式是，联合被保险人中只要有一人生存，年金就照常给付，并不减少，

---

① 共同生存年金保险有一种修正形式，叫作"joint and one-half annuity"。在这种形式下，如果联合投保人中的一人死亡，年金将随之减少一定的百分点（这个百分点是可以任意规定的）。例如，夫妻联合投保共同生存年金，在丈夫死后，妻子可以得到1/2的年金；妻子死后，保险人停止给付年金。

直到全部被保险人死亡后才停止。例如，夫妻二人联合投保，丈夫死后，妻子可以得到与以前相同数额的年金，直到死亡，这种方式称作最后生存者年金保险。从总体来看，由于联合年金要比个人年金支付年金的时间长，因此费率也要比后者高得多。

（七）按照年金价值和保费缴纳有无保证或是否可变分类，可以分为固定年金和变额年金保险

"固定"和"变额"可以从保费缴纳（投保人）和年金给付（保险人）两个角度来定义。固定年金分为固定保费年金和固定给付年金两种，变额年金分为变额保费年金和变额给付年金两种。

固定保费年金保险是指投保人每期缴纳保费的数额相同、没有变化并且定期领取的年金保险。变额保费年金是指投保人可以根据自己的经济状况改变每次缴纳保费的数额，或停止缴费，或在一段时间以后再恢复缴费的年金。

固定给付年金是指保险人依据投保人所缴付的保费，保证至少按月给付某一约定金额的一种年金。大多数固定给付年金均规定，合同自开始给付后其金额不能改变。少数固定年金规定，如果保险人的投资收益超过计算定期给付时的预期水平，给付金额也可以有所增加。如果固定给付年金是即期年金，那么定期给付金额在保险人签发年金合同时就是已知的，投保人一次付清保费，保险人根据所缴纳的保费计算相应的定期给付金额。

如果固定给付年金是延期年金，那么年金合同就会包含一张类似于表 8-1 的年金价值表。该表列出了每 1 000 元累积价值所对应的保证定期给付金额。根据表 8-1 所示，如果在年金期满日的累积价值为 20 000 元，年金领取人的年龄为 40 岁，则保险人就会在年金领取人的剩余生存期间每月给付 $4.13 \times 20 = 82.60$ 元。保单所列示的金额只是一个最低保证给付金额。在年金满期日，保险人会对过去与现在的投资情况进行评估，如果当前的投资状况高于过去的预期水平，那么实际给付金额就会高于保证的给付水平。

表 8-1 固定给付年金的保证给付金额

（每 1 000 元累计价值的最低月度给付额）

领取年龄（岁）	只为生存给付（元）	保证给付期间		
		10 年	15 年	20 年
40	4.13	4.12	4.11	4.09
45	4.36	4.34	4.32	4.28
50	4.65	4.62	4.58	4.52
55	5.05	4.99	4.91	4.81
65	5.26	5.45	5.32	5.14
70	6.27	6.07	5.82	5.48
75 以上（含 75）	8.95	7.89	6.87	5.92

资料来源：Harriet E.Jones, Dani L.Long.保险原理：人寿、健康和年金（第二版）[M].北京：中国财政经济出版社，2004.

固定给付延期年金还规定了保险人对保单累计价值的增值方式。投保人在购买年金后，保险人通常保证至少在约定期间内（一般为1~5年）按规定的利率使累积价值增值。这类年金通常还规定，在约定期间以后，累积价值的增值利率不低于一个规定水平。实际上，在约定期间之后，如果保险人的实际投资收益高于预期水平，则实际的增值利率往往会高于保证的利率水平。通常情况下，保单规定增值利率与某一公开的指数相联系，或者更为常见的是与保险人的总投资收益挂钩。

当年金合同规定了保证利率时，就意味着保险人同意承担保单的投资风险。保险人将资金投放于相对安全的投资渠道，作为一般投资账户的一个组成部分。如果一般投资账户业绩良好，保险人即使按高于保证水平的利率给累积价值计息，也仍能从中获益。然而，如果投资业绩不好，回报率低于保单的保证利率，那么保险人就会亏损。

变额给付年金是指保单累积价值和每期给付金额随分离账户的业绩上下浮动的年金。由于保险人没有就投资收益或变额年金的给付额做出任何保证，保险人无须承担投资风险。投保人获得所有投资收益并承担可能的投资损失。将投资风险从保险人转移到投保人的机制是设置分离账户，完全独立于保险人的一般投资账户。保险人可以有多个分离账户，不同账户有不同的投资策略。比如说，有的分离账户集中投资于高成长股，有的则集中投资在某些债券上。分离账户的价值随账户的投资业绩上下波动。通常情况下，变额年金的投保人不仅可以在各种分离账户中进行选择，而且还可以定期地将资金从一个分离账户转移到另一个分离账户。

变额延期年金的所有人在累积期间通过购买分离账户累积单位的方式将资金分别投向选定的分离账户。累积单位代表被选定账户中的所有权份额数。一定保费所能购买的累积单位取决于投保人在缴纳保费时其分离账户的价值。当分离账户基金的投资价值较低时，累积单位的价值也就较低，因此，一定保费在基金投资价值较低时所能购买的累积单位会多于基金投资价值较高时所能购买的累积单位。一般来说，如果投保人在累积期间按期缴纳保费，累积单位总数将会逐渐增加。

需要注意的是，年金单位总数在整个给付期间保持不变，而年金单位的价值是可变的。保险人必须根据分离账户的投资业绩来定期计算年金单位的价值，然后将年金价值与总的年金单位相乘，由此得到定期给付金额。年金单位的价值会随着分离账户的投资业绩波动，由此，定期给付金额也会随着分离账户的价值波动。如果投资账户的价值上升，那么给付金额将会上升，反之则下降。

年金保险的分类如表8-2所示。

表8-2　年金保险的分类

分类标准	年金种类
购买方式	趸缴年金 / 分期缴费年金
给付频率	按年 / 按季 / 按月给付年金
给付日期	期初 / 期末给付年金
给付的起始时间	即期年金 / 延期年金
给付的期限	定期年金 / 终身年金
领取人数	个人年金 / 联合生存年金
年金价值和保费缴纳有无保证或是否可变	固定年金 / 变额年金

三、年金保险合同条款 ①

如前所述，年金保险是指保险金的给付采取年金这种形式的生存保险，而年金是一系列固定金额、固定期限的货币的收支，年金保险合同即以年金保险为内容的合同。年金保险合同的当事人包括以下两方：签发保单的保险人；投保并购买年金保单的投保人。

保险人既出售个人年金保险产品，也出售团体年金保险产品。因此，投保人既可以是个人，也可以是代表个人购买年金保险的组织。

根据年金保险合同当事人之间的协议，投保人向保险人趸缴或分期缴纳保费。保险人将大量投保人的保费集中起来加以投资运作，用集中起来的资金及其投资收益支付到期的年金。

由于年金保险以年金领取人的生存为给付条件，能够防范个人因高寿而耗尽财产的风险，因此，健康状况良好、平均余命长的人比健康状况不好的人更倾向于购买年金保险。这种逆选择与死亡保险中的逆选择恰恰相反。在死亡保险中，健康状况不好，或者由于种种原因使得平均余命较短的人比健康状况良好的人更乐于购买保险。可见，如果按照死亡保险生命表来计算终身年金的保费，保险公司将收不抵支。年金费率与寿险费率也不一样，前者随着死亡率的提高而逐渐降低。换句话说，一组年金领取人的死亡率越高，其年金费率就应当越低。

（一）一般条款

各类个人年金保险合同通常包括以下基本条款。

1. 免费观望期条款

该条款要求投保人在约定的时间内（通常是投保人收到保单后的 10 天之内）检查保单，在此期间，投保人可以撤销该保单并如数取回所有已缴纳保费。这一条款与个人一般寿险保单中的条款基本相同。

2. 完整合同条款

该条款规定，一项完整的合同应由年金合同、附在合同后的投保单以及其他附约构成。该条款与个人一般寿险保单中的条款基本相同。

3. 年龄或性别误告条款

年龄或性别误告条款通常规定，如果年金领取人的年龄或性别发生误报，那么年金给付额将根据正确的年龄或性别以及已经缴付的保费重新计算。这里需要强调的是，只有在终身年金给付中，年金领取人的年龄或性别才会影响年金的应给付金额。因此，如果在终身年金给付期间，保险人发现年金领取人年龄或性别发生误报，保险人会按正确年龄或性别对之后的年金给付额做出调整。

4. 转让条款

该条款类似于个人一般寿险保单中的转让条款，不同的是，个人年金保险合同一

---

① 资料来源：Harriet E.Jones，Dani L.Long. 保险原理：人寿、健康和年金（第二版）[M].北京：中国财政经济出版社，2004.

般规定，如果合同是特定类型的税收退休计划的一部分，则该合同不能转让、转移，或出于贷款或其他目的向其他人抵押。

5. 年金给付选择权条款

该条款提供了几种可供年金保险投保人选择的年金给付方式。

6. 不可抗辩条款

该条款允许在年金保险人约定的期限内（比如说两年），就投保单中的重要事实的不实告知对保单所承诺保障的有效性提出抗辩，但一旦合同生效超过约定期限，保险人将不能对合同的有效性提出抗辩。

（二）附加条款

有些个人年金保险合同，如延期年金合同和固定保费年金合同，会包含一些附加条款。

1. 延期年金合同

除了包括上述基本条款以外，延期年金合同还主要包括以下附加条款：

（1）受益人条款。该条款规定投保人有权指定受益人。如果年金领取人或投保人在年金给付开始前去世，受益人将领取年金给付。

（2）提现条款。该条款规定投保人有权在年金累积期间提取全部或部分累积价值。

（3）退保条款。该条款规定投保人在累积期间有权解除年金合同以领取退保金。

2. 固定保费年金合同

固定保费年金合同一般包括以下附加条款：

（1）宽限期条款。该条款允许投保人在续期保费日之后的一个规定期限内缴纳续期保费。

（2）复效条款。该条款允许投保人在缴付所有的未缴保费后，有权使保单复效。

📖 **拓展阅读 8-1**

> **"以房养老"——老年人住房反向抵押养老保险**
>
>

▤ **本章小结**

人寿保险是以人的寿命为保险标的的保险。人寿保险具有保险标的的不可估价性、保险金额的定额给付性、保险期限的长期性、生命风险的相对稳定性、保险费率的均衡性及储蓄性等特征。人寿保险合同的常见条款包括：不可抗辩条款、宽限期条款、复效条款、保费自动垫缴条款、不丧失价值条款、保单贷款条款、年龄误报条款、自杀条款、保单转让条款。普通的寿险产品包括死亡保险、两全保险和生存保险。新型人寿保险包括分红保险、万能保险、变额寿险等带有投资理财功能的险种。年金保险是指保险金的给付采取年金这种形式的特殊的生存保险。健康状况良好、平均余命长的人更倾向于购买年金保险。一组年金领取人的死亡率越高，他们的年金费率就越低。按照不同的标准，年金保险可划分为不同的种类。年金保险合同的条款一般包括免费观望期条款、完整合同条款、年龄或性别误告条款、转让条款、年金给付选择权条款和不可抗辩条款等。延期年金合同和固定保费年金合同一般还会包括某些附加条款。

案例讨论

民生福祉与个人税收递延型商业养老保险

民生是人民幸福之基、社会和谐之本。个人税收递延型商业养老保险，是由保险公司承保的一种个人税收递延型商业养老年金保险，主要面向缴纳个人所得税的社会公众，公众投保该商业养老年金保险，缴纳的保险费允许税前列支，养老金积累阶段免税，领取养老金时再相应缴纳。这也是目前国际上采用较多的税收优惠模式。

我国人口老龄化的趋势要求有完善的社会保障体系，这为商业养老保险的发展留下了巨大的发展空间。个人税收递延型商业养老保险的推出体现了党和政府对民生的重视。

资料来源：刘永刚.保险学（第三版）[M].北京：人民邮电出版社，2021.

思考讨论题

1. 个人税收递延型商业养老保险属于人寿保险中的哪一种保险？哪些人群会倾向于购买这种保险？

2. 为什么说个人税收递延型商业养老保险是一种税收优惠模式？这个试点与我国民生福祉有什么关系？

分析要点

1. 个人税收递延型商业养老保险，是由保险公司承保的一种个人税收递延型商业养老年金保险。年金保险是保险金的给付采取年金这种形式的生存保险，它主要应对长寿风险的保障需求，和死亡保险的给付条件不同，身体健康、预期死亡率低于平均水平的人更倾向于购买年金保险。

2. 个人税收递延型商业养老保险主要面向缴纳个人所得税的社会公众，公众投保该商业养老年金保险，缴纳的保险费允许在所得税税前列支，即养老金积累阶段免税，领取养老金时再相应缴纳税金，这样就相当于延迟了纳税的时间，长期积累下来的税收优惠效应是可观的。个人税收递延型商业养老保险的试点体现了人口老龄化趋势下党和政府对民生的重视，有利于推动养老保险"第三支柱"的发展。当前我国仍处于社会主义初级阶段，要坚持从实际出发，根据经济发展和财力状况逐步提高人民生活水平。相信随着个人税收递延型商业养老保险从试点到普及，人民养老更无忧，更有幸福感和获得感。

重要术语

人寿保险	死亡保险	生存保险	定期死亡保险
终身死亡保险	年金保险	两全保险	分红保险
变额寿险	万能寿险	变额万能寿险	团体人寿保险

思考题

1. 为什么同龄女性和男性相比，前者的年金费率通常要高于后者？同龄女性和男性相比，定期寿险保费费率哪个更高一些？

2. 变额缴费年金、延期年金、联合年金以及变额年金各自有哪些特点？它们分别适用于哪些投保者？

3. 一般高额寿险产品在购买时常常要求被保险人提供体检证明，而年金产品往往没有这种要求，试说明为什么会有这种区别。

4. 周先生今年 50 岁，预计在 10 年之后退休。由于退休之后没有其他经济来源，周先生想现在购买一份年金保险，以维持退休之后的生活。你觉得哪种产品比较适合他？要为他选择一个合适的年金产品，还有哪些情况是你想要了解的？

5. 大多数人寿保险具有储蓄性，储蓄性的来源是什么？这与银行储蓄有何不同？两者可以相互替代吗？

延伸阅读

即测即评

第九章
健康保险与意外伤害保险

学习目标

- 掌握健康保险与意外伤害保险的概念与特征
- 了解健康保险与意外伤害保险的种类
- 掌握健康保险与意外伤害保险的责任范围
- 了解健康保险与意外伤害保险的给付方式
- 通过学习健康保险与意外伤害保险的相关内容，理解相关险种在保障民生、促进社会和谐等方面的重要意义，并树立对伤残病弱群体与老龄群体的保险需求的正确认识

本章导读

　　健康与安全是幸福之本，但在人的一生中，疾病和伤残等人身风险不可避免，影响着人们的正常生活。在人类抵御疾病风险、寻求生活保障的过程中，健康保险与意外伤害保险应运而生，并在人们的生活中扮演着越来越重要的角色。对于保险消费者来说，了解健康保险与意外伤害保险的特征和分类，选择合适的保险产品，对其生活具有重要的意义。本章主要介绍健康保险与意外伤害保险的概念、分类与特征，以及不同险种的责任范围与给付方式。

开篇案例

> **保险快速理赔救患儿，百万赔款暖人心**
>
> 　　2019 年，Z 女士为年仅 1 岁的孩子投保了某寿险公司的少儿两全保险，并附加保额 100 万元的少儿重大疾病保险，同时还给孩子投保了百万医疗险。
>
> 　　2021 年末，孩子被确诊为幼年粒单细胞白血病。Z 女士立即联系保险公司，客服人员查询保单后讲解了保险责任，并告知 Z 女士理赔流程和索赔所需资料。考虑到白血病治疗花费高，孩子年纪尚小治疗刻不容缓，该寿险公司积极理赔，在孩子确诊后的 10 天内，就将 100 万元重大疾病保险金送到了 Z 女士手中。出院后，孩子的住院医疗费用也获得了快速赔付。
>
> 资料来源：新浪财经。

案例思考:

1. 相比于两全保险,重大疾病保险和医疗保险分别发挥了什么作用?

2. 在为老人、中年人和儿童配置保险的时候,应该如何考虑健康保险与人寿保险的组合?

第一节　健康保险概述

一、健康保险的概念

健康保险,是指以人的身体作为保险标的,对被保险人因健康原因或者医疗行为的发生所致的损失予以补偿或给付保险金的人身保险,主要包括医疗保险、疾病保险、失能收入损失保险、长期护理保险以及医疗意外保险等。

健康保险为被保险人提供医疗费用和收入损失保障,承保因健康原因或医疗行为引起的医疗费用或收入损失。关于健康保险是否包含死亡给付责任,我国《健康保险管理办法》第 14 条规定:"医疗意外保险和长期疾病保险产品可以包含死亡保险责任。长期疾病保险的死亡给付金额不得高于疾病最高给付金额。其他健康保险产品不得包含死亡保险责任,但因疾病引发的死亡保险责任除外。"可见,在健康保险中,通常除了长期疾病保险和医疗意外保险中包含死亡给付责任,需要指定受益人外,医疗保险、失能收入保险、长期护理保险等一般都以被保险人的生存为条件。

健康保险的费率厘定不仅需要考虑疾病发生率、残疾发生率、住院率、疾病持续时间、死亡率、费用率、通货膨胀率等因素,还要考虑退保率、营销方式、承保标准、理赔原则以及医院管理、医疗设备、医疗技术、医护人员的职业道德等因素。健康保险的费率影响因素不仅多,而且有些因素难以准确预测。尤其随着人类疾病种类越来越多,医疗技术日益提高,医疗器械和药品不断更新,使得健康保险的定价和经营愈加复杂。

健康保险中除了少数承保特定风险的保险业务如重大疾病保险、特种疾病保险、长期护理保险外,大多数的健康保险如医疗保险、失能收入保险等的保险期限都比较短。

二、健康保险的特征

(一)保险性质的双重性

健康保险既包含补偿性的险种,如医疗保险和收入损失保险,也包含给付性的险种,如疾病保险。换言之,健康保险的某一些险种具有补偿的属性,而另一些险种具有给付的属性。

（二）承保标准较为复杂

健康保险的承保条件比寿险的承保条件更加严格，保险人对被保险人在投保前的疾病相关因素，会进行严格审查。对不能达到规定的身体健康要求的被保险人，一般会提高保费或重新规定责任范围。对于被保险人所患有的特殊疾病，保险人可能会进行额外收费或将其注明列为除外责任，当然在某些特定情况下也可以单独制定特种条款。

（三）成本分摊

健康保险中的逆选择和道德风险问题比其他的人身保险比如人寿保险、人身意外伤害保险严重，并且被保险人实际发生的医疗费用和收入损失也更难预测。因此，在健康保险中，保险人的补偿与给付责任往往带有很多限制性条款，通常使用的条款有免赔额条款、比例给付条款、赔付限额条款等。

三、健康保险的特殊条款

健康保险合同除了适用一些人寿保险的常用条款，如不可抗辩条款、宽限期条款、不丧失价值条款等，还有一些特殊条款，包括既存状况条款、观察期条款、体检条款、转换条款、职业变更条款、免赔额条款、比例给付条款、赔付限额条款等。

（一）既存状况条款

该条款规定，在保单生效期间内，保险人对被保险人的既往病症导致的医疗费用支出或收入损失不承担赔付责任。既往病症是在保单签发以前就已经存在的伤残或疾病。通常保单规定被保险人必须告知保单签发前2年或更多年内所患过的疾病。

（二）等待期条款

等待期又称观察期，是指在健康保险合同生效日开始后的一定时期，在这段时期内被保险人因疾病所致的医疗费用支出、收入损失等，保险公司不承担责任。等待期有30天、90天、180天等不同规定。等待期结束后保险公司才按照合同约定承担保险责任。等待期的存在使得健康保险的保险期限与责任期限并不一致。

设定等待期条款是为了减少被保险人的逆选择，控制道德风险，防止被保险人带病投保。保险人对被保险人身体健康状况的了解，仅限于被保险人的告知行为，即使体检也难以全面准确地反映被保险人的身体状况。因此，保险人推定被保险人在合同生效后的等待期内发生的疾病在投保时就已经存在，对此不承担保险责任。

（三）体检条款

体检条款主要适用于疾病保险和失能收入损失保险。该条款规定，在被保险人在提出索赔后，保险人有权要求被保险人接受由保险人指定的医生或医疗机构的体检，以便保险人确认索赔的有效性和具体赔付金额。该条款还可要求被保险人定期体检，以便确定被保险人丧失工作能力的持续时间。

（四）转换条款

转换条款规定，团体健康保险的被保险人在脱离团体时，可以将团体健康保险转换为个人健康保险，而无须提供可保性证明。被保险人将团体健康保险转换为个人健康保险时，通常要交纳更高的保险费，保险金给付上的限制也会多些。

（五）职业变更条款

职业是影响被保险人的发病率和意外伤害发生率的因素之一，故职业变更条款规定，如果被保险人发生职业变更，转向从事风险更高的职业，那么保险公司可以在不改变保险费率的前提下，降低保险金额。反之，如果被保险人转向从事风险更低的职业，那么保险公司可以在不改变保险金额的情况下，降低保险费率。

（六）免赔额条款

免赔额条款规定，如果被保险人实际支出的医疗费用低于免赔额，则由被保险人自己负责，如果被保险人实际支出的医疗费用超过免赔额，超过部分由保险人予以补偿。规定免赔额的意义在于，减少医疗保险的小额索赔，降低保险人的理赔成本，促使被保险人加强对医疗费用的自我管理，避免过度医疗。

（七）比例给付条款

比例给付条款又称共保条款，该条款规定，对超过免赔额的医疗费用采用保险人与被保险人共同分摊的比例赔偿办法。一般而言，被保险人需要对超过免赔额的部分自我承担一定比例，通常为 20%~30%，其余部分再由保险公司承担。比例给付条款的目的在于，促使被保险人加强费用控制，减少过度医疗。

（八）赔付限额条款

医疗保险中的保险金额是保险人赔付的最高限额。无论被保险人在保险期限内一次还是多次患病或伤残，保险人只对保额内的医疗费用予以补偿，如果实际支出的医疗费用超过规定的保险金额，超过部分保险人不予赔付。

除了规定最高赔付限额控制总支出水平外，保险人对单项医疗费用也会规定限额，如住院费用限额和住院天数限制、外科手术费用限额、门诊次数和门诊费用限额、各种疾病的给付限额等。

知识链接 9-1

我国健康保险和健康管理的融合发展

2019 年国家层面出台了《健康中国行动（2019—2030 年）》，2022 年国务院印发《"十四五"国民健康规划》，提出全面推进健康中国建设，将健康管理作为社会、政府、企业及个人各方实施的行动。

随着我国经济社会发展，人民生活水平的提升，城镇化、老龄化进程的加快，疾病谱的变化，健康模式从"以治病为中心"向"以健康为中心"发生转变，健康保障和健康服务成为人民群众的刚性需求。这要求健康保险在发挥保障功能的同时，在健康服务领域发挥作用。一方面，我国商业健康保险与多层次医疗保障体系建设深度融合，日益发挥重要作用。另一方面，健康管理伴随着健康保险的发展，成为保险公司的重要服务领域。

《"十四五"国民健康规划》明确指出，要鼓励围绕特需医疗、前沿医疗技术、创新药、高端医疗器械应用以及疾病风险评估、疾病预防、中医治未病、运动健身等服务，增加新型健康保险产品供给；鼓励保险机构开展管理式医疗试点，建立健康管理组织，提供健康保险、健康管理、医疗服务、长期照护等服务；在基本签约服务包基础上，鼓励社会力量提供差异化、定制化的健康管理服务包，探索将商业健康保险作为筹资或合作渠道；完善商业长期护理保险支持政策；搭建高水平公立医院及其特需医疗部分与保险机构的对接平台，促进医、险定点合作；加快发展医疗责任险、医疗意外保险，鼓励保险机构开发托育机构责任险和运营相关保险。

第二节 健康保险的种类

在我国，健康保险主要包括医疗保险、疾病保险、失能收入损失保险、长期护理保险以及医疗意外保险等。

按照保险期限，健康保险分为长期健康保险和短期健康保险。

长期健康保险，是指保险期间超过 1 年或者保险期间虽不超过 1 年但含有保证续保条款的健康保险。保证续保条款，是指在前一保险期间届满前，投保人提出续保申请，保险公司必须按照原条款和约定费率继续承保的合同约定。长期护理保险保险期间不得低于 5 年。

短期健康保险，是指保险期间为 1 年以及 1 年以下且不含有保证续保条款的健康保险。

一、医疗保险

医疗保险，是指按照保险合同约定为被保险人的医疗、康复等提供保障的保险。

被保险人在治疗疾病或伤残过程中会发生各种各样的医疗费用，既有与治疗直接相关的费用，如医药费、手术费、检查费，也有间接的费用如陪护费、膳食费、交通费等。为了既向被保险人提供充分的医疗费用保障，又控制自身的经营成本，保险人通常会在保险合同中明确规定医疗费用保障的项目，把不予赔付的医疗费用项目列入除外责任。

医疗保险按照保险金的赔付性质分为费用补偿型医疗保险和定额给付型医疗保险。费用补偿型医疗保险根据被保险人实际发生的医疗、康复费用支出，按照约定的标准确定保险金数额，赔付金额不得超过被保险人实际发生的医疗、康复费用金额。定额给付型医疗保险按照约定的数额给付保险金。

费用补偿型的医疗保险适用代位追偿，防止被保险人因为医疗保险获得额外利益。当被保险人发生医疗费用后，如果医疗费用已经从第三方得到全部或部分赔偿，保险人就不再支付保险金或只支付第三方赔偿后的差额部分。如果保险人按照保险合同规定支付了医疗费用，那么保险人有权代替被保险人向第三方追偿。

按照涉及补偿的费用，医疗保险分为普通医疗保险、综合医疗保险、特种医疗费用保险等。在实务中，医疗保险通常会包含上述保险类型的多种组合。

（一）普通医疗保险

普通医疗保险是最常见的医疗保险，用于补偿被保险人在就医时所支付的一般性医疗费用，主要包括门诊费用、药品费用、检查费用等。相比其他的医疗保险类型，普通医疗保险的保费较低。

此外，为了抑制因道德风险而造成的非必要医疗支出，普通医疗保险一般设置有免赔额，在免赔额范围内被保险人需要自担医疗费用。为了控制医疗保险的总支出，被保险人多次就医所发生的费用累计超过保险金额时，保险合同因履行完毕而终止。

（二）综合医疗保险

综合医疗保险是保险人为被保险人提供的一种全面的医疗费用保险，责任范围比普通医疗保险更广。与普通医疗保险相比，综合医疗保险的特点在于：

（1）保障范围广。综合医疗保险对各种住院和门诊费用提供广泛的保障，其保险责任一般包括住院床位费、检查检验费、手术费、诊疗费。此外，综合医疗保险的保险责任还包括对门诊医疗费用，某些康复治疗的费用，如假肢、人工关节和轮椅及救护车费用等的补偿。综合医疗保险的除外责任也比基本医疗保险要少得多。

（2）保费高。由于保障范围宽泛，综合医疗保险的保费比普通医疗保险高。

（3）成本分摊。综合医疗保险合同通常会规定免赔额和比例给付条款，以控制医疗费用，减少道德风险。

（三）特种医疗费用保险

特种医疗费用保险主要包括以下几类保险产品：

1. 牙科保险

牙科保险为被保险人对牙齿进行常规检查和治疗的费用提供补偿，这类费用在一般的医疗保险中多作为除外责任。

2. 处方药保险

处方药保险为被保险人购买处方药物的支出提供补偿，此类保险一般以补充医疗保险的形式附加在团体健康保险计划中。

3. 眼科检查和视力矫正保险

眼科检查和视力矫正保险为定期、单独的眼科检查和视力矫正治疗过程中发生的费用提供补偿。

二、疾病保险

疾病保险，是指发生保险合同约定的疾病时为被保险人提供保障的保险，属于给付型险种。当被保险人罹患合同约定的疾病时，保险人按照保险金额给予给付，而不考虑被保险人的实际医疗费用支出。疾病保险通常设置有等待期，防止被保险人带病投保的逆选择问题。

与医疗保险相比，疾病保险最大的特点在于定额给付。在疾病保险中，只要被保险人在保险有效期内罹患约定的疾病，并且符合所规定的医学指标，就由保险人按照合同约定的金额给付保险金。至于被保险人患病后是否采取治疗、治疗手段如何、实际发生多少费用等都与保险人无关。

在疾病保险中，较为常见的险种是重大疾病保险和特种疾病保险。在我国，重大疾病保险保障的疾病范围由《重大疾病保险的疾病定义使用规范》规定的重大疾病界定，且应至少包括六项保险责任：（1）恶性肿瘤；（2）急性心肌梗死；（3）脑卒中后遗症；（4）冠状动脉搭桥术；（5）重大器官移植术或造血干细胞移植术；（6）终末期肾病。特种疾病保险在重大疾病保险的基础上特约扩大或缩小了疾病承保范围。

 知识链接 9-2

《重大疾病保险的疾病定义使用规范》的制定与修订

2007 年，中国保险行业协会与中国医师协会联合发布《重大疾病保险的疾病定义使用规范》（以下简称《疾病定义》），促进了我国重大疾病保险的快速发展，提升了消费者对重大疾病保险的认识，对保护消费者权益起到了重要作用。随着医学临床诊断标准和医疗技术的不断发展和革新，《疾病定义》中的部分内容已不能满足保险行业发展和消费者的需求。

2020 年，为进一步保护消费者合法权益，提升重大疾病保险产品供给质量，更好地发挥对社会保障体系的重要补充作用，结合我国重大疾病保险发展及现代医学最新进展情况，并广泛研究参考国际经验，中国保险行业协会与中国医师协会共同对《疾病定义》进行了修订：

一是优化疾病分类，建立重大疾病分级体系，引入轻度疾病定义，将恶性肿瘤、急性心肌梗死、脑卒中后遗症 3 种核心疾病，按照严重程度分为重度疾病和轻度疾病两级。

二是增加病种数量，适度扩展保障范围，将原有 25 种重疾定义完善扩展为 28 种重度疾病和 3 种轻度疾病，并适度扩展保障范围。

三是扩展疾病定义范围，优化定义内涵，扩展对重大器官移植术、冠状动脉搭桥术、心脏瓣膜手术、主动脉手术 4 种疾病的保障范围，完善优化了严重慢性肾功能衰竭等疾病定义。

修订后的重疾定义保障范围进一步扩展，赔付条件更为清晰合理，引用标准更加客观权威，描述更加规范统一。

一般而言，疾病保险条款对保险责任范围内的疾病会进行严格限制，可保疾病通常需要具备三个条件。

（一）可保疾病是身体内部原因引起的疾病

强调身体内部原因是区分疾病保险和意外伤害保险的重要标准。疾病保险承保的疾病一般是由身体内部的某种原因引发的，即因器官、组织或系统病变导致功能异常，从而出现各种病理表现，比如因冠状动脉阻塞导致的相应区域供血不足造成的部分心肌坏死，因脑血管的突发病变引起脑血管出血、栓塞或梗死并导致神经系统永久性的功能障碍等。由外来原因造成的身体健康损害，不是疾病保险的保险责任。

（二）可保疾病不能是先天性疾病

疾病保险通常要求疾病发生在保险有效期内，一切先天性的身体缺陷，如先天失明、先天耳聋、先天畸形等都不属于疾病保险的责任范围。对于遗传因素造成的先天性心脏病、遗传性精神分裂症等疾病，虽然各国保险法的具体规定不同，商业保险除特约外往往不予以承保。

（三）可保疾病是偶然性疾病

人的生命周期都要经历成长或衰老的过程，在机体衰老过程中基于正常规律出现的一些病态属于正常的生理现象，如记忆力衰退等，不属于疾病保险的承保责任。疾病保险通常要求疾病是否发生、何时发现都具有偶然性，换言之，被保险人无法预测是否会患上某种疾病，也无法预测会患上哪种疾病，如急性或亚急性重症肝炎、严重心肌病等。但随着精算技术的发展，由于慢性状态导致的严重疾病也逐渐被纳入承保范围内，如终末期肾病、严重阿尔兹海默病等。

 知识链接 9-3

中国重疾险市场发展趋势

随着我国人口老龄化、人均寿命持续上升、居民收入水平不断提高，消费者对健康保障的需求日益提升。在一系列支持性政策的推动下，作为社会基本医疗保险体系的有效补充，商业健康险蓬勃发展。自 2009 年"新医改"以来，商业健康险总保费规模已增长至 2021 年的 9 825 亿元，年均复合增速高达 26%。健康险保费占保险市场总保费的比例由 5.5% 大幅上升到 22%，保险深度由 0.2% 提高到 0.9%，健康保险保障程度显著提升。其中，重疾险 2020 年的保费收入为 4 350 亿元，约占同年健康险保费收入的 47%，是健康险市场的主要业务来源。2020 年，持有有效重疾险保单的消费者超过 1 亿人次。

强劲的消费者需求、重疾险产品的高价值属性、监管政策的推动和引导是推动中国重疾险市场发展的主要因素。对消费者的需求进行分析后发现，家庭责任感较重的中青年群体寻求重疾险保障的意愿最高，他们期待通过保险提升家庭的健康保障；不同群体的选择差异主要取决于家庭收入、所处人生阶段以及对保险的关注程度。消费者更倾向于选择终身或保障到 70 岁、同时含有身故赔付和覆盖轻症的重疾险产品。

资料来源：瑞再研究院。

三、失能收入损失保险

失能收入损失保险，也被称为残疾收入保险，是指以保险合同约定的疾病或者意外伤害导致工作能力丧失为给付保险金条件，为被保险人在一定时期内收入减少或者中断提供保障的保险。它不承担被保险人因疾病或意外伤害所发生的医疗费用。

失能收入损失保险的目的是，在被保险人因疾病或意外伤害无法正常工作时，由保险人定期给付收入保险金，缓解被保险人因丧失工作能力后给自身和家庭带来的经济困难，使被保险人残疾后的生活水平达到或接近原来的生活水平。因此，在一般情况下，保险人在确定保险金额时参照被保险人过去的专职工作收入水平或社会平均收入水平。失能收入保险的保险费率与被保险人的年龄、职业、免责期、给付期间等因素有关。

失能收入损失保险的保险金采用年金方式支付，一般是按月或按周，被保险人可选择具体方式。一方面，失能收入损失保险主要用于保障被保险人失能后的生活，保险人有义务为被保险人的利益考虑，若保险人一次性给付保险金，被保险人可能将此笔资金用于非合理的投资或消费；另一方面，若保险人一次性给付保险金，被保险人即使重返工作岗位，保险公司也难以拿回已给付的保险金。

失能收入损失保险的保险金低于被保险人未失能时的正常收入，通常为正常收入的 50%~80%。因为若被保险人领取的保险金过高，可能会导致其不愿意重返工作岗位或者故意拖延失能时间，怠于康复。

失能收入损失保险通常会规定免责期，旨在排除因轻微伤病导致短期无法工作的情况，减少处理和赔付这类短期失能所发生的费用，降低保险人的经营成本。失能收入损失保险中的免责期，是指从被保险人残疾失能到开始领取保险金所需等待的时间，也就是在残疾失能开始后无保险金可领取的一段时间。被保险人只有在免责期结束后仍处于合同规定的残疾失能状态，保险人才会进行保险给付。

免责期有 30 天、2 个月、3 个月、6 个月等不同规定。免责期越长，保费越便宜。此外，免责期允许中断，如果被保险人在短暂恢复后再度失能，可将两段失能期间合并计算免责期。

在免责期过后，失能收入损失保险人开始给付保险金，通常有一定的给付期间。失能收入损失保险的给付期间越长，费率越高。短期失能保险的保险金给付期间一般为 1 至 5 年，长期失能收入损失保险则可达 5 至 10 年。部分失能收入损失保险的给付期间可以持续到被保险人满 60 岁或 65 岁。

在失能收入损失保险中，保险人并不是对任何形式或任何程度的失能都提供保险金。被保险人的失能只有满足保单载明的残疾定义时，他才能获得保险金给付。失能收入损失保险对先天性的残疾不给付保险金。失能收入损失保险中通常采用的残疾定义如下。

（一）通用的全残定义

大多数失能收入损失保险对全残的定义是：在致残初期，如被保险人不能完成其惯常职业的基本任务，则可认定为全残或完全丧失工作能力，被保险人可按规定领取保险金；在致残后一个约定的时期（通常为 2~5 年），被保险人仍不能完成任何与之所受教育、训练或经验相当的职业任务，可被继续认定为全残，并领取残疾收入保险金，直至合同规定的给付期满。

（二）绝对全残

绝对全残，即该残疾使得被保险人不能从事任何职业。现在大多数公司已经不再采用此种苛刻的定义。

（三）原职业全残

一些失能收入损失保险在向从事某些特定职业者（如钢琴师、医师、牙医、律师或会计师等）签发的保单中进一步放宽了对全残的限制，规定如果被保险人因伤残不能完成原职业的基本任务时，就可认定为全残，可以领取约定的保险金，而不论他是否从事其他有收入的职业。

（四）收入损失全残

收入损失全残的定义是，如被保险人由于残疾而遭受收入损失，就可被认定为全残。这种保单提供下述两种情况的残疾收入保险金：一是被保险人因全残而丧失工作能力；二是被保险人尚能工作，但因伤残而致使其收入降低。

（五）推定全残

推定全残，是指当被保险人出现了下列情形之一时，即可被认定为全残，获得给付，而无论其是否从事原职业或其他职业。通常这些情形包括：（1）双目永久完全失明；（2）上肢腕关节以上或两下肢踝关节以上缺失；（3）一上肢腕关节以上及一下肢踝关节以上缺失；（4）一目永久完全失明及一上肢腕关节以上缺失；（5）一目永久完全失明及一下肢踝关节以上缺失；（6）四肢关节机能永久完全丧失；（7）咀嚼、吞咽机能永久完全丧失；（8）中枢神经系统机能或胸、腹腔部脏器机能极度障碍，终身不能从事任何工作，丧失生活自理能力。

四、长期护理保险

长期护理保险是指按照保险合同约定为被保险人日常生活能力障碍引发护理需要而提供保障的保险。长期护理保险的开办，不仅转移了老年护理风险，为老年人的晚年生活提供保险保障，而且减轻了家庭和社会负担，有利于促进社会和谐。

家庭结构的小型化、人口的老龄化以及医疗护理费用的激增，使得长期护理保险的需求不断上升。很多国家建立了长期护理保险制度，根据主办主体、筹资模式、制度特征的差异，长期护理保险制度大致可以分为社会保险型、商业保险型和国家福利型三种模式。

社会保险型长期护理保险是指由政府或社会通过法律强制规范，对参保人提供护理服务所产生的费用进行补偿的一种社会保险，以德国和日本为实行代表国家。

商业型长期护理保险是指由保险公司主办，投保人自愿缴费参保并在产生护理费用后由商业保险公司来给付的商业保险。美国是实行商业长期护理保险制度的代表国家。

国家福利型长期护理保险是指国家通过提供福利津贴、实物和护理服务，来满足国民的长期护理需求。英国和瑞典是实行这种制度模式的代表国家。

长期护理保险的给付主要分为三种形式。

1. 费用补偿型保险金

保险人对被保险人接受长期护理服务时所产生的实际、直接的护理费用进行补偿。美国主要采取这种方式。

2. 固定型保险金

保险人根据被保险人所要接受的不同等级的长期护理服务给付不同的保险金。固定金额给付与被保险人接受长期护理服务所花费的实际支出没有关系。法国主要采取这种方式。

3. 提供护理服务

被保险人在满足给付条件下，保险人直接向被保险人提供护理服务。这种方式的优点在于它可以真正满足被保险人的长期护理需求，且不需要自己寻求护理机构，同时可有效防范道德风险。但此种方式对保险公司的专业化要求较高。日本和德国主要采取这种方式。

（一）商业型长期护理保险

长期护理保险的给付条件通常规定，被保险人不能完成下述五项活动中两项以上的：①吃，②沐浴，③穿衣，④如厕，⑤移动，可被认定为存在日常生活能力障碍，可领取保险金。除此之外，患有老年痴呆等认知能力障碍的人通常也需要长期护理。目前长期护理保险已将阿尔兹海默病及其他精神疾病患者包括在内。

商业长期护理保险的保费通常按照被保险人投保时的年龄采取均衡保费的形式。保险费的高低不仅取决于被保险人的年龄，还要考虑被保险人选择的给付期间、免责期的长短，保险责任范围等诸多因素。

长期护理保险中的免责期是指在长期护理保险生效后保险人不履行保险责任的一段时期，在这段时期，即使被保险人接受了护理服务，并且符合领取保险金的条件，保险人仍不进行给付。免责期可以是 20 天、30 天、60 天、90 天等。免责期越长，保费越低。

免责期结束后，长期护理保险开始给付，给付期限有 1 年、数年和终身等。

（二）我国的长期护理保险政策

我国于 2016 年开始进行社会保障体系下的长期护理保险制度试点，根据《关于开展长期护理保险制度试点的指导意见》，承德、长春等 15 个城市从 2016 年开始试点工作，2020 年新增 14 个试点城市。截至 2022 年年底，全国共 49 个长期护理保险试点城市，参保人数达 1.69 亿人，累计享受长期护理服务的人数达 120.8 万人。

我国的长期护理保险政策试点从职工基本医疗保险参保人群开始，重点解决重度失能人员基本护理保障需求，优先保障符合条件的失能老年人、重度残疾人，有条件的地方可综合考虑经济发展水平、资金筹集能力和保障需要等因素，逐步扩大参保对象范围，调整保障范围。

试点地区的长期护理保险筹资以单位和个人缴费为主，单位和个人缴费原则上按同比例分担，其中单位缴费基数为职工工资总额，起步阶段可从其缴纳的职工基本医疗保险费中划出，不增加单位负担；个人缴费基数为本人工资收入，可由其职工基本医疗保险个人账户代扣代缴。

　　长期护理保险基金主要用于支付符合规定的机构和人员提供基本护理服务所发生的费用。经医疗机构或康复机构规范诊疗、失能状态持续 6 个月以上，经申请通过评估认定的失能参保人员，可按规定享受相关待遇。保险基金根据护理等级、服务提供方式等不同实行差别化待遇保障政策，鼓励使用居家和社区护理服务。对符合规定的护理服务费用，基金支付水平总体控制在 70% 左右。

知识链接 9-4

三个长期护理保险试点地区的做法比较见表 9-1。

表 9-1　三个长期护理保险试点地区的做法比较

	山东青岛	四川成都	北京石景山
	统筹考虑城乡，职工居民分步走	先覆盖城镇职工，再逐步推广至城乡居民	职工居民统一化
核心政策	多元筹资，权责清晰。个人缴费以基本医疗保险缴费基数 0.2% 的比例按月划转；单位缴费以 0.5% 的比例按月划转；财政则按照每人每年 30 元标准进行补贴。居民护理保险按不超过当年居民医保基金筹资总额的 10% 进行划转	缴费和风险相对应，待遇和缴费相挂钩。单位缴费部分以 0.2% 的费率从统筹基金中按月划拨。不同年龄段的个人缴费率不同，体现了个人缴费和风险相对应。参保缴费年限累计达到 15 年后，每增加 2 年，支付标准提高 1%	筹资标准定额，基金管理独立。政府、单位和个人缴费的筹资比例确定为 4∶4∶2，筹资标准按照每人每年 160 元的定额标准确定
管理建设	服务管理的标准化和监管的信息化	经办服务的市场化和信息化	经办服务监管的系统化
	市场化的护理服务标准	本土化的失能评估标准	社区化的护理服务驿站
配套衔接	护理服务形式多样化。失能群体可享受社区巡护、家庭护理、护理院医疗护理和定点医疗机构医疗专业护理。失智人员可享受长期照护、短期照护和日间照护三种护理服务形式。农村地区依托村卫生室开展社区巡护，其他护理形式根据资金筹集的情况适时推进	亲情优于专业，鼓励居家照护。制度规定机构照护的定额支付标准为失能等级对应照护费用的 70%，而居家照护定额支付标准为失能等级对应照护费用的 75%，制度设计对居家照护予以倾斜	新型护理模式创新——护理服务包。待遇以护理服务包的定额比例报销形式予以确定，并且不同护理服务形式的报销比例有所差异。最为鼓励机构上门提供居家护理服务，这一形式可获得的报销比例最高

资料来源：郑伟，姚奕，刘子宁，吕有吉. 长期护理保险制度的评估框架及应用：基于三个案例的分析 [J]. 保险研究，2020（10）：65-78.

五、医疗意外保险

医疗意外保险，是指按照保险合同约定发生不能归责于医疗机构、医护人员责任的医疗损害，为被保险人提供保障的保险。医疗意外保险产品可以包含死亡保险责任，但不得包含生存保险责任。

医疗意外指医疗机构在对患者诊疗护理的过程中，不是出于故意或过失，而是受目前医学科学水平所限，病人由于病情特殊或体质特殊等不能抗拒或不能预见的原因出现难以预料和防范的不良后果的情况。不能抗拒是指医务人员遇到某种不可抗拒的力量，即医务人员自身能力、环境和条件，不能排斥和阻止损害后果的发生。不能预见是指医务人员没有预见，而且根据当时的条件、情况以及医务人员的技术能力也不能预见。

医疗意外的主要表现形式为：在诊疗护理工作中，虽然发生了病员死亡、残疾、组织器官损伤导致功能障碍的不良后果，但这些不良后果的发生，是由不能抗拒或不能预见的原因引起的，对此，医务人员不负责任。例如，某人疾病危重，急需手术，医生手术无误，但病人在术中死亡或术后出现严重后遗症。

医疗意外保险的保险责任可以包括由于医疗意外导致病员的死亡、残疾、组织器官损伤导致功能障碍的不良后果等，也可以包括因医疗意外而实际支出的医疗费用。该产品可以设计为主险，也可以设计为附加险。

📖 知识链接 9-5

手术安全意外伤害保险条款（节选）

第一条　本保险合同由保险条款、投保单、保险单、保险凭证以及批单等组成。凡涉及本保险合同的约定，均应采用书面形式。

第二条　年满 3 周岁至 70 周岁，在保险人认可的医疗机构接受手术治疗的自然人，均可作为被保险人。

第三条　具有完全民事行为能力的被保险人本人、对被保险人有保险利益的其他人，可作为投保人。被保险人为无民事行为能力或限制民事行为能力人的，须由其监护人作为投保人。

……

第五条　在保险期间内，被保险人在首次接受保险单载明的手术过程中，因手术意外或手术医疗事故而致身故或伤残的，保险人依照下列约定给付保险金，且给付各项保险金之和不超过保险金额。

（一）因手术意外导致被保险人在手术过程中身故，保险人按保险单载明的保险金额给付保险金，本保险合同终止。

（二）被保险人在手术实施后 180 日内，因该手术意外而导致高度残疾，保险人按保险单载明保险金额的 90% 给付保险金，本保险合同终止。如第 180 日治疗仍未结束的，按第 180 日的身体情况进行残疾鉴定，属于高度残疾的，保险人按保险单载明保险金额的 90% 给付保险金，本保险合同终止。

（三）发生手术医疗事故，保险人按照《手术医疗事故保险金分级给付表》给付保险金，本保险合同终止。

……

资料来源：中国人寿财产保险股份有限公司手术安全意外伤害保险条款。

第三节　人身意外伤害保险概述

一、人身意外伤害保险的概念

人身意外伤害保险，是以被保险人因遭受意外伤害造成死亡、伤残或者发生保险合同约定的其他事故为给付保险金条件的人身保险。

意外伤害保险的保险责任范围主要有两项：一是死亡给付，被保险人因遭受意外伤害而死亡时，保险人给付死亡保险金。二是伤残给付，被保险人因遭受意外伤害而伤残时，保险人给付伤残保险金。

死亡给付与伤残给付是意外伤害保险的基本责任。意外伤害保险的派生责任包括医疗费用补偿、误工给付、丧葬费给付和遗属生活费给付等责任。

意外伤害是确定人身意外伤害保险的给付的前提条件。意外伤害是指在被保险人没有预见到或违背被保险人意愿的情况下，突然发生的外来致害物对被保险人身体明显、剧烈的侵害的客观事实。意外伤害包含"意外"和"伤害"两个必要条件。目前，我国保险公司通常对意外伤害的界定是，被保险人遭受外来的、突发的、非本意的、非疾病的使其身体受到剧烈伤害的客观事件。

（一）意外

意外是针对被保险人的主观状态而言的，它是指伤害事件的发生是被保险人事先没有预见到的，或伤害事件的发生违背了被保险人的主观意愿。意外事故既是伤害的直接原因，也是被保险人或受益人主张保险给付的根据。意外事故是外来的、突然的、非本意的事故，只有同时具备"外来的""突然的""非本意的"三个条件才能构成意外伤害保险合同的保险事故。

1. 外来性

外来性是指，伤害由被保险人身体外部的因素作用所致，如发生交通事故、不慎落水、遭雷击、遭蛇咬、煤气中毒等。如果伤害由自己身体的疾病而引起，则不属于意外事故。

2. 突发性

突发性是指，人体受到强烈而突然的袭击形成的伤害。如果伤害系由被保险人长期劳作损伤所致，如地质勘探工作者、运动员常年运动致腰及关节损伤等就不是意外事故。若伤害由某些事件在较长时间里缓慢发生所致，如长期接触某类化学物质引起慢性中毒，这些由于是可以预见的，一般也不属于意外伤害。

3. 非本意

非本意是就被保险人的主观状态而言的，指伤害的发生是被保险人事先没有预见到的或伤害的发生违背被保险人的主观意愿。

被保险人事先没有预见到的伤害，包括两种情况：一是伤害的发生是被保险人事先所不能预见或无法预见的；二是伤害的发生是被保险人事先能够预见到的，但由于被保险人疏忽而没有预见到。被保险人事先没有预见到的伤害，必须是偶然发生的事件或突然发生的事件。

伤害的发生违背被保险人的主观意愿，也包括两种情况：一是被保险人预见到伤害即将发生时，在技术上已不能采取措施避免；二是被保险人已预见到伤害即将发生，在技术上也可以采取措施避免，但由于法律或职责上的规定，不能躲避，如警察在执行任务时的伤亡属于意外伤害。

（二）伤害

伤害是指外来致害物使受害人的身体受到侵害的客观事实。伤害由致害物、侵害对象、侵害事实这三个要素构成，三者缺一不可。

1. 致害物

致害物是指直接造成伤害的物体或物质。没有致害物就不可能构成伤害。按照致害物进行分类，伤害一般分为器械伤害、自然伤害、化学伤害和生物伤害等。与健康保险中的疾病保险承保被保险人身体内部形成的疾病不同，在意外伤害保险中，只有致害物是外来的，才被认为是伤害，凡是在体内形成的疾病对被保险人身体的侵害不能构成意外伤害。

2. 侵害对象

侵害对象，是指致害物侵害的客体。在意外伤害保险中，只有致害物侵害的对象是被保险人的身体时才能构成伤害，即这里的伤害必须是身体或生理上的伤害，而非精神上或人身权利上的侵害。这里的身体是指一个人的生理组织的整体，有时专指躯干和四肢。代替人体功能的假肢、义眼、假牙等人工装置，不是人身躯体的组成部分，不能作为意外伤害保险的保险对象。

3. 侵害事实

侵害事实，是指致害物以一定的方式破坏性地接触、作用于被保险人身体的客观事实。如果致害物没有接触或作用于被保险人的身体，就不能构成伤害。

致害物、侵害对象、侵害事实三者之间必须存在因果关系，即构成伤害须存在致害物以一定的方式破坏性地作用于被保险人身体的客观事实。

📑 **知识链接 9-6**

中国保险业意外伤害风险管理报告

2021年12月30日，中国精算师协会发布《中国保险业意外伤害风险管理报告》（以下简称《报告》）。

《报告》显示，在0~10岁，意外身故发生率呈现下降趋势；从11岁开始，意外身故发生率呈现上升趋势。男性意外身故发生率始终高于女性，尤其在10~67岁之间，男性发生率是女性的两倍以上；在高年龄段，男性和女性的意外身故发生率趋于一致。

根据《报告》，意外身故赔案中，交通意外身故赔案占比42.6%，普通意外身故赔案占比57.4%。男性普通意外身故赔案占比高于女性，为58.9%，女性为51.1%。男性普通意外身故赔案中，跌倒坠落、无生命机械力量和溺水赔案占比最高，其中跌倒坠落占比40.7%、无生命机械力量占比16.3%、溺水占比13.2%。女性普通意外身故赔案中，跌倒坠落、溺水和中毒赔案占比最高，其中跌倒坠落占比38.5%、溺水占比18.3%、中毒占比10.1%。

意外伤残赔案中，交通意外事故赔案占比33%，普通意外事故占比67%。分性别来看，男性普通意外伤残赔案占比高于女性，占比69.7%，女性为57.9%；女性交通意外伤残赔案占比高于男性，占比42.1%，男性为30.3%。

普通意外伤残赔案中，不同年龄段的意外事故原因分布有一定差异。10岁以下，烫伤导致意外伤残赔案占比明显高于其他年龄段，达到20.6%；在20岁以上的意外伤残赔案中，跌倒坠落赔案占比随着年龄的上升呈现明显的上升趋势，在80岁以上赔案中，这一占比达到87.4%；无生命机械力量赔案占比随年龄的上升呈现先升后降趋势，在20~29岁最高，达到44.2%。

此外，意外伤残在部位分布情况方面，不同部位的残疾赔案占比差异较大。总体上看，"神经肌肉骨骼和运动有关的结构和功能"残疾赔案占比最高，其在普通意外产品中占比为55.5%，在"中小学生平安保险"少儿产品中占比为58.7%；"泌尿和生殖系统有关的结构和功能"残疾赔案占比最低，其在普通意外产品中占比为0.7%，在"中小学生平安保险"少儿产品中占比为2%。

资料来源：平安保网。

二、人身意外伤害保险的特征

（一）被保险人遭受意外伤害的决定因素是职业和所从事的活动

职业是确定意外伤害保险的保险费率的重要因素，被保险人职业的风险程度越高，则保险费率越高。按照职业风险程度来看，机关事业单位和一般工商企业单位的员工面临的风险较小，从事建筑、冶金、勘探、航海、伐木、搬运、装卸、筑路、露天采矿、汽车驾驶、高空作业的人员面临的风险较大，从事井下采矿、海上钻探、海上打捞、海上捕鱼、航空执勤的人员面临的风险更大。还有一些特殊职业的人，如战地记者、剧烈体育运动的运动员等，普通意外伤害保险不能承保，需要投保特定意外伤害保险。

（二）意外伤害保险的给付方式为定额给付与不定额给付相结合

意外伤害保险的死亡保险金按照合同约定的死亡保险金额进行给付。而伤残保险金按照保险金额与伤残等级对应的给付比例来计算。当发生一次伤害多处致残或多次伤害时，保险人可同时或连续支付伤残保险金，但累计数额以不超过保险金额为限。意外伤害保险的医疗给付按照保险事故造成的医疗费用支出进行补偿，为不定额给付。

（三）意外伤害保险的死亡保险金额相对较高

在终身寿险和终身两全寿险中，死亡的发生和保险给付是必然的，只是时间的早晚问题。但在人身意外伤害保险中，因遭受意外伤害而发生死亡带有很大的不确定性，因此，在相同的保费下，意外伤害保险的死亡保险金额通常较高。此外，与人身保险其他险种相比，意外伤害保险承保的条件一般较宽松。

三、人身意外伤害保险的保险责任构成条件

人身意外伤害保险的保险责任由以下三个必要条件构成，缺一不可，即被保险人在保险期限内遭受意外伤害、被保险人在责任期限内死亡或伤残、意外伤害是死亡或伤残的近因。

（一）被保险人在保险期限内遭受意外伤害

被保险人在保险期限内遭受意外伤害是构成人身意外伤害保险的保险责任的首要条件。这一条件包括以下两方面的要求：一是被保险人遭受意外伤害必须是客观发生的事实，而不是臆想或推测的。二是被保险人遭受意外伤害的客观事实必须发生在保险期限之内。如果意外伤害发生在保险期限开始以前，但被保险人在保险期限内死亡或伤残，则不构成保险责任。

（二）被保险人在责任期限内死亡或伤残

1. 被保险人死亡或伤残

意外伤害保险的基本保障以被保险人死亡或伤残的发生为给付条件。

被保险人死亡即机体生命活动和新陈代谢的终止。在法律上发生效力的死亡包括两种情况：一是生理死亡，是指生物学意义上的死亡，即已被证实的人的机体死亡；二是宣告死亡，即按照法律程序推定的死亡。《民法典》第 46 条规定："自然人有下列情形之一的，利害关系人可以向人民法院申请宣告该自然人死亡：（一）下落不明满四年；（二）因意外事件，下落不明满二年。因意外事件下落不明，经有关机关证明该自然人不可能生存的，申请宣告死亡不受二年时间的限制。"

《最高人民法院关于适用〈中华人民共和国保险法〉若干问题的解释（三）》也明确规定，在死亡保险合同中被保险人被宣告死亡后，当事人可要求保险人按照保险合同约定给付保险金，被保险人被宣告死亡之日在保险责任期间之外，但有证据证明下

落不明之日在保险责任期间之内，当事人可要求保险人按照保险合同约定给付保险金。因此，针对被保险人在保险期限内遭受意外事件并自事故发生之日起下落不明满二年后被宣告死亡的，我国意外伤害保险产品一般规定，保险人按保险金额给付身故保险金。但若被保险人被宣告死亡后生还的，保险金受领人应于知道或应当知道被保险人生还后退还身故保险金。

伤残包括两种情况：一是人体组织的永久性残缺，如肢体断离等；二是人体器官正常机能的永久丧失，如丧失视觉、听觉、嗅觉、语言机能或发生运动障碍等。

2. 被保险人的死亡或伤残发生在责任期限之内

责任期限是指自被保险人遭受意外伤害之日起的一定期限（如180天）。如果被保险人在保险期限内遭受意外伤害，并在责任期限内死亡或伤残，则构成保险责任。

（三）意外伤害是被保险人死亡或伤残的近因

在人身意外伤害保险中，被保险人在保险期限内遭受了意外伤害，并且在责任期限内死亡或伤残，并不意味着必然构成保险责任。根据近因原则，只有当意外伤害是死亡或伤残的近因时才构成保险责任，即意外伤害是造成被保险人死亡、伤残最有效的原因。

四、人身意外伤害保险金的给付方式

（一）死亡保险金的给付

1. 死亡保险金的给付方式

人身意外伤害保险的死亡保险金额是在保险合同中明确规定的。被保险人在保险期限内因发生保单规定的意外伤害而死亡时，保险人按照保险合同规定如数给付保险金。

2. 死亡保险金给付的注意事项

（1）当保险人承担死亡保险金给付责任后，保险责任即告终止。

（2）如果在给付死亡保险金之前已经给付过伤残保险金，则应当从死亡保险金中扣除已支付的伤残保险金。

（3）如果被保险人因意外事故而被依法宣告死亡，保险人给付死亡保险金后被保险人生还，保险金领取人应当向保险人退还死亡保险金。

（4）如果意外伤害保险中附加了医疗保险，则保险人在给付保险金时应当分别计算医疗保险金与死亡（或伤残）保险金。

（二）伤残保险金的给付

1. 伤残等级

被保险人在保险期限内发生意外伤害事故，由伤害引致并且在此期间或规定的责任期限内由指定或认可医院鉴定发生约定范围内的伤残等级，则构成人身意外伤害保险的保险责任。保险人在给付前要对被保险人的伤残状况进行认定，然后再确定伤残程度，伤残程度以等级表示，保险人按伤残程度等级对应的给付比例给付全部或部分保险金。

若治疗延续的时间较长，在责任期限结束时仍未能确定是否造成伤残或造成何种程度的伤残。一般做法是根据责任期限结束时点被保险人的状态，推定伤残程度，并以此为基础进行给付。

📖 知识链接 9-7

《人身保险伤残评定标准及代码》行业标准

为全面、系统、规范、详细地评定由于意外伤害因素引起的伤残程度，确定人身意外伤害保险产品或包括意外责任的保险产品中伤残程度的评定等级以及保险金给付比例，改善保险公司理赔实务的可操作性和准确性，提高行业理赔管理的规范化水平，全国金融标准化技术委员会保险分技术委员会制定了《人身保险伤残评定标准及代码》（以下简称《伤残评定标准》，标准编号为 JR/T 0083—2013），该标准自 2014 年 1 月 1 日起正式启用。

《伤残评定标准》覆盖了神经和精神、眼耳、发声、心血管呼吸、消化、泌尿生殖、运动、皮肤 8 大类共 281 项人身保险伤残条目，将人身保险伤残程度划分为 1~10 级，最重为 1 级，最轻为 10 级。与人身保险伤残程度等级相对应的保险金给付比例分为十档，伤残程度 1 级对应的保险金给付比例为 100%，伤残程度 10 级对应的保险金给付比例为 10%，每级相差 10%。

2. 伤残保险金的给付方式

人身意外伤害保险的伤残保险金的数额由保险金额和伤残等级对应的给付比例两个因素确定，其计算公式为：

$$伤残保险金 = 保险金额 × 伤残等级对应保险金给付比例 \tag{9-1}$$

按照《伤残评定标准》，多处伤残的评定原则为：当同一保险事故造成两处或两处以上伤残时，应首先对各处伤残程度分别进行评定，如果几处伤残等级不同，以最重的伤残等级作为最终的评定结论；如果两处或两处以上伤残等级相同，伤残等级在原评定基础上最多晋升一级，最高晋升至第一级。

在保险期限内，被保险人因不同事故导致同一伤残的，保险人取最大一项伤残比率进行给付，当后发伤残加重时则按增加的比例给付保险金，若没有加重，保险人不进行给付；被保险人因不同事故导致不同伤残的，则可以分别按对应比例给付，但所应给付保险金的责任以保险金额为限，一次或累计给付的保险金达到保险金额时，合同终止。

第四节　人身意外伤害保险的种类

人身意外伤害保险根据不同的分类标准，在市场上有多种多样的产品类别。

一、按实施方式分类

（一）自愿意外伤害保险

自愿意外伤害保险是投保人和保险人在自愿基础上通过平等协商订立保险合同的人身意外伤害保险，即由投保人根据自己的意愿和需求投保的意外伤害保险。我国目前开办的意外伤害保险的险种绝大多数都属于自愿形式，如个人意外伤害保险，航空旅客意外伤害保险，公路、铁路乘客意外伤害保险等。

（二）强制意外伤害保险

强制意外伤害保险又称法定意外伤害保险。它是政府通过颁布法律、行政法规、地方性法规强制施行的人身意外伤害保险。强制意外伤害保险是基于国家保险法令的效力构成的投保人与保险人的权利和义务关系。目前，我国部分地区开始实施对于高危行业的强制意外伤害保险，如建筑行业中建筑公司为建筑工人投保意外伤害保险，采掘行业中煤矿企业为矿工投保意外伤害保险等。

二、按承保风险分类

（一）普通意外伤害保险

普通意外伤害保险又称一般意外伤害保险，该保险以意外事故造成被保险人死亡或伤残为保险责任，但不具体规定事故发生的原因和地点。这类意外伤害保险为被保险人在日常生活中因一般风险导致的意外伤害提供保障。在实际业务中，大多数意外伤害保险均属普通意外伤害保险，如我国现开办的各种团体意外伤害保险、个人意外伤害保险、学生团体意外伤害保险等。这类产品是意外伤害保险的主要险种，大多以1年期为保险期限。

（二）特种意外伤害保险

特种意外伤害保险承保在特定时间、特定地点或由于特定原因而导致的意外伤害。其种类主要有旅行意外伤害保险、公共交通工具意外伤害保险、电梯乘客意外伤害保险及特种行业意外伤害保险等。这类产品的主要特点是承保特殊风险，限定于特定场所和行程，意外伤害的风险较高。

三、按保险期限分类

（一）短期意外伤害保险

短期意外伤害保险一般是指保险期限为1年的意外伤害保险。在人身意外伤害保险中1年期意外伤害保险占大部分。保险公司目前开办的个人意外伤害保险、附加意外伤害保险等均属于1年期意外伤害保险。短期意外伤害保险大多是普通意外伤害保险。

（二）极短期意外伤害保险

极短期意外伤害保险是指保险期限在7天以下的意外伤害保险业务，一般只有几天、几小时甚至更短时间的意外伤害保险。我国目前开办的交通工具乘客意外伤害保险、旅游保险、索道游客意外伤害保险、游泳池人身意外伤害保险等，均属于极短期意外伤害保险。极短期意外伤害保险大多是特种意外伤害保险。

（三）长期意外伤害保险

长期意外伤害保险是指保险期限超过 1 年的意外伤害保险。

四、按保险对象分类

（一）个人意外伤害保险

个人意外伤害保险是以个人作为保险对象的意外伤害保险，市场上大多数的意外伤害保险产品都针对个人。

（二）团体意外伤害保险

团体意外伤害保险是以团体为保险对象的意外伤害保险。其基本特点如下：以特定团体为投保人；用对团体的选择取代了对个别被保险人的选择；规定最低保险金额；保险费率低，可根据工作性质的不同采用不同的费率标准。

本章小结

健康保险对被保险人因健康原因或者医疗行为的发生所致的损失予以补偿或给付，主要包括医疗保险、疾病保险、失能收入损失保险、长期护理保险以及医疗意外保险等。健康保险中既有补偿性险种，也有给付性的险种。因为健康保险中的逆选择和道德风险问题严重，因此承保标准较为复杂。除了适用一些人寿保险的常用条款外，健康保险还有一些特殊条款，如既存状况条款、观察期条款、体检条款、转换条款、职业变更条款、免赔额条款、比例给付条款、赔付限额条款等。

人身意外伤害保险的基本责任是死亡给付与伤残给付，派生责任包括医疗费用补偿、误工给付、丧葬费给付和遗属生活费给付等。人身意外伤害保险的保险责任由三个必要条件构成，缺一不可，即被保险人在保险期限内遭受意外伤害、被保险人在责任期限内死亡或伤残、意外伤害是死亡或伤残的近因。根据不同的分类标准，人身意外伤害保险有多种产品类别。

案例讨论

"第六险"长期护理保险现状如何？

我们常说五险一金，其中五险包括养老、医疗、工伤、失业、生育 5 项社会保险。2016 年起，我国开始在五险之外试点长期护理保险，为长期失能人员的基本生活照料和与之密切相关的医疗护理提供服务或资金保障，长期护理保险也被称为是"第六险"。长期护理保险的投保人都会得到哪些保障？试点以来遇到哪些问题急需解决？

49 岁的济南市民夏海正在护理院康复中心进行康复训练。几年前，他突发脑溢血，身体完全失能，生活已无法自理。济南市从 2016 年开始试点长期护理保险制度，夏海就是长期护理保险最直接的受益群众。为满足各类失能人员的需求，济南市设立了家庭护理、养老院护理、医疗康复机构的专业护理三种护理服务形式，失能人员可享受每月 1 800 元到 6 600 元不等的护理保险报销待遇。

接受居家照顾的失能、半失能老人同样可以得到长期护理保险的保障。85 岁的菊兰花常年卧病在床，以前老人有个头疼脑热想去医院非常困难，现在有了长期护理保险后，专业护理人员每周都会上门为老人服务。长期护理保险让试点城市的失能、半失能或者失智人员的照料更有保障。成都市 2017 年开始试点长期护理保险，98 岁的柴大爷因脑梗导致生活不能自理，四名子女轮流照顾。2019 年，柴大爷申请到了长期护理保险，专业人员每月都会上门提供包括洗澡等在内的专业服务，同时还对家属开展照顾技能专业培训服务。

资料来源：央视网。

思考讨论题

1. 根据新闻所述，案例中长期护理保险是补偿性质的保险还是给付性质的保险？
2. 你认为在长期护理保险制度的建设过程中有什么核心问题需要解决？

分析要点

1. 根据新闻中记者与被采访老人的陈述，失能人员可以获得报销待遇，这属于保险人对护理服务费用的补偿。因此案例中长期护理保险是补偿性的保险。

2. 第一，完善筹资渠道。长期护理保险，作为社保"第六险"，基金的筹集和可持续性是至关重要的。长期来看，老龄化趋势推动长期护理的社会需求不断攀升，社保基金的支出速度加快，资金不足可能会使得整个社保体系面临风险。因此，需要找到合适的过渡方案来建立长期护理保险独立的多渠道筹资机制，减轻医保基金压力，增强长期护理保险基金的管理和财务的可持续性。

第二，完善护理服务产业。长期护理保险的根本价值在于为失能群体提供有效的护理保障或者经济补偿，这依赖于一个运行有序、专业有效的护理服务产业。护理服务产业的专业从业人员的短缺、服务质量的良莠不齐、服务标准和需求等级的界定等方面的问题仍亟待解决。因此，应该有针对性地加强护理服务产业建设，护理服务产业的有效发展才能进一步促进长期护理保险的稳步推进。

第三，增强长期护理保险宣传教育，鼓励商业保险公司进入长期护理保险领域。商业保险的优势在于，投保人可以自愿购买所需的保险合同，保险公司可以针对不同客户群体，满足多元化的需求。并且，商业保险的盈利性会促使保险公司与相关医疗、护理机构进行合作，进一步降低护理的成本。政府可以通过税收优惠等政策来支持鼓励商业保险公司进入长期护理保险领域，使得商业长期护理保险的开展与社会保险范畴内的长期护理保险形成互补机制，进一步保障老年人因生活自理能力下降而产生的风险。

重要术语

健康保险	医疗保险	疾病保险	失能收入损失保险
长期护理保险	医疗意外保险	比例给付条款	等待期条款
责任期限			

思考题

1. 通常来说，健康保险面临的道德风险和逆选择都比寿险严重，为什么？健康保险可以通过哪些合同设计来防范这些问题？

2. 在失能收入损失保险中，你认为还有哪些措施可以在避免保险公司因为被保险人的道德风险而招致不必要的损失的同时，又可以使得被保险人得到有效地补偿？

3. 有人认为健康保险的存在会导致医疗费用的上升和不必要的医疗资源的浪费。你是如何看待这个问题的？

4. 随着人类社会步入老龄化，相应的医疗服务需求和成本必然上升。有人认为应当由政府来取代商业保险公司提供长期护理保险。另外，伴随着经济、社会发展所带来的环境恶化，灾难性疾病发生的频率也越来越高。有人认为经营长期护理保险的公司在未来必然会遇到支付危机。你是怎样看待这些问题的？

5. 请简述人身意外伤害保险与失能收入损失保险的联系与区别。

6. 你认为意外伤害保险与健康保险是互补关系还是替代关系？为什么？

延伸阅读

即测即评

第四篇

保险经营篇

第十章
保险精算

📝 学习目标

- 了解保险精算的起源和发展
- 掌握保险精算费率厘定的基本原则
- 理解保险精算费率厘定的基本原理和方法
- 理解寿险产品费率厘定的基本原理和方法
- 了解寿险产品准备金计算的方法
- 理解非寿险产品费率厘定的基本原理和方法
- 了解非寿险产品准备金计算的方法
- 使用保险精算的基本原理和方法解决生活中的实际问题，做到学以致用

本章导读

　　保险精算是依据经济学的基本原理和知识，采用现代数学方法，对各种保险经济活动未来的财务风险进行分析、估价和管理的一门综合性的应用科学。保险精算的研究内容包括保险事故的出险规律、保险事故损失额的分布规律、保险人承担风险的平均损失及其分布规律、保险费率和责任准备金、保险公司偿付能力等具体问题。

✍ 开篇案例

短期赔付额出现数倍飙增，沪惠保定价能力成破局关键

　　"保险圈炸了锅，照这么赔下去，沪惠保还能撑多久？"这是沪惠保近日发布理赔数据后，渤海人寿养老健康事业部副总经理发出的疑问。此前，沪惠保曾因两个多月吸引 739 万人参保，而备受行业关注，成为各地惠民保中的现象级产品。而引发行业担忧的是：2021 年 7 月 1 日至 7 月 29 日，沪惠保 29 天累计赔付额为 2 111 万元，每 10 天平均赔付额约 700 万元，而 7 月 30 日至 9 月 17 日 17 时，沪惠保的赔付额累计高达 1.07 亿元，每 10 天平均赔付额约 2 000 万元。对比来看，7 月 30

日之后，沪惠保每10天平均赔付额较之前飙增近2倍。值得注意的是，沪惠保赔付率有可能继续走高。多位险企健康险相关负责人表示，根据沪惠保理赔规律以及参保人群特征分析，沪惠保未来的赔付率大概率会继续走高，这说明参保人群确实得到了实惠。不过，从长远来看，各地惠民保要持续起到"惠民"作用，还需要进一步优化产品设计，关键是提升定价能力，这样方能保证其既"惠民"，又不让险企"赔穿"。

通常而言，消费者对健康险的主要需求为重疾险与医疗险，惠民保则属于医疗险。对比来看，重疾险保障范围广，确诊即可赔付，但也有明显的缺点——太贵。例如，30岁男性，在无既往病史前提下，买一款保额50万元，保到70周岁的重疾险，年交保费大都超5 000元，且需20年交费，这对许多投保人来说是个不小的负担。但同样保额下，医疗险却显得极为便宜。例如，沪惠保年交保费只要115元，京惠保年交保费仅为79元，保额却均达百万元。此外，多地惠民保对投保人无年龄、职业限制，也无须健康告知，这对年龄较大、带病群体形成极强吸引力。当然，惠民保也有缺点：在医保报销后超过2万元的那部分才能得到赔付；同时，惠民保属于报销型保险，确诊后需先垫付医药费，再申请理赔。

一直以来，为控制承保风险，降低产品价格，保险公司通常不太愿意承保年龄较大、有既往病史的群体。即使承保，也会提高保费，这是由保险业基本经营原理决定的。各地惠民保虽将带病体、年龄较大参保人群纳入承保范围，但为降低风险敞口，也大幅提升了免赔额，比如，将赔付标准升至2万元。可即便如此，类似沪惠保的地方惠民保依然出现了赔付额快速增长的情况，且有持续走高的趋势。

实际上，沪惠保出现的赔付高增速一直是行业性难题，这背后折射出医疗险定价困境。

资料来源：苏向杲. 短期赔付额出现数倍飙增 沪惠保定价能力成破局关键［N］.
证券日报，2021-10-15.

案例思考：

1. 惠民保和商业医疗险有哪些区别，这些区别会对惠民保的定价造成怎样的影响？

2. 保险公司对惠民保产品的定价主要面临哪些困难和问题？

第一节　保险精算概述

一、保险精算的起源与发展

精算学是运用数学与统计学的知识和原理来研究经济、金融、保险、人口等多个领域中的风险与不确定性的一门学科。广义上来说，精算学涵盖了包括数学、统计学、经济学、金融学、人口学及计算机科学等多个学科与领域的知识与原理，是一门解决实际问题的学科，而保险精算学主要任务则是运用这些知识和原理对保险及社会保障业务中的风险与不确定性进行定量研究。具体而言，保险精算学的研究内容涵盖了保险事故的发生频率及其分布特征、保险事故损失额的分布特征、人口出生率与死亡率的变化规律以及保险产品的保险费和责任准备金的计算等。

精算学的发展既离不开数学领域的进步，也离不开因保险行业发展而产生的运用科学方法研究风险与不确定性的需求。一方面，精算学的早期发展离不开文艺复兴时期数学领域的进步。早在17世纪，欧洲数学家对复利与概率论的研究为精算学的产生奠定了理论基础。1662年，英国统计学家约翰·格兰特（John Graunt）通过研究伦敦的人口出生与死亡数据，发现并总结了年龄与死亡率的规律，也因此被认为是世界上第一位人口学家。17世纪后半叶，荷兰的政治家约翰·德·维德（Johan de Witt）提出了一种终身年金的现值计算方法，为国家年金公债的发行提供了科学依据。与此同时，英国天文学家埃德蒙多·哈雷（Edmund Halley）在格兰特等人对人口死亡率的研究基础上发明了生命表，从而进一步为年金价值的计算奠定了数学基础。18世纪40年代至50年代，托马斯·辛普森（Thomas Simpson）根据哈雷的生命表制作出随死亡率增加而递增的费率表，而詹姆斯·多德森（James Dodson）则依据年龄差等因素提出了计算保险费的方法。

另一方面，18世纪寿险业的蓬勃发展也促进了精算学相关理论的进步，尤其是在寿险精算学方面的进一步发展。寿险的前身可以追溯到欧洲中世纪的基尔特（Guild）制度。18世纪中期以前，英国早期的寿险组织包括了1706年在伦敦成立的协和保险社、1721年经特许成立的皇家交易保险公司，以及伦敦保险公司经营的寿险业务等。起初，寿险的保费普遍采用赋课制，未将年龄大小、死亡率高低等与保费挂钩，相关的计算较为粗糙、保费的定价相对单一、考虑的风险因素较少。因此，科学地研究人类死亡的风险与不确定性、准确而合理地对寿险产品定价成为寿险业长期发展的客观需求。

如上所述，保险精算的产生与发展既离不开数学领域的科学进步，也离不开寿险经营，这是因为寿险精算与寿险经营密不可分：寿险精算是寿险经营的内在要求；与此同时，寿险精算反过来也极大地推动了寿险业的发展，并最终形成了一整套的寿险精算体系。

与寿险精算相比，非寿险精算的发展则相对落后。与寿险经营的窘境不同，早期非寿险业通过制定相对较高的保险费率，使得保费收入不仅超过收支相抵的适当水平，还可提供充足的准备金以应付各种意外损失，因而使保险业有利可图。

进入20世纪以来，非寿险业的发展情况发生了根本变化。一是在日益完善的保险市场中，保险人之间的竞争愈演愈烈，一定程度上促使了保险费率的大幅下降；二是政府及监管机构也会对一些险种的费率实行管制，迫使保险人无法收取较高的保费；三是市场中的投保人通常希望自己的利益最大化，在出现不合理的定价时则会选择变更保险。因此，当代的保险人不再可能持续收取显著高于适当水平的保费。此外，经济全球化所带来的不确定性也对保险定价提出了更高的要求。例如，当出现严重的通货膨胀时，赔付额可能大大超出预付保费所能承受的范围。同时，社会与科技进步也为人类生活带来了各种类型的新风险，而由于缺乏足够的经验与知识作为厘定费率的基础，保险人对于这类新风险的定价常常存在各种缺陷。

随着概率与统计理论的不断发展与完善，保险人在确定保险费率、未到期责任准备金和未决赔款准备金等方面，都逐渐采用更加精确的精算模型以取代以往的经验判断。进入 21 世纪后，随着信息技术与数据科学的进一步发展，基于概率与统计理论的传统精算定价模型与大数据和机器学习等领域的新方法有机结合，产生了更加先进、准确的精算定价模型，从而为非寿险业的发展提供了更加坚实的科学基础。

精算学是对未来不确定事件可能产生的经济与财务结果进行预先评估的方法体系，既包括对未来不确定事件发生规律的认识、也涵盖了对风险引起的损失的评估。保险精算学的研究对象涵盖了保险经营的各个环节，包括风险分析、产品定价、负债评估、偿付能力分析、资产与负债管理以及盈利能力评估等。

二、保险费率厘定的基本原则

保费是投保人购买保险产品时向保险人支付的价格，主要由纯保费和附加保费构成。纯保费用于支付保险公司在未来的期望赔款，而附加保费用于支付保险人的各种经营管理费用；此外，保费中还包含必要的利润附加。保险费率简称费率，是指每一风险单位的保费。

为了防止保险欺诈，保护保险双方当事人的利益以及保险公司的偿付能力，各国的保险法一般会对保险费率的厘定原则进行规定。

（一）保证补偿原则

保险人按保险费率向投保人收取的保险费，必须足以应付赔款支出、保险金给付以及各种经营费用。因为保险费是补偿保险标的损失的基本来源。如果费率定得过高，将增加投保人的负担，也使保险人在竞争中处于不利地位；但如果定得过低，又将使保险人收支不平衡，致使经营出现困难，甚至无法保证其偿付能力，最终使被保险人因得不到保障而受到利益损害。

（二）公平合理原则

公平合理原则是指保险费率在保险人与投保人之间及各投保人之间要体现公平性和合理性。保险人与投保人之间的公平合理，一方面表现为必须贯彻损失补偿原则，即投保人所缴纳的保险费与保险人对保险事故所承担的责任应当彼此相当。因此，保险人应统计各种风险数据，针对不同的风险类型厘定不同的费率。另一方面，公平合理原则强调保险费率不能过高，体现在厘定纯保费时的风险附加要适当，并且附加费率中的利润设定不能过高。

（三）相对稳定原则

保险费率的厘定和调整，要保持相对稳定性。费率厘定后，短期内不宜经常变动费率。如果保险费率经常变动，一方面会使投保人难以确定保费的预算，引发投保人的反感，从而导致保险人业务量减少；另一方面，会诱发投保人的投机心理，损害保险人利益。但是，费率的稳定不是绝对的，随着社会和经济的发展，人的寿命不断延长、各种防止风险事故发生的手段持续更新、相关法律法规趋于完善，必然使各类财产和人身风险发生变化。因此，对各类风险进行补偿的频率和额度也会发生改变。如果费率完全固定不动，既不利于保险人的经营，也有可能损害投保人的利益。保险费率应当根据实际情况适时调整，以便恰当反映风险损失的变化趋势。

（四）促进防灾防损原则

保险费率的厘定要促进被保险人防灾防损，减少危险事故的发生。一方面要鼓励和引导被保险人从事预防损失的活动。例如，鼓励投保火灾保险的被保险人配置防火灭火设备，以减少火灾风险事故发生的机会；在财产保险中，对过去未发生保险事故的被保险人降低费率。另一方面，对不注重防灾防损的被保险人，收取较高的费率，以促使其控制风险损失。

三、保险费率厘定的基本原理与方法

保险公司收取的保费应当足以补偿其预期的赔款和费用支出，同时也可以实现公司的承保利润目标，因此可以概括为如下的保险方程：

$$保费 = 期望赔款 + 理赔费用 + 承保费用 + 利润附加 \qquad （10-1）$$

保险精算的目标就是要使上式达到平衡。

（一）基本原理

尽管保险费率厘定所需知识十分繁杂，但其最基本的原理可以归纳为收支相等原则和大数定律。

1. 收支相等原理

收支相等原理又称精算平衡原理，具体地讲，纯保费的现金价值应与期望赔款的现金价值相等，附加保费的现金价值与理赔费用和承保费用的现金价值相等。保险公司的期望赔款取决于期望索赔强度和期望索赔频率，它们可以在经验数据的基础上，通过精算建模得到；费用支出反映保险公司的经营管理效率和营销方式，可以在经验数据的基础上进行估计和预测。

2. 大数定律

大数定律是概率论与统计学中的一个重要定律。根据大数定律，大量随机现象会由于偶然性的相互抵消而呈现出必然的数量规律。例如，切比雪夫大数定律、伯努利大数定律等，它们反映了当样本量足够大的情况下，样本均值依概率收敛于数学期望、观察到的频率依概率收敛于事件发生的概率。因此，大数定律是保险费率厘定的数学基础。当保险人掌握了大量的风险单位的经验数据后，就能比较准确地估计保险标的的损失频率和损失强度，进而合理地厘定费率。另外，大数定律也是保险能够稳定经营的数理依据。当被保险的保险单位足够多时，保险风险就能在较大的范围内分散，从而保证保险公司的财务运行的稳定性。

（二）主要方法

1. 判断法

判断法又称观察法，是指在具体的承保过程中，核保人员根据每笔业务的保险标的和过去的经验，主观直接判断出损失频率和损失强度，进而确定合适费率的方法。该方法能够根据保险标的的个别情况单独制定反映个别危险单位的特性的费率。因此，判断法适用于标的物较少、统计资料不充分时的保险费率厘定，如卫星保险、海上保险、核电站保险等。但判断法手续烦琐，受核保人员的水平和被保险人的信用的影响较大，其科学性难以保证，因而不为人们所常用。

2. 分类法

分类法是指将特征相同的风险分别归类，对同一类别的风险根据其共同的损失概率制定相同的保险费率的方法。分类法是现代保险精算中确定费率的主要方法。分类法所厘定的费率是相似风险的平均损失经验数据的反映，因此，其精确程度既依赖于同一类别中的风险的相似程度，又依赖于同类别经验数据所包含的样本数量。分类法的应用较为广泛，人寿保险、火灾保险以及大多数的意外伤害保险常使用分类法。例如对人身保险，一般按照性别、年龄、健康状况、职业等分类，对应不同的保险费率。分类法的思想符合大数定律，运用简便，但其缺点在于忽略了被归为同一类的每一个体风险因素的实质差异，有可能违背公平合理性原则。

3. 增减法

增减法又称修正法，是在分类法的基础上，结合承保标的的实际损失经验或预期损失经验，对被保险人的费率进行修正的方法。增减法一方面基于分类法确定基础费率，另一方面依据经验对费率予以补充和修正。因此，增减法兼具了判断法的灵活性和分类法的优点，体现了公平合理制定费率的原则。增减法在实务中又分为表定法、经验法、追溯法。

（1）表定法。表定法以每一风险单位为计算依据，基于基础费率，参考保险标的的显著风险因素来确定费率。因此，使用表定法需要对分类中的各项特殊风险因素制定客观标准。表定法具有能够防灾防损的优点，也具有适用性强的优点，但使用表定法成本太高。

（2）经验法。经验法是针对被保险人过去的损失记录，基于分类法制定的基础费率对费率进行增减的方法。使用经验法时，当年的保费不受当年经验影响，而是以过去数年的平均损失来修正未来年份的保险费率。与表定法相比，经验法更能全面地顾及影响危险的各项因素。

（3）追溯法。追溯法是以保险期间的损失为基础来调整基础费率的费率厘定方法。投保人起初以其他方法确定的费率购买保单，在保险期满后，再依照本法最后确定保费。如果实际损失大，缴付的保费多，实际损失小，缴付的保费少。该方法过于烦琐，很少为人们所采用。

第二节　寿险精算

寿险精算以人的寿命或身体为风险标的，以数学、统计、财务、金融等方法为分析工具，对人身风险进行评估和厘定，并进行人身风险管理和财务安排。寿险精算的核心内容是对定期寿险、两全保险、终身寿险、生存年金、养老金计划等保险业务进行产品定价和准备金评估。寿险精算的基础是利息理论和生命表技术。本节内容围绕寿险产品费率厘定和准备金评估两个核心问题编写，首先介绍利息理论和生命表，然后介绍寿险产品纯保费和毛保费的厘定，最后介绍责任准备金的计算。由于篇幅有限，本书仅介绍精算基础原理。

一、寿险精算的基本原理

寿险精算主要涉及的是寿险产品和年金产品。因此，死亡率和生存率是影响寿险费率厘定的首要因素。另外，从购买寿险到风险发生通常跨越较长的时间，因此寿险大多是长期业务。根据收支相等原则，费率厘定需要考虑货币的时间价值。因此，利率是影响寿险费率厘定的另一个重要因素。

需要注意的是，在制定人身意外伤害保险和健康保险的费率时一般不以生命表为依据。同时，由于它们大多是相对短期的保险产品，利率也不是制定费率时主要考虑的因素。因此，这两类保险虽然也是以人的身体作为承保标的，但其费率厘定方法与寿险和年金产品的计算方法不同，而与财产保险的计算方法类似。

下面分别介绍与利率有关的利息理论和与死亡率、生存率相关的生命表。

（一）利息

利息，是指在一定的时间内，资金的所有者将资金的使用权转让给借款人后所得的报酬。利率，是单位本金在单位时间获得的利息，它是衡量本金生息水平的指标。计算利息的方法有单利和复利两种。

（1）单利。只在原本金上计息。假设 A 表示初始本金，i 表示利率，n 表示计息期数，I 表示 n 期总的利息额，S 表示本金和 n 期利息之和。则有，

$$I = A \times n \times i \tag{10-2}$$

$$S = A + I = A \times (1 + n \times i) \tag{10-3}$$

（2）复利。不仅在初始本金上计息，上一期本金产生的利息也会在下一期与本金一起计息。利用相同的符号，复利计息的 n 期后本利和及 n 期利息额可以表示为：

$$S = A \times (1 + i)^n \tag{10-4}$$

$$I = S - A = A \times [(1 + i)^n - 1] \tag{10-5}$$

在人寿保险中，一般采用复利计息，以年为计息期。由于利息的存在，单位货币在不同的时间点具有不同的价值。因此，运用收支相等原则来计算费率时，需要确定

一个时间点，使得在一段时间内产生的保费收入与赔款支出在这个时间点相等。这个时间点一般选择在期初或者期末，相应的货币价值分别被称为现值或终值。

（1）现值。未来某一时刻积累到一定数额在现在所需的货币量。利用复利计息，可以表示为：

$$A = \frac{S}{(1+i)^n} \qquad (10-6)$$

（2）终值。一定的本金按照一定的利率经过一定时期后在期末的本利和。利用复利计息，计算公式可以表示为：

$$S = A \times (1+i)^n \qquad (10-7)$$

在寿险精算中，现值和终值一般都是按照复利法计算的。另外，为便于直接查表计算，寿险精算中有专门编制的现值表和终值表。

（二）生存函数与生命表

1. 生存函数

假设某一新生婴儿群体的死亡年龄 X 的分布函数记为 $F(x)$，则生存函数为：

$$s(x) = 1 - F(x) = Pr(X > x), \quad (x \geq 0) \qquad (10-8)$$

生存函数表示新生婴儿能活到 x 岁的概率。可以看出，函数 $F(x)$ 和 $s(x)$ 都可以描述新生婴儿能活到 x 岁的概率。但是，在精算学中，人们习惯于采用生存函数 $s(x)$ 来描述。

人的生命是有限的，通常人的寿命不会超过某一特定年龄。也就是说，存在一个正数 ω，当 $x < \omega$ 时，$s(x) > 0$；当 $x \geq \omega$ 时，$s(x) = 0$。我们称正数 ω 为极限年龄。

例如，某一群体的生存服从生存函数

$$s(x) = \begin{cases} 1 - \dfrac{x}{100}, & 0 \leq x < 100 \\ 0, & x \geq 100 \end{cases} \qquad (10-9)$$

则不难看出，该群体生存的极限年龄是 $\omega = 100$ 岁。

假设 (x) 表示年龄为 x 岁的人，$T(x)$ 表示 (x) 的未来寿命。下面我们介绍一组国际通用精算函数符号来描述随机变量 $T(x)$ 的概率分布：

（1）$T(x)$ 的分布函数。即 (x) 将在 t 年内死亡的概率：

$$_t q_x = Pr(T(x) \leq t) = Pr(x < X \leq x+t | X > x) = 1 - \frac{s(x+t)}{s(x)}, t \geq 0 \qquad (10-10)$$

（2）$T(x)$ 的生存函数。即 (x) 在 $x+t$ 年时仍生存的概率：

$$_t p_x = 1 - {}_t q_x = Pr(T(x) > t) = Pr(X > t+x | X > x) = \frac{s(x+t)}{s(x)}, t \geq 0 \qquad (10-11)$$

当 $x = 0$ 时，$T(0) = X$，即 0 岁新生儿的未来寿命，即刚出生新生儿的死亡年龄，且 $_t p_0 = s(t)$。

当 $t = 1$ 时，上述符号中的前缀允许省略，即

$q_x = {}_1 q_x = Pr(T(x) \leq 1)$，表示 (x) 在一年内死亡的概率；

$p_x = {}_1 p_x = Pr(T(x) > 1)$，表示 (x) 至少活到 $x+1$ 岁的概率。

2. 生命表

生命表是描述人的寿命或 (x) 的未来寿命的概率分布的一种表示形式。它是寿险公司计算纯保费的重要依据之一。不同年龄的人群，购买同一保险金额的死亡保险，因为未来的死亡概率不同，则纯保费不同。生命表可以分为国民生命表、经验生命表，以及结构相对特殊的选择—终极生命表。这里仅介绍常规结构的国民生命表和经验生命表。

（1）国民生命表。国民生命表，也称哈雷生命表，是综合全体国民或特定地区的人口统计资料而生成的生命表。英国天文学家、数学家埃德蒙多·哈雷在他 1693 年的论文《根据布雷斯劳市出生与下葬统计表对人类死亡程度的估计》中，构造了人类历史上第一张完整的生命表。哈雷生命表的构造形式和他创造的三个生命表函数一直使用到今天，因此哈雷被尊称为"生命表之父"。现代国民生命表通常以 10 万（或 100 万）人作为人口基数，并在哈雷生命表的基础上提供了更多的生命表函数。我国的国民生命表通常根据人口普查资料或人口统计年鉴提供的数据编制。

（2）经验生命表。保险公司实务经验显示，被保险人的真实死亡率与国民生命表有一定的差异，这是因为死亡保险存在逆向选择风险。我国保险业从 1993 年开始，平均 10 年发布一套人身保险业经验生命表。目前我国人身保险费率厘定和准备金评估使用的经验生命表是根据 2010—2013 年行业数据编制的中国第三套经验生命表，《中国人身保险行业经验生命表（2010—2013）》。该套生命表按照业务类型（保障型非养老金、储蓄型非养老金、养老金）和性别（男、女）总共分为了六张表。因此在保险实务中，被保险人性别不同，购买的保险产品类型不同，使用的生命表也不同。

📖 **知识链接 10-1**

《中国人身保险行业经验生命表（2010—2013）》

《中国人身保险行业经验生命表（2010—2013）》部分内容如表 10-1 所示。

表 10-1 《中国人身保险行业经验生命表（2010—2013）》

年龄	非养老类业务一表		非养老类业务二表		养老类业务表	
	男（CL1）	女（CL2）	男（CL3）	女（CL4）	男（CL5）	女（CL6）
0	0.000 867	0.000 620	0.000 620	0.000 455	0.000 566	0.000 453
1	0.000 615	0.000 456	0.000 465	0.000 324	0.000 386	0.000 289
2	0.000 445	0.000 337	0.000 353	0.000 236	0.000 268	0.000 184
…	…	…	…	…	…	…
…	…	…	…	…	…	…
103	0.537 558	0.433 833	0.456 906	0.298 551	0.410 710	0.262 537
104	0.568 497	0.465 447	0.487 867	0.327 687	0.440 086	0.287 859
105	1.000 000	1.000 000	1.000 000	1.000 000	1.000 000	1.000 000

《中国保监会关于使用〈中国人身保险业经验生命表（2010—2013）〉有关事项的通知》中对不同产品应当适用的生命表有如下建议：

"三、保险公司选择适用的生命表时，应按照审慎性原则整体考虑同一产品或产品组合的全部保单。

（一）定期寿险、终身寿险、健康保险应采用非养老类业务一表。

（二）保险期间内（不含满期）没有生存金给付责任的两全保险或含有生存金给付责任但生存责任较低的两全保险、长寿风险较低的年金保险应采用非养老类业务二表。

（三）保险期间内（不含满期）含有生存金给付责任且生存责任较高的两全保险、长寿风险较高的年金保险应采用养老类业务表。

（四）保险公司应根据产品特征综合分析，按照精算原理和审慎性原则判断生存责任和长寿风险的高低。

对其他不属于上述产品形态或产品形态认定存在歧义的产品，保险公司应根据产品特征及保险人群死亡率特点，按照精算原理和审慎性原则，选择适用的生命表。"

《中国人身
保险行业
经验生命表
（2010—
2013）》

我们以《中国人身保险行业经验生命表（2010—2013）》CL2 表编制的生命表为例（见表 10-2），具体讲解生命表中的内容。

表 10-2　根据《中国人身保险行业经验生命表（2010—2013）》CL2 表编制的生命表（部分）

x	q_x	l_x	d_x	L_x	T_x	$\overset{\circ}{e}_x$
0	0.000 62	1 000 000	620	999 690	81 707 123	81.71
1	0.000 456	999 380	456	999 152	80 707 433	80.76
2	0.000 337	998 924	337	998 756	79 708 281	79.79
3	0.000 256	998 588	256	998 460	78 709 525	78.82
4	0.000 203	998 332	203	998 231	77 711 065	77.84
5	0.000 17	998 129	170	998 045	76 712 834	76.86
6	0.000 149	997 960	149	997 885	75 714 790	75.87
7	0.000 137	997 811	137	997 743	74 716 904	74.88
8	0.000 133	997 674	133	997 608	73 719 162	73.89
…	…	…	…	…	…	…
…	…	…	…	…	…	…
103	0.433 833	4 050	1 757	3 171	5 543	1.37
104	0.465 447	2 293	1 067	1 759	2 372	1.03

生命表的每一行代表一个被观察人口的年龄或者年龄区间，用 x 表示。x 的取值范围从 0 到极限年龄 ω。以《中国人身保险行业经验生命表（2010—2013）》为例，极限年龄设定在 105 岁，x 取值为 0~105 的整数。对每个 x，生命表中共有六个生命表函数（以一年为一个期间），分别是：

① 死亡概率 q_x：表示已经活到 x 岁的人在当年死亡的概率，即 x 岁的人在到达 $x+1$ 岁前死亡的概率。它是年内死亡人数与年初生存人数的比值，即 $q_x = d_x / l_x$

② 年初生存人数 l_x：表示以一定的初始人群数目，生存至 x 岁的人数。例如以 100 万人为初始人群的数目（即 $x=0$ 时的年初生存人数 $l_0 = 100$ 万），$x=1$ 时的年初生存人数 l_1 则是 100 万减去 $x=0$ 的年内死亡人数 d_0。$l_{x+1} = l_x - d_x$。

③ 年内死亡人数 d_x：表示已经活到 x 岁的人在年内死亡的人数。它是年初生存人数与死亡概率的乘积，也是 x 岁的年初生存人数与 $x+1$ 岁的年初生存人数之差，即 $d_x = l_x \times q_x = l_x - l_{x+1}$。

④ 年内存活总人年数 L_x：表示初始人群中已经活到 x 岁的人在 x 岁至 $x+1$ 岁的一年内存活的总时间数。如果假定死亡在年内是均匀发生的，在该假设下，$L_x = l_{x+1} + 0.5 d_x = l_x - 0.5 d_x$。

⑤ 未来寿命总和 T_x：表示已经活到 x 岁的所有初始人群，他们在未来的寿命总和。根据该定义，在示例生命表中，$T_x = \sum_{k=0}^{\omega-x} L_{x+k}$。

⑥ 未来寿命的期望 $\mathring{e}_x$：表示初始人群中已经活到 x 岁的个体在未来还能存活的年数的期望，即期望余命。根据该定义，有 $\mathring{e}_x = T_x / l_x$。

本质上，生命表是一年期死亡概率 q_x 的列表，它给出了每个整数年龄的死亡概率。但死亡的发生是随机的，人们无法选择正好在整数年龄时死亡。这意味着，我们无法直接使用生命表，还需要估计整数年之间的任意分数时期的死亡概率，即对生命表进行插值。常使用的方法有基于年内均匀死亡假定的线性插值法和基于年内死亡力恒定假定的几何插值法。除此之外，也有统计学家提出直接用连续的寿命分布取代离散的生命表的寿命分布参数模型，例如 De Moivre 模型、Gompertz 模型、Makeham 模型等。

二、寿险产品的费率厘定

如前所述，保险产品的保费应该覆盖期望赔款、承保费用、理赔费用和利润。通常把能够覆盖期望赔款的部分称为纯保费或净保费，其他部分称为附加保费，而两者之和称为毛保费。纯保费仅与被保险人的人身风险相关，可以利用利息理论、生命表等技术，运用收支相等的原则计算。毛保费通常是根据保险公司的经验数据和预定利润在纯保费的基础上进行加成而来。

下面分别介绍寿险产品的纯保费和毛保费的费率厘定。

（一）寿险产品的纯保费费率

纯保费是只用于支付保险金给付的保费部分，不包含经营管理费用和利润附加。在厘定纯保费时，遵循收支相等原则，即保费收入等于赔款支出的原则。这体现了风险转移的公平性，即当被保险人将个人风险转移给保险人的时候，保险人收取的平均保费应该恰好等于被保险人转入的平均风险大小。需要注意的是，该原则并不是指每个被保险人个人缴纳的净保费恰好等于他个人得到的保险赔付额。它的实质是把所有相同风险的个体视作一个总体，在这个总体上净保费等于同质风险人群的平均支出。寿险产品保费的缴纳方式分为趸缴和期缴两种。下面分别介绍主要的人寿保险产品的趸缴纯保费和期缴纯保费的计算方法。

1. 趸缴纯保费费率

趸缴是一种缴费方式，是指投保人在投保时一次性付清全部保费。因此，趸缴纯保费是指在保单生效日，投保人一次性缴付的、恰好覆盖保险人将来赔付风险的费用。简而言之，趸缴纯保费就是未来赔付的精算现值。基于收支相等原则，计算趸缴纯保费还需要考虑以下几个问题：索赔事件发生的时间、发生索赔的概率、索赔额的大小、利率的高低。因此，人寿保险的趸缴纯保费的精算模型是以未来寿命变量为线索，将死亡风险、利率风险和赔付金额风险表示成未来寿命的函数形式，从而对不同的寿险产品进行费率厘定。

（1）终身死亡保险趸缴纯保费费率。终身死亡保险是保险人对被保险人在投保之后任意时刻发生的保险责任范围内的死亡事件均给付保险赔付金的险种。假设 (x) 投保保额为 1 单位元的终身死亡保险，趸缴纯保费为 A_x。假设按年度固定贴现率 v 复利计息，x 岁年初购买保险，死亡年末赔付。利用生命表，令 $\omega = 105$。则根据收支相等原则有：

$$l_x A_x = d_x v + d_{x+1} v^2 + \cdots + d_\omega v^{\omega-x+1} \tag{10-12}$$

从而得公式：

$$A_x = \frac{d_x v + d_{x+1} v^2 + \cdots + d_\omega v^{\omega-x+1}}{l_x} = \sum_{k=0}^{\omega-x} v^{k+1} \cdot {}_{k|}q_x \tag{10-13}$$

上式中，${}_{k|}q_x = {}_k p_x \cdot q_{x+k} = \frac{l_{x+k}}{l_x} \cdot \frac{d_{x+k}}{l_{x+k}} = \frac{d_{x+k}}{l_x}$。

以上公式是在假设年初购买保险、死亡年末赔付的基础上推导而来。为便于理解纯保费计算的原理，本书之后的介绍都基于上述假设，但实际情况往往与假设并不一样。例如，投保人可能在年中的任意一个时间点购买保险产品，而不一定在每一年的年初购买。此外，死亡保险的赔付方式除了死亡年末赔付，还有死亡即刻赔付、死亡年内分次赔付等方式。

在保险实务中，死亡赔付都是死亡事件一旦发生，核实清楚之后立即赔付，也即采用的是死亡即刻赔付的赔付方式。这种赔付方式对保险受益人是最为方便合理的，但是这种赔付方式在厘定趸缴保费时存在技术上的困难。为了与连续赔付相对应，我们需要获得未来寿命的概率密度函数。但到目前为止，还没有连续型的参数分布能很好地拟合人的寿命规律。在寿险精算中，我们通常使用生命表来描述未来寿命的分布规律，而生命表是离散的概率分布表，它仅仅记录了整值寿命时生命的存活或死亡概率。如果我们使用死亡年末赔付的方式来计算精算现值，生命表能够恰好满足我们的需求。所以，死亡年末赔付是实务中最便捷的保费计算方式。在实务中，精算师通常是先计算死亡年末赔付的精算现值，再在一定的假设条件下通过函数变换计算死亡即刻赔付和死亡年内分次赔付方式下的纯保费。

（2）定期死亡保险趸缴纯保费费率。定期死亡保险是被保险人在保险期内因保险事故死亡，保险人按照保险合同规定给付保险金。如果被保险人在保险期外死亡，则保险人不负给付责任。假设 (x) 投保保额为 1 单位元的 n 年定期死亡保险，趸缴纯保费为 $A^1_{x:\overline{n|}}$。则有：

$$l_x A^1_{x:\overline{n|}} = d_x v + d_{x+1} v^2 + \cdots + d_{x+n-1} v^n \tag{10-14}$$

从而得公式：

$$A^1_{x:\overline{n|}} = \frac{d_x v + d_{x+1} v^2 + \cdots + d_{x+n-1} v^n}{l_x} = \sum_{k=0}^{n-1} v^{k+1} \cdot {}_{k|}q_x \tag{10-15}$$

上式中，${}_{k|}q_x = {}_kp_x \cdot q_{x+k} = \dfrac{l_{x+k}}{l_x} \cdot \dfrac{d_{x+k}}{l_{x+k}} = \dfrac{d_{x+k}}{l_x}$。

（3）定期生存保险趸缴纯保费费率。定期生存保险是保险人对期满生存的被保险人给付约定保险金，对保险期内死亡的被保险人不负给付责任的一种人身保险。假设 (x) 投保保额为 1 单位元的 n 年定期生存保险，趸缴纯保费为 $A_{x:\overline{n|}}^{\ 1}$。假设 x 岁年初购买定期生存保险，到 $x+n$ 岁年初仍生存则即刻赔付，有：

$$l_x A_{x:\overline{n|}}^{\ 1} = v^n l_{x+n} \tag{10-16}$$

从而得公式：

$$A_{x:\overline{n|}}^{\ 1} = \frac{v^n l_{x+n}}{l_x} = v^n {}_np_x \tag{10-17}$$

【例10-1】某 25 岁个体投保保险金额为 1 000 元的 5 年期定期生存保险，假定年利率 6%，已知 $l_{24}=1\,000, l_{30}=945, q_{24}=0.01$。则该个体的趸缴纯保费计算公式为：

$$P = 1\,000\, A_{x:\overline{n|}}^{\ 1} = 1\,000\, v^5 \cdot {}_5p_{25}$$

式中，v 为折现因子，在年利率 6% 的复利计算下有：

$$v^5 = (1/1.06)^5$$

此外，还需计算出 25 岁个体的 5 年内的生存概率：

$${}_5p_{25} = \frac{l_{30}}{l_{25}} = \frac{l_{30}}{l_{24}(1-q_{24})} = \frac{945}{1\,000(1-0.01)} = 0.954\,5$$

因此，根据公式，该个体的趸缴纯保费为：

$$P = 1\,000 \times (1/1.06)^5 \times 0.954\,5 = 713.257\,9$$

（4）定期两全保险趸缴纯保费费率。定期两全保险是保险人对被保险人生存至保险期届满或保险期内死亡都给付约定的保险金的一种人身保险。假设 (x) 投保保额为 1 单位元的 n 年定期两全保险，趸缴纯保费为 $A_{x:\overline{n|}}$。由于两全保险中的保险人承担了给付生存保险金和死亡保险金的义务，因此定期两全保险的趸缴纯保费为定期生存保险和定期死亡保险趸缴纯保费之和，即：

$$A_{x:\overline{n}|} = A^1_{x:\overline{n}|} + A_{x:\overline{n}|}^{\ \ 1} \tag{10-18}$$

（5）定期生存年金趸缴纯保费费率。定期生存年金是指在保险期内，以被保险人生存为条件，每隔一段时间支付一次年金的保险。假设 (x) 购买 n 年定期生存年金，每年年初如果生存给付 1 单位元，趸缴纯保费为 $\ddot{a}_{x:\overline{n}|}$，则有：

$$l_x \ddot{a}_{x:\overline{n}|} = l_x + l_{x+1}v + l_{x+2}v^2 + \cdots + l_{x+n-1}v^{n-1} \tag{10-19}$$

从而得公式：

$$\ddot{a}_{x:\overline{n}|} = \frac{l_x + l_{x+1}v + l_{x+2}v^2 + \ldots + l_{x+n-1}v^{n-1}}{l_x} = \sum_{k=0}^{n-1} v^k \cdot {}_k p_x \tag{10-20}$$

如果假设每年年末生存给付 1 单位元，则这种 n 年定期年金的趸缴纯保费为 $a_{x:\overline{n}|}$，则有：

$$a_{x:\overline{n}|} = \frac{l_{x+1}v + l_{x+2}v^2 + \ldots + l_{x+n}v^n}{l_x} = \sum_{k=0}^{n-1} v^{k+1} \cdot {}_{k+1} p_x \tag{10-21}$$

从现金流的角度看，期末支付的生存年金比期初支付的生存年金在 x 岁期初少了一次支付，在 n 年期期末多了一次支付，因此有如下关系：

$$a_{x:\overline{n}|} = \ddot{a}_{x:\overline{n}|} - 1 + v^n {}_n p_x \tag{10-22}$$

通过以上介绍，可以看出寿险精算的纯保费计算还有大量的技术细节。其特点是针对每种类型的产品，都有相应的精算符号来概括其精算现值的计算公式。这样做的好处是精算师能用简单的符号进行烦琐的推导，并可以利用编制好的精算现值和终值表来简化计算过程。

2. 期缴纯保费费率

期缴是另一种保费缴纳方式，它是将总的保费分成多期，按年交、季交或月交的方式缴纳。由于趸缴保费的方式要求投保人一次缴纳全部保费，而有时趸缴保费的数目非常庞大，投保人难以负担，所以实务中绝大多数的寿险产品采用期缴保费的方式。期缴纯保费实际上是投保人采用生存年金的方式缴纳保费。和趸缴纯保费一样，期缴保费的费率厘定也要遵循收支相等的原则，即：

期缴保费的期望现值＝未来给付的赔款期望现值　　　（10-23）

在介绍趸缴纯保费时，我们已经给出了上式右边的精算公式。因此有：

期缴保费的期望现值＝趸缴纯保费　　　（10-24）

以 (x) 投保终身死亡保险为例，假设死亡年末赔付 1 单位元，缴费期 n 年，每年期初缴纳净保费 P 元，则有：

$$P \ddot{a}_{x:\overline{n}|} = A_x \tag{10-25}$$

从而得公式：

$$P = \frac{A_x}{\ddot{a}_{x:\overline{n}|}} \tag{10-26}$$

根据缴费方式的不同，P 会有不同的计算公式，但都遵循相同的原则。

（二）寿险产品的毛保费费率

毛保费也称总保费，它既包含了保险给付的成本（纯保费所覆盖的部分），也包含保险经营的费用以及合理的利润。平衡保险经营费用并给保险人带来合理利润的这部分保费称为附加保费。在厘定毛保费时，需要考虑附加保费，因而需要研究各种费用的性质及其分配方法。

1. 寿险公司费用的分类与分配

经营费用是除了风险赔付外，其他维持保险公司正常运作的所有费用支出的统称。它包括管理费用和佣金两大部分。其中，管理费用通常由投资费用和保险费用构成。投资费用是保险公司因运用保险资金而发生的费用。例如，设立一个投资部所需的场地的租金及购买设备的费用等；购买和出售有价证券或不动产所需支付的服务费及缴纳的税金等。这一类费用通常在投资收入中扣除，以计算净投资收益率。以净投资收益率为基础的预定利率即将这类费用反映在保费中了。因此，在传统寿险产品费率厘定中通常不单独考虑投资费用。保险费用是指不具有投资功能的费用。保险公司在收集和分配各种费用时的难度很大，因为保险费用涵盖的范围非常广泛，它包括许可证、税金、保险产品销售服务费用、合同维持费用、索赔服务费用等。在实务中，与保险费用相关的数据主要由保险公司的会计部门收集汇总，而内容庞杂的保险费用在各个公司也可以有不同的分类方式。表10-3展示了保险公司保险费用分类的一种可能方案。

表 10-3　保险公司费用开支的一种方案

新契约费	维持费用	营业费用	理赔费用
• 销售费用 • 风险分类费用 • 准备新保单费用	• 保费收取费用和会计费用 • 赔付变更及理赔选择权准备 • 与投保联络	• 研究、开发费用 • 精算、一般法律服务费用 • 税金、许可证费用	• 调查费用 • 辩护费用 • 各种赔付相关费用

精算师在会计分类的基础上再进行一次分类：

（1）初年费用。它是指研发和销售一款保险产品时，分摊到第一年的费用。它又具体分为每份保单分摊的初年费用、每千元保额分摊的初年费用和保费分摊的初年费用。

（2）续年费用。它是指保单销售后，除第一年外，以后各年的维持费用。它也具体分为每份保单分摊的续年费用、每千元保额分摊的续年费用和保费分摊的续年费用。

（3）终止费用。它是指保单终止时，可能涉及的与赔付相关的服务、鉴定、调查、辩护等费用。它具体分为每份保单分摊的终年费用和每千元保额分摊的终年费用。

2. 寿险毛保费费率的计算方法

实务中计算寿险产品毛保费的方法主要有两大类。一类是按照收支相等原则，毛保费由纯保费和附加费用现值加总而得。另一类是比例法，即按照营业费用的一定比例作为附加费用，再加上纯保费而得。

（1）收支相等原则下的计算方法。下面举例说明毛保费的计算。假设 (x) 投保 n 年期定期死亡保险，保额 1 单位元，保费分 m 年年初缴纳 P' 元（其中纯保费为 P 元）。假设每份初年费用为 α，续年费用为 β，终年费用为 γ，代理手续费占毛保费比例为 δ，则有：

$$P'\ddot{a}_{x:\overline{m}|} = P + \alpha + \beta\, a_{x:\overline{n-1}|} + \gamma v^n + \delta P' \ddot{a}_{x:\overline{m}|} \qquad (10\text{--}27)$$

从而得公式：

$$P' = \frac{P + \alpha + \beta\, a_{x:\overline{n-1}|} + \gamma v^n}{\ddot{a}_{x:\overline{m}|}(1-\delta)} \qquad (10\text{--}28)$$

在收支相等原则下计算毛保费，需要精确估计各类费用才能得到合适的费率。因此，计算过程困难烦琐。

（2）比例法。比例法是按照毛保费的一定比例作为附加费用的毛保费厘定方法。这一比例通常根据以往的业务经验确定。假设 P' 表示毛保费，P 表示纯保费，比例为 k，则有：

$$P' = P + kP' \qquad (10\text{--}29)$$

从而得公式：

$$P' = \frac{P}{1-k} \qquad (10\text{--}30)$$

此外，还有一种比例常数法，根据每张保单的平均保额估计一个固定的业务费用 C，然后再确定一个毛保费的一定比例作为附加费用，即：

$$P' = P + C + kP' \qquad (10\text{--}31)$$

从而得公式：

$$P' = \frac{P+C}{1-k} \qquad (10\text{--}32)$$

用比例法计算毛保费非常简便，但缺点是其确定的附加费用可能不合理。因为不是所有费用都与保费相关。比例法会造成对于保费高的保单所收取的附加费多于实际经营费用的支出，而对于一些保费低的保单，所收取的附加费用又可能不足以支付实际经营费用。

三、寿险准备金

由于寿险精算所涉及的保险产品主要是承保人的生存和死亡风险的寿险，因此保险产品的保险期限较长。

一般而言，人的死亡概率会随着年龄的增长而逐渐增加，因此，对趸缴或期缴保费的寿险产品而言，保险公司在保险保障初期的保费收入通常大于理赔支出，而在保险保障后期的理赔支出则大于保费收入。在这种情况下，保险公司应当在保障初期留下部分资金用来支付未来的风险赔付，而这笔预留资金就是保险公司的责任准备金。寿险责任准备金实际上是保险人对被保险人或受益人的负债，而计提责任准备金主要是为了保证寿险公司有足够的资金支付保险合同规定的保险金。

寿险责任准备金一般可以分为理论责任准备金（净保费责任准备金）和实际责任准备金。计算寿险责任准备金时应当以净保费为基础，这是因为附加保费主要是用来支付业务经营开支之用的。

（一）理论责任准备金

理论责任准备金的计算一般可以使用将来法或者过去法。

1. 将来法

将来法是计算寿险责任准备金最常用的方法。将来法根据寿险责任准备金的定义，直接计算未来支出与未来保费收入之差的精算现值。下面我们以离散型终身寿险为例，介绍如何使用将来法计算寿险理论责任准备金。假设某被保险人在年龄为 x 时购买了一份保额为 1 的离散型终身寿险，该产品的年缴均衡净保费为 P。如果该被保险人在年龄为 $x+t$ 时的未来寿命周年数用 U 表示，该保单在 t 时刻的未来损失可以表示为：

$$_tL_x = v^{U+1} - P\ddot{a}_{x+t:\overline{U+1}|} \qquad (10-33)$$

而在 t 时刻的净保费责任准备金应为未来损失的数学期望，即：

$$_tV_x = E(v^{U+1} - P\ddot{a}_{x+t:\overline{U+1}|}) = A_{x+t} - P\ddot{a}_{x+t} \qquad (10-34)$$

使用将来法计算寿险产品的净保费责任准备金时，可以先写出该寿险产品在当前时刻的未来损失函数，再对其求数学期望，并用精算函数表示最终的结果。

2. 过去法

过去法也是一种计算寿险责任准备金的常用方法。与将来法相反，过去法计算的是过去已经收取的保费减去过去已经承担的保险责任后剩余的部分。对于前述离散型终身寿险，在 t 时刻，该保单所有已收取保费的数学期望的累积值应为 $\dfrac{P\ddot{a}_{x:t}}{_tE_x}$，而已支付赔付的数学期望的累积值则为 $\dfrac{A^1_{x:t|}}{_tE_x}$。因此，保险单前期多缴纳的保费在 t 时刻的累积值的数学期望为 $\dfrac{P\ddot{a}_{x:t|}}{_tE_x} - \dfrac{A^1_{x:t|}}{_tE_x}$。根据收支相等原则，这部分钱等于保险公司未来赔付责任与保费收入之差的数学期望，即在 t 时刻的净保费责任准备金。因此，使用过去法计算的净保费责任准备金为：

$$_tV_x = \frac{P\ddot{a}_{x:t|} - A^1_{x:t|}}{_tE_x} \qquad (10-35)$$

将来法和过去法都是计算责任准备金的常用方法，理论责任准备金与保险期限、缴费方式以及保险金额等有关，但与计算方法无关。实际上，将来法和过去法都是基于计算纯保险费的基本原理公式得来的。当一个保单经过了 t 时间后，根据纯保费定价公式我们可以得到以下均衡公式：

$$t\text{ 时刻前已收保费的累积值} + t\text{ 时刻后应收保费的现值}$$
$$= t\text{ 时刻前已付保险金的累积值} + t\text{ 时刻后应付保险金的现值} \qquad (10-36)$$

上式移项后可以得到如下的等式：

$$t\text{ 时刻前已收保费的累积值} - t\text{ 时刻前已付保险金的累积值}$$
$$= t\text{ 时刻后应付保险金的现值} - t\text{ 时刻后应收保费的现值} \quad (10\text{--}37)$$

其中，该等式左侧表示使用过去法计算得出的理论责任准备金，而该等式右侧则是将来法计算得出的理论责任准备金。

一般而言，当保险产品已经超过缴费期时，使用将来法计算责任准备金会相对方便，这是因为未来只有赔付责任没有保费收入。但在保单延期内（保单尚未提供受益时）计算责任准备金时，使用过去法会更加便捷，因为这时还没有产生赔付，只有保费的累积值。

（二）实际责任准备金

在保险实务中，被保险人所缴纳的真实保费是毛保费 Q，它通常由均衡净保费 P 和均衡费用保费 e 构成，即

$$Q = P + e \quad (10\text{--}38)$$

在均衡保费的条件下，每期缴纳的净保费是等额的，但是生命风险却通常是随着寿命的增加而递增的。这就会导致每一期的净保费不会等于当期风险赔付。一般情况下，前期缴纳的净保费会超过风险赔付净值，而后期缴纳的净保费会小于风险赔付净值，这也是理论责任准备金产生的原因。

对于采用每年均衡缴费方式收取的费用保费 e，收入和费用支出在不同时期一般也是不相匹配的。这是由于寿险产品在第一年的真实费用支出（如佣金、管理费等）要远高于以后各年的费用支出。因此，在均衡保费的条件下，保险人实际上为被保险人先垫付了第一年的一部分费用，而被保险人是在以后的各年通过等额偿还的方式逐步摊还这笔费用的。

当我们综合考察各年的理论责任准备金和费用责任准备金时，可以发现，在均衡收费的条件下，保险人在第一年收取的净保费远远多于该年赔付支出的现值，产生了理论责任准备金（或称净责任准备金）。这笔净责任准备金是用来弥补未来支付保险金的收支缺口的。但另一方面，保险人在保险初年为被保险人垫付了大量的费用，而被保险人初年缴纳的费用保费则不足以覆盖这笔费用。因此，被保险人需要在未来多支付一部分费用保费来分期偿还这笔欠款，由此产生了费用责任准备金。根据责任准备金的定义，对于费用保费 e 来说，实际上被保险人对保险人负有未尽的责任，或者说，保险人的费用责任准备金实际上一直是负的。

因此，实际上保险人和被保险人之间有着复杂的债务关系。如果不考虑费用责任准备金，只以净责任准备金为准计算保险公司的债务，会使得保险公司在起初几年承担过多的负债，不利于公司拓展业务与稳定资金。在实务中，为了缓解由这部分负债带来的问题，保险公司可以在充分保障被保险人利益的前提下，对均衡毛保费在各年的分配结构做出调整。具体做法是在保证均衡毛保费不变的基础上，调低第一年的净保费（等价于调高第一年费用保费），而调高以后各年的净保费（等价于调低以后各年费用保费）。这种调整可以有效地缓解保险公司在保单前几年的费用压力，而基于这一目的也产生了阶梯保费和实际责任准备金（修正责任准备金）的概念。

阶梯保费是为了修正保单第一年的保费结构而产生的。假设保险人原本在每年年初收取金额 P 的等额净保费，现在对净保费的结构进行一个调整。由于保单在第一年的赔付现值通常较低，保险人可以将第一年收取的净保费减少到 P_1，而第一年少收的净保费则要通过以后各年多收取一点进行弥补，如果将未来每年收取的均衡净保费记为 P_2，我们可以得到 $P_1 < P < P_2$。

根据收支平衡原则，净保费收入的现值等于风险赔付的现值，因此 P_1 和 P_2 要符合如下关系式：

$$P\ddot{a}_{x:\overline{t}|} = P_1 + P_2 a_{x:\overline{t-1}|} \tag{10-39}$$

因此，调整时可以先根据保单费用情况设定第一年的净保费 P_1，再根据以上关系式求得第二年起的净保费 P_2，调整后的保费一般被称为阶梯保费。在阶梯保费的条件下计算的责任准备金则称为实际责任准备金或修正责任准备金。实务中，修正责任准备金可以使用将来法或者过去法计算得到，其原理与理论责任准备金相同。具体的计算方法取决于设定 P_1 的方式，常用的计算修正责任准备金的方法包括完全年初修正方法、美国保险监督官协会（NAIC）标准、加拿大修正法等。

第三节　非寿险精算

非寿险精算学是以数学、统计学、保险学和金融学等学科为基础的交叉学科，其核心内容是对财产保险、责任保险、短期健康保险、意外伤害保险等保险业务进行产品定价和准备金评估。由于非寿险产品种类繁多，对应的各类风险特征不尽相同，变化也十分复杂，在非寿险精算实务中并不存在一种广泛适用的"标准方法"。一方面，这种复杂性与多样性使得非寿险产品的定价和准备金评估面临着很大的挑战与不确定性。另一方面，这也间接地为非寿险精算师提供了灵活使用各种精算模型与技术的空间。通常对于同一个精算问题，存在不止一种解决方法与途径，并且在很多情况下应用不同精算方法也会得到不同的结果。因此，在实务中，非寿险精算师的个人经验与对保险业务和经营的理解和判断也往往会起到至关重要的作用。

本节内容围绕非寿险定价与准备金评估这两个非寿险精算中的核心问题编写，分为非寿险精算基本原理、非寿险产品费率厘定和非寿险准备金三部分。本节着重介绍非寿险精算领域的经典方法，这些方法在实务中也有着广泛的应用。

一、非寿险精算的基本原理

保费是投保人购买保险产品时向保险人支付的价格，主要由纯保费和附加保费构成。纯保费又称为风险保费，用于支付保险公司在未来的期望赔款，而附加保费用于支付保险人的各种经营管理费用。保险费率简称费率，是指每一个风险单位的保费。

纯保费费率（简称纯费率）是指保险公司对单位风险的平均赔款金额，因此，纯保费通常可以用赔款总额与风险单位数之比进行估计，计算方法如下：

$$P = \frac{L}{E} \tag{10-40}$$

其中，P 表示纯保费费率；E 表示风险单位数；L 表示总赔款额。

如果在此基础上引入单位风险在一段时间内引起的索赔次数，记为 N，则纯费率又可以表示为：

$$P = \frac{N}{E} \times \frac{L}{N} \tag{10-41}$$

这时，N/E 是总的索赔次数与风险单位的比值，代表单位风险平均的索赔次数，即索赔频率。而 L/N 是总赔款额和索赔次数的比值，代表每次索赔发生时的平均索赔金额，即索赔强度。因此，保险产品的纯费率可以由索赔强度和索赔频率的乘积决定，而确定纯保费或者纯费率的关键就在于对索赔频率与索赔强度的准确估计与预测。

与寿险产品不同，非寿险产品的承保对象通常是一定时间期限内的风险，并且标的风险有可能引起多次损失。由于在一定时间期限内单位风险对应的索赔频率以及索赔强度都是未知的，在厘定非寿险净保费时，索赔频率和索赔强度通常可以被假设为服从特定分布的随机变量。其中，由于索赔频率刻画的是索赔发生的次数，因此通常被假设为服从特定分布的正整数随机变量，而索赔强度刻画的是索赔的金额，因此通常被假设为服从特定分布的正值随机变量。在保险精算实务中，对索赔频率与索赔强度的研究通常是基于损失频率和损失强度的。严格来说，损失频率与索赔频率是两个不同的概念，前者是指因为发生保险事故而给被保险人造成经济损害的频率，而后者则是指被保险人向保险人提出索赔的频率。但是理论上这两者都可以用相似的分布模型来刻画，因此本节不对这两个概念进行严格的区分。下面我们介绍几种可以用来刻画索赔频率（损失频率）与索赔强度（损失强度）的经典统计分布模型。

（一）索赔频率（损失频率）分布

假设一段时间内单位风险引起的索赔频率可以由随机变量 N 来表示，则 N 通常可以用以下几种常见的离散型分布来刻画：

（1）参数为 λ 的泊松分布，其概率质量函数为：

$$Pr(N = n) = \frac{\lambda^n e^{-\lambda}}{n!}, n = 1, 2, \cdots, +\infty \tag{10-42}$$

（2）参数为 (m, p) 的二项分布，其概率质量函数为：

$$Pr(N = n) = C_m^n p^n (1-p)^{m-n}, n = 1, 2, \cdots, m \tag{10-43}$$

（3）参数为 (r, p) 的负二项分布，其概率质量函数为：

$$Pr(N = n) = C_{n+r-1}^n p^n (1-p)^r, n = 1, 2, \cdots, +\infty \tag{10-44}$$

（二）索赔强度（损失强度）分布

与索赔频率不同，在实务中每次索赔发生时的索赔强度通常不是一个正整数，因而索赔强度应当由一个连续型随机变量来表示。假设 X 为单位风险引起的单次索赔中的索赔强度（金额），常见的描述索赔强度的连续型分布包括：

（1）参数为 (α,θ) 的伽马分布：

$$f\left(x\right)=\frac{1}{\theta^{\alpha}\Gamma\left(\alpha\right)}x^{\alpha-1}\mathrm{e}^{-x/\theta},x>0 \tag{10-45}$$

（2）参数为 (μ,σ) 的对数正态分布：

$$f\left(x\right)=\frac{1}{x\sigma\sqrt{2\pi}}\mathrm{e}^{-\frac{(\ln x-\mu)^{2}}{2\sigma^{2}}},x>0 \tag{10-46}$$

（3）参数为 (θ,γ) 的韦布尔分布：

$$f\left(x\right)=\frac{\gamma x^{\gamma-1}}{\theta}\mathrm{e}^{-\frac{x^{\gamma}}{\theta}},x>0 \tag{10-47}$$

（4）参数为 (α,δ) 的帕累托分布：

$$f\left(x\right)=\frac{\alpha\delta^{\alpha}}{\left(x+\delta\right)^{\alpha-1}},x>0 \tag{10-48}$$

除了上述几种常见的分布外，可以用来描述索赔强度的分布还有很多种。这些描述索赔强度的分布通常有一个共同特征，即具有右偏（正偏）性，这是因为由风险引起的索赔强度通常呈现出一种大额损失发生概率较小而小额损失发生概率较大的特点。在实务中，索赔频率与索赔强度分布中的未知参数可以通过统计学中的矩估计或者极大似然估计等方法结合收集到的实际索赔数据计算得出。

（三）累积损失分布

当索赔频率（损失频率）和索赔强度（损失强度）的分布被确定后，我们可以进一步研究总索赔金额，或者称为累积损失的分布。这是因为对任一风险而言，某一份保单的纯保费与承保的所有同质风险保单的期望总索赔金额或者总损失金额密切相关。这里我们介绍两种刻画累积损失分布的模型，总索赔金额也可以用类似的方法来表示。

1. 短期个体风险模型

在个体风险模型中，一般假设一个保单组合中包含 n 份确定数量的保单，并且每一份保单之间是相互独立的。如果用 Y_i 来表示第 i 份保单在保险期间的损失金额，则整个保单组合在保险期间的累积损失 S 可以表示为：

$$S=Y_1+Y_2+\cdots+Y_n \tag{10-49}$$

在个体风险模型中，每个保单的损失 Y_i 不必是同分布，只需要符合独立性。

2. 短期集体风险模型

与个体风险模型不同，集体风险模型将整个保单组合看作一个整体，只考虑该组合在保险期间发生的累积损失，而不考虑保单个数 n。在集体风险模型中，用随机变量 N 表示保险期间的损失次数，并用 X_i 来表示第 i 次损失的金额。集体风险模型假设每次损失 X_i 是独立同分布的，并且与损失次数 N 也是相互独立的。因此，整个保单组合在保险期间的累积损失 L 可以表示为：

$$L=X_1+X_2+\cdots+X_N \tag{10-50}$$

在集体风险模型中，损失次数 N 和损失金额 X_i 都是随机变量，因此 L 也可以被称为随机和，而 L 的分布通常被称为复合分布。例如，当 N 服从泊松分布时，L 则服从复合泊松分布。

二、非寿险产品的费率厘定

（一）非寿险产品的纯保费费率

非寿险产品纯保费费率的厘定原理与寿险产品基本相同，即纯保费的现值应当等于保险期间内总赔付额的期望值的现值。由于非寿险产品如车险、短期健康险等的保险期限普遍较短，因此在计算非寿险产品的纯保费时普遍不考虑贴现因子。下面我们考虑非寿险产品单位风险的纯保费，即纯费率的厘定方法。对一份保单而言，如果我们用 N_i 来表示其在保险期限内的总理赔次数，X_j 来表示每一次的赔付额，则其在保险期限内的总赔付额 Y 可以表示为：

$$Y = X_1 + X_2 + \cdots + X_{N_i} \tag{10-51}$$

注意，当 N_i 为 0 时，即在保险期限内没有理赔发生时，该保单的总赔付额 Y 也为 0。此时，在不考虑贴现因子的情况下，该产品的纯保费 P 应符合以下等式：

$$P = E(Y) \tag{10-52}$$

这是非寿险纯费率的基本定价公式。然而，对每一份保单都单独建立模型并计算期望赔付额显然是一项非常繁杂的工作，并且其准确性也难以保证。因此，在精算实务中，常常将承保风险相同或者非常相似的保单看作一个保单组合，对该保单组合的每一份保单厘定相同的费率。对一个有 n 份相同保单的保单组合而言，每个保单的纯保费符合以下等式：

$$P = \frac{E(S)}{n} \tag{10-53}$$

其中，S 是 n 份保单在保险期限内的总理赔额，可以用短期个体风险模型来表示，即 $S = Y_1 + Y_2 + \cdots + Y_n$。由于保险期限内每一份保单的总索赔额都是未知且随机的，因此理论上该公式只能保证纯费率等于总索赔额的期望值，而不一定是真实值。实际上，对 $E(S)$ 估计的准确程度依赖于对索赔频率和索赔强度估计的准确程度。因此，收集大量的理赔数据以及准确建立索赔频率和强度的分布模型就成为厘定纯费率的关键所在。而在实务操作中，精算师也会根据承保风险的特征，在基本定价公式的基础上，选择适合的方法来建立费率厘定模型。接下来，我们将重点介绍非寿险的分类费率和经验费率。

1. 分类费率

在非寿险业务尤其是个人非寿险业务中，当被保险人数量非常多时，通常会根据个体风险特征进行分类，进而在分类的基础上对不同风险类别分别厘定费率。对个体风险进行分类的主要原因是单一个体风险的损失数据往往较少，损失数据的可信度较低，因而单独建模的精确度也较差。因此，将具有类似风险的个体合并成为一个风险类别后，可以增加经验数据，提高建模的精确度，进而得到更加合理的定价。

在对个体风险进行分类时，常用一些与风险相关的特征作为分类变量或费率因子。比如在厘定汽车保险的保费时，保险公司就通常将被保险人的性别、年龄、驾龄，车辆的年限、类别、用途以及索赔经历等作为费率因子。这里需要注意区分费率因子与风险因子这两个不同的概念。风险因子是所有可能影响索赔频率或者索赔强度的变量，但不一定都能被直接观测到，而费率因子则是可观测、可度量并且与风险因子相关的变量。此外，在构造费率因子时，年龄及车辆年限等连续型变量通常会被离散化处理，比如可以以 10 年为一个年龄跨度来划分驾驶人的年龄。

风险分类的目的之一是得到相对同质的风险子集，从而使保费厘定有利于消除逆向选择和道德风险。但是，在对风险进行分类时，不能仅仅局限于保证分类后风险的同质性，还需要保证分类的结果便于应用于实际费率厘定模型中。在实践中，这两个目标有可能是相互冲突的。比如当风险异质性较强，或者个体保单较少时，对风险进行分类并不能得到合理的费率。在实际选择分类变量时，需要考虑精算、经营、社会以及法律等各个方面的约束。

分类厘定的方法中最简单的是单变量分析方法。但随着统计学方法的演进，边际总和法、广义最小二乘法等方法已经逐渐取代了单变量分析方法，成为实务中普遍使用的方法。近些年，随着机器学习算法的逐渐成熟，诸如随机森林、神经网络等最新的方法也已经被应用到了费率厘定模型中，这些方法厘定的费率本质上也可归于分类费率。在【例 10-2】中，我们使用单变量分析法对汽车保单进行分类并计算相对费率。

> 【例10-2】假设我们有一组汽车保单，现在要对该组合中的保单进行分类，分类的依据为汽车的车型和颜色。每个类别的风险单位数和赔付率数据如表 10-4 所示，其中，赔付率的合计值是通过计算各类别赔付率的加权平均数得到的。例如：车型 1 的合计赔付率为 (4 000×50%+6 000×60%)/(4 000+6 000)=56%
>
> **表 10-4 汽车保单经验赔付数据**
>
> | 类别 | 颜色 1 | | 颜色 2 | | 合计 | |
> |---|---|---|---|---|---|---|
> | | 风险单位数 | 赔付率 | 风险单位数 | 赔付率 | 风险单位数 | 赔付率 |
> | 车型 1 | 4 000 | 50% | 6 000 | 60% | 10 000 | 56% |
> | 车型 2 | 6 000 | 40% | 4 000 | 70% | 10 000 | 52% |
> | 合计 | 10 000 | 44% | 10 000 | 64% | 20 000 | 54% |
>
> 使用单变量分析法时，我们首先要选择一个基准类别，比如将颜色 1 和车型 1 对应的这一组作为基准类别，将其相对费率设定为 1。在此基础上，我们可以使用赔付率来计算各个组别的相对费率。如表 10-5 所示，颜色 2 的相对费率是 64%/44%=1.454 5，而车型 2 的相对费率则是 52%/56%=0.928 6，因此，颜色 2 和车型 2 这一组对应的相对费率则是颜色 2 和车型 2 两个相对费率的乘积，为 (64%/44%)×(52%/56%)=1.350 6。
>
> **表 10-5 基于单变量分析法的赔付率**
>
> | 类别 | 颜色 1 | 颜色 2 |
> |---|---|---|
> | 车型 1 | 1 | 1.454 5 |
> | 车型 2 | 0.928 6 | 1.350 6 |

2. 经验费率

在分类费率的厘定中，通常假设属于同一个风险类别的个体风险具有相同的潜在损失分布，即每个风险类别中的个体都是同质化的，因此可以对它们收取相同的保险费率。但实际上，任何风险都不可能是完全同质的，因此也需要用每个个体风险自身的损失经验对分类费率进行一定程度上的调整，这种调整过程也即是对个体风险进行定价的过程。在对个体风险定价时，个体风险的损失经验通常包括两种，一种是该个体过去若干年间的损失经验，另一种则是该个体当期的损失经验。这里我们主要介绍使用个体风险的历史损失经验来调整分类费率的方法，由此方法得到的费率又被称为经验费率。

在费率厘定过程中，通常需要根据被保险人的历史损失数据预测其未来的保险成本。由于历史损失数据是来源于随机风险事件，具有不确定性，单纯利用个体损失经验估计未来保险成本并不十分可靠。这时，如果有一个很大的保单组合，其中每个保单的风险都与该保单非常相似，则可以利用该组合内其他保单的历史损失经验对该保单的未来保险成本估计值做出调整。实际上，我们可以考虑使用加权平均的方法，同时考虑保单组合的损失经验与该保单个体的损失经验，从而得到一个相对更加准确的估计值。使用这种方法时，个体经验的权重通常被称为信度因子，用 Z 来表示，而以 $(1-Z)$ 作为权重的则被称为信度补项。这种方法可以用来估计个体风险的索赔频率、索赔强度或者保险费率，具体计算公式为：

$$估计值 = Z \times 个体风险的损失经验 + (1-Z) \times 信度补项 \qquad （10-54）$$

下面我们用【例 10-3】来介绍这种计算方法。

【例 10-3】假设我们有一组机动车第三者责任保险构成的保单组合，该保单组合的损失经验表明，每辆汽车每个年度的索赔金额平均值为 1 000 元。现有一份保单，其过去三年中每年的平均索赔金额为 1 300 元。如果我们设定该保单损失经验的信度因子 Z 为 0.6，则下一年度该保单的预期索赔金额是多少？

根据前面介绍的估计方法，我们可以用加权平均法来计算该保单下一年的预期索赔金额，其权重分别为 $Z = 0.6$ 和 $(1-Z) = 0.4$。即下一年度该保单的预期索赔金额的估计值为：

$$1\,300 \times 0.6 + 1\,000 \times 0.4 = 1\,180 （元）$$

实务中，如果将一个组合的平均费率，即分类费率，看作是信度补项，则该公式计算出的估计值便是对分类费率调整后得到的经验费率。

在上面的例子中，信度因子是一个给定值，然而在实务中，信度因子往往需要根据实际风险与经验数据计算得到。计算信度因子 Z 的方法又被称为信度模型，其中比较经典的方法又可以被分为两大类，一类是有限波动信度模型，另一类则是最精确信度模型。有限波动信度模型将经验数据对信度因子的影响与经验数据的规模相联系，从而限制经验损失数据中的随机波动对估计值的影响。而最精确信度模型则是基于最小化估计值与真实值之间的误差平方和这一原理来确定信度因子的，该方法基于贝叶斯统计学，主要包括 Bühlmann 模型和 Bühlmann-Straub 模型。这些模型的原理较为复杂，这里不做具体介绍。

（二）非寿险产品的总保费费率

保险公司在经营非寿险业务时通常需要支付各种费用及税金。这些费用大致可以分为两类，一类是保险公司在承保业务时产生的费用，又称为承保费用，包括管理费用、佣金、增值税、监管费以及保险保障基金等。另一类则是保险公司在理赔结案时发生的费用，又称为理赔费用，包括勘察费、诉讼费，以及理赔部门的运营费用等。

在费率厘定的过程中，一般会将财产保险公司的承保费用分为两大类：固定费用和可变费用。顾名思义，固定费用是与保费大小无关的费用，例如保单的印刷费用、邮寄费用等；而可变费用则是指随保费大小变化而变化的费用，这类费用可以表示成保费的一个百分比，例如佣金、税金等。为了简便，有时我们会将增值税、监管费、保险保障基金等按照保费的一定百分比收取的费用统称为保费税。

总费率是指平均每个风险单位的总保费。厘定总费率一般可以采用纯保费法或者损失率法。

1. 纯保费法

纯保费法的主要依据是保险方程，即：

$$总保费 = 期望赔款 + 理赔费用 + 承保费用 + 利润附加 \tag{10-55}$$

其中，总保费分为纯保费和附加保费两部分。一般而言，纯保费是指保险公司支付期望赔款的部分，而附加保费则包括各种经营费用、税金以及保险公司的利润等。在精算实务中，有的保险公司会把理赔费用看作是期望赔款的一部分，将期望赔款费用与理赔费用合并处理，这时，纯保费也可以看作是支付期望赔款与理赔费用的部分，而附加保费则包括承保费用和利润附加。

纯保费法通过在纯保费（纯费率）上附加各种必要的费用和利润来计算总保费（总费率）。使用纯保费法计算总费率的一般公式为：

$$总费率 = \frac{纯保费 + 固定费用}{1 - 可变费用率 - 利润附加率} \tag{10-56}$$

在这个公式中，所有费用被分为固定费用和可变费用两大类，其中可变费用占总保费的比率被称为可变费用率，利润附加占总保费的比率被称为利润附加率，可变费用率和利润附加率都是总保费的百分比。

【例 10-4】假设一个保险产品每单位风险的纯保费（含理赔费用）为 900 元，总固定费用为 300 元，总可变费用率为 20%，利润附加率为 5%，则该产品单位风险的总保费为：

$$\frac{900+300}{1-20\%-5\%} = 1\ 600（元）$$

---

2. 损失率法

损失率法又称赔付率法，是应用更为广泛的一种费率厘定方法。损失率法首先根据保单的损失率（赔付率）计算出保费的调整幅度，然后对当前的保费水平进行调整以厘定新费率。损失率法的原理非常简单，新厘定的总费率可以用以下公式表示：

$$新厘定的总费率 = 原总费率 \times 损失调整因子 \qquad (10\text{-}57)$$

损失调整因子又称为费率调整因子，而损失率法的关键则是计算损失调整因子。损失调整因子可以由以下公式表示：

$$损失调整因子 = \frac{赔款与理赔费用率 + 固定费用率}{1 - 可变费用率 - 利润附加率}$$

其中，赔款与理赔费用率是指单位总保费中用于支付赔款与理赔费用的比率，固定费用率则是单位总保费中用于支付固定费用的比率。该公式分母中的各项与纯保费法中的定义相同。在损失调整因子的计算公式中，分子代表单位保费中需要支付赔款、理赔费用和固定费用的部分，而分母则代表从单位总保费中扣除变动费用和利润附加之后，理论上可以用于支付赔款、理赔费用和固定费用的金额。换言之，该公式的分母代表当前总费率水平下可以用来支付赔款、理赔费用和固定费用的部分，而分子则代表支付赔款、理赔费用和固定费用实际需要的金额。因此，当分子大于分母时，损失调整因子大于 1，这说明当前费率水平不足以支付实际的赔款、理赔费用和固定费用，因此需要调高总费率。而当分子小于分母时，损失调整因子小于 1，这说明当前费率水平超过了支付实际的赔款、理赔费用和固定费用所需要的费率水平，因此应当调低总费率。当损失调整因子为 1 时，当前费率水平刚好足以支付实际的赔款、理赔费用和固定费用。

费率厘定的最终目标是确保保险公司实现目标利润，也就是说，在厘定费率时，保险公司应当保证其利润附加率达到目标水平。在这种情况下，通过设定目标利润附加率，我们可以使用损失率法计算出当前费率水平下能否实现该利润目标，以及如何调整费率水平以实现该利润目标。

【例 10-5】假设某险种有如下经验数据：

（1）经验赔付率（含理赔费用占比）：70%。

（2）固定费用率：8%。

（3）可变费用率：15%。

如果该公司要实现 8% 的目标利润附加率，根据损失调整因子的计算公式，我们可以计算出：

$$损失调整因子 = \frac{70\% + 8\%}{1 - 15\% - 8\%} = 1.013\,0$$

即为了实现利润目标，该公司应当将这个险种的费率水平上调 1.30%。

三、非寿险准备金

保险公司的非寿险业务一般包括财产损失保险、责任保险、短期健康保险、意外伤害保险和信用保险业务等。保险公司在经营非寿险业务时需要合理评估非寿险准备金，这是因为保险公司既要保证自己的偿付能力，降低经营风险，又要保证产品定价合理，具有较强的市场竞争力。而另一方面，非寿险准备金是保险公司资产负债表上最大的负债项目，因此能否合理评估非寿险业务准备金也是保险公司风险管理水平的重要体现。

保险公司的非寿险业务准备金主要包括未到期责任准备金及未决赔款准备金这两部分。其中，未到期责任准备金是指在准备金评估日为尚未终止的保险责任而提取的准备金，包括未赚保费准备金及保费不足准备金。而未决赔款准备金是指保险公司为保险事故已经发生但尚未最终结案的损失提取的准备金，包括已发生已报案未决赔款准备金、已发生未报案未决赔款准备金和理赔费用准备金。

（一）未到期责任准备金

未到期责任准备金是指保险公司为当年承保的在会计年度末尚未到期，并且在下一年度仍然有效的保险合同根据未到期时间计提的准备金。未到期责任准备金包括未赚保费准备金及保费不足准备金。从财务会计的角度看，当一份保单的保险期间跨越一个会计年度时，承保时收取的保费只能被看作是入账保费。这是因为保费对应整个保险期间的全部承保责任，而在会计年度末保单还没过期，保险公司对未到期的部分仍然有保险责任。根据权责发生制，这部分未到期的保险责任对应的保费在当前会计年度应为未赚保费，因此保险公司需要在入账保费中对这一部分未完成的保险责任划出一部分，用来支付该保单未到期部分在未来可能发生的索赔。这部分保费又被称为未赚保费准备金。

例如，保险公司在2021年10月签发了一份保费为1 200元的保单，保险期限为2021年11月1日到2022年10月31日。在2021年12月31日的会计评估日，该保单仍有10个月的有效期，因此2021年收取的1 200元总保费应当被分为两部分，其中200元保费对应该保单在2021年内的保险期间，应被计为已赚保费，而剩余10个月的保险期限对应的1 000元保费应当计为未赚保费。这部分未赚保费是对投保人的负债，称为未赚保费准备金。

未赚保费准备金的评估方式主要有比例法和风险分布法。在保费收取和风险分布均匀的假设下，未赚保费准备金可以用比例法来计算，即直接使用时间比例（如天数、月数比例等）计算。而当风险分布不均匀时，则可以采用风险分布法，即根据承保业务的历史损失数据估计未来预期的风险分布状况，进而确定未赚保费的比例。

未赚保费准备金是对保单的未到期风险所可能引起的索赔的一种估计，但未来赔付支出可能受到各种外部因素的影响，比如索赔金额膨胀或者理赔费用增加等都可能导致按照比例法或者风险分布法计提的准备金不足以应付未来的负债。因此，保险公司应在未到期责任准备金评估过程中进行保费充足性测试，并根据测试结果提取保费不足准备金，作为未到期责任准备金的一部分。

（二）未决赔款准备金

与未到期责任准备金不同，未决赔款准备金是指保险公司在会计年度末时，对在该会计年度已经发生，但未完成索赔的保险责任预留的资金准备。例如，保险公司在2021年10月签发了一份有效期为2021年11月1日到2022年10月31日的保单。在2021年12月5日该保单发生了保险事故，但到了2021年12月31日的会计评估日，如果发生的事故还没有报告给保险公司，或者已经报告给保险公司但还没有及时赔付，那么，保险公司需要对该部分"未决赔款"预留准备金，这类准备金就被称为未决赔款准备金。

未决赔款准备金包括已发生已报案未决赔款准备金、已发生未报案未决赔款准备金和理赔费用准备金。其中，已发生已报案未决赔款准备金是指为保险事故已经发生并已向保险公司提出索赔但保险公司尚未结案的赔案而提取的准备金。而已发生未报案未决赔款准备金则更为复杂，一般是为下列情况所提取的赔款准备金：

（1）保险事故已经发生但尚未向保险公司提出索赔的；

（2）已经提出索赔但保险公司尚未立案的；

（3）保险公司已立案但对事故损失估计不足，预计最终赔付将超过原估损值的；

（4）保险事故已经赔付但有可能再次提出索赔的。

对已发生已报案未决赔款准备金，保险公司掌握的信息较为充分，可以使用逐案估计法或者案均赋值法来确定准备金。但对于已发生未报案未决赔款准备金，保险公司没有任何直接信息，因此只能根据险种的风险性质、分布特征、经验数据等因素来确定准备金。常用的确定已发生未报案未决赔款准备金的方法包括链梯法、案均赔款法、准备金进展法、B-F法以及赔付率法等。

理赔费用准备金是指为尚未结案的赔案可能发生的费用而提取的准备金，包括为直接发生于具体赔案的专家费、律师费、损失检验费等提取的直接理赔费用准备金，以及为非直接发生于具体赔案的费用而提取的间接理赔费用准备金。对已发生已报案案件的直接理赔费用准备金，可以采用已发生已报案未决赔款准备金的方法确定；对已发生未报案案件的直接理赔费用准备金，应采用已发生未报案未决赔款准备金的方法确定；对间接理赔费用准备金，应采用合理的比率分摊法提取。

知识链接 10-2

保险公司非寿险业务准备金管理办法实施细则第 1 号：未到期责任准备金（节选）

第三条　未到期责任准备金的评估应当遵循以下原则：

（一）未赚保费准备金评估方法和保费充足性测试方法应保持稳定，不得随意变更；

（二）未赚保费准备金和保费充足性测试的评估单元应保持稳定，不得随意拆分或者合并；

（三）保单获取成本率应根据公司实际经营情况确定，不得随意调整。

第四条 未赚保费准备金是指以未满期部分保费收入为基础所计提的准备金，并应减除与获取保费收入相关联的保单获取成本的未到期部分。

第五条 对未赚保费准备金，应当采用以下方法进行评估：

（一）三百六十五分之一法；

（二）风险分布法；

（三）银保监会认可的其他方法。

第六条 对于风险分布均匀的业务，原则上应采用三百六十五分之一法评估未赚保费准备金；其中机动车交通事故责任强制保险必须采用三百六十五分之一法。

第七条 对于风险分布不均匀的业务，可采用风险分布法评估未赚保费准备金，包括但不限于：七十八法则法、逆七十八法则法以及其他合理的风险分布法。

第八条 对于无法获取逐单信息的再保险业务，可采用四分之一法、八分之一法或二十四分之一法等方法评估未赚保费准备金。

第九条 保险公司应在未到期责任准备金评估过程中进行保费充足性测试，并根据测试结果提取保费不足准备金，作为未到期责任准备金的一部分。

第十条 保费充足性测试是指未到期责任准备金的提取金额应不低于以下两者中较大者：

（一）未来净现金流出。对未来净现金流出的预测应考虑风险边际和货币时间价值；

（二）未赚保费准备金。原则上，保单获取成本的未到期比例参照本细则第三条、第四条、第五条规定确定。

如果第（一）项大于第（二）项，则将其差额作为保费不足准备金；如果第（二）项大于或等于第（一）项，则无须计提保费不足准备金。

在进行保费充足性测试时，不考虑农业保险大灾风险准备金等专项准备金的影响。

第十一条 用于保费充足性测试的未来净现金流出包括预期未来发生的赔款、理赔费用及保单维持费用等。对未来净现金流出的估计应考虑退保影响。

第十二条 对预期未来发生赔款的估计应综合考虑相应评估单元历年事故年赔付率或业务年赔付率情况、大灾影响以及未来变化趋势等因素，估算间接理赔费用所使用的假设应与评估未决赔款准备金时保持一致。

第十三条 预期维持费用率应综合相应评估单元历年的维持费用率以及未来发展趋势确定。

资料来源：国家金融监督管理总局官方网站。

本章小结

本章介绍了保险精算的定义、费率厘定的原则与原理，以及寿险精算和非寿险精算的常用方法。保险精算是依据经济学的基本原理和知识，利用现代数学方法，对各种保险经济活动未来的财务风险进行分析、估价和管理的一门综合性的应用科学。保险费率厘定的基本原则一般包括保证补偿原则、公平合理原则、相对稳定原则、促进防灾防损原则。厘定保险费率的基本原理是收支相等原理和大数定律，而基本方法包括判断法、分类法、增减法等。

保险精算又可分为寿险精算和非寿险精算，寿险精算中保险费率厘定的主要原理是利息理论与生命表，而非寿险精算中费率厘定的主要原理是损失与索赔次数和金额的具体分布。因此，寿险精算和非寿险精算费率厘定一般采用不同的方法。此外，寿险责任准备金可以分为理论准备金和实际准备金，而非寿险责任准备金一般包括未到期责任准备金和未决赔款准备金。

案例讨论

车险改革，消费者利好几何

机动车辆保险与百姓生活和切身利益关系密切，长期以来是财险领域第一大业务，社会关注度高。我国车险经过多年改革发展，取得了积极成效。2019 年，车险承保机动车达 2.6 亿辆，保费收入 8 189 亿元，占财险保费的 63%。但同时，车险领域高定价、高手续费、经营粗放等问题尚未得到根本解决，百姓日益增长的车险保障需要与车险供给之间的矛盾依然存在。

为了解决好车险领域复杂问题，实现车险高质量发展，更好维护消费者权益，银保监会在广泛征求各方意见的基础上，于 2020 年出台了《关于实施车险综合改革的指导意见》。

此次改革中，交强险责任限额提升格外引人关注。改革后，交强险总责任限额从 12.2 万元提高到 20 万元，其中死亡伤残赔偿限额从 11 万元提高到 18 万元，医疗费用赔偿限额从 1 万元提高到 1.8 万元，财产损失赔偿限额维持 0.2 万元不变；无责任赔偿限额按照相同比例进行调整，其中死亡伤残赔偿限额从 1.1 万元提高到 1.8 万元，医疗费用赔偿限额从 1 000 元提高到 1 800 元，财产损失赔偿限额维持 100 元不变。

"交强险责任限额提高，对司机和行人而言，都多了份保障。"北京市海淀区的一位车主马先生说。

"改革后，消费者将享受到更加全面、完善、规范的车险保障产品和服务。"中国社会科学院保险与经济发展研究中心副主任王向楠说。

"现在每年交 665 元交强险，未来保费有望再降 190 元，相当于大半箱油钱，改革带来的实惠看得见、摸得着。"内蒙古的一位车主说。

此次改革将在提高交强险责任限额的基础上，结合各地区交强险综合赔付率水平，在道路交通事故费率调整系数中引入区域浮动因子，下浮比例由原来的最低 30% 扩大到 50%，提高了对未发生赔付消费者的费率优惠幅度。

内蒙古的这位车主给记者算了笔账：以他的五座小轿车为例，第一年交强险保费为 950 元，此后在未发生赔付的情况下，保费最高优惠 30%，每年交 665 元，下浮比例扩大至最低 50% 后，可优惠至 475 元。

此外，交强险浮动比率中的上限保持不变，对于轻微交通事故，将研究不纳入费率上调浮动因素。

在商车险方面，无赔款优待系数将进一步优化。改革实施后，商车险无赔款优待系数将考虑赔付记录的范围由前 1 年扩大到前 3 年，对于偶然赔付消费者的费率上调幅度将降低。车险产品市场化水平提高，逐步放开自主定价系数浮动范围，第一步将自主定价系数范围确定为 0.65 ~ 1.35，第二步适时完全放开自主定价系数的范围。

"不同地区、不同车型和车主的费率变化情况有所差别，但总体上费率是降低的，消费者将从中受益。"王向楠说。

业内人士指出，改革后，车险费率"奖优罚劣"作用将更好发挥，驾驶习惯和安全记录良好的车主将更加受益，这也有利于促使广大车主进一步规范驾驶行为。

资料来源：屈信明.车险改革，消费者利好几何［N］.人民日报，2020-09-14.

思考讨论题

1. 车险费率"奖优罚劣"体现了保险费率厘定的哪些原则？

2. "此次改革将在提高交强险责任限额的基础上，结合各地区交强险综合赔付率水平，在道路交通事故费率调整系数中引入区域浮动因子。"引入区域浮动因子属于哪种费率厘定方法？这样做的好处是什么？

3. 案例中提到，"改革后，车险费率'奖优罚劣'作用将更好发挥，驾驶习惯和安全记录良好的车主将更加受益，这也有利于促使广大车主进一步规范驾驶行为。"请结合本章所学的知识，谈谈保险精算原则与社会责任之间的联系。

分析要点

1. 保险费率厘定的原则包括保证补偿原则、公平合理原则、相对稳定原则、促进防灾防损原则，"奖优罚劣"中的"优"与"劣"体现了不同的风险水平，因此要从风险不同、价格不同的角度思考该问题。

2. 保险费率厘定的主要方法包括判断法、分类法、增减法等。分析该题时首先应当明确引入区域浮动因子的作用是什么，以及这种做法对不同区域的保单价格的影响是什么样的。通过回答以上两个问题结合三种方法的定义即可明确这种做法属于哪种费率厘定方法。

3. 要回答这个问题，首先要掌握保险费率厘定的几个基本原则，再将这些原则与精算实践相结合，探讨保险精算背后所体现的社会责任。例如，本案例涉及的"奖优罚劣"一方面是保险公司精准化定价的需要，是费率厘定中公平合理原则的体现，另一方面则是通过价格这一调节器，促使人们改善驾驶习惯，遵守交通法规。保险费率厘定的每一条原则都与社会的平稳运行和提高人们道德水平息息相关。

重要术语

费率厘定　　　　大数定律　　　　收支相等原理　　　　纯保费费率

毛保费费率　　　责任准备金　　　生命表　　　　　　　利息

索赔频率　　　　索赔强度

思考题

1. 利息是什么？简述单利与复利的区别。

2. 为保证保险双方当事人的利益，防止欺诈或影响保险公司的偿付能力，精算师在进行保险费率厘定时一般遵循哪些原则？

3. 生命表是什么？它包括哪些内容？国民生命表与经验生命表有什么区别？

4. 未到期责任准备金与未决赔款准备金的区别是什么？

延伸阅读

即测即评

第十一章
保险运营

📝 **学习目标**

- 重点掌握保险运营的特征与原则
- 掌握保险展业的渠道及其特点
- 掌握保险承保的主要环节和保险承保控制的主要内容
- 理解保险防灾的意义与主要内容
- 掌握保险理赔的意义、原则与程序
- 理解保险投资的意义与资金来源
- 掌握保险投资的原则及其主要形式
- 通过学习保险展业和保险理赔的相关内容，形成诚实守信、严谨细致的工作作风，认识到只有坚守诚实守信、严谨细致的优良品德，保险经营者才能实现健康持续的发展，保险消费者才能维护自身的合法权益
- 通过学习保险防灾和保险投资的相关内容，增强风险防范意识，认识到保险在推动经济发展过程中的积极作用

🔖 **本章导读**

保险是经营风险的特殊行业，决定了保险运营活动也具有特殊性。保险公司运营水平的提升既能够提高保险服务的水平、增加客户黏性和满意度，又能够提高保险公司的经济效益、促进保险公司实现高质量发展。本章在介绍保险运营的特征与原则的基础上，对保险公司一系列的运营活动，包括保险展业和承保、防灾、理赔、投资进行了阐释。

✍️ **开篇案例**

中国保险服务创新十大趋势

移动通信的普及化以及人工智能、大数据、物联网等技术手段的发展正在改变着消费者的消费习惯，迫使保险行业创新保险服务以适应新的消费需求。德勤总结出中国保险服务创新的十大趋势。

一是客户服务线上化。很多保险公司已经大幅地减少了门市网点，实现了销

售、保全、理赔等流程的线上化、无纸化。

二是客户服务智能化、集中化。机器人和人工智能等技术开始应用于客户服务。

三是理赔不断提速。后台智能化程度的提升使得很多保险公司提出秒赔、闪赔的口号来吸引个人消费者。

四是农险定损手段日趋高科技。越来越多的保险公司在农险理赔勘查工具方面不断地提升高科技程度，提高定损的准确性。

五是多元服务打造生态圈。保险公司通过提供代驾、代年检、体检解读、在线医生等额外服务，多方位地进入用户的生活，最终提升用户忠诚度和消费总额。

六是基于驾驶人所为的保险（UBI）应用可能卷土重来。随着汽车的电子化程度不断提升以及车险企业大数据分析能力不断增强，基于驾驶员年龄、性别、车型、驾驶习惯等使用信息对车险定价的UBI可能卷土重来。

七是健康管理APP促进双赢。保险公司也越来越注重医疗服务，如提供就医绿色通道、协助购买抗癌症特效药、通过每日步数换取保额等，培养用户健康生活习惯的同时大大增加了用户黏性。

八是物联网提升风险预防。部分财产保险公司通过物联网等新技术实现主动监控，帮助客户主动预防风险，减少损失，最终使保户和保险公司达到共赢的局面。

九是医保直通。目前一些医院与保险公司的数据壁垒开始被打破，简化了理赔流程，使用户的服务体验更佳。

十是切入新媒体。保险公司广泛地运用公众号、APP等形式建立与用户的联系，包括投保、保全、理赔等很多的流程现在都可以在微信公众号或者APP操作。

资料来源：中国银行保险报网。

案例思考：

1. 越来越多的保险公司在销售保险产品时附加了一些免费的个性化客户服务项目，如：线上家庭医生、就医绿色通道等，分析保险公司的增值服务能够带来哪些商业价值和社会效应？

2. 近年来，直播带货、短视频等成为保险营销的新阵地，但是保险产品无法进行实体化展示，"保险＋新媒体"营销模式应注意哪些问题？

第一节　保险运营概述

保险运营是指保险公司为实现保险分散风险、补偿损失的基本功能和积蓄基金、监督风险的派生功能所从事业务活动的总称，通常包括承保业务运营和投资业务运营。其中承保业务即保险公司通过被保险人投保并缴纳保费的行为建立保险基金池，并在发生保险责任范围内的事故时进行赔付的业务；投资业务即对承保业务过程中形成的暂时闲置资金加以运用以实现资金保值增值目的的业务。保险公司的运营水平如何，对于公司自身经济效益乃至整个保险业的发展与社会稳定都会产生影响。本节主要对保险运营的特征与原则进行阐述。

一、保险运营的特征

（一）保险资产的负债性

保险公司是非银行金融机构的一种形态，主要分为人身保险公司和财产保险公司。通常，一般工商企业的资产中自有资本的占比较高，而金融机构的资产中负债的占比较高。尽管如此，包括保险公司在内的金融机构也必须拥有一定额度的资本金作为其开展正常运营活动的后盾。我国《保险法》第 69 条规定："设立保险公司，其注册资本的最低限额为人民币二亿元。"但就整体而言，保险企业的资产主要来自投保人按照保险合同向保险公司缴纳的保险费和保险储金，具体表现为从保险费中所提取的各种准备金。由于保险企业的资产大部分来源于向投保人收取的保险费，而这些保险费正是保险公司对被保险人或受益人未来赔偿或给付保险金责任的负债，故其资产具有负债性。

（二）保险运营活动的特殊性

保险运营以特定风险的存在为前提，以集合尽可能多的单位和个人风险为条件，以大数定律为数理基础，以经济补偿和给付为基本功能。因此，保险公司的运营活动，不是一般的物质生产和商品交换活动，而是一种具有经济保障性质的特殊的劳务活动。首先，这种劳务活动依赖于保险业务人员的专业素质。如果保险公司拥有一批高素质的业务人员，提供承保前、承保中和承保后的系列配套服务，社会公众对保险公司的信心就会增强，保险公司的竞争能力就会进一步提高。其次，这种劳务活动体现在保险公司的产品质量上。保险公司根据保险市场需求设计保险条款，合理规定保险责任，科学厘定保险费率，保险险种就能更加切合实际，保险合同数量就能逐渐增加，而保险合同数量愈多，保险的平均成本就愈少，保险运营也愈稳定。

（三）保险运营成本、利润核算的专业性

保险运营成本与一般工商企业产品成本核算的差异，表现在一般产品成本发生在过去，是确定的，而保险运营成本却发生在未来，具有不确定性。保险产品现时的价格（即保险费率）制订所依据的成本是过去的、历史的支出平均成本，而现时的价格又是用来补偿将来发生的成本，即过去成本产生现时价格，现时价格补偿将来成本。同时，在确定保险历史成本时，也需要大量的统计数据和资料。

事实上，一般保险公司无法获得足够的历史资料和数据，而且影响风险的因素随时都在变动，这就使得保险公司确定的历史成本不仅很难与现时价格吻合，更难以与未来成本相一致。因此，保险运营成本的不确定性决定了保险价格的合理度不如其他一般产品高，保险成本与保险价格的关系也不如其他商品密切。

此外，保险利润的核算也与一般企业不同。经营一般商品时，企业只需将商品的

销售收入减去成本、税金，剩下来的就是利润。由于保险公司在一年当中任何时候均可签发保险合同，而保险合同都有一定的存续期，因此在会计年度结算时，保险责任通常并未终结，一些索赔案件还不能结案，所以在核算保险利润时不能简单地将当年的保费收入减去当年的赔付支出、费用和税金，必须将未到期责任准备金、未决赔款准备金、寿险责任准备金、长期健康险责任准备金等考虑进去，在扣除了上述各项准备金之后，剩余的部分才是保险公司的营业利润。

📑 知识链接 11-1

承保利润的计算

承保利润是指保险公司从保费收入中扣除赔付支出和其他支出后的剩余部分。在不考虑投资收益、仅考虑承保业务的情况下：

寿险公司承保利润＝保费收入＋分入保费－分出保费－提取未到期责任准备金－（退保金＋赔付支出－摊回赔付支出＋提取保险责任准备金[①]－摊回保险责任准备金＋保单红利支出）－（税金及附加＋保险业务的手续费及佣金支出＋保险业务的业务及管理费＋分保费用－摊回分保费用＋其他营运成本）

财险公司承保利润＝保费收入＋分入保费－分出保费－提取未到期责任准备金－（赔付支出－摊回赔付支出＋提取未决赔款准备金－摊回未决赔款准备金＋提取农险准备金[②]）－（税金及附加＋保险业务的手续费及佣金支出＋保险业务的业务及管理费＋分保费用－摊回分保费用＋其他营运成本）

资料来源：郭振华.保险公司经营分析：基于财务报告［M］.上海：上海交通大学出版社，2018.

（四）保险运营影响的广泛性

保险公司的经营涉及众多的保险消费者，经营的地域也可能突破地区和国界的限制。保险消费者既包括不同行业的企业法人、各种事业单位以及国家机关，也包括各行各业和各个阶层的自然人。无论是自然人还是法人，一旦保险经营失败，保险公司丧失偿付能力，势必影响到广大保险消费者的生产生活，甚至危及金融系统和社会稳定。

🖥 案例 11-1

美国国际集团（AIG）的破产危机

美国国际集团（简称 AIG）曾经是全球首届一指的国际性保险及金融服务机构，业务遍布全球 130 多个国家及地区，经营范围涉及保险、金融、资产管理、航

---

① 此处的保险责任准备金包含未决赔款准备金、寿险责任准备金、长期健康险责任准备金。

② 农险准备金是指在提取未到期责任准备金和未决赔款责任准备金之后，在税前提取的应对农业保险业务大灾的准备金。

空、电信等领域，在 2008 年福布斯全球 2 000 大跨国企业名单中排名第 18 位。

　　2007 年次贷危机爆发，AIG 旗下金融产品公司的"信贷违约掉期"金融衍生品业务暴露严重风险，亏损额巨大，陷入流动性危机。2008 年 9 月 16 日，AIG 董事会接受美国政府拯救方案：美联储授权纽约联邦储备银行向 AIG 发放 850 亿美元紧急贷款，贷款以 AIG 的全部资产为抵押。作为提供贷款的条件，美国政府持有 AIG 79.9% 的股份，并有权否决普通股和优先股股东的派息收益。美联储的"援助"并没有缓解保险市场愈发恐慌的局面，中国、新加坡等地出现了客户退保潮。2008 年 10 月 8 日，美国政府向 AIG 再增 378 亿美元援助。

　　AIG 这只"保险巨擘"为何在金融危机中濒临破产？美国政府为何向 AIG 伸出援助之手？其背后显现出来的问题，值得人们深思。

【分析】

　　保险保障功能，是保险业的行业根基和社会价值。AIG 的风险不是由传统保险主业产生，而是源于金融衍生产品。公司为追求成长性，大量地参与金融衍生产品交易，致使公司风险承担能力下降，在金融危机中遭受巨额亏损。AIG 的资产规模庞大，其保险业务遍布美国各个商业领域，并与全球金融系统密切连接。一旦破产，将极大提高市场的借贷成本，削减美国家庭财富，对美国甚至全球的实体经济带来巨大冲击。正是由于 AIG 运营影响的广泛性，使得美国政府不得不伸出援手。由此可见，作为系统重要性保险机构，聚焦保险主业、实现稳健运营对维护金融市场和社会稳定具有重要的意义。

　　资料来源：李娅，张倩.AIG 被接管对我国保险业的警示 [J].保险研究，2008（11）：107–111.

二、保险运营的原则

　　保险运营的原则是指保险公司从事保险经济活动的行为准则。由于保险产品的特性，保险公司运营所遵循的原则也具有特殊性。

　　（一）风险大量原则

　　风险大量原则是指保险人在可保风险的范围内，应根据自己的承保能力，争取承保尽可能多的风险和标的。风险大量原则是保险运营的基本原则，这是因为：第一，保险的运营过程实际上就是风险管理过程，而风险的发生是偶然的、不确定的，保险公司只有承保尽可能多的风险和标的，才能建立起雄厚的保险基金，以保证保险经济补偿职能的履行。第二，保险运营是以大数定律为基础的，只有承保大量的风险和标的，才能使风险发生的实际情形更接近预先计算的风险损失频率，以确保保险运营的稳定性。第三，扩大承保数量是保险公司提高经济效益的一个重要途径。承保的标的越多，规模效应所带来的营业费用的下降程度会越显著。

　　（二）风险同质原则

　　风险同质原则是指保险人承保的同一类业务中，不同保险标的的风险性质要基本相同。在现实生活中，保险标的千差万别，风险的性质各异，其发生频率和损失强度各不相同。为了保证保险运营的稳定，保险人在承保时对所承保风险必须有所选择，尽量使同一类业务在风险性质上做到基本一致。只有这样，才能满足大数定律的要求，使估算的损失概率趋于可靠和稳定。

（三）风险选择原则

为了保证保险运营的稳定性，保险人在承保时不仅需要签订大量的、以可保风险和标的为内容的保险合同，还需对所承保的风险加以选择。风险选择原则要求保险人对承保标的的风险种类、风险程度和投保金额进行评估，从而决定是否接受投保。保险人对风险的选择表现在两方面：一是尽量选择同质风险标的承保，从而使风险能从量的方面进行测定，实现风险的平均分散；二是淘汰那些超出可保风险条件或范围的保险标的。

（四）风险分散原则

风险分散原则是指将某一风险责任由众多个体共同分担。保险运营的实践证明，如果保险人承担的风险过于集中，那么一旦发生较大的风险事件，保险人就无法赔付巨额损失。这既威胁着保险公司的生存，也有损被保险人的利益。因此，保险人为保证运营的稳定性，应使风险分散的范围尽可能扩大。风险分散一般分为承保时的分散和承保后的分散两种。承保时，保险人分散风险的手段包括控制保险金额、规定免赔额（率）和实行比例承保。[1] 承保后，保险人主要通过运用再保险和共同保险来进一步分散风险。

第二节　保险展业与承保

保险人通过展业活动，让潜在的保险客户了解保险产品进而购买保险。当投保人有了购买保险的意愿时，就会提出投保申请，保险人核保后做出是否承保或以何种条件承保的决策，进而开展后续的保险流程。

一、保险展业

（一）保险展业的概念

保险展业是指通过保险宣传，引导和促使具有保险需求的单位或个人购买保险的行为。保险展业是保险经营活动的起点，它由保险宣传和保单销售构成。展业面越宽，承保面越大，获得风险保障的风险单位数越多，风险就越能在空间和时间上得以分散。

商业保险大都属于自愿保险，保险双方当事人地位平等。《保险法》第 11 条规定："订立保险合同，应当协商一致，遵循公平原则确定各方的权利和义务。除法律、行

---

[1] 比例承保是指保险人按照保险标的的实际价值的一定比例确定保险金额。

政法规规定必须保险的外，保险合同自愿订立。"因此，保险公司在开展保险业务过程中，不能用利诱或强迫的手段来招揽业务。

（二）保险展业渠道及其特点

保险展业渠道是指保险产品从保险公司向保险客户转移过程中所经过的途径。

根据有无中间商参与交换活动，可以分为直接展业渠道和间接展业渠道。直接展业渠道又称直销制，是指保险人通过领取薪金的业务人员向保险客户直接提供各种保险产品和服务。间接展业渠道又称中介制，是指保险人通过保险代理人与保险经纪人等中介机构销售保险产品。新型展业渠道主要包括交叉展业、电话展业、互联网展业（包括保险公司官网、手机第三方应用程序、微信公众号、保险中介的网站、第三方电子商务平台）等。①

在保险业发展的初期，保险人大都采用直销制展业。但随着保险业的发展，保险人仅仅依靠自身的业务人员和分支机构进行保险展业远远不够，同时也不经济。因为无论保险人的资金实力有多雄厚，都难以建立一支足以包容整个保险市场的展业队伍，即使可能，庞大的工资支出和业务费用势必提高保险经营的成本。因此，在现代保险市场上，保险人在依靠自身的业务人员进行直接展业的同时，会更广泛地利用保险中介机构进行间接展业。此外，随着信息技术的发展和竞争的加剧，新型展业渠道层出不穷。

1. 直接展业渠道

直接展业渠道即保险公司依靠自身专业人员直接承揽业务，一般适用于大型保险公司，因为其具有较大的规模和比较健全的分支机构。

直接展业渠道的优点表现在：一是保险营销人员直接代表公司开展业务，具有较强的公司特征，有利于在客户中树立良好的公司形象，减少销售误导。二是保险营销人员的工作稳定性强，有利于与保户之间建立长期关系。

2. 间接展业渠道

（1）保险代理人展业。我国《保险代理人监管规定》第 2 条规定："保险代理人是指根据保险公司的委托，向保险公司收取佣金，在保险公司授权的范围内代为办理保险业务的机构或者个人，包括保险专业代理机构、保险兼业代理机构及个人保险代理人。"

保险代理人展业的优势表现在：一是有利于降低保险运营成本。保险公司只需向代理人支付代理手续费，这样就节约了在直销制下必须支付的员工福利等费用。二是有利于增强保险供给能力。保险代理人弥补了保险公司营业网点少、展业人员不足的缺点，提高了保险公司的供给能力。

（2）保险经纪人展业。保险经纪人是指基于投保人的利益，为投保人与保险公司订立保险合同提供中介服务，并依法收取佣金的机构，包括保险经纪公司及其分支机构。

保险经纪人展业的优势表现在：一是保险经纪人提供服务的专业性强。保险经纪

---

① 郭颂平，赵春梅.保险营销学（第四版）[M].北京：中国金融出版社，2018.

人具有丰富的保险业务经验，可以帮助投保人识别潜在风险，帮助投保人寻找合适的保险公司和保险产品。二是投保人的利益可以得到更好的保障。一般保险公司在获得业务后会向保险经纪人支付酬劳，因此通过保险经纪人投保，不会增加投保人的额外开支。此外，如果因为保险经纪人的疏忽致使被保险人利益受到损害，保险经纪人要承担法律责任。

（3）银行保险展业。狭义的银行保险展业是指通过银行代理销售保险产品，广义的银行保险展业是指通过银行、邮局、证券等兼业代理机构销售保险产品。银保渠道一直是保险公司展业的主要渠道之一。银行网点多、遍布城乡，通过银行购买保险产品简单、便捷，还能与家庭理财规划相结合，从而为消费者提供更适合的产品。

📖 **拓展阅读 11-1**

> **我国保险中介行业市场运行情况**
>
>

3. 新型展业渠道

（1）保险交叉展业。保险交叉展业是指保险集团下属子公司或参股公司之间进行客户共享与客户需求的交叉挖掘。例如，向已购买了寿险产品的寿险公司客户兜售财产保险产品。保险交叉展业渠道有利于提高客户忠诚度，有效利用营销资源，从而提高公司利润。

（2）电话保险展业。电话保险展业主要是指保险公司主动呼出或接受客户呼入，通过电话销售中心或委托保险代理机构销售保险产品。电话保险展业缩短了公司与客户在时间、空间上的距离，降低了运营成本。由于系统对销售人员与客户的沟通进行了全程录音，有利于保障客户的基本权益。

（3）互联网保险展业。互联网保险展业是指通过保险公司官网、手机第三方应用程序（APP）、微信、保险中介机构网站、第三方平台（如淘宝、京东）等销售保险产品。互联网保险展业渠道摆脱了传统展业渠道在时间、地点等方面的束缚，产品咨询、投保等操作均在线上完成，极大简化了整个投保流程，信息流通更加快速且更有效率，保户与保险公司均能从中获益。

💻 **知识链接 11-2**

> **我国互联网保险发展现状**
>
> 《互联网保险业务监管办法》第 2 条规定：互联网保险业务是指保险机构依托互联网订立保险合同、提供保险服务的保险经营活动，互联网保险产品是指保险机

构通过互联网销售的保险产品。随着移动互联网的普及和数字技术在保险行业的不断深入运用，近年来互联网保险取得了高速发展，深刻影响着整个保险业态。2020年我国互联网保险发展概况如表11-1所示。

表11-1 2020年我国互联网保险发展概况

项目		互联网财产保险市场	互联网人身保险市场
经营主体（家）		73	61
保费收入（亿元）		797.95	2 110.8
前三大险种	险种	意健险、车险、其他险	人寿险、年金险、健康险
	保费收入（亿元）	656.70	2 038.4
	占比（%）	82.30	96.6
第三方展业渠道	保费收入（亿元）	593.23	1 787
	占比（%）	74.34	84.7

2020年，互联网人身保险业务累计实现保费收入2 110.8亿元，同比增长13.6%。受新冠疫情以及车险综改、意外险改革、信用保证保险新规等监管因素综合影响，互联网财产保险业务累计实现保费收入797.95亿元，同比下降4.85%。

在互联网人身保险领域，2020年，人寿险、年金险、健康险为前三大险种，累计保费收入2 038.4亿元，占比96.6%。在互联网财产保险领域，互联网非车险业务发展优于车险业务，意健险、车险和其他险（主要包括退货运费险）为前三大险种，累计保费收入656.70亿元，占比82.30%。

互联网财产保险业务和互联网人身保险业务均呈现以渠道合作为主、保险公司官网自营为辅的经营模式。2020年，互联网财产保险通过第三方展业渠道（包括第三方网络平台和保险中介机构）累计实现保费收入593.23亿元，占比74.34%；互联网人身保险通过第三方展业渠道累计实现保费收入1 787亿元，占比84.7%。

资料来源：中国保险行业协会。

二、保险承保

（一）保险承保的概念

保险承保是指签订保险合同的过程，即保险人对投保人所提出的投保申请进行审核，同意接受风险的合同行为。

保险承保是保险运营过程中必不可少的环节，通过承保，保险人可筛选出不可保风险及不合格的被保险人和保险标的，从而实现风险的分散、费率的公平。

（二）保险承保的主要环节

保险承保的流程如图11-1所示。

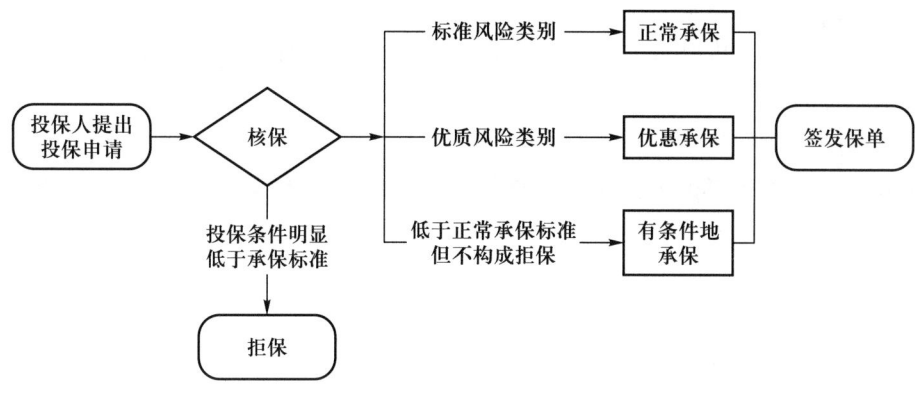

图 11-1　保险承保流程图

1. 核保

核保是指保险公司在对投保信息全面掌握、核实的基础上，对风险进行评判与分类，进而决定是否承保、以什么样的条件承保的过程。

核保的主要目标在于辨别保险标的的危险程度，并据此对保险标的进行分类，按不同标准进行承保、制定费率，从而保证承保业务的质量。核保工作的好坏直接关系到保险合同能否顺利履行，关系到保险公司的承保盈亏和财务稳定。因此，严格规范的核保工作是衡量保险公司营运水平高低的重要标志。保险核保的信息来源主要有：投保单、销售人员和投保人提供的情况以及保险人通过调查获取的信息等。

在财产保险中，保险人主要的核保要素包括：保险标的物所处的环境；保险财产的占用性质；保险标的物的主要风险隐患和关键防护部位及防护措施状况；是否有处于危险状态中的财产；各种安全管理制度的制定和实施情况；被保险人以往的事故记录等。

在人身保险中，保险人主要的核保要素包括：被保险人的年龄、性别、职业、健康状况、体格、习惯、嗜好、居住环境、个人病史、家族病史等。

2. 做出承保决策

保险承保人员对收集的核保信息加以整理，并依据这些信息进行承保选择和承保控制之后，可做出以下承保决策：一是正常承保。对于属于标准风险类别的保险标的，保险公司按标准费率予以承保。二是优惠承保。对于属于优质风险类别的保险标的，保险公司按低于标准费率的优惠费率予以承保。三是有条件地承保。对于低于正常承保标准但又不构成拒保条件的保险标的，保险公司通过增加限制性条件或加收附加保费的方式予以承保。例如，在财产保险中，保险人要求投保人安装自动报警系统等安全设施后才予以承保；如果保险标的低于承保标准，保险人采用减少保险金额，使用较高的免赔额或较高的保险费率的方式承保。四是拒保。如果投保人投保条件明显低于保险人的承保标准，保险人就会拒绝承保。对于拒绝承保的保险标的，要及时向投保人发出拒保通知。

3. 签发保单

对于同意承保的投保申请，承保人员要缮制保险单，并向投保人及时签发保单。

（三）保险承保控制

保险承保控制是指保险人在承保时控制逆选择，控制保险责任，防范投保方的道德风险和心理风险。

1. 控制逆选择

保险人控制逆选择的方法是对不符合承保条件者不予承保，或者有条件地承保。例如，投保人就自己易遭受火灾的房屋投保火灾保险，保险人就会提高保险费率承保。

2. 控制责任范围

对于常规风险，保险人通常按照基本条款予以承保。对于一些具有特殊风险的保险标的，保险人需要与投保人充分协商保险条件、免赔额、责任免除和附加条款等内容后特约承保。

3. 控制人为风险

人为风险包括道德风险和心理风险。从承保的观点来看，保险人控制道德风险发生的有效方法就是将保险金额控制在适当额度内。因此，保险人在承保时要注意投保金额是否适当，尽量避免超额承保。保险人在承保时对心理风险的控制常采用限额承保和规定免赔额（率）的手段，以激励被保险人克服心理风险因素，加强对保险标的的安全维护。

 知识链接 11-3

人身险核保风控的趋势展望

受益于宏观经济的稳健增长、消费者逐渐提升的收入和风险意识以及数字化经济的迅速普及，中国将有可能在 2030 年中期成为全球最大的保险市场。在此期间，人身险核保风控将呈现四个发展趋势。

一是以消费者为中心。科技赋能使得核保风控能够扩大保险保障群体，拓展之前未被发现的消费者保障需求。保险逐渐转变为"保险＋服务"，通过增值服务增加客户黏性，从而对核保风控工作提出了更高的标准和要求，需要利用科技手段，围绕"以消费者为中心"，加强风控流程，优化业务质量。

二是线上线下相融合。通过与前沿科学技术或跨行业互联网服务相结合，核保风控在场景方面可以突破渠道限制，结合此前只能在线下实现的核保风控手段（如线下体检、医疗服务等），既能拓展线上产品丰富度，也能提高线下核保风控的便捷性。在线上线下渠道融合加深后，未来包括核保风控在内的保险服务模式将越来越趋向于数字化和智能化。

三是全流程和动态化。随着互联网上积累了大量消费者行为数据，核保风控不再仅仅是承保前静态的风控手段，而将成为伴随整个保单生命周期的全流程动态化风险管理方式。例如，通过为客户提供运动传感器等可穿戴设备，根据收集的客户生活方式数据实时设置保费，既能够降低投保人的出险概率，也有助于保险公司降低成本，实现双赢局面。

四是风控前置及协同。随着保险业越来越重视消费者的需求，核保风控流程也开始更贴近客户，即在前端销售期就开始融合核保风控，通过在销售时收集客户数据、结合核保规则进行初步审核，并根据结果定制产品方案，避免客户投保后核保失败、流程反复，从而提升了客户体验。（再）保险公司及保险中介的数字化创新发展、风控手段的发展都离不开产业链生态的建设，技术、业务、多方协作需要依托数字化的生态环境及合作伙伴，进而可以促进企业自身价值提升。

资料来源：慧择奇点研究院，瑞再研究院。

 拓展阅读 11-2

新冠疫情推进保险行业线上业务发展

第三节　保险防灾与理赔

保险防灾与理赔是保险运营的重要环节，也是保险服务的内容之一。实施保险防灾，有利于维护人们生命和财产安全，减少社会财富的损失，保险理赔是保险经济补偿功能的体现，可以检验承保工作的质量，发现保险防灾出现的问题和漏洞。

一、保险防灾

保险防灾，是指保险人与被保险人对所承保的保险标的采取措施，减少或消除风险发生的因素，防止或减少灾害事故所造成的损失，从而降低保险成本，增加经济效益的一种经营活动。保险防灾作为全社会防灾防损的重要组成部分之一，它既补充和促进了社会防灾防损的内容，同时也发挥着稳定社会经济和保障社会财富安全的作用。

（一）保险防灾的意义

1. 保险防灾有利于保障人民的生命和财产安全

灾害事故可能造成无法挽回的人身伤亡、财产损失，并导致巨大的心理伤害。保险防灾防患于未然，有助于减少风险事故的发生和对被保险人所造成的损失，保障人民的生命和财产安全。

2. 保险防灾有利于促进投保企业的经营管理

当投保企业参保后，须按照保险合同的安全规定，做好防灾防损的工作。同时，保险公司也可以通过防灾防损的安全宣传和安全检查，提供消除安全隐患和风险管理的建议，从而有助于改善企业的经营管理。

3. 保险防灾有利于减轻投保人的保险费负担

确定保险费率的主要依据是保险标的的出险频率和损失程度。通过保险防灾，既可以降低保险事故的发生频率，也可以减轻保险标的的损失程度，相应地降低赔付支出，从而为逐步降低保险费率创造条件，减轻投保人的保费负担。

4. 保险防灾有利于提高保险业务的质量

保险公司结合保险业务的开展进行保险防灾活动，可以随时了解保险标的的安全管理状况，根据风险程度的变化，及时调整保险费率，有利于保险经营的稳定及保险业务质量的提高。

（二）保险防灾的主要内容

1. 加强同各防灾部门的联系与合作

加强与各专业防灾部门的联系，参加各种专业防灾部门的活动，比如公安消防部门对风险建筑的防灾检查，防汛部门对防汛措施的检查，商检部门对货物的商品检验等。

2. 开展防灾防损的宣传教育

运用各种方式开展防灾防损的宣传教育，使消费者了解灾害事故的性质及危害，学会识别风险隐患，掌握风险管理的方法和处置措施（如灭火、抗洪和防震等技术措施），提高全社会防灾减损的意识和能力。

3. 进行防灾防损检查

防灾防损检查方式主要有：配合防灾防损专业部门检查、配合企业的主管部门进行系统性的防灾防损检查、聘请专家和技术人员开展重点检查、对承保企业进行防灾防损检查等。在发现不安全因素和事故隐患时，保险公司及时向投保单位提出整改意见，并予以指导和帮助。

4. 参与抢险救灾

保险公司在灾害正在蔓延时，参与和组织抢救保险财产，防止灾害蔓延；在灾害发生之后，协助被保险人对受灾财产进行整理、保护和妥善处理残余物资。

5. 提取防灾费用，建立防灾基金

从保费收入中提取一定比例建立防灾基金，防灾基金既可用于提升社会防灾能力，如资助地方消防、交通、航运和医疗卫生部门添置公共防灾设备，奖励防灾部门和人员等，也可作为保险公司应对突发性的重大灾害时的急用资金。

6. 开展灾情调查，提供防灾服务

一方面，开展灾情调查研究，积累灾情资料，掌握灾害发生的规律性，提高防灾效果。例如，有的保险公司要求对资产在 500 万元以上的投保人建立防灾档案。另一方面，利用信息和技术的优势提供各种防灾服务，比如防灾技术咨询服务、风险评估服务、事故调查服务、灾情信息服务和安全技术成果推广服务等。

案例 11-2

"保险＋气象"深度融合　合力提升气象灾害风险管理水平

智慧气象灾害风控平台是湖南省气象局与人保财险湖南分公司的合作项目之一，也是全国首个保险业务和气象业务深度融合的系统平台。它实现了气象灾害风险实时识别预警、风险应急调度防控、防控响应过程实时反馈、反馈结果统计分析的全流程闭环运行，完成了气象服务嵌入保险业务的深度融合。

2021 年汛期，湖南多地遭受强对流天气侵袭，人保财险湖南分公司与省气象局加强沟通交流，深化合作，提高精准天气预警对防灾减损工作的指导性。借助平台，气象部门开展递进式预警服务，及时发布风险预警和影响预报，向各级人保财险防灾减损责任人发送应急调度指令，同时在人保财险服务微信群对省市县保险机构加强精细化指导。2021 年 5 月初以来，人保财险湖南分公司通过平台触发 1 136 项、涵盖 56 000 余人次的灾害天气预警信息，派发临灾巡查调度任务 680 余次，出动 500 余人次对地势低洼地段、地下车库进行巡查和值守，处置 60 多处低洼地段水淹风险点，排查 158 家客户单位。2021 以来，湖南保险气象服务累计为人保财险湖南分公司实现防灾减损金额超 8 亿元。

【分析】

保险公司与气象部门合作设立的智慧气象灾害风控平台实现了"保险＋气象"行业基础数据、业务服务流程以及技术、算法、模型、标准的深度融合，充分发挥了气象预报、预警、短临监测在灾前转移、灾中施救、灾后勘损中的防灾防损作用，既保障了人民生命财产安全，又提升了保险业务的质量。

（案例来源：曾彦彦，李好.湖南：气象服务助保险两年减损超 8 亿元［N］.中国气象报社，2022-01-10.

二、保险理赔

保险理赔是指保险人在保险标的发生风险事故后，对被保险人提出的索赔请求进行处理的行为。投保人投保主要是为了在发生保险事故的时候得到保险保障，所以保险事故发生后，保险人应及时履行赔偿、给付保险金的责任。

（一）保险理赔的意义

1. 保险理赔是保险发挥其经济补偿功能最具体和最明显的表现

保险的主要功能是通过其业务的开展，建立庞大的保险基金，用以补偿被保险人因特定灾害或意外事故等所致的经济损失。它的实际效果，对于个人来讲，可以使其家庭经济生活获得安定；对于经济组织来讲，可使其经营活动获得经济保障；对于整个社会来讲，可以使国民经济不至于因个别地区或部门遭受灾害损失而受重大影响。

2. 保险理赔是加强防灾、减少社会财富损失的重要途径

在实施保险理赔过程中，保险公司通过实地查勘、案件调查、情况分析等，发现被保险人在财产管理上的缺陷并提出改进建议。保险公司还能通过对大量同类企业、同类案件的归集分析，发现某地区或某行业灾害发生的规律，指导日后防灾工作的开展。

3. 保险理赔能促进其他业务部门经营管理水平的提升

承保、防灾和理赔，是整个保险业务运营的三个基本内容。理赔工作对承保和防灾工作的效果起着检验作用，同时也可以发现展业过程中存在的问题。将理赔工作中发现的问题反馈到相关业务部门并改进，可以提升保险公司的整体运营水平。运营水平的提升促使保险赔付率降低，最终又能为保险费率的降低创造条件。

知识链接 11-4

保险理赔人员

保险理赔工作主要靠理赔人员来做。保险理赔人员作为专门从事保险理赔工作的人员可以分为两种类型：一是保险公司的专职核赔人员，二是理赔代理人。前者直接根据被保险人的索赔要求处理保险公司的理赔事务。后者则接受保险公司的委托从事理赔工作。在国际保险市场上就有专门从事代为处理理赔案和检验工作的代理人，他们在某些险种（如海洋货物运输保险、远洋船舶保险等）的理赔工作中，对于提高理赔工作质量和节省查勘费用起到了一定的作用。

资料来源：张虹，陈迪红.保险学原理［M］.北京：清华大学出版社，2018.

（二）保险理赔的原则

1. 重合同、守信用

保险合同明确规定了保险合同双方当事人的权利和义务，保险理赔是保险人履行保险合同义务的具体体现。在实施保险理赔工作过程中，保险人应严格按照保险合同的规定受理赔案、确定损失并提供充分合理的依据。

2. 实事求是

被保险人提出的索赔案件形形色色，案发原因也错综复杂。因此，对于一些损失原因极为复杂的索赔，保险人除了按照条款规定处理赔案外，还须实事求是、合情合理地处理，在评估事故损失时，既不夸大，也不缩小，在补偿事故损失时，既不惜赔，也不滥赔。此外，实事求是的原则还体现在保险人的通融赔付方面。所谓通融赔付，是指按照保险合同条款的规定，本不应由保险人赔付的经济损失，由于一些其他原因的影响，保险人给予全部或部分补偿或给付。当然，通融赔付不是无原则的随意赔付，而是对保险损失补偿原则的灵活运用。具体来说，保险人在通融赔付中应掌握的要求有：第一，有利于保险业务的稳定与发展；第二，有利于维护保险公司的信誉和在市场竞争中的地位；第三，有利于社会的安定团结。

3. 主动、迅速、准确、合理

"主动、迅速"，是指保险公司在处理赔案时积极主动、不拖延，应及时深入现场

进行查勘，及时审理损失金额，对属于保险责任范围内的灾害损失，要迅速估算损失金额，及时赔付。"准确、合理"，就是保险人应正确找出致损原因，合理估计损失，科学确定赔付与否及赔付额度。

为了保护被保险人的利益，贯彻"主动、迅速、准确、合理"的原则，我国《保险法》第23条明确规定："保险人收到被保险人或者受益人的赔偿或者给付保险金的请求后，应当及时作出核定；情形复杂的，应当在三十日内作出核定，但合同另有约定的除外。保险人应当将核定结果通知被保险人或者受益人；对属于保险责任的，在与被保险人或者受益人达成赔偿或者给付保险金的协议后十日内，履行赔偿或者给付保险金义务。"此外，我国《保险法》第25条还规定："保险人自收到赔偿或者给付保险金的请求和有关证明、资料之日起六十日内，对其赔偿或者给付保险金的数额不能确定的，应当根据已有证明和资料可以确定的数额先予支付；保险人最终确定赔偿或者给付保险金的数额后，应当支付相应的差额。"

案例 11-3

等待期内检查、等待期后确诊恶性肿瘤，保险公司是否应该赔？

2020年5月6日，林女士购买了某保险公司的一份重疾险产品，保额为30万元，等待期为90天。林女士购买保险时告知自己患有甲状腺结节3级，保险公司将其作为除外责任承保。2020年7月30日，林女士去医院进行身体检查，检查结果显示可能患有鼻咽癌，需要进行活检，此时仍处于重疾险的等待期内。2020年8月10日，活检结果出来，林女士确诊鼻咽癌。鼻咽癌属于恶性肿瘤，属于林女士购买的重疾险责任范围。8月11日，林女士办理了住院手续，向保险公司申请理赔，并提交了相关证明材料。9月15日，保险公司告知林女士理赔申请通过，30万元理赔款将于5日内到账。

【分析】

等待期是保险合同生效后的一段疾病观察期。一般来说，只要在等待期内出险，保险公司是不承担赔付责任的。林女士在该重疾险的等待期内进行检查，但在等待期届满后确诊。按照保险合同条款，被保险人在等待期后确诊首次患有合同所定义的重大疾病，保险公司应该承担赔付责任。

（三）保险理赔的程序

保险理赔的程序包括接受损失通知书、审核保险责任、进行损失调查、赔偿给付保险金、损余处理及代位追偿等步骤，如图11-2所示。

1. 接受损失通知书

保险事故发生后，被保险人或受益人应将事故发生的时间、地点、原因及其他有关

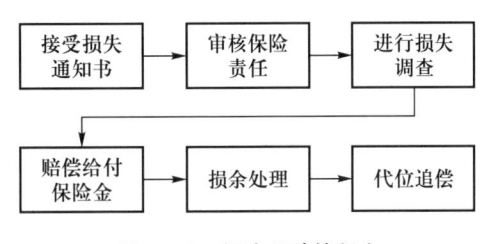

图 11-2 保险理赔的程序

情况，以最快的方式通知保险人，并提出索赔请求。发出损失通知书是被保险人必须履行的义务。发出损失通知书通常有时限要求，比如被保险人在保险财产遭受保险责任范围内的盗窃损失后，应当在 24 小时内通知保险人，否则保险人有权不予赔偿。此外，有的险种没有明确的时限规定，只要求被保险人在其可能做到的情况下，尽快将事故损失通知保险人，如果被保险人在法律规定或合同约定的索赔时效内未通知保险人，可视为其放弃索赔权利。

被保险人发出损失通知的方式可以是口头的，也可用函电等其他形式，并提供各种必需的索赔单证，如保险单、账册、发票、出险证明书、损失鉴定书、损失清单、检验报告等。如果损失涉及第三者责任，被保险人还需出具权益转让书给保险人，由保险人代为行使向第三者的追偿权。

2. 审核保险责任

保险人收到损失通知书后，应立即审核该索赔案件是否属于保险人的责任，其审核的内容可包括以下几方面：保险单是否仍有效力；损失是否由所承保的风险所引起；财产险中损失的财产是否为保险财产；损失是否发生在保单所载明的地点；损失是否发生在保险单的有效期内；请求赔偿的人是否有权提出索赔；索赔是否有欺诈。

3. 进行损失调查

（1）分析损失原因。在保险事故中，造成损失的原因通常是错综复杂的。例如，船舶发生损失的原因有船舶本身不具备适航能力，船舶机件的自然磨损，自然灾害或意外事故的影响等。只有对损失的原因进行具体分析，才能确定其是否属于保险人承保的责任范围。

（2）确定损失程度。保险人要根据被保险人提出的损失清单或损失证明逐项加以查证。如对于货物短少的情况，要根据原始单据的到货数量，确定短少的数额；对于不能确定货物损失数量的，或受损货物仍有部分完好或经加工后仍有价值的，要估算出一个合理的贬值率来确定损失程度。

（3）认定被保险人的求偿权利。保险合同中规定的被保险人的义务是保险人承担赔偿责任的前提条件。如果被保险人违背了这些事项，保险人可以以此为由不予赔偿。例如，当保险标的的风险增加时，被保险人未履行通知义务；保险事故发生后，被保险人未采取必要合理的抢救措施来防止损害扩大等。这些问题足以使被保险人丧失索赔的权利。

4. 赔偿、给付保险金

保险事故发生后，经调查属实并估算赔偿金额后，保险人应立即履行赔偿给付的责任。对于人寿保险合同，只要保险人认定寿险保单有效，受益人的身份合法，保险事故发生属实，便可在约定的保险金额内给付保险金。对于财产保险合同，保险人则应根据保险单类别、损害程度、标的价值、可保利益、保险金额、损失补偿原则等理算赔偿金额后进行赔付。

5. 损余处理

一般来说，在财产保险中，受损的财产会有一定的残值。我国《保险法》第 59 条规定："保险事故发生后，保险人已支付了全部保险金额，并且保险金额等于保险价值的，受损保险标的的全部权利归于保险人；保险金额低于保险价值的，保险人按照保险金额与保险价值的比例取得受损保险标的的部分权利。"

6. 代位追偿

如果保险事故是由第三者的过失或非法行为引起的，第三者对被保险人的损失须负赔偿责任。保险人可按保险合同的约定或法律的规定，在向被保险人赔偿后，取得对第三者的追偿权。

第四节 保险投资

从保险业的发展趋势来看，保险公司已从单纯的经济补偿机构逐步转变为既有补偿功能又有融资功能的综合性金融企业。投资业务与承保业务并驾齐驱，已经成为现代保险业生存和发展的重要支柱。

一、保险投资及其意义

保险投资，也称为保险资金运用，是保险公司在业务经营过程中，将其累积的保险资金用于投资，使其增值的活动。保险投资是维持保险公司偿付能力的重要保证，对于保险公司的健康运营以及整个金融市场都具有重要的意义。

（一）降低保险产品的价格，增强保险公司的竞争力

保险产品的价格是保险公司间展开竞争的手段之一。而保险产品的价格厘定的假设之一是对保险资金未来投资收益率的假定，如果保险公司能够在其他定价条件保持不变的情况下通过保险资金的合理运用，获得超过假设的投资收益率，那么保险公司就可以在保持利润目标的前提下通过降低保险产品价格来吸引更多的客户，增强保险公司的竞争力。

（二）促进金融市场的健康发展

保险业已经成为现代金融业的重要组成部分，保险业的健康发展能够促进金融业的持续繁荣，而金融市场的成熟与完善也为保险资金运用提供了良好的平台。一方面，保险资金投资资本市场和债券市场，有助于实现自身保值增值的目标；另一方面，保险资金也成为金融市场长期稳定资金的重要来源，促进了金融市场的稳定繁荣。

（三）增加社会资金的供应量，促进国民经济发展

通过对资本市场和债券市场的投资，规模庞大的保险资金不仅有利于推动金融市场的发展完善，而且间接地为企业提供了融资支持，有助于解决企业资金短缺的问题。同时保险资金也常常投资于基础设施建设，为国民经济的健康快速发展提供资金支持。

📖 **知识链接 11-5**

我国保险资金运用现状

截至 2020 年年底，我国保险公司资金运用余额为 216 801.13 亿元，较年初增长 17.02%。2020 年，保险资金累计实现收益 10 987.22 亿元，同比增长 24.51%，投资收益率为 5.41%，如表 11-2 所示。

表 11-2　2020 年末我国保险公司资金运用情况

项目	资金运用余额（亿元）	较年初增长（%）	占比（%）	收益率（%）
银行存款	25 973.45	2.96	11.98	3.72
债券	79 328.75	23.89	36.59	4.09
证券投资基金	11 040.41	17.16	5.09	12.19
买入返售金融资产	1 898.04	−7.29	0.88	2.32
股票	18 781.10	25.69	8.66	10.87
长期股权投资	22 698.64	15.00	10.47	6.72
投资性房地产	2 101.06	10.92	0.97	1.99
保险资产管理公司产品	9 654.22	20.99	4.45	4.76
金融衍生工具	2.28	−50.62	0.00	−308.42
贷款	31 484.13	7.10	14.52	4.89
拆借资金	0.68	0.00	0.00	0.04
其他投资	13 838.38	30.75	6.38	4.30
合计	216 801.13	17.02	100.00	5.41

总体来看，我国保险资金运用呈现以下几方面的特征：

第一，银行存款和债券占据保险资金配置的半壁江山，但呈现明显的下降趋势。2020 年年底我国保险资金运用余额中，银行存款占比 11.98%，债券占比 36.59%。受利率下行、投资渠道扩充以及保险公司投资能力提升等因素影响，保险公司银行存款和债券投资比例逐渐下降。2013 年至 2020 年，我国保险公司银行存款投资比重从 29% 下降到 13%，债券投资比重从 43% 下降到 35%。

第二，股票及证券基金投资比重有所增加，但占比仍较低，调整空间较大。2020年年底我国保险资金运用余额中，证券投资基金占比5.09%，股票占比8.66%。随着我国股票市场的不断发展完善，预计股票市场将提供更加稳定的回报，保险公司未来在总体资产配置与权益类资产内部配置的调整中增配股票的空间很大。

第三，另类投资占比不断上升，成为保险资产配置的大趋势。2020年，我国保险资金投资于另类投资的比重上升至38%左右。通过另类投资，保险资金能够实现与实体经济的直接对接，建立起中长期投资收益的优势，弥补长期负债和资产之间的久期缺口。

资料来源：光大证券.低利率环境下的保险资金投资——保险行业系列报告四：基于美日欧经验的保险资金配置研究［R/OL］（2022-03-14）.

中国保险行业协会.中国保险业发展报告2020［M］.北京：中国财政经济出版社，2021.

二、保险投资的资金来源

（一）自有资本金

保险公司的自有资本金也称为开业资金或备用资金，包括注册资本（或实收资本）和公积金，各国政府一般都对保险公司的开业资本金规定一定的数额。我国《保险法》第69条规定："设立保险公司，其注册资本的最低限额为人民币2亿元；保险公司的注册资本必须为实缴货币资本。"自有资本金的另一功能是作为备用资金，当准备金不足以支付时，可动用自有资本金来承担赔付责任。

（二）总准备金

总准备金是指保险公司为满足年度超常赔付以及巨灾损失赔付的需要而提取的准备金。它一般是按监管部门的规定，从税前利润中提取，逐年累积而成。总准备金不用于平时的小额赔付，而只有在当年保险业务经营发生亏损并且当年投资利润也不足以弥补该业务亏损时才可动用。所以，在正常情况下，总准备金是不断积累的。同时，总准备金既不受企业年度预算、决算的影响，也不像银行存款那样受存款期限的制约，是非常适合保险公司长期运用的一项资金来源。

（三）非寿险责任准备金

非寿险责任准备金包括未到期责任准备金和未决赔款准备金。未到期责任准备金是在准备金评估日，对未满期保险单提取的对应于剩余保险期限的责任准备金，具体包括未赚保费准备金和保费不足准备金。未决赔款准备金是保险公司为保险事故已经发生但尚未最终结案的损失提取的准备金，具体包括已发生已报案未决赔款准备金、已发生未报案未决赔款准备金和理赔费用准备金。

📄 知识链接 11-6

几种准备金的含义

未到期责任准备金包括未赚保费准备金及保费不足准备金：（1）未赚保费准备金是以未满期部分保费收入为基础所计提的准备金，并应减除与获取保费收入相关联的保单获取成本的未到期部分。（2）保险公司应在未到期责任准备金评估过程中进行保费充足性测试，并根据测试结果提取保费不足准备金，作为未到期责任准备金的一部分。

未决赔款准备金包括已发生已报案未决赔款准备金、已发生未报案未决赔款准备金和理赔费用准备金：（1）已发生已报案未决赔款准备金是为保险事故已经发生并已向保险公司提出索赔，保险公司尚未结案的损失而提取的准备金。（2）已发生未报案未决赔款准备金是为下列情况所提取的赔款准备金：保险事故已经发生但尚未向保险公司提出索赔；已经提出索赔但保险公司尚未立案；保险公司已立案但对事故损失估计不足，预计最终赔付将超过原估损值；保险事故已经赔付但有可能再次提出索赔。（3）理赔费用准备金是为尚未结案的损失可能发生的费用而提取的准备金，包括为直接发生于具体赔案的专家费、律师费、损失检验费等提取的直接理赔费用准备金，以及为非直接发生于具体赔案的费用而提取的间接理赔费用准备金。

资料来源：《保险公司非寿险业务准备金管理办法》。

（四）寿险责任准备金和长期健康险责任准备金

寿险责任准备金来源于长期寿险业务，如两全保险、终身寿险和年金保险等。长期健康险责任准备金来源于长期健康险业务，如长期重疾险、长期护理保险等。由于此类保险业务通常采用均衡保费，导致每年的保费收入与给付金额不相等。随着被保险人年龄的增加或发病率的提升，保险公司需要将前期剩余的保费收入存储起来以弥补后期的给付支出。[①] 寿险责任准备金实际上就是长期寿险的未到期责任准备金和未决赔款责任准备金之和。长期健康险责任准备金实际上就是长期健康险的未到期责任准备金和未决赔款责任准备金之和。[②]

（五）保户储金及投资款与独立账户负债

保户储金是指保险公司以储金利息作为保费的保险业务，若在保险期间内发生保险事故，保险公司予以赔付；若未发生保险事故，保险公司到期偿还本金。对于未通过重大保险风险测试、归类为非保险合同的长期保障储蓄性保险（主要指普通寿险和分红险）以及可拆分的万能保险，保费收入计入投资款，形成保险公司资产负债表中的保户储金及投资款。对于可拆分的投资连结保险，保费计入投资款，形成保险公司资产负债表中的独立账户负债。这些资金均是保险投资的资金来源。

---

① 孙蓉，兰虹.保险学原理（第三版）[M].成都：西南财经大学出版社，2010.
② 郭振华.保险公司经营分析：基于财务报告[M].上海：上海交通大学出版社，2018.

📖 **拓展阅读 11-3**

重大保险风险测试

（六）其他资金

其他资金指除上述投资资金之外的其他可运用资金。这部分资金随保险人业务规模的不同而有所差异，通常包括：保留盈余、结算中形成的短期负债等。保留盈余指保险公司的留存利润。随着保险经营的科学化和合理化，保留盈余一般是稳步增长的，它除了抵补某些年度的亏损外，一般可长期运用。结算中形成的短期负债是指资产负债表中流动负债项下的应付账款、拟派股息等。这笔资金虽然数额不大，且需在短期内归还，但仍可作为一种补充的资金来源。保险公司在运用这笔资金的过程中，应注意它们的流动性和风险性，以避免因投资活动而损害保险公司的信誉。其他还有企业债券、借入资金、信托资金和其他融入资金等，这些资金一般都是在经营中为某些目的而有偿借入的，也是一种补充资金来源，在资金运用时必然受到期限和收益率的约束。

📱 **知识链接 11-7**

保险公司投资收益的产生逻辑

保险公司的盈利包括承保利润和投资收益两部分。保险公司产生投资收益的逻辑顺序是：第一步，保险公司销售保险产品获得保费收入（包括保险业务收入、保户投资款交费和投连险独立账户交费）；第二步，保费扣除手续费佣金，形成负债（保险负债、保户储金及投资款和独立账户负债）；第三步，保险公司用负债以及部分股东权益去投资，形成投资资产，投资资产产生投资收益。

资料来源：郭振华. 保险公司经营分析：基于财务报告 [M]. 上海：上海交通大学出版社，2018.

三、保险投资的原则及主要形式

（一）保险投资的原则

依据各国具体情况的不同和保险公司所处环境的差异，其投资原则有所不同。但其共有的原则一般包括以下三项。

1. 安全性原则

本质上，保险公司用于投资的资金大部分属于负债，将来会以各种形式返还或赔付给被保险人或受益人。因此，对于保险投资而言，安全性原则是其最重要、最根本的原则。只有在保证安全的前提下，才能谋求保险基金的增值。我国《保险法》第 106

条规定："保险公司的资金运用必须稳健，遵守安全性原则。"

2. 收益性原则

保险投资最直接的目的是实现资金的保值增值，保险公司在对保险产品进行定价时，已经对保险资金的未来投资收益率作了假设。为了保证能够履行未来的保险赔付责任，保险资金的运用应该为保险公司带来超过投资收益率假设的回报。因此，收益性原则是保险投资的指导性原则，具有重要意义。

3. 流动性原则

保险公司承担的保险金赔付责任具有不确定的特点，这就要求保险资金在运用时保持一定的流动性。保险投资的流动性原则对人身保险与财产保险的要求是不一样的。由于人身保险的保险期限比较长，并且大量的满期给付都是可以预测的，所以对于保险投资的流动性要求就比较低。而财产保险的保险期限比较短，一般为一年以内，这对于保险投资的流动性提出了较高的要求。

（二）保险投资的主要形式

依据保险投资的三原则，选择合适的投资渠道和投资对象是保险投资的重要一环。通常，保险公司投资的主要形式包括以下四种。

1. 银行存款

银行存款较好地满足了保险资金的安全性和流动性的要求，但它的收益率较低。因此，银行存款主要用于保险公司正常的赔付或寿险保单满期给付的支付准备，一般不用于追求收益的投资。

2. 有价证券

有价证券投资可以分为债券、股票、证券投资基金三大类。债券的种类较多，收益较为固定，风险相对较低，保险公司可以根据保险资金对于收益性和流动性的不同要求进行投资选择。股票投资具有高风险、高收益的特点，同时股票的流动性也很好，因此它可以作为保险公司进行短期或长期投资的选择。但由于股票的收益波动大，系统性风险很大程度上受到一国资本市场成熟度的影响，因此保险公司进行股票投资时相对比较谨慎。证券投资基金的风险低于直接购买股票，其收益又高于债券，保险公司还可以享受基金管理公司的专业理财服务。但与股票投资类似，由于基金收益波动性较大，保险公司基于安全性考虑，对基金投资同样比较谨慎。

3. 不动产投资

不动产投资包括两种，一种是通过购买不动产的债券或股票来实现对不动产的间接投资；一种是直接购买不动产。不动产投资的周期比较长，安全性较好，但是投资的流动性较差，因此保险公司对于不动产的投资也比较谨慎。

🖥 知识链接 11-8

> **保险资金获准投资公募 REITs**
>
> 2021 年 11 月 17 日，原银保监会发布《关于保险资金投资公开募集基础设施

证券投资基金有关事项的通知》（以下简称《通知》），旨在进一步丰富保险资产配置结构，助力盘活基础设施存量资产，提高直接融资比重。

《通知》共十二条，主要内容包括：一是明确机构资质要求。保险机构投资基础设施基金，投资管理能力和监管评级需达到相应要求。二是设定投资标的条件。保险资金投资的基础设施基金，相关管理人应当符合关于保险资金投资不动产金融产品的监管规定。三是完善风险管理流程。保险机构应当健全内部控制制度，完善投资决策与授权体系，持续加强风险管理，防范利益输送行为。四是加强投资主动管理。保险机构应当对投资的基础设施基金持有项目进行全面分析评估，并穿透纳入不动产资产投资比例，定期评估投资风险。五是强化监督管理要求。保险机构投资基础设施基金应当定期报告有关投资情况，基金净资产发生 10% 及以上损失，基础设施项目运营、项目现金流或产生现金流能力发生重大变化的，保险机构应当及时向银保监会报告。

基础设施基金的风险收益特征与保险资金需求相吻合，能够较好匹配保险机构的投资特性，一定程度上缓解利率下行带来的固收资产投资压力，同时可以进一步拓展保险资金运用渠道，有利于分散保险机构投资风险，提高保险资金运用的稳健性。

资料来源：国家金融监督管理总局。

4. 贷款

保险资金用于贷款是指保险公司作为非银行金融机构向单位或个人提供贷款。为控制风险，保险公司一般发放的贷款为抵押贷款，而不发放信用贷款。目前，我国不允许保险公司发放贷款（保单质押贷款除外），美国、德国、日本等国家则允许保险公司发放抵押贷款。德国和日本的贷款占比相对较高，贷款在日本保险公司资金运用中的占比在 10% 左右。[1] 我国保险资金可投资品种分类如表 11-3 所示。

表 11-3　我国保险资金可投资品种分类

大类资产	可投资品种细分
流动性资产	（1）境内品种主要包括现金、货币市场基金、银行活期存款、银行通知存款、货币市场类保险资产管理产品和剩余期限不超过 1 年的政府债券、准政府债券、逆回购协议等。 （2）境外品种主要包括银行活期存款、货币市场基金、隔夜拆出和剩余期限不超过 1 年的商业票据、银行票据、大额可转让存单、逆回购协议、短期政府债券、政府支持性债券、国际金融组织债券、公司债券、可转换债券等
固定收益类资产	（1）境内品种主要包括银行定期存款、银行协议存款、债券型基金、固定收益类保险资产管理产品、金融企业（公司）债券、非金融企业（公司）债券和剩余期限在 1 年以上的政府债券、准政府债券等。 （2）境外品种主要包括银行定期存款、具有银行保本承诺的结构性存款、固定收益类证券投资基金和剩余期限在 1 年以上的政府债券、政府支持性债券、国际金融组织债券、公司债券、可转换债券等

---

[1] 宁威，陆彦婷. 保险资金运用的国际比较研究 [J]. 国际经济合作，2016（09）：70-75.

续表

大类资产	可投资品种细分
权益类资产	（1）境内上市权益类资产品种主要包括股票、股票型基金、混合型基金、权益类保险资产管理产品等。 （2）境外上市权益类资产品种主要包括普通股、优先股、全球存托凭证、美国存托凭证和权益类证券投资基金等。 （3）境内、境外未上市权益类资产品种主要包括未上市企业股权、创业投资基金等私募基金等
不动产类资产	（1）境内品种主要包括不动产、基础设施投资计划、不动产投资计划、不动产类保险资产管理产品、公募基础设施证券投资基金等。 （2）境外品种主要包括商业不动产、办公不动产和房地产信托投资基金（REITs）等
其他金融资产	（1）境内品种主要包括商业银行理财产品、银行业金融机构信贷资产支持证券、信托公司集合资金信托计划、证券公司专项资产管理计划、保险资产管理公司项目资产支持计划等。 （2）境外品种主要包括不具有银行保本承诺的结构性存款等

资料来源：国家金融监督管理总局。

📇 知识链接 11-9

保险资金运用的国际比较

1. 英国的保险资金运用监管及特点

英国保险资金由英国审慎监管局（PRA）与英国金融行为监管局（FCA）共同监管，两者均接受英国金融政策委员会（FPC）的指导与建议。

英国保险资金运用监管特点：第一，英国有着全球几乎最为宽松的比例监管，保险资金运用不存在任何比例限制。第二，谨慎投资人原则是保险监管的核心要求，谨慎投资人原则要求投资者需要拥有理性决策所需的知识和技能水平，确保做出谨慎且理性的决策。第三，对保险公司实施以度量与评判为基础的，未来导向的全面风险评估。"以度量与评判为基础"是指不设置具体的投资类别与额度限制，"未来导向"是指风险评估更关注未来可能存在的风险，"全面风险评估"是指风险评估涉及保险公司的方方面面，其中以偿付能力评估与风险管控为主。第四，根据风险评估结果，采取逐级递进的监管手段指引和矫正保险公司的行为。

英国保险资金运用特点：第一，保险资金配置高度多元化，股权类投资占比很高，固定收益类投资的分布较为均衡。第二，海外投资比例极高，几乎是除日本之外保险业海外投资最为活跃的国家。第三，费率业务对利润的贡献占比较高，头部保险公司第三方资产管理业务发达、投资连结账户占比高。

2. 美国的保险资金运用监管及特点

美国保险资金运用监管与整体保险业的监管框架相似，是以属地主义为原则，各州政府拥有对保险公司一般账户的监管权力，而联邦政府较少涉及具体的监管行为。

　　美国保险资金运用监管特点：第一，在比例监管方面，允许投资的资产范围非常广泛，但是对多个资产种类的持有比例、境外投资比例和集中度均有限制。第二，在偿付能力监管方面，逐步向欧洲偿二代体系靠拢。第三，在行为准则和流程规范监管方面，审慎投资原则是行为监管的核心。

　　美国保险资金运用特点：第一，资产配置以固定收益类产品（主要包括债券和贷款）为主，期限较长。第二，股票配置比例长期较低，几乎不随股市波动而变化。第三，商业地产的投资比例很高，且主要持有方式为债权，以获取长期的租金收益为主要目的。第四，境外投资占比约12%，且九成集中于债券，寿险投资国际化程度高于产险。第五，产险股权投资显著高于寿险，而寿险更侧重于公司债券投资。

　　3. 德国的保险资金运用监管及特点

　　在金融混业监管大框架下，德国采用多层级监管体系与单一报告条线相结合的方法。德国保险资金运用也受制于多层级的保险监管体系，包括欧盟、联邦与各州、外部3个层面。

　　德国保险资金运用监管特点：第一，定量的比例监管。要求保险公司划定限制资产，并规定总体投资原则、可投资类别、比例与集中度限制以及货币匹配规则。第二，定量的偿付能力监管。德国全面接受欧洲偿二代的偿付能力监管框架，采用市场一致的估值方法，通过标准模型或内部模型计算偿付资本要求。第三，定性的行为准则与流程规范。德国强调审慎投资人原则，并在风险管控体系与披露报告标准上制定了严格的规范。

　　德国保险资金运用特点：第一，资产配置相对保守，以固定收益类为主，股权占比较低。第二，个别类型的海外资产配置占比相对较高，但以欧元区为主。第三，资产配置受保险资金的业务类型影响，德国产险高配股票与企业债券，寿险低配股票、重视政府债券。

　　资料来源：中国保险行业协会. 险资运用新时代：国际模式与中国实践［M］.

北京：中信出版社，2017.

本章小结

　　本章论述了保险运营及保险运营过程中的各个环节。保险运营是保险公司为实现保险分散风险、补偿损失的基本功能和积蓄基金、监督风险的派生功能所从事业务活动的总称。由于保险是经营风险的特殊行业，保险运营也有其特殊性并需要遵循一定的原则。保险运营包含保险展业、保险承保、保险防灾、保险理赔、保险投资等环节。保险展业是通过保险宣传，引导和促使具有保险需求的单位或个人购买保险的行为。保险承保是保险人对投保人所提出的投保申请进行审核，同意接受风险的合同行为，包括核保、作出承保决策和签发保单。保险防灾是保险人与被保险人对所承保的保险标的采取措施，减少或消除风险发生的因素，防止或减少灾害事故所造成的损失，从而降低保险成本，增加经济效益的一种运营活动。保险理赔是保险人在保险标的发生风险事故后，对被保险人提出的索赔请求进行处理的行为。以上主要涉及保险公司的承保业务。投资业务也是保险公司的核心业务之一。保险投资是保险公司在组织经济补偿过程中，利用保险资金收支的时间差和数量差，将集聚的保险资金进行有偿运营，使其保值增值的活动。

随着人工智能、大数据、物联网等技术手段的发展，保险运营逐步向数字化、智能化、线上化转变，有助于进一步提升保险业经营管理效率，推动保险业高质量发展。

✿✿ 案例讨论

科技赋能，保险科技助力保险业转型发展

根据金融稳定理事会定义，金融科技是指技术带来的金融创新，它能带来新的业务模式、应用、流程或产品，从而对金融市场、金融机构和金融服务方式产生重大影响。金融科技在保险领域的应用即为保险科技，保险科技既包括大数据、云计算、物联网、人工智能、区块链等普遍适用于金融服务诸多领域的基础技术，也包括和保险行业应用场景结合相对更加紧密的车联网、无人驾驶、基因诊疗、可穿戴设备等应用技术。大数据技术是保险科技的核心和统领，云计算是大数据技术实施的硬件基础。人工智能技术可以在需要大量人力进行处理且极易产生委托代理问题和信息不对称问题的领域发挥较大的作用。物联网在保险行业的应用主要体现在车联网技术和可穿戴领域。区块链的主要特点是通过改变数据的存储和使用方式提升数据的使用价值，目前区块链技术在确认风险事件发生的时间、空间以及保险标的的唯一性方面的探索已经开始，下一步，基于区块链建立的投保人可信信息系统将在保险行业风险定价方面发挥更重要的作用。展望未来，保险科技将从以下三方面促进保险业的转型和发展。

一是保险科技的广泛应用将推动保险转型与创新发展。随着数据累积及数据处理能力的提升，保险科技能够使保险产品具有更灵活、更多样、更定制化的特征；使消费者能够更便捷地获得更有针对性、内容更加丰富的保险服务，同时拓宽消费群体覆盖范围，全方面满足消费者多样化的保障需求。

二是跨行业保险生态圈的形成和发展有助于挖掘特定领域的保障需求，促进新产品、新业态、新模式的开发和探索。在中国数字经济纵深发展的带动下，金融科技基础设施和监管环境将持续完善。保险生态圈内的非保险业主体类型将日益丰富，跨行业经营主体的合作将为保险业带来创新方向的新思路，保险应用场景不断拓展，针对特定场景、特定人群的具有专属性的保险产品和服务有望借助于互联网平台实现跨越式增长。

三是人工智能、区块链、大数据、云计算等科技与保险价值链各环节的融合将进

一步加深，保险业务流程逐步向数字化、线上化、智能化转变，从而有助于降低逆选择风险、积累理赔经验和提升保险业务经营效率。随着保险科技应用能力的提升，风险的可保边界将不断拓展，针对既有风险的保障能力将持续提升，保险业的风险保障职能将日益增强。

资料来源：瑞再研究院.中国保险科技发展报告［R/d］.（2021-10-31）.
朱进元，刘勇，魏丽.保险科技［M］.北京：中信出版社，2018.

思考讨论题

逆选择和道德风险是保险市场普遍存在的问题，请分析保险科技在控制逆选择和道德风险方面的作用。

分析要点

第一，保险科技可以实现保险公司对不同风险人群的差异化定价，如通过人工智能和大数据计算等对被保险人的风险水平进行分析，进行差异化定价，从而抑制逆选择风险。第二，保险公司通过智能设备、手机应用程序、传感器等，对被保险人的生活习惯、驾驶习惯等进行分析，帮助被保险人改变自身的不良行为，从而降低被保险人的道德风险。第三，保险科技应用于保险理赔，通过数据的不断积累、算法的不断优化，能够有效识别保险欺诈行为。

☑ 重要术语

保险运营	风险同质	保险展业	保险代理人
保险经纪人	保险承保	保险防灾	保险理赔
保险资金	保险投资	资本金	未到期责任准备金
未决赔款准备金	总准备金		

💡 思考题

1. 与一般工商业企业相比，保险公司运营在哪些方面存在特殊性？

2. 在我国保险业回归保障本源、强化监管的大背景下，传统营销人员增速放缓、产能下降，保险公司可以在哪些运营环节与保险代理人及保险经纪人开展合作、实现共赢？

3. 新冠疫情暴发后，保险行业全力支持疫情防控，帮助企业复工复产，思考保险在国家应对重大公共卫生事件的应急管理和长效机制中扮演什么角色？

4. 近年来，我国保险监管部门逐步拓宽保险资金运用渠道，并逐步放开保险资金运用比例限制，但保险资金大部分属于负债，未来需要偿付给被保险人或受益人，思考保险公司在实际资金运用过程中如何平衡安全性与收益性之间的关系？

第十二章
再保险

学习目标

- 掌握再保险相关术语与分类
- 掌握再保险与原保险之间的联系和区别
- 掌握再保险的主要类别
- 理解比例再保险和非比例再保险的责任划分
- 通过学习再保险的作用，培养世界眼光和国际视野

本章导读

随着社会经济和科学技术的发展，社会财富日益增加，财产日益集中，保险金额和保险赔付金额越来越高，保险人承担的风险也越来越大。为此，保险人必须通过再保险分散损失风险，稳定保险经营。再保险已成为现代保险经营不可或缺的重要活动。世界各国的保险公司，无论规模大小，都需要根据自身的偿付能力和业务结构状况，将其所承担的大小不一的风险责任在本国或国际保险市场办理再保险。本章主要阐释再保险的相关术语、作用以及主要的再保险业务类型。

开篇案例

财险业最大赔案：SK 海力士 80 亿保单分保解构

2013 年，全球第二大 DRAM 生产商——SK 海力士无锡工厂发生大火，由此所引发的保险赔案估损金额高达 9 亿美元。SK 海力士报保保单的总保费为 340 万美元，而保险赔款高达 9 亿美元，约占 2012 年我国企业财产险保费收入（约 360 亿元人民币）的 15%。该保单由韩国现代保险、人保、太保、大地和韩国乐爱金 5 家财险公司共同承保物质损失一切险及营业中断险，共保份额分别为 50%、35%、5%、5% 和 5%，主承保人为韩国现代财险。5 家共保公司又分别通过合约分保、临时分保等方式，进行了相应的再保险安排，再保险人涉及境内 14 家产险直保公司、6 家再保险公司和多家境外再保险接受人。5 家共保公司的毛损失金额为 9 亿美元，向境内其他 14 家产险直保公司分出损失金额约 3.68 亿美元，向境内再保险公司分出损失金额约 1.74 亿美元，向境外再保险接受人分出损失金额约 3.33 亿美

元。这 5 家共保公司的最终净自留损失金额约 0.25 亿美元，占总估损金额的 2.8%。赔付的大头最终由境外再保险接受人承担，损失金额约为 6.24 亿美元；参与再保险业务的境内 14 家产险直保公司，通过分入、转分保、再保险合约或临分安排分出等复杂的保险安排后，最终净自留损失金额约为 1.15 亿美元；6 家境内再保险公司的净自留损失金额约为 1.36 亿美元。也就是说，在 9 亿美元的估损金额中，约 2.76 亿美元的损失由境内保险公司承担，占总估损金额的 30.7%；约 6.24 亿美元的损失由境外再保险接受人承担，约占总估损金额的 69.3%。

资料来源：21 世纪经济报道。

案例思考：

1. 什么是再保险？
2. 再保险除了分散风险扩大承保能力以外，还有哪些作用？

第一节　再保险概述

一、再保险的概念

再保险又称分保，是保险人在原保险合同的基础上，通过订立合同，将其所承保的部分风险和责任转让给其他保险人承担，当发生保险责任范围内的损失时，从其他保险人处取得相应部分的赔偿补偿的一种保险业务。

在再保险业务中，分出保险业务的保险人称为原保险人或分出公司，接受分保业务的保险人称为再保险人或分入公司。与直接保险一样，原保险人通过办理再保险将其所承保的一部分风险责任转移给再保险人，相应地也要支付一定的保险费，这种保险费称为再保险费或分保费；同时，为了弥补原保险人在直接承保业务过程中支出的费用开支，再保险人也必须向原保险人支付一定的费用报酬，这种费用报酬称为分保手续费或分保佣金。

同样，为了分散风险，控制责任，避免巨额损失，再保险人也可以将分入的保险业务再转分给其他保险人，这种经营活动称为转分保，双方当事人分别称为转分保分出人和转分保接受人，通过转分保，巨额风险责任就在众多保险人之间得到分散，如图 12-1 所示。所以，无论是原保险人还是再保险人都需要开展再保险业务，都可能充当再保险的分出人或分入人。

再保险可以发生在一国范围内，也可以发生在国家与国家之间。尤其对于一些超过国内保险市场承受能力的巨额风险，如航天飞机、万吨巨轮、大型工程、核电站、卫星发射等在实验和运行过程中的风险，通常要在国际上进行分保。因此，再保险具有明显的国际性。

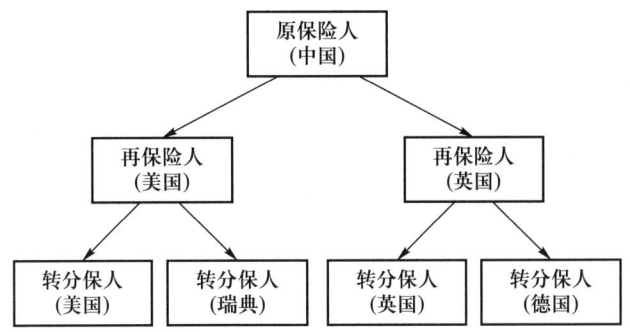

图 12-1 再保险分散风险示意图

 知识链接 12-1

再保险的起源与发展

与原保险一样，再保险也始于海上业务。随着社会经济、海上贸易和海上保险的发展，逐渐出现了因某些海上保险业务的保险金额过高，一些保险人共同承保的情况。但共保业务发展因地域及竞争问题而受限，于是出现了临时再保险，即由一个保险人直接承保全部业务后，再将超过自己能力的部分分给其他保险人。

随着18世纪工业革命带来的工商业繁荣，临时再保险因手续复杂而被合同再保险取代。随着再保险业务的进一步发展，19世纪出现了专门经营再保险业务的专业再保险公司。1846年在德国成立的科隆再保险公司是世界上第一家专业再保险公司，这之后，瑞士再保险公司、慕尼黑再保险公司的出现进一步推动了再保险业务的发展。2020年，保费收入在全球排名前十位的再保险公司如表12-1所示。

表 12-1　2020 年全球排名前十位的再保险公司

排名	公司名称	总部所在地	毛保费（亿美元）	净保费（亿美元）
1	慕尼黑再保险	慕尼黑	458	431
2	瑞士再保险	瑞士	366	343
3	汉诺威再保险	德国	304	262
4	法国再保险	法国	201	179
5	伯克希尔－哈撒韦	美国	192	192
6	中国再保险	中国	167	155
7	劳合社	英国	165	122
8	加拿大人寿再保险	加拿大	146	145
9	美国再保险	美国	126	117
10	大韩再保险	韩国	78	54

资料来源：A.M.Best.Global Reinsurance Outlook Remains Stable in a More Uncertain World［R/OL］.2021.

二、再保险与原保险的联系和区别

（一）再保险与原保险的联系

再保险是保险人将原保险业务（即直接保险业务）分给其他保险人的过程。当原保险合同约定的保险事故发生时，再保险人按照再保险合同的规定对原保险人承担的损失给予补偿。可见，再保险与原保险具有十分密切的关系，二者是相辅相成，相互促进的。

（1）原保险是再保险的基础。从保险发展的历史逻辑上看，先有保险，而后才有再保险。再保险的产生和发展，是基于原保险人分散风险的需要。再保险是以原保险人承保的风险责任为保险标的，以原保险人的实际赔款和给付为摊赔条件的。所以，其保险责任、保险金额、保险期限等，都必须以原保险合同为基础，没有原保险就没有再保险。

（2）再保险支持和促进原保险的发展。再保险是对原保险的保险，原保险人将自己所承保的一部分风险责任向再保险人分保，从而也将一部分风险责任转移给再保险人。当原保险人承保的保险标的发生损失时，再保险人必须按再保险合同的规定分担相应的赔款。原保险人从再保险人那里摊回分保部分的赔款，有利于保障原保险人经营的安全和稳定。可见，再保险作为原保险的保险，是对原保险人所承保的风险的进一步分散，原保险人通过再保险可以控制自己的保险责任，扩大承保能力，从而支持和促进了原保险的发展。

（二）再保险与原保险的区别

原保险和再保险都旨在分散风险，补偿损失，但在保险经营中两者有很大的区别。

（1）保险主体不同。原保险关系的主体是保险人与投保人或被保险人，原保险体现的是保险人与投保人或被保险人之间的经济关系；而再保险关系的主体是原保险人与再保险人，再保险体现的是保险人之间的经济关系。

（2）保险标的不同。原保险的保险标的包括财产、人身、责任、信用以及有关的利益，既有财产保险、人身保险，也有责任保险和信用保证保险；而再保险的保险标的则是原保险人所承担的风险责任，是一种具有责任保险性质的保险。

（3）保险合同性质不同。原保险人在履行赔付职责时，对财产保险是损失补偿性的，对大部分人身保险则是给付性的，所以原保险合同包括补偿性合同和给付性合同两种；而再保险人对原保险合同的分摊，无论是财产再保险还是人身再保险，都是对原保险人承担的风险损失的补偿，所以再保险合同均为补偿性合同。

再保险与原保险关系如图 12-2 所示。

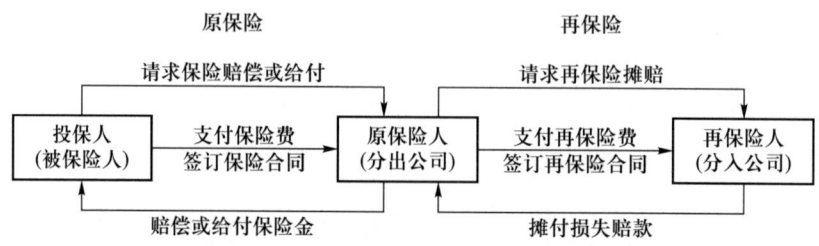

图 12-2　再保险与原保险关系示意图

三、再保险的作用

再保险的基本职能是分散风险，是将保险人所承担的风险在同业之间进行分散，以补偿可能遭遇的巨灾损失和巨额损失。其作用主要表现在以下几个方面。

（一）分散风险

保险公司是经营风险的企业，在其经营过程中同样也会面临各种风险，这些风险主要是巨额风险、巨灾风险和经营风险。保险人通过再保险可以使这些风险得以分散。

（1）分散巨额风险。当标的价值巨大时，其保险金额也巨大，如果标的诸如人造卫星、航天飞机、核电站等遭遇保险风险，那么，保险人一次将要支付巨额赔款。通过再保险，原保险人可以将超过自己承保能力的保险金额分由再保险人来承担，从而分散巨额风险。

（2）分散巨灾风险。尽管有些保单的标的价值额与保额并不算巨大，但由于大量标的集中在某一特定区域，可能由同一事故引起大面积标的发生损失，造成风险责任累积增大，同样会使保险人在一次事故后给付巨额保险金。如洪水对沿岸聚居区财产、生命的威胁，火灾对密集的商业区、街区、工业区的侵袭，核泄漏、核爆炸等有毒物质泄漏对聚居区生命、财产的危害，以及所有责任保险、意外伤害保险的保险人都将可能面临累积赔款、给付总额巨大的风险。

（3）分散经营风险。根据大数定律，保险人承保的标的越多，风险分散越广，保险经营越稳定。但现实中，保险人难以承保到大数定律所要求的足够多的、同质风险的标的。对此，可以通过再保险，将保险业务风险部分转嫁给其他保险人，以分散经营风险。

（二）控制保险责任

保险人根据自身的技术、资金能力确定自留额度，控制保险责任额度，提高经营的稳定性。

（1）控制每个风险单位的责任。控制每个风险单位的责任又称险位控制。保险人在决定分保时，通常根据有关法律、条例以及自身的承保能力确定对每个风险单位的自留额，将超过自留额的部分责任进行分保。通过控制风险单位的自留保险责任，保险人增强了标的与风险的同质性。

（2）控制一次巨灾事故的责任累积。控制一次巨灾事故的责任累积也称事故责任控制。巨灾风险事故可能使大量在某一特定区域内的标的受损，保险人将超过一次巨灾事故累积自负额度的部分责任通过再保险方式分出，就可以控制巨灾风险的累积责任。

（3）控制全年的责任累积。灾害事故极易造成损失的年度不平衡性，使保险人各年度承担的赔偿、给付责任不均衡。将超过年度自负额度的部分责任通过再保险方式分出，保险人可以提高经营的稳定性。

（三）扩大承保能力

保险人的承保能力受资本金和总准备金等自身财务状况的限制。由于保险人的资本金通常是有限的，因而其承保能力也是有限的。

各国一般都通过保险立法，制定对资本金、偿付能力等的最低要求标准，来规范保险公司业务规模和经营范围。但是，保险人可以利用再保险业务在不增加资本金的情况下，合法地扩大业务规模，突破资本金对业务规模的限制，因为保险人在计算保费收入时可扣除分出保费，只计算自留保费。另外，保险人利用再保险业务使保费收入增加的同时，其管理费用不会按比例增加，从而可以降低经营成本。而且，保险人将业务分出，再保险人会返还分保佣金，尤其当分出业务良好时还可以得到盈余佣金。

（四）增进国际交流

新兴市场的保险公司以及一些新成立的保险公司，由于经营保险业务的经验、资料、技术和财力都较为有限，它们通过再保险，可以获得再保险公司在业务、技术方面的指导和协助。再保险业务通常在国际范围内展开，通过再保险的纽带，可以促进国际同业间的技术交流和友好往来。

（五）形成巨额联合保险基金

现代科学技术的发展与应用，在推动社会经济发展的同时也创造和发展了风险。通过再保险，可以将保险人集合成更大的风险分散网络，在更大范围内将保险基金集聚起来，增强保险业的整体经营能力和抗御巨大风险的能力。

四、再保险的分类

再保险的分类，主要有两种标准：一是按责任限制划分；二是按分保安排划分。

（一）从责任限制上分类

再保险按责任限制，可以分为比例再保险和非比例再保险。

比例再保险是以保险金额为基础来确定再保险双方的责任，可分为成数再保险和溢额再保险两种形式。

非比例再保险是以损失（赔款）金额为基础来确定再保险双方的责任，分为险位超赔再保险、事故超赔再保险和赔付率超赔再保险三种形式。

（二）从分保安排上分类

再保险按分保安排，可以分为临时再保险、合同再保险和预约再保险。

临时再保险是最早被采用的再保险安排，是原保险人在有分保需要时，将分出业务的具体情况和分保条件逐笔与再保险人协商，再保险人是否接受或按什么条件接受也可以自由选择的再保险。

合同再保险也称固定再保险，是由原保险人和再保险人事先签订合同，将分保业务范围、条件、额度、费用等予以固定，在合同期内，对于约定的业务，原保险人必须按约定的条件分出，再保险人也必须按约定的条件接受。合同再保险对双方都具有强制性。

预约再保险，是一种介于临时再保险和合同再保险之间的再保险。它规定对于约定的业务，原保险人可以自由决定是否分出，而原保险人一旦决定分出，再保险人就必须接受，不能拒绝。也就是说，这种安排对于原保险人没有强制性，而对再保险人则具有强制性。

第二节 比例再保险

比例再保险是以保险金额为基础来确定分出公司自留额和接受公司责任额的再保险方式，故有金额再保险之称。在比例再保险中，分出公司的自留额和接受公司的责任额都表示为保额的一定比例，该比例也是双方分配保费和分摊赔款时的依据。也就是说，分出公司和接受公司对于保费和赔款的分配，按照其分配保额的同一比例进行，这就充分显示了保险人和再保险人利益的一致性。所以，比例再保险最能显示再保险当事人双方共命运的原则，因而其应用范围十分广泛。比例再保险分为成数再保险和溢额再保险两种形式。

一、成数再保险

成数再保险是指原保险人将每一危险单位的保险金额，按照约定的比率分给再保险人的再保险方式。按照成数再保险方式，不论分出公司承保的每一危险单位的保额大小如何，只要是在合同规定的限额之内，都按双方约定的比率进行分配和分摊。总之，成数再保险方式的最大特征是"按比率"再保险，堪称比例再保险的代表方式，同时也是最简便的再保险方式。

由于成数再保险对每一危险单位都按一定的比率分配责任，故在遇有巨额风险责任时，原保险人和再保险人承担的责任仍然很大。因此，为了使承担的责任有一定范围，每一份成数再保险合同都按每一危险单位或每张保单规定一个最高责任限额，分出公司和接受公司在这个最高责任限额中各自承担一定的份额。习惯上，若自留40%，分出60%，则称合同为60%的成数再保险合同。

假设一成数再保险合同，每一危险单位的最高限额规定为500万元，自留部分为45%，分出部分为55%（即为55%的成数再保险合同）。则合同双方的责任分配如表12-2所示。

表 12-2　成数分保责任分配表　　　　　　　单位：万元

保险金额	自留部分45%	分出部分55%	其他
80	36	44	0
200	90	110	0
500	225	275	0
600	225	275	100

本例中，原保险金额为600万元时，原保险自留及再保险接受部分金额，与原保险金额为500万元时相同，但还剩下100万元的责任需寻找其他方式处理。否则，这

100 万元的责任将由原保险人自己承担。

一旦各公司承担责任的百分比率确定，则保费和赔款就按相应百分比率来计算。我们通过表 12-3 来说明成数再保险责任、保费和赔款的计算，并假定表中的原保险金额均在合同最高限额之内。

表 12-3　成数分保计算
单位：万元

船名	总额 100%			自留 20%			分出 80%		
	保险金额	保费	赔款	自留额	保费	自负赔款	分保额	分保费	摊回赔款
A	200	2	0	40	0.4	0	160	1.6	0
B	400	4	10	80	0.8	2	320	3.2	8
C	600	5	20	120	1.0	4	480	4.0	16
D	800	6	0	160	1.2	0	640	4.8	0
E	1 000	10	0	200	2	0	800	8	0
总计	3 000	27	30	600	5.4	6	2 400	21.6	24

二、溢额再保险

溢额再保险由保险人与再保险人签订协议，对每个危险单位确定一个由保险人承担的自留额，保险金额超过自留额的部分称为溢额，分给再保险人承担。

溢额再保险与成数再保险相比较，其最大区别在于：如果某一业务的保险金额在自留额之内时，就无须办理分保，只有在保险金额超过自留额时，才将超过部分分给溢额再保险人。也就是说，溢额再保险的自留额是一个确定的自留额，不随保险金额的大小变动，而成数再保险的自留额表现为保险金额的固定百分比，随保险金额的大小而变动。

溢额再保险也是以保险金额为基础来确定再保险当事双方的责任。对于每一笔业务，自留额已先定好，将保险金额与自留额进行比较，即可确定分保额和分保比例。例如，溢额分保的自留额确定为 40 万元，现有三笔业务，保险金额分别为 40 万元、80 万元和 200 万元，第一笔业务在自留之内无须分保，第二笔业务自留 40 万元，分出 40 万元，第三笔业务自留 40 万元，分出 160 万元。溢额和保险金额的比例即为分保比例。如本例第二笔业务的分保比例为 50%，第三笔业务分保比例为 80%。

溢额再保险关系成立与否，主要看保险金额是否超过自留额，超过自留额的部分即由溢额再保险人承担。但溢额再保险人的分入，并非无限制，而是以自留额的一定倍数为限度。这种自留额的一定倍数，称为线数。所以，危险单位、自留额和线数是溢额再保险的三要素。

溢额再保险的合同容量或合同限额，通常以自留额的倍数计算。换句话说，自留额是厘定再保险限额的基本单位，在溢额再保险中称为"线"，如前面所述自留额的一定倍数，即线数。如某溢额再保险合同的限额为 20 线，则一线的责任为再保险限额的

5%，假定自留额为100万元时，该合同的限额即为2 000万元。为简便，保险同业之间通常仅以线数表示溢额再保险合同。例如本例，可称为20线的合同。但每线的金额大小，要同时予以注明，以便真正掌握合同容量的大小。

综上所述，在溢额再保险合同中，再保险人的责任额和原保险人的自留额与总保险金额之间存在一定的比例关系，这是溢额再保险归属于比例再保险的原因所在。但溢额再保险的比例关系随着承保金额的大小而变动，这是与成数再保险的比例固定不变所不同的。

一般而言，分出公司根据其承保业务和年保费收入来制定自留额和决定溢额分保合同的最高限额的线数。由于承保业务的保额增加，或是由于业务的发展，有时需要设置不同层次的溢额，依次称为第一溢额、第二溢额等。当第一溢额的分保限额不能满足分出公司的业务需要时，则可组织第二甚至第三溢额，作为第一溢额的补充，以适应业务的需要。

了解了溢额再保险的危险单位、自留额、线数和合同的最高限额及其关系，以及溢额分保比例之后，如何计算各自的责任、保费的分配和确定赔款的分摊就比较容易了。下面举例来予以简单说明。

现组织一份海上货运险溢额分保合同，危险单位按每一船每一航次划分，自留额为10万元。第一溢额合同限额为10线，第二溢额合同限额为15线，有关责任、保费和赔款的计算如表12-4所示。

表 12-4　溢额分保计算示意表 单位：万元

		A 轮 50 000	B 轮 500 000	C 轮 2 000 000	D 轮 2 500 000	共计
总额	保险金额	A 轮 50 000	B 轮 500 000	C 轮 2 000 000	D 轮 2 500 000	
	总保费	500	5 000	20 000	25 000	50 500
	总赔款	0	10 000	20 000	100 000	130 000
自留部分	保险金额	50 000	100 000	100 000	100 000	
	比例	100%	20%	5%	4%	
	保费	500	1 000	1 000	1 000	3 500
	赔款	0	2 000	1 000	4 000	7 000
第一溢额	分保额	0	400 000	1 000 000	1 000 000	
	分保比例	0	80%	50%	40%	
	分保费	0	4 000	10 000	10 000	24 000
	分摊赔款	0	8 000	10 000	40 000	58 000
第二溢额	分保额	0	0	900 000	1 400 000	
	分保比例	0	0	45%	56%	
	分保费	0	0	9 000	14 000	23 000
	分摊赔款	0	0	9 000	56 000	65 000

现以第三笔业务 C 轮为例对表12-4略做说明。C 轮保险金额为200万元，自留10万元，第一溢额承受10线计100万元，分保比例为50%，自留与第一溢额之后尚余90万元的责任，由第二溢额承受，第二溢额分保比例为45%。现发生赔款

20 000 元，保险人承担 5% 为 1 000 元，第一溢额再保险人分摊 50% 为 10 000 元，第二溢额再保险人分摊 45% 为 9 000 元。其他可依此类推。

从表 12-4 统计的保费收入及支付的赔款来看，这是一个亏损严重的合同，整个合同的赔付率为 257.43%。但亏损的程度，原保险人、第一溢额再保险人、第二溢额再保险人各不相同。计算可知，他们的赔付率分别为 200%、241.67%、282.61%。这显示出高层次溢额再保险的危险度比低层次危险度大。这说明，溢额再保险合同中双方的利益并非完全一致的。因此，在实务中，各层次的溢额再保险，除次序有先后差别外，其再保险条件可能不相同，但责任、保费和赔款的计算方法是一样的。

第三节 非比例再保险

非比例再保险以损失为基础来确定再保险当事人双方的责任，故又称损失再保险、超过损失再保险。非比例再保险分为险位超赔再保险、事故超赔再保险和赔付率超赔再保险三种形式。

一、险位超赔再保险

险位超赔再保险以每一危险单位所发生的赔款来计算自负责任额和再保险责任额。假若总赔款金额不超过自负责任额，全部损失由分出公司赔付；假若总赔款金额超过自负责任额，超过部分由接受公司赔付。但再保险责任额在合同中的规定，也是有一定限度的。关于险位超赔在一次事故中的赔款计算，有两种情况，一是按危险单位分别计算，没有限制；二是有事故限额，即对每次事故总的赔款有限制，一般为险位限额的 2 至 3 倍，即每次事故接受公司只赔付 2 至 3 个单位的损失。现举例说明如下。

现有一超过赔款 100 万元的 900 万元的火险险位超赔分保合同，在一次事故中有三个危险单位遭受损失，每个危险单位损失 150 万元。

如果每次事故对危险单位没有限制，则赔款的分摊如表 12-5 所示。

表 12-5　险位超赔的赔款分摊
单位：万元

危险单位	发生赔款	分出公司承担赔款	接受公司承担赔款
Ⅰ	150	100	50
Ⅱ	150	100	50
Ⅲ	150	100	50
共计	450	300	150

但如果每次事故有危险单位的限制，比如为险位限额的 2 倍，则赔款分摊的方式如表 12-6 所示。

表 12-6 限额险位超赔的赔款分摊 单位：万元

危险单位	发生赔款	分出公司承担赔款	接受公司承担赔款
Ⅰ	150	100	50
Ⅱ	150	100	50
Ⅲ	150	150	0
共计	450	350	100

在此情形下，由于接受公司已承担了两个危险单位的赔款，所以第三个危险单位的损失全部由分出公司自己负责。

二、事故超赔再保险

事故超赔再保险以一次巨灾事故所发生赔款的总和来计算自负责任额和再保险责任额。计算事故超赔再保险的责任，关键在于对一次事故的划分。针对一些巨灾事故如台风、洪水和地震，有些分保公司会设置时间条款来规定多长时间为一次事故，甚至对地区还有规定。例如有的分保公司规定台风、飓风、暴风连续 48 小时内为一次事故，地震、洪水连续 72 小时内为一次事故，并以河谷或以分水岭来划分洪水地区，其他巨灾事故连续在 168 小时内为一次事故。对于持续时间较长的事故，如森林大火和地震，按一次事故或几次事故确定，在责任分摊上是不同的。

假设有一超过 100 万元的 100 万元的巨灾超赔分保合同，一次台风持续了 6 天，该事故共损失 400 万元。若按一次事故计算，原保险人先自负 100 万元赔款，再保险人承担 100 万元赔款，剩下 200 万元赔款仍由原保险人自负，即原保险人共承担 300 万元赔款。若按二次事故计算，例如第一个 72 小时损失 150 万元，第二个 72 小时损失 250 万元。则对于第一次事故，原保险人和再保险人分别承担赔款 100 万元和 50 万元，第二次事故分别承担赔款 150 万元和 100 万元，即分出公司共负责 250 万元赔款，接受公司负责 150 万元赔款。但在实际情况中，可能无法区分一次台风在某一时间内的损失，则应该由分出公司和接受公司各负责 200 万元赔款。

在超额赔款再保险方式中，有一种分层的安排方法，即将整个超赔保障数额分割为几层，便于不同的再保险人接受。例如，某保险人对他承保的 500 万英镑的业务，分为四层安排超额再保险：第一层为 10 万英镑以上 40 万英镑；第二层为 50 万英镑以上 50 万英镑；第三层为 100 万英镑以上 100 万英镑；第四层为 200 万英镑以上 300 万英镑。

三、赔付率超赔再保险

赔付率超赔再保险是按赔款与保费的比例来确定自负责任和再保险责任的一种再保险方式，即在约定的某一年度内，对于赔付率超过一定标准时，由再保险人就超过部分负责至某一赔付率或金额。赔付率超赔再保险的赔付按年度进行，有赔付率的限制，并有一定金额的责任限制。由于这种再保险可以将分出公司某一年度的赔付率控制于一定的标准之内，所以，对于分出公司而言，又有停止损失再保险或损失中止再保险之称。

赔付率超赔再保险合同中，分出公司的自留责任和接受公司的再保险责任，都是由双方协议的赔付率标准限制的。因此，正确地、恰当地规定这两个标准，是该再保险的关键。议定的标准既要能够在分出公司由于赔款较多、遭受过重损失时给予保障，又不能使分出公司从中牟利、损害再保险人的利益。通常，在营业费用率为30%时，再保险的起点赔付率规定为70%，最高责任一般规定为营业费用率的两倍即60%，也就是，再保险责任是负责赔付率在70%至130%部分的赔款。

> 【例12-1】分出公司与分入公司订立了一个超过70%以后的50%的赔付率超赔分保合同。假设分出公司某年的净保费收入为1 000 000元，赔款净额为800 000元，原保险人与再保险人的赔款分担分别为多少？
>
> 总赔付率＝800 000÷1 000 000＝80%
>
> 分出公司承担的赔款＝70%×1 000 000＝700 000（元）
>
> 接受公司承担的赔款＝10%×1 000 000＝100 000（元）

📖 拓展阅读 12-1

再保险助力农险"保收入"

📖 拓展阅读 12-2

上海国际再保险中心建设框架成型

☰ 本章小结

再保险又称分保，是保险人在原保险合同的基础上，通过订立合同将其所承保的部分风险和责任转让给其他保险人承担，当发生保险责任范围内的损失时，从其他保险人处取得相应部分的赔偿补偿的一种保险业务。再保险有助于分散风险、控制保险责任、扩大承保能力、增进国际交流、形成巨额联合保险基金。

再保险与原保险既有联系，又相互区别。原保险是再保险的基础，再保险支持和促进原保险的发展。二者在保险主体、保险标的、保险合同性质上均有所不同。

再保险按责任限制，可以分为比例再保险和非比例再保险。比例再保险是以保险金额为基础来确定再保险双方的责任，可分为成数再保险和溢额再保险两种形式。非比例再保险是以损失（赔款）金额为基础来确定再保险双方的责任，分为险位超赔再保险、事故超赔再保险和赔付率超赔再保险三种形式。再保险按分保安排，可以分为临时再保险、合同再保险和预约再保险。

案例讨论

中国"一带一路"再保险共同体在京成立

2020年7月28日，中国"一带一路"再保险共同体成立大会暨第一次成员大会在北京召开。"一带一路"再保险共同体由中再集团、中再产险、人保财险、人保再保险、太保财险、平安财险、国寿财险、中华联合、太平财险、中银保险、华泰财险共同发起设立。

"一带一路"再保险共同体将通过制度化安排和商业化模式，聚焦海外风险管理亟须但国内技术相对薄弱的特殊风险领域，充分聚合国内保险业力量，补齐行业保障短板，深化政策落地，搭建行业交流平台，增强服务"一带一路"的能力和水平。这是保险业推动形成服务"一带一路"合力的关键举措，标志着保险业向高质量服务"一带一路"迈出了坚实的一步。

"一带一路"需要再保险提供稳定的风险保障：一是"一带一路"客观上需要再保险提供高质量的风险保障和服务；二是国内保险业在特殊风险保障方面供给不足，需要再保险提供稳定的承保能力。调研发现，国内保险业在工程延期利润损失保险（DSU）、海外医疗保险、并购责任保险、履约保函等特殊险种方面缺少供给，无法满足"走出去"企业的全面风险保障需求。

再保险在服务"一带一路"方面具备独特优势：一是再保险是保险业国际化的"先行军"。再保险无须直接面对投保人，市场准入和监管相对宽松，天然是保险业"走出去"的先行军。再保险的全球化优势，能够成为国际国内两个市场的纽带，为"一带一路"跨境合作提供全面风险保障与服务，促进经济提质增效。二是再保险是保险业的"聚合器"。从国际经验来看，在相对较短的时间内能够把各家保险公司的力量集中起来的商业机构是再保险组织。再保险的平台化优势，能够有效整合资源、搭建平台、形成合力，更好地为"一带一路"提供风险保障和服务。三是再保险是保险业的"稳定阀"。再保险是"保险的保险"，能够有效分散直保公司的承保风险、扩大直保公司的承保能力，保障保险行业的稳健运行。四是再保险是保险业创新的"推动器"。相比直保公司，再保险公司业务种类和覆盖区域更为广泛，具有显著的大数据优势。这使得再保险公司能够更加深刻理解各类保险市场、保险产品的潜在风险，可以为直保产品创新孵化提供便利条件。

资料来源：人民网。

思考讨论题

1. 保险行业在支持企业走出去，融入全球产业链、供应链，提高跨国经营能力和水平方面可以发挥怎样的作用？

2. 再保险在"一带一路"建设中可以发挥怎样的作用？

分析要点

1. 通过经济补偿功能，为企业开展跨境投资贸易合作提供风险保障和服务；通过资金融通功能，投资支持"一带一路"基础设施建设和中国企业承建的对外承包工程；发挥风险管理功能，提升企业"走出去"的风险防控意识，增强对海外利益的保护；提供资信评估等服务。

2. 通过发挥平台优势、网络优势、技术优势，再保险有助于推动保险供给侧创新，延伸"一带一路"建设中风险保障覆盖区域，提升海外风险保障能力。

重要术语

再保险	分出公司	分入公司	分保费
分保佣金	临时再保险	合同再保险	预约再保险
比例再保险	成数再保险	溢额再保险	非比例再保险
险位超赔分保	事故超赔再保险	赔付率超赔再保险	

思考题

1. 再保险对于保险公司和投保人都有什么样的重要意义？再保险对于保险业发展有什么样的意义？

2. 新冠疫情对国际财产保险和再保险市场产生了哪些影响？

3. 气候变化对国际再保险市场的长期影响是什么？

延伸阅读

即测即评

第五篇

保险市场与监管篇

第十三章
保险市场

学习目标

- 了解保险市场的概念、特征和构成要素
- 理解保险市场供给的含义以及影响保险市场供给的因素
- 理解保险市场需求的含义以及影响保险市场需求的因素
- 了解保险人的组织形式
- 了解我国保险市场的发展状况
- 通过学习和了解改革开放后我国保险业发展取得的成就，增强家国情怀和职业使命感
- 通过解读中国保险市场的特征和发展进程，增强关切中国保险现实问题的意识，提高对中国特色保险发展之路的认识

本章导读

保险市场以及保险经营活动，是一国市场经济体系的重要组成部分。保险市场连接保险商品的需求方、供给方以及中介方，保险市场的正常运行与发展是充分发挥其经济补偿、资金融通和社会管理职能，满足经济个体丰富多样的风险转移和财富管理需求的前提，对完善现代金融体系、保障社会稳定运行具有重要意义。本章首先介绍了保险市场的含义、特征以及构成要素，阐释了保险市场供给与需求的含义以及各自的影响因素，进而讨论了保险人的组织形式以及我国保险市场的发展状况。

开篇案例

保险服务实体经济高质量发展

党的二十大报告指出，要"坚持把发展经济的着力点放在实体经济上，推进新型工业化，加快建设制造强国、质量强国、航天强国、交通强国、网络强国、数字中国"。保险业是金融业的重要组成部分，在助力经济稳增长、服务制造强国、农业强国、健康中国、金融科技发展战略、服务保障和改善民生、社会保障体系建设等方面，有着不可替代的作用。

2017年以来，中国已成为世界第二大保险市场。未来，要充分发挥保险的功

能：以科技创新推动保险产品和服务创新，加快经营管理数字化转型的步伐，精准聚焦满足实体经济的金融需求；以风险管理为主线，强化保险的保障功能，为实体经济高质量发展提供保障；以资金融通为手段，精准配置保险资金，支持国家重要基础设施和重大战略项目建设；以经济补偿为兜底，在实体经济应对重大自然灾害和经营事故发生损失时，为企业早日恢复生产经营提供资金支持。

资料来源：周延礼.保险服务实体经济高质量发展［J］.中国金融，2023（03）：21-23.

案例思考：

1. 我国保险业在改革开放后实现高速发展的原因有哪些？

2. 为什么保险业应聚焦服务实体经济的高质量发展？

第一节　保险市场概述

一、保险市场的概念和特征

保险市场是保险商品交换关系的总和或保险商品供给与需求关系的总和。保险市场的交易对象是保险商品，即保险人为消费者提供的保险保障。传统的保险交易一般在某一固定的保险交易场所内或某一地域范围展开。随着科技的发展和经济金融的全球化进程，现代保险市场已经突破了有形市场的束缚。

保险是市场经济的产物，作为市场经济组成部分的保险市场，受到市场经济一般规律的支配和影响。保险市场与一般商品市场有着相似之处，都是交换关系的总和，价格机制、供求机制和竞争机制发挥基础性作用。但它们又有所区别，保险市场的交易对象是一种特殊形态的商品——保险保障，因此，保险市场表现出其独有特征。

（一）保险市场是直接的风险市场

保险市场的交易对象与其他市场有着明显的区别。尽管任何市场都存在风险，交易双方都可能因市场风险的存在而遭受经济上的损失，但一般商品市场上的交易对象，通常本身并不与风险联系，而保险人的经营对象就是风险，保险市场的交易对象是保险商品——保险保障，保险商品本身直接与风险相关联。保险商品的交易过程，本质上就是保险人聚集与分散风险的过程。风险的客观存在和发展是保险市场形成和发展的前提和基础。因此，保险市场是一个直接的风险市场。

（二）保险市场的交易具有承诺性

在保险市场上，保险合同的成立和生效，仅代表保险保障的开始，只有在保险合同期限内发生了约定的保险事故或事件，保险人才会履行赔偿或者给付的义务，换言之，保险市场交易的是保险人对未来风险事故或事件发生所致经济损失进行赔偿或给付的承诺。如果没有发生约定的保险事故或事件，保险人没有义务进行赔付。从这个意义上说，保险合同可以被视作一种期权，而保险市场也可以被看作一种特殊的期权市场。

（三）保险市场是典型的信息不对称市场

在保险市场上，信息不对称是双向的，即投保方和保险人都存在信息优势和信息劣势。一方面，由于投保方总是比保险人更了解保险标的的风险状态，因此，投保人在投保时可能会发生逆选择，通过隐藏信息做出有利于自己而不利于保险人的选择行为，在购买保险之后，投保方也可能会发生道德风险，甚至进行保险欺诈。另一方面，保险合同具有较高的专业性、技术性和复杂性，保险人可能会利用投保方的相关知识缺乏而对其进行误导、隐瞒或欺骗，从而损害其利益。由于存在严重的信息不对称问题，保险市场的交易成本相较于一般商品市场更高。

📖 知识链接 13-1

中国保险业协会发布 3 个示范条款征求意见稿
推动人身险保单标准化通俗化

2021 年 10 月，原银保监会办公厅发布《关于进一步丰富人身保险产品供给指导意见》，指出要"持续开展产品条款标准化、简单化、通俗化工作"。

2021 年 12 月，中国保险行业协会发布《定期寿险示范条款（公开征求意见稿）》《终身寿险示范条款（公开征求意见稿）》《一年期意外伤害保险示范条款（公开征求意见稿）》。通过制定人身险示范条款，有助于提高产品条款的可读性、科学性和合规性，减少共性保险条款不必要的差异化表述，降低保险条款的复杂度，形成人身保险行业产品设计丰富、内容规范、格式统一、重点突出、简便易懂的保险条款格局，帮助消费者更好地理解和选择人身保险产品。

对于保险公司而言，示范条款用语更规范、严谨、易懂，降低了可能引起的争议，有利于释放保险需求，促进寿险业的发展。并且，重要通用条款采用相同表述之后降低了保险公司开发新产品、拟定新条款的工作量，能提升业务经营过程的合规性。

资料来源：中国银行保险报。

二、保险市场的构成要素

保险市场的构成要素通常包括保险商品的供给方、保险商品的需求方以及保险商品。随着现代保险业的发展，保险市场的内部分工愈加细化和专业化，为了更加有效地实现保险交易活动，往往还需要保险中介方，保险中介方渐渐成为保险市场不可或缺的构成要素之一。这些要素可被归结为保险市场的主体与客体。

（一）保险市场的主体

保险市场的主体是指保险市场交易活动的参与者，包括保险商品的供给方、需求方以及中介方。

1. 保险商品的供给方

保险商品的供给方，是指在保险市场上提供保险商品，承担、分散和转移他人风险的保险人。通常，保险人必须经过国家有关部门审查认可，按照监管要求取得经营保险业务的许可。它们以各类保险组织形式出现在保险市场上，大部分是法人组织形式，而最具代表性的自然人保险组织是英国的"劳合社"。

2. 保险市场的中介方

保险市场中介方既包括活动于保险人与保险消费者之间，充当双方媒介，把保险人和保险消费者联系起来并建立保险合同关系的人，也包括独立于保险人与保险消费者之外，以第三者身份接受保险合同当事人委托，办理有关保险业务的公证、鉴定、理算、精算等事项的人。前者如保险代理人、保险经纪人，后者如保险公估人、保险公证人、保险律师、保险精算师、保险理算师等。

3. 保险商品的需求方

保险商品的需求方，是指所有现实的和潜在的对保险商品具有购买意愿和购买力的消费者的集合。保险消费者有各自独特的保险保障需求和消费行为，可以根据需求特征对保险消费者进行分类。

（二）保险市场的客体

保险市场的客体，是指保险市场上供求双方交易的对象，即保险保障。因此保险市场的客体具体表现为各种保险商品。

第二节 保险市场的供给与需求

一、保险市场供给

（一）保险市场供给的含义

保险市场供给，是指在一定时期内和一定的社会经济条件下，保险人愿意并且能够提供的保险种类和保险总量。

保险市场供给可以用保险市场上的承保能力来表示，它是保险人的承保能力之总和。保险市场供给包括质和量两个方面的内容。保险市场供给的质既包括保险人所提供的各种不同的保险商品品种，也包括每一具体的保险商品品种质量的高低；保险市场供给的量既包括保险人提供的某一保险商品品种的经济保障额度，也包括保险人提供的所有保险商品的经济保障总额。

（二）影响保险市场供给的因素

保险市场供给以保险需求为前提，保险需求是制约保险市场供给的基本因素，保险供给能力也影响着保险需求的实现程度。在存在保险需求的前提下，保险市场供给受到以下因素的制约。

1. 保险费率

在市场经济的条件下，决定保险供给的因素主要是保险费率，保险费率与保险市场供给呈正相关关系。保险费率上升，会刺激保险供给增加；反之，保险供给会减少。

2. 保险供给者的数量和素质

通常，保险供给者的数量越多，保险供给量越大。而保险供给质量主要取决于保险供给者的素质。保险经营管理中的险种开发、条款设计、费率厘定、业务选择、风险管理、准备金提存、再保险、理赔、投资等的业务水平，都会影响到保险供给的质量。保险供给者的数量和素质与保险供给数量和质量成正相关关系。

3. 保险业利润率

如果保险业的利润率高于社会平均利润率，即存在超额利润，就会吸引一部分社会资本投入保险业，扩大保险供给；反之，会导致保险人退出保险市场，缩小保险供给。

4. 保险资本量

保险人经营保险业务必须拥有一定数量的资本金，因此保险市场的总业务供给量受到资本量的限制。在一定时期内，社会总资本量是一定的，用于经营保险的资本量在客观上也是一定的。因此，有限的资本量在客观上制约着保险供给的总规模。

5. 保险市场竞争

保险市场竞争会引起保险供给者数量的增加或减少。如果保险市场上供给者数量增加，则保险供给总量扩大。如果供给者数量减少，则会出现几种不同的情况：若是由于合并引起的数量减少，则并不减少保险供给总量；若是由于破产或退出市场引起的数量减少，则会减少保险供给总量。同时，竞争无序的市场会抑制保险需求，减少保险供给；市场竞争有序，保险人行为规范，能提高保险市场信誉，从而刺激保险需求，扩大保险供给。

6. 国家政策

国家对保险业发展所实施的产业政策直接影响保险供给。产业政策的模式大体分为三种，即追赶型、差别型和功能型。追赶型产业政策是指后发国以追赶先进国为目标，强调"赶超战略"，一般为发展中国家在发展初期所采用。差别型产业政策是指在特定经济发展阶段和产业结构中，为了实现一定的目标而对不同的产业或产品实行特别的扶持或抑制政策。功能型产业政策强调各市场主体发挥比较优势、规范市场秩序、优化交易制度、提高效率等，并注重市场调控以提高产业的核心竞争力。随着经济发展阶段和发展环境的变化，保险产业政策的重点、手段和实施方式也在不断调整。

二、保险市场需求

（一）保险市场需求的含义

保险市场需求，是指在一定时期内和一定的社会经济条件下，保险消费者在保险市场上愿意并有能力购买的保险商品的量。它是消费者对保险保障的需求量，可以用投保人投保的保险金额总量来计量。

保险市场需求包括三个要素：有保险需求的消费者；满足保险需求的购买能力；购买意愿。这三个要素相互制约，缺一不可，结合起来构成现实的保险市场需求，决定了保险市场需求的规模。

（二）影响保险市场需求的主要因素

保险市场需求受诸多因素的影响，当这些因素发生变化时，保险市场需求也会发生相应变化。个人、家庭的保险需求和企业的保险需求存在显著差异；不同财富水平的人群，比如高净值人群与普通大众的保险需求也有一定的差别。

通常，影响保险市场需求的主要因素有以下六种。

1. 风险

"无风险，无保险"，风险是保险产生、存在和发展的前提条件和客观基础。风险种类越多，风险所致的损害后果越严重，保险需求越强烈。

2. 保险费率

受保险消费者交费能力的限制，总体而言，保险费率与保险市场需求呈负相关关系。通常，费率上升会带来保险需求的减少；费率下降，则会导致保险需求的增加。若保险费率过高，保险需求方可能会选择其他风险管理方式。

3. 经济发展水平

保险的主要作用就是消除经济上的不确定性。因此，从宏观上看，经济发展既是刺激保险需求产生的因素，也是促使保险需求总量扩张的因素。经济发展水平越高，科学技术越进步，生产的社会财富就越多，保险需求越大。

4. 消费者的货币收入

消费者的货币收入直接关系到其保险购买力的大小。当国民收入增加时，作为保险商品的消费者——个人和企业的交费能力增强，保险需求随之扩大。

5. 文化传统

保险需求在一定意义上受人们风险意识和保险意识的直接影响，而人们的风险意识与保险意识又受特定的文化环境的影响和控制。

6. 强制保险的实施

强制保险是国家以法律或行政的手段，强制性地要求经济单位或个人投保的保险。强制保险的实施，人为地扩大了保险需求。

第三节　保险人的组织形式

保险人的组织形式是指依法设立、登记并经营保险业务的机构所采用的形式。从国际保险市场的现状来看，保险人的组织形式多种多样，按所有制关系不同一般可分为国有保险组织、私营保险组织、合作保险组织、个人保险组织和自保组织等。由于社会经济制度、经济管理体制和历史传统等方面的差异，对于保险人以何种组织形式进行经营，各国往往都会进行限定。

一、国有保险组织

国有保险组织是由国家或政府投资设立的保险经营组织，由政府直接经营或其他公共团体来经营。通常，出于社会福利或公共政策目的，国家会将某些强制性或特定保险业务专门交由国有保险组织经营。此外，还有一些国有保险组织同其他保险组织形式一样，可以自由经营各类保险业务，并与之展开平等竞争。

二、私营保险组织

私营保险组织是由私人投资设立的保险经营组织，它大多以股份有限公司的形式出现。保险股份有限公司是现代保险企业制度下最典型的一种组织形式。

保险股份有限公司是指经国家保险监管机关批准设立、经营保险业务的股份制公司。公司将全部资本分成等额股份，股东以其所持股份为限对公司承担责任，公司以其全部资产对公司债务承担民事责任。

保险股份有限公司的特点：

（1）保险股份有限公司通过发行股票（或股权证）筹集资本，有利于增强融资能力和偿付能力，扩展保险业务规模和承保能力。

（2）保险股份有限公司通常采用所有权与经营权相分离的方式，以营利为经营的首要目标，有利于提高经营管理效率。

三、合作保险组织

合作保险组织是由社会上具有共同风险的个人或经济单位，为了获得保险保障，共同集资设立的保险组织形式。它既可以采取公司形式，如相互保险公司，也可以采取非公司形式，如相互保险社与保险合作社。

（一）相互保险公司

相互保险公司是由所有参加保险的人自行设立的保险法人组织，是保险业特有的公司组织形式。

相互保险公司具有以下特点：

（1）投保人具有双重身份。相互保险公司的参加者具有双重身份：既是保险公司的所有者，又是公司的客户；既是投保人或被保险人，又是保险人。他们只要缴纳保险费，就可以成为公司会员，而一旦解除保险合同关系，也就自然脱离公司，会员资格随之消失。

（2）公司具有非营利性。相互保险公司是一种非营利性公司，没有外部股东，没有股东盈利压力，由全体投保人共同所有，不存在投保人与保险人之间的利益冲突。其资产和盈余都用于被保险人的福利和保障，可以发展有利于被保险人长期利益的险种。

（3）会员大会是最高权力机构。相互保险公司的最高权力机构是会员大会或会员代表大会，由投保人组成，会员大会选举董事会，由董事会任命高级管理人员。

随着市场的发展，相互保险公司的相互性渐已淡薄，与股份保险公司差别越来越小，甚至也开始具有一定的营利性。

（二）相互保险社

相互保险社是人们为了应付自然灾害或意外事故造成的经济损失而自愿结合起来的集体组织。它是最早出现的保险组织，也是保险组织的最原始形态，在当今欧美国家仍然相当普遍存在，如美国的"互助会"，就是一种为了给其会员提供社会福利和保险给付而成立的组织。尽管相互保险社的会员资格向一般公众开放，但会员通常具有共同的种族、宗教信仰或职业背景。美国约有50个这样的保险合作组织，大多数规模较小，但也有几个规模较大的，如洛杉矶的农民保险合作社和专门经营汽车保险的联合服务汽车保险协会。

相互保险社通常具有以下几个特点：

（1）相互保险社的成员之间相互提供保险保障，体现"我为人人，人人为我"的思想。

（2）相互保险社的经营资本来源于社员缴纳的分担金。一般在每年年初按暂定分担额向社员预收，用于赔偿和管理方面所需款项和开支，在年度结算时计算出实际的分担额后再多退少补。

（3）相互保险社的保费采取事后分摊制，事先并不确定。

（4）相互保险社的最高管理机构是由社员选举出来的管理委员会。

（三）保险合作社

保险合作社是由一些对风险具有同一保障要求的人自愿设立的保险组织。它是一种特殊的相互组织形式，要求社员加入时必须缴纳一定金额的股本，社员认缴股本后即使不是投保人也具有社员资格，与合作社保持长久密切的关系。保险合作社一般属于社团法人，是非营利机构。保险合作社通常具有以下特点：

（1）社员缴纳股本。保险合作社是由社员共同出资入股设立的，加入保险合作社的社员必须缴纳一定金额的股本。社员作为保险合作社的股东，对保险合作社的权利以其认购的股金为限。

（2）只有保险合作社的社员才能作为保险合作社的被保险人，保险合作社只承保合作社社员的风险，保险关系的建立必须以社员为条件。但是，社员也可以不与保险合作社建立保险关系；保险关系的消灭也不影响社员关系的存在，也不会导致社员身份的丧失。因此，保险合作社与社员之间的关系比较长久。

（3）固定保险费率。保险合作社采取固定保险费制，事后不补缴。

知识链接 13-2

中国的合作保险组织

合作和相互保险发展历史悠久，起源早于股份制保险，目前在国际保险市场仍占据重要地位，尤其在高风险领域如农业、渔业和中低收入人群风险保障方面得到广泛应用。

1984 年，我国开始对合作和相互保险展开探索，中国船东互保协会成立。这是我国政府批准的首家享有社团法人资格的船东互助非营利组织。1993 年，中华全国总工会创办了中国职工保险互助会。中国职工保险互助会是经民政部批准注册的具有法人资格的、非营利性的、全国性互助互济合作制保险组织，主要开展医疗、意外伤害等保险业务。1994 年，中国渔船船东互保协会成立，该协会是由农业农村部主管、民政部批准的，全国范围内广大渔民以及其他从事渔业生产经营或为渔业生产经营服务的单位和个人自愿组成的，实行互助保险的非营利性的社会团体。2007 年 7 月，经民政部批准改为中国渔业互保协会。

2005 年，经国务院同意、原中国保监会批准，中国首家相互保险公司——阳光农业相互保险公司成立，主要开办农业保险等财险业务，在黑龙江省和广东省以及天津市设有分支机构。

2011 年，经过原宁波保监局批准，浙江省慈溪市成立了全国第一家保险互助社——慈溪市龙山农村保险互助社。2015 年 10 月，原保监会批复成立了全国第二家保险互助社——瑞安市兴民农村保险互助社。

2015 年 1 月 23 日，原中国保监会出台《相互保险组织监管试行办法》（以下简称《试行办法》），相互保险步入初步规范发展阶段。《试行办法》对相互保险以及相互保险组织作出了界定，并对相互保险的经营行为进行了规范。

2017 年，众惠财产相互保险社、汇友建工财产相互保险社和信美人寿相互保险社共 3 家相互保险社相继成立并开始营业。

这些合作保险组织在应对农业、特殊群体病种等风险方面发挥了积极作用，进一步丰富了我国保险市场主体，扩大了保险覆盖面，有效提升了保险服务于经济社会的能力。

四、个人保险组织

个人保险组织是以自然人的名义承保风险的一种组织形式。从保险的发展历史来看，个人经营保险也曾经在相当长的时间内存在，但随着世界经济的发展，保险金额日益增大，个人的资本实力与信誉有限，很难得到投保人的信赖与认可，世界上的个人保险组织比较少。各国为了保护国家的利益和公民的利益，一般不允许个人经营保险业务。目前，只有劳合社仍保留个人保险组织的形式。

劳合社是世界上最大的个人保险组织，创建于 1688 年，其前身是爱德华·劳埃德在伦敦泰晤士河畔开设的咖啡馆。劳合社是历史最悠久和最有影响力的保险组织之一。但劳合社不是一家保险公司，而是一个社团，确切地说，是一个保险市场。劳合社本身并不直接经营业务，仅为其成员提供保险交易场所与有关服务，劳合社的社员都是以个人名义承保风险，是一个采取特殊承保方式的保险和再保险市场。劳合社的经营方式是由其成员组成辛迪加进行承保，一般不允许投保人和承保人直接签订保险合同，而是由劳合社经纪人替投保人寻找承保组合。

五、自保组织

自保组织又称专业自保公司，是指某一行业或企业为本系统或本企业提供保险保障的组织形式。通常，自保公司为母公司及其子公司或关联企业提供风险保障。第一次和第二次世界大战期间，自保公司首先在英国兴起。作为企业采取自留风险管理技术的一种形式，专业自保公司已为国际大型企业普遍采用。

第四节　中国保险市场的发展

一、保险市场概况

中国保险业自 1979 年恢复以来获得了快速发展。尤其是近年来，党中央国务院十分重视保险业发展，在多份重要文件中提出要大力发展保险业，出台了一系列促进保险业改革发展的政策措施，中国保险业实现了长远发展。

2022 年，我国保险公司原保险保费收入 46 957 亿元，按可比口径计算，比 2021 年增长 4.6%。其中，寿险业务原保险保费收入 24 519 亿元，健康险和意外伤害险业务原保险保费收入 9 726 亿元，财产险业务原保险保费收入 12 712 亿元，与国计民生密切相关的责任保险和农业保险业务分别实现保费收入 1 148 亿元和 1 219 亿元。[①]

2022 年，我国保险业提供保险金额 13 678 万亿元，比 2021 年上升 12.33%。其中，产险公司保险金额 12 457 万亿元；寿险公司保险金额 1 221 万亿元。

2022 年，我国保险业支付各类赔款及给付 15 485 亿元。其中，寿险业务给付 3 791 亿元，健康险和意外伤害险业务赔款及给付 3 937 亿元，财产险业务赔款 7 757 亿元。

2022 年，我国保险公司资金运用余额为 250 509 亿元，比 2021 年增长 7.8%。其中，银行存款 28 348 亿元，占资金运用余额的比例为 11.32%；债券 102 530 亿元，占比 40.93%；股票和证券投资基金 31 829 亿元，占比 12.70%。

保险行业积极助力经济社会发展的重点领域和薄弱环节，推动科技创新，维护社会稳定，不断提升保险服务实体经济的效率和水平。保险科技应用日益广泛，创新业务快速发展，大数据、人工智能、区块链、移动互联网、物联网等前沿技术被广泛运用于保险产品创新、保险公司管理等方面。

表 13-1 和图 13-1 展示了 2000—2021 年间中国和世界保费增长情况。

---

① 原保险保费收入是指保险企业确认的原保险合同保费收入。

表 13-1　2000—2021 年中国和世界名义保费规模与增长率

年份	中国保费 （人民币：亿元）	名义增长率 （%）	世界保费 （美元：亿元）	名义增长率 （%）
2000	1 595	—	24 917	—
2001	2 109	32.23	24 551	−1.47
2002	3 053	44.76	26 710	8.79
2003	3 880	27.09	29 954	12.15
2004	4 318	11.29	33 069	10.40
2005	4 927	14.10	34 604	4.64
2006	5 641	14.49	36 987	6.89
2007	7 036	24.73	41 325	11.73
2008	9 784	39.06	41 964	1.55
2009	11 137	13.83	40 881	−2.58
2010	14 528	30.45	43 100	5.43
2011	14 339	−1.30	45 740	6.13
2012	15 688	9.41	46 145	0.89
2013	17 222	9.78	46 145	0.00
2014	20 235	17.50	47 837	3.67
2015	24 283	20.00	46 024	−3.79
2016	30 959	27.49	46 948	2.01
2017	36 581	18.16	49 575	5.60
2018	38 017	3.93	51 932	4.75
2019	42 645	12.17	52 555	1.20
2020	45 257	6.12	51 755	−2.1
2021	44 900	−0.78	54 394	5.1

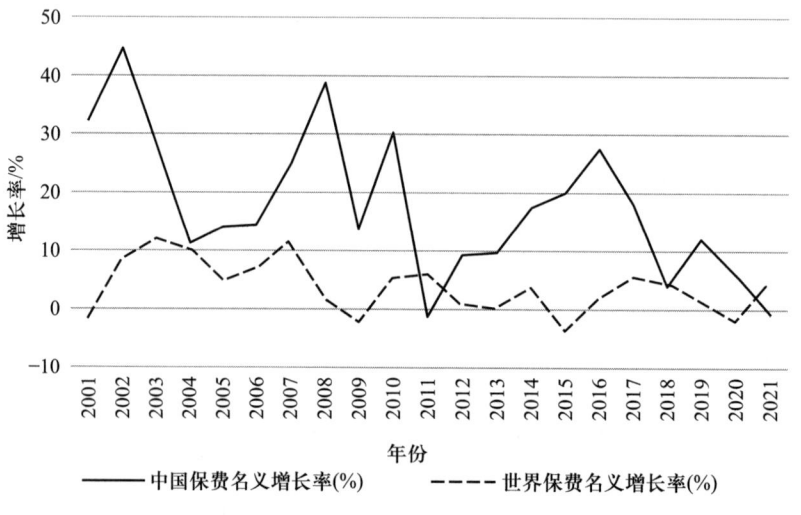

图 13-1　2000—2021 年中国和世界保费名义增长率

从图 13-1 中可以发现，中国保费增长呈现周期波动的特点，2001 年后的多数年份，中国保费增长率远远高于世界保费增长率。

二、保险密度与保险深度

保险密度，是指按照一个国家的全国人口计算的人均保费收入，反映该地国民参加保险的程度。

$$保险密度＝保费收入 \div 总人口 \qquad (13-1)$$

保险深度，是指保费收入占国内生产总值（GDP）的比例，反映了该地保险业在整个国民经济中的地位。

$$保险深度＝保费收入 \div 国内生产总值 \qquad (13-2)$$

表 13-2 和图 13-2 显示了 2000—2021 年间中国和世界保险密度的情况。

表 13-2　2000—2021 年中国和世界保险密度

年份	中国保险密度（人民币，元／人）	世界平均保险密度（美元／人）	中国保险密度增长率（％）	世界平均保险密度增长率（％）
2000	127.7	403	—	—
2001	168.98	391	32.33	−2.98
2002	237.60	420	40.61	7.42
2003	348.95	464	46.86	10.48
2004	377.67	505	8.23	8.84
2005	425.39	522	12.64	3.37
2006	481.43	550	13.17	5.36
2007	593.67	603	23.31	9.64
2008	816.35	605	37.51	0.33
2009	919.49	581	12.63	−3.97
2010	1 187.03	604	29.10	3.96
2011	1 159.87	636	−2.29	5.30
2012	1 256.95	633	8.37	−0.47
2013	1 367.81	625	8.82	−1.26
2014	1 598.56	637	16.87	1.92
2015	1 902.65	607	19.02	−4.71
2016	2 410.14	614	26.67	1.15
2017	2 830.76	641	17.45	4.40
2018	2 924.65	663	3.32	3.43
2019	3 261.42	671	11.51	1.21
2020	3 205.29	818	−1.71	21.91
2021	3 179.91	874	−0.79	6.85

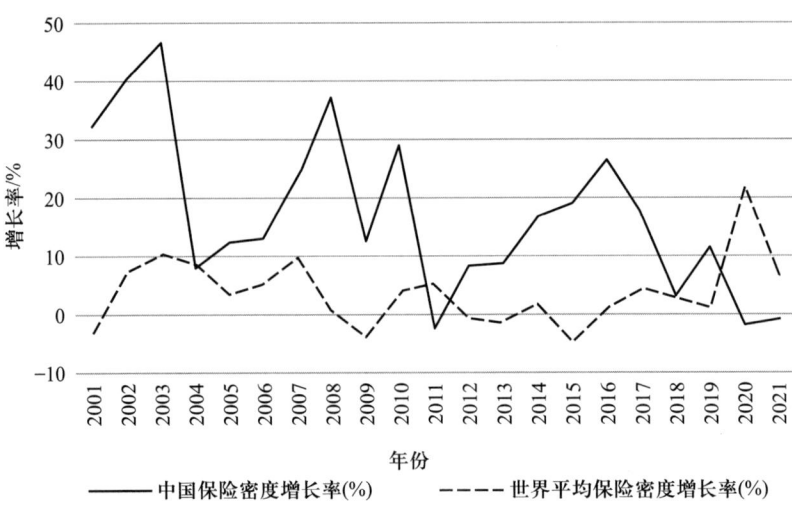

图 13-2　2001—2021 年中国和世界保险密度增长率

从图 13-2 中可以看出，2001 年后中国的保险密度一直保持增长势头，2006 年之后增长更为明显。截至 2021 年年末，中国保险密度相当于世界平均水平的 55.03%。

表 13-3 和图 13-3 显示了 2000—2021 年间中国和世界保险深度的情况。

表 13-3　2000—2021 年中国和世界保险深度

年份	中国保险深度（%）	世界平均保险深度（%）
2000	1.59	7.41
2001	1.90	7.34
2002	2.51	7.70
2003	2.82	7.69
2004	2.67	7.54
2005	2.63	7.28
2006	2.57	7.18
2007	2.61	7.12
2008	3.06	6.59
2009	3.20	6.77
2010	3.53	6.52
2011	2.94	6.23
2012	2.91	6.14
2013	2.90	5.97
2014	3.16	6.02
2015	3.54	6.12
2016	4.18	6.15
2017	4.46	6.10
2018	4.22	6.01
2019	4.30	5.99
2020	4.45	7.30
2021	4.15	6.96

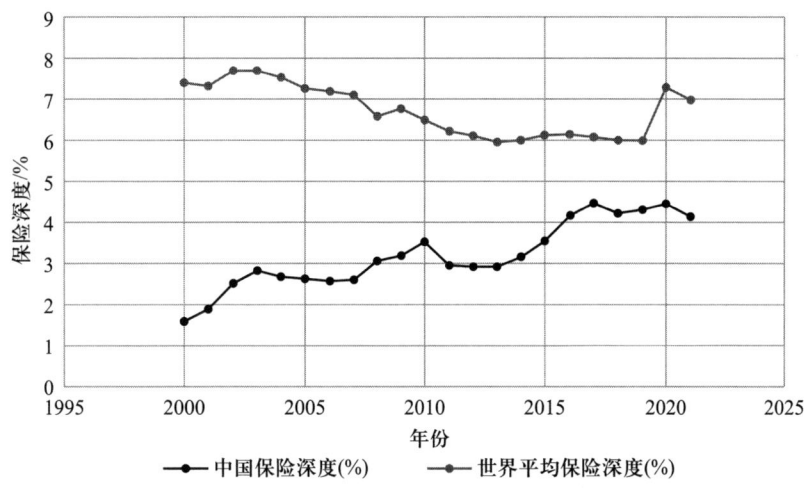

图 13-3　2000—2021 年中国保险深度与世界保险深度

从图 13-3 中可以看出，自 2008 年以来世界保险深度基本稳定在 6% 左右。而中国保险深度整体呈现上升趋势，2016 年后基本在 4% 左右。截至 2021 年年末，中国保险深度相当于世界平均水平的 59.62%。

本章小结

保险市场是保险商品交换关系的总和。保险市场是直接的风险市场，也是典型的信息不对称市场，其交易具有承诺性。保险市场的主体包括保险商品的供给方、需求方和中介方，客体是供求双方交易的对象——保险商品。保险市场供给是指在一定时期内和一定的社会经济条件下，保险人愿意并且能够提供的保险种类和保险总量。影响保险供给的因素包括保险费率、保险供给者的数量与素质、保险业利润率、保险资本量、保险市场竞争和国家政策。保险市场需求是指在一定时期内和一定的社会经济条件下，保险消费者在保险市场上愿意并有能力购买的保险商品的量。影响保险需求的因素包括风险、保险费率、经济发展水平、消费者的货币收入、文化传统及强制保险的实施。保险人的组织形式多种多样，通常包括国有保险组织、私营保险组织、合作保险组织、个人保险组织和自保组织等。

案例讨论

保险业高质量发展展望

当前世界进入动荡变革期，国内外不稳定性不确定性显著上升。展望未来，我国经济长期向好、市场空间广阔、发展韧性强大的基本特征没有改变，以国内大循环为主体、国内国际双循环相互促进的新发展格局正在形成，居民和企业对保险保障的需求将持续提升。我国进入新发展阶段，经济发展由高速增长转向高质量发展。与经济社会发展相适应，我国保险业也面临从高速发展向高质量发展的转型关键期。总体来看，主要发展方向有以下几点。

一是强化保险保障功能。进一步服务实体经济企业，服务国家重大战略，服务国家经济转型升级，服务国家重大开放举措，响应"一带一路"倡议，为"走出去"的企业提供财产保险、工程保险、货运保险、责任保险等保险保障服务，提供知识产权、网络安全等风险保障。加强民生保障能力，参与多层次社会保障体系建设，加快商业养老保险、长期护理保险创新，大力发展第三支柱养老保障，构建灾害救助体系、巨灾保险体系，提升巨灾保险保障能力，进一步发挥保险在加强企业风险管理、居民风险保障中的作用。

二是构建普惠保险供给体系。主动对接国家要求及人民需求，大力发展普惠金融。鼓励国有大型保险公司在发展普惠保险中发挥主力军作用。推动地方性中小保险公司结合本地实际，探索具有地方特色的普惠保险经营模式。加强保险科技运用，推动普惠保险产品和服务供给，重点服务"三农"、城镇低收入人群、残障人士和老年人等弱势群体。创新保险扶贫专项产品，防止因病因灾返贫，服务巩固拓展脱贫攻坚成果同乡村振兴有效衔接。发展为小微企业降风险、增信用的专属保险产品，为新市民创业就业、医疗养老等提供保险保障。

三是构建绿色保险服务体系。打通"保险＋科技＋服务"链条，加强与环保、监管部门的跨部门合作，建立绿色保险数据库，为绿色保险产品的创新研发、费率厘定、承保理赔服务提供数据支持，开发绿色建筑性能保险、发电损失保险、清洁能源保险、充电桩综合保险，助力新能源产业发展；提供碳排放、自愿减排相关保险，为企业绿色转型提供有力支持。

四是加快推进保险科技应用。充分运用移动互联网、大数据、云计算、人工智能等技术提高保险公司的管理水平和服务效率，建设行业风险识别、定价、防灾减损客户服务等核心能力，连接并赋能外部合作伙伴与其他金融机构，打通金融服务、健康医疗、汽车服务及智慧城市生活体系，搭建综合金融生态圈。

五是继续坚守行业风险底线。完善公司治理，坚持将党的领导融入公司治理各环节，健全公司治理结构，加强风险内控和关联交易治理。全面落实偿二代监管要求，提升风险管理能力，促进行业转型升级。培育风险为本的行业文化，建立健全重大风险防范机制。维护市场秩序，保障消费者合法权益。

资料来源：中国保险行业协会.中国保险业发展报告2021［M］.北京：中国金融出版社，2022.

思考讨论题

保险行业实现从高速增长到高质量发展转型过程中可能会面临哪些困难？如何解决？

分析要点

1. 从外部因素看，新冠肺炎疫情产生的持续影响，经济下行压力持续存在，实体经济发展承压、金融风险交织，对行业风险管理提出更高要求。受长期低利率影响和人口老龄化等因素影响，保险资金运用面临较大挑战。

2. 从行业自身来看，保险销售模式面临调整，产品同质化、激进式经营等问题亟须解决。

3. 保险行业需要适应经济社会发展需要，把服务实体经济作为发展的出发点和落脚点，实现稳健运行和良性循环，不断增强保险保障功能，持续优化产品结构。

重要术语

保险市场　　　　保险市场供给　　　　保险市场需求　　　　国有保险组织
私营保险组织　　合作保险组织　　　　个人保险组织　　　　自保组织

思考题

1. 科技的发展给保险市场的供给和需求带来了怎样的变化？
2. 在金融市场开放条件下，我国中小型保险公司如何稳健发展？
3. 分析我国养老保险市场需求。

延伸阅读

即测即评

第十四章
保险监管

📝 学习目标

- 理解保险监管的必要性
- 掌握保险监管的目标、原则
- 掌握保险监管方式和手段
- 重点掌握保险监管的内容
- 通过学习保险监管相关法律法规，树立遵纪守法、合规经营的底线思维与法治精神

🔍 本章导读

保险业具有极强的公众性和社会性，保险监管既是有效保护与保险活动相关的行业和公众利益的需要，也对保险行业自身的发展起到了重要作用。面对日益复杂的经济和金融形势，需要立足中国国情，加强金融安全和保险消费者保护，推进保险支持实体经济，不断完善与中国保险业发展阶段相符合、与国际保险监管发展趋势相适应的保险监管体系。本章介绍了保险监管的主要方式和手段，以及监管机构对保险市场准入、业务经营和市场退出等方面的监管，阐述监管机构在监管活动中的规定和基本准则等。

✍ 开篇案例

深化金融体制改革　组建国家金融监督管理总局

党的二十大提出要"坚持深化改革开放""着力破解深层次体制机制障碍，不断彰显中国特色社会主义制度优势"。2023年，二十届二中全会审议通过了《党和国家机构改革方案》(以下简称《改革方案》)，对深化金融体制改革作出具体部署。

为依法将各类金融活动全部纳入监管，《改革方案》针对金融监管领域提出六项改革举措，包括在中国银行保险监督管理委员会基础上组建国家金融监督管理总局、深化地方金融监管体制改革、中国证券监督管理委员会由国务院直属事业单位调整为国务院直属机构、统筹推进中国人民银行分支机构改革、完善国有金融资本管理体制、加强金融管理部门工作人员统一规范管理。这些改革举措将使金融监管

部门的职责更明确，统筹性、综合性监管能力更强，对系统性、综合性风险的防范能力进一步加强，有利于更好保护消费者权益、推动实现金融监管领域的高质量发展，维护包括保险业在内的金融业的整体安全稳定。

根据《改革方案》，国家金融监督管理总局作为国务院直属机构，统一负责除证券业之外的金融业监管，强化机构监管、行为监管、功能监管、穿透式监管、持续监管，统筹负责金融消费者权益保护，加强风险管理和防范处置，依法查处违法违规行为。将中国人民银行对金融控股公司等金融集团的日常监管职责、有关金融消费者保护职责，中国证券监督管理委员会的投资者保护职责划入国家金融监督管理总局，不再保留中国银行保险监督管理委员会。

资料来源：中华人民共和国中央人民政府网站。

案例思考：

1. 为什么组建国家金融监督管理总局？背景和意义何在？
2. 保险监管的方式有哪些？

第一节　保险监管理论概述

现代经济学尤其是市场失灵理论和信息经济学的发展，为保险监管奠定了理论基础。保险监管理论的思想基础源于一般的监管理论。通常认为，保险监管理论的发展经历了公共利益理论、私人利益理论两大阶段。

一、公共利益理论

公共利益理论发端于国家干预的经济思想，其理论基础是肯定政府及其他公共机构通过监管手段能够以低成本识别市场失灵或调整不公正市场行为。公共利益理论认为由于垄断、公共产品、不完全信息、外部性等市场失灵的存在，需要政府作为公共利益的代表去修正或者弥补市场缺陷，从而实现消费者利益的保护和社会福利的最大化。简而言之，哪里有市场失灵，哪里就应该实施相应的政府干预。该理论假设监管服务于社会公众利益，监管者是仁慈的社会计划者，是具有无限知识的法律与政府法规的忠实代理人。

对于保险市场来说，常见的市场失灵的原因包括信息不对称、外部性、市场支配力等。

第一，信息不对称。保险市场的信息不对称问题非常严重，既包括隐藏信息问题，如投保人隐瞒信息以获得保险保障，保险人隐瞒保单中规定的责任免除，在保险事故发生后寻找借口拒赔；也包括隐藏行为问题，如投保人投保后疏于对保险标的的保护，甚至故意损毁保险标的以期获得保险赔付。信息不对称程度越大，市场失灵越明显。

此外，由于信息不对称，价格体系将不再有效地传递有用信息，造成市场参与者较高的信息成本和保险市场的低效率。而保险监管可以通过明确的规则提高信息的完备程度，保持信息通畅，提高市场效率。

第二，外部性。保险的负外部性包括保险欺诈对社会财产和公民人身的连带损害，保险公司破产对社会稳定的不利影响，保险业危机引发金融业和宏观经济危机的多米诺效应等。科斯定理从交易成本的角度说明，外部性无法通过市场机制的自由交换得到消除。因此，需要市场以外的监管力量介入，限制保险的负外部性影响。

第三，市场支配力。保险经营存在规模经济，规模越大，平均成本越低，并且按照大数定律，规模越大，保险经营越稳健。这意味着保险业具有一定的自然垄断倾向。保险人的垄断行为会损害保险消费者的利益，导致保险市场资源配置效率和福利的损失。并且，保险企业的破产出清或偿付能力不足问题可能引发市场恐慌，使得风险传导到其他金融机构或整个金融体系。因此，需要政府介入保险市场，从外部对保险业进行监管来维护保险市场的正常运行。

公共利益理论认为放任市场会出现市场失灵，导致低效率和不公平，而政府代表公共利益。所以，应该由政府采取管制行动来弥补市场低效率和不公平的缺陷。按照公共利益理论，保险监管是公共产品，目的是矫正市场失灵，促进保险市场的公平竞争，提高市场效率。

二、私人利益理论

公共利益理论从市场不完备角度进行分析，为政府监管提供了理论依据。但公共利益理论并未对公众如何把潜在的监管需求转化为现实监管机制进行解释，因此在解释现实当中的监管政策和政府行为时出现了困难。20 世纪 50 年代末至 60 年代，一些学者发现被监管的行业并非如预期一般获得了效率的提升。

由于公共利益理论对监管的分析存在诸多缺陷，监管的政治经济学分析应运而生。政治经济学视角的私人利益理论是将政府纳入分析的主体，赋予政府更多人性化的特点，改变原来政府作为社会计划者的假设。早期的私人利益理论认为监管政策的出台是由行业力量所引导的，监管的目的在于促进某一特定利益集团的利益最大化，政府监管的立法机关或政府监管机构只是代表某一特定利益集团的利益。后续的研究则进一步提出影响监管的利益集团还包括消费者、监管当局和政治势力等。这些利益集团的博弈导致了监管政策在不同方面的不同表现。

私人利益理论将监管政策完全归因为某一个（些）利益集团的作用，夸大了利益集团在监管政策中的作用。事实上，监管系统中还存在着很多可以抵消利益集团对监管进行俘获的因素和力量，这也是解释了为什么不同国家、不同市场上对私人利益理论的验证结果并不相同。

第二节　保险监管制度

一、保险监管的含义与必要性

（一）保险监管的含义

按照监管主体划分，保险监管有广义与狭义之分。广义的保险监管是指政府监管机构、保险行业自律组织、保险机构内部监管部门以及社会力量对保险市场及保险主体的组织和经营活动的监督和管理。狭义的保险监管是指政府保险监管机构依法对保险市场及保险市场主体的组织和经营活动的监督和管理，它依赖国家公权力实施监管。本书仅探讨狭义的保险监管。

国家通过法律的、经济的和行政的手段对保险企业的组织、业务经营、财务等各项活动及保险市场的秩序进行直接或间接的指导、协调、监督和干预。保险监管以保险企业偿付能力监管为核心，对保险市场的准入和退出、保险合同格式与条款、保险费率以及保险资金运用等方面进行监管。

（二）保险监管的必要性

综观世界各国与地区，无一不对保险业实施监管。保险监管之所以具有国际普遍性，主要是由保险业的性质及经营特点决定的。

1. 保险事业的公共性

建立在互助共济基础上的保险业，其公共性质主要体现在保险经营具有负债性、保障性和广泛性。所谓负债性，是指保险基金建立在收取保费的基础上，其很大一部分是用于未来赔偿或给付的准备金。保险准备金必须依法提取，它是保险公司对保险消费者的负债，在保险合同期满之前不被保险公司所有。保险经营的这一特征，决定了它不适用于一般商业的自由竞争原则，不能任凭保险公司在市场竞争中优胜劣汰、自生自灭。所谓保障性，是指保险的基本功能是分散风险和补偿损失。如果保险公司本身经营不善甚至破产倒闭，其正常的赔付就无法履行，也就起不到社会"稳定器"的作用。所谓广泛性，是指保险业对整个社会有较大的影响力和渗透力。从范围上看，一家保险公司的经营失败可能危及众多企业或家庭的安全，导致众多的企业和家庭失去保障，进而引发社会震荡；从时间上看，一张保险单可能涉及投保方的终生保障和财务安全。总之，保险业的公共性质决定了政府对其进行监管的必要性。

2. 保险合同的特殊性

（1）保险合同的射幸性。保险合同的射幸性体现在当事人的给付或赔偿义务不确定，双方交换关系的非等价性。在合同有效期内，如果发生合同约定的保险事故或事件，投保方得到的赔偿或给付金额可能远远超过其所支出的保险费；反之，如果未发生保险事故或事件，则投保人付出了保费而无法得到任何货币补偿或给付。对于保险人来说，情形正好相反。因此，必须通过保险监管来确保保险合同交易的公平合理。

（2）保险合同的附合性。大部分保险合同是附合合同，合同中的条款通常由保险人单方面事先拟定。投保人一般不参与保险合同条款的制订，只有选择是否订立合同的自由，处于附从地位。从表面上看，保险合同是双方自愿签订而成立的，但实际上，这种保险合同是建立在当事人一方信息不对称、交易力量不相等的基础上。因此，政府从保护保险消费者的权益出发，对保险合同的条款、费率等进行审核或备案，以达到公平合理的目的。

3. 保险技术的复杂性

保险技术的复杂性主要体现在：保险承保的对象既有各类无形与有形的财产，还包括人的生命与身体等；保险承保的风险种类繁多，有财产风险、人身风险、责任风险、信用风险等；保险产品定价以数学及统计学为基础；保险法规、保险条款及保险惯例中有很多专业术语等。一般的社会公众对保险知之甚少，难以充分了解保险公司提供的产品和经营运作过程，因此需要保险监管机构对保单条款及费率进行审核或备案，以保护保险消费者的权益。

4. 保险交易双方信息的不对称性

保险合同的附合性以及保险技术的复杂性使得投保方处于信息劣势，但另一方面，投保方掌握有关保险标的的信息，使其又相对于保险公司处于信息优势。保险中的信息不对称和信息不完全问题十分突出，保险双方当事人既具有信息优势，又具有信息劣势。在缺乏外部监管的情形下，保险公司可能利用专业优势和信息优势侵害投保方的利益，而投保方也可能出现逆选择或发生道德风险。有鉴于此，需要监管者对保险活动进行规范，保护保险双方当事人的合法权益。

（三）保险监管的目标

保险监管的目标是指政府监管机构对保险业进行监督管理所要达到的要求或效果。保险业作为一个特殊行业，监管目标通常包括以下三点。

1. 维护保险消费者的合法权益

保险监管机构主要从两个方面维护消费者的合法权益：（1）保险产品和服务的可得性。不同群体都有保险险种可供选择，保险公司之间费率和条款有所差异；保险消费者可以获得良好的保险售前、售中及售后服务。（2）保险产品费率和条款的公平性。保险合同条款要公平合理，不能包含对投保方不利或加重其责任的条款；保险费率应尽可能准确地反映保险标的的风险状况。

2. 维护保险市场有序竞争和提高效率

鉴于保险业经营的特殊性，各国保险监管机构会对保险市场的竞争有一定的引导和规制，以避免出现过度竞争、恶意竞争。同时，会对保险创新和保险违规进行甄别，肯定保险创新，打击保险违规，提高保险服务效率。

公平竞争的市场环境有助于激励保险企业为消费者提供优质服务。而过度竞争、恶意竞争不但抬高企业经营成本，形成低效或无效运作，而且易导致保险企业失去偿付能力。通过保险监管，既允许竞争，又防止过度竞争，维护合理的保险产品价格水平和公平的市场交易环境，既有利于维护消费者的权益，还能减少保险企业因偿付能力不足而破产出清的情况发生。

3. 维护保险业的整体安全稳定

保险监管机构通过对保险市场主体行为的必要约束，维护保险业的整体安全稳定。保险市场体系的安全稳定与维护社会公众的合法权益及保险市场秩序是相辅相成的，前者是后者必要的基础和条件。

（四）保险监管的原则

保险监管机构对保险业实施监督与管理，其本质属于依据国家的授权行使行政权力，故其监管行为应当遵守行政法的基本原则。我国《保险法》第133条规定："保险监督管理机构依照本法和国务院规定的职责，遵循依法、公开、公正的原则，对保险业实施监督管理，维护保险市场秩序，保护投保人、被保险人和受益人的合法权益。"具体而言，保险监管的原则体现在三个方面。

1. 依法监管原则

依法行政是行政法的首要原则，保险监管作为行政监管的一种具体行使，也必须遵循这一原则。

首先，监管机构只能在法律授权范围内进行监管活动。没有法律授权，监管机构不得采取影响保险活动当事人权利和义务的行政措施。其次，监管机构的行为本身必须符合法律的规定。这里的合法，包括三个方面的要求：其一是监管行为必须符合法定程序，一切监管决定的作出必须按照法律、法规所规定的方式和程序进行。其二是监管行为必须严格遵循保险法的现行规定，监管机构不仅要做到其所制定的规章、制度不与法律抵触，而且还有义务主动实施现行有效的法律规定，否则将构成监管机构的不作为。其三，监管行为必须做到证据充分，一切监管决定都应建立在对事实进行周密调查的基础上。简而言之，所谓的监管行为合法，不仅指要遵守实体法，而且要遵行程序规则方面的要求，做到于法有据。

2. 公开监管原则

公开监管原则，是指监管机构的监管行为应当符合透明度的要求，除涉及国家机密和依法应保护的商业秘密之外，保险监管机构的监管活动应当公开，其中包括法律、法规、规章和政策的公开，影响保险活动当事人权利、义务的标准、条件和程序的公开，有关会议及其决议、决定的公开等。一些有关保险监管的重要事项和活动，除依法应保密的以外，应当允许新闻媒体依法采访、报道和评论。实行公开监管的原则，根本的目的在于保证社会公众的知情权，维护广大保险消费者的权益。

3. 公正监管原则

公正监管原则是指监管机构在实施保险监管的过程中，应从法律的要求出发，而不能以执行法律的名义将监管机构或监管人员的个人意志甚至个人的偏见和恶意强加于监管相对人，对所有的监管相对人要保持不偏不倚的态度，在法定的目标、范围和幅度内，公正无偏私地行使行政自由裁量权。监管机构和监管人员与监管相对人不能发生利益牵连，如果监管人员履行职责时与监管相对人存在利害关系，应当进行回避。

二、保险监管机构

在保险监管实践中，各国根据自己政治体制、经济制度、保险市场的特点以及社会人文、历史习俗的具体情况，形成了各自的保险监管模式和构架，在机构设置、监管内容和监管手段方面也各不相同。即使是同一国家，在不同时期可能也有不同的保险监管机构。

英国的保险监管机构是金融行为监管局和审慎监管局。金融行为监管局对保险业的监管职责主要包括颁发保险经营许可证、管理保险公司的经营、保障消费者权益等。审慎监管局则主要负责审慎监管，包括对保险公司的资本充足率、风险管理制度等进行监管，以确保金融系统的稳定。

美国对保险业实行联邦政府和州政府双重监管制度，联邦政府和州政府拥有各自独立的保险立法权和管理权，保险监管机构包括各州的保险监管局（署）、美国保险监督官协会和联邦保险办公室。各州的保险监管局（署）负责对本州保险业进行监管，其工作由州保险监督官负责。美国保险监督官协会则是由各州的保险监督官组成一个非营利性组织，主要负责协调各州对跨州保险公司的监管。联邦保险办公室是美国在2008年金融危机后，在财政部新设的一个机构，旨在加强保险监管、提高保险市场的稳定性和透明度、保护消费者的利益，主要职责包括监测和分析美国保险行业趋势和风险，代表美国参与国际保险监管事务，与其他国家的监管机构进行合作和协调等。

德国的保险监管机构是德国联邦金融监管局，其集监管银行、证券、保险功能于一身，主要职责包括市场准入审批、财务状况监管、产品费率审批、市场行为监管、消费者保护等。

中华人民共和国成立后，我国保险业的监管机构几经变化。保险业开办伊始，由中国人民银行领导并监督；1952年6月到1959年，受苏联模式的影响，保险业划归财政部领导；1979年国内保险业务恢复办理后，保险业仍由中国人民银行监管。1998年，为适应中国金融监管体制改革下确立的分业经营、分业管理模式，国务院批准设立中国保险监督管理委员会，专司保险监管。根据《保险法》的规定，国务院保险监督管理机构依法对保险业实施监督管理。

2018年，为顺应综合经营趋势、优化监管资源配置，国务院将中国银行业监督管理委员会和中国保险监督管理委员会的职责整合，组建中国银行保险监督管理委员会，不再保留中国银行业监督管理委员会、中国保险监督管理委员会。

2023年，为进一步完善中国金融监管体制，防范金融风险，加强功能监管和行为监管，突出金融消费者权益保护，国务院在中国银行保险监督管理委员会基础上组建国家金融监督管理总局，并将中国人民银行对金融控股公司等金融集团的日常监管职责、有关金融消费者保护职责，中国证券监督管理委员会的投资者保护职责划入国家金融监督管理总局。国家金融监督管理总局行使除证券行业之外的金融业监管和金融消费者权益保护职能，中国证券监督管理委员会负责资本市场监管职能。由此，我国司职于保险业监督管理的法定国家机构是国家金融监督管理总局，其依法对保险业实施各项监督及管理。

三、保险监管方式

不同历史时期，不同国家对保险业的监督和管理曾经采取的方式可以被归纳为公示方式、准则方式和实体方式。

（一）公示方式

在公示方式下，国家对保险业经营不做直接的监督和干预，仅要求保险人按照政府规定的格式和内容，将营业结果定期呈报给监管机构，并予以公示公告，使保险消费者等利害关系人知悉并作为交易判断的依据。保险人的组织形式、保险合同设计、资金运用等都由保险人自主决定，监管机构不予干预。公示方式的不足在于，一般保险消费者欠缺保险专门知识，对保险产品和服务缺乏鉴别力，影响其合理判断。英国在 20 世纪 60 年代之前曾采用这种方式。公示方式由于对监管比较消极，难以形成一致的消费者保护机制与竞争标准，与全球性消费者保护主义思潮相悖而被废弃。

（二）准则方式

在准则方式下，国家对保险业的经营制定基本法律规范，作为保险人共同遵守的准则，如最低资本金要求、财务报表审核等。这种方式仅强调形式上的合规性审查，而不做实质审查或其他干预，监管机构并不享有裁量与判断的权力，事实上难以对保险人起到约束作用。而且由于保险经营的复杂性，制定的基本规范难以包罗万象，也难以适用于不同的保险人和保险活动。因此，大部分国家的保险监管也已废弃准则方式。

（三）实体方式

在实体方式下，国家制定完善的保险监督管理规范，对保险企业的设立、经营、财务、人事以及倒闭清算等实行全面的监督管理。实体监管方式追求彻底有效的监督和管理，结合公示监管方式、准则监管方式的要素，使监管机构享有更广泛地干预保险市场的权力，其主要目的在于广泛地保护保险消费者，防范保险企业的财务和其他风险，避免因保险市场失灵而影响社会经济的稳定安全。

我国《保险法》对保险业监管做了全面的规定并由专门的保险监督管理机构实施，属于实体监管方式。

四、保险监管手段

根据我国《保险公司管理规定》第 59 条，监管部门对保险机构的监督管理采取现场检查与非现场监管相结合的方式。现场检查与非现场监管各有针对性。

（一）现场检查

现场检查，是指保险监管机构及其派出机构依法对保险业机构经营管理情况进行监督检查的行政执法行为。现场检查是保险监管的核心手段，是监管部门了解保险公司真实经营管理状况、发现违规问题及风险的重要工具，通过发挥查错纠弊、校验核实、评价指导、警示威慑等作用，督促保险机构贯彻落实国家宏观政策及监管政策，提高经营管理水平、合法稳健经营。

《保险公司管理规定》对现场检查的 13 项内容进行了明确规定。监管人员在现场检查中，可以委托会计师事务所等中介服务机构提供相关专业服务。

根据 2019 年原银保监会发布的《中国银保监会现场检查办法（试行）》，现场检查包括常规检查、临时检查和稽核调查等。常规检查是纳入年度现场检查计划的检查，按检查范围可以分为风险管理及内控有效性等综合性检查、对某些业务领域或区域进行的专项检查、对被查机构以往现场检查中发现的重大问题整改落实情况进行的后续检查。临时检查是在年度现场检查计划之外，根据重大工作部署或临时工作任务开展的检查。稽核调查是适用简化现场检查流程对特定事项进行专门调查的活动。

现场检查的流程一般包括检查准备、检查实施、检查报告、检查处理和检查档案整理五个阶段。根据《保险法》第 154 条，现场检查过程中监管机构可以采取一系列调查和执法手段，包括现场调查取证、询问谈话、查阅复制财产权登记材料、封存涉案文件和资料、查询涉案机构和个人的银行账户、申请冻结或查封涉案财产等。

（二）非现场监管

非现场监管，是指监管机构通过收集保险公司和保险行业的公司治理、偿付能力、经营管理以及业务、财务数据等各类信息，持续监测分析保险公司业务运营、提供风险保障和服务实体经济情况，对保险公司和保险行业的整体风险状况进行评估，并采取针对性监管措施的持续性监管过程。

非现场监管突破了现场检查的时空局限性，与现场检查相辅相成。

根据 2022 年原银保监会发布的《保险公司非现场监管暂行办法》，非现场监管的工作流程分为信息收集和整理、日常监测和监管评估、评估结果运用、信息归档等四个阶段。监管机构对保险公司开展非现场监管，应遵循以下原则：

（1）全面风险监管原则。以风险为核心，全面识别、监测和评估保险公司的风险状况，及时进行风险预警，并采取相应的监管措施。

（2）协调监管原则。监管部门之间应建立非现场监管联动工作机制，加强信息共享和工作协调，整合监管力量。

（3）分类监管原则。根据保险公司的业务类型、经营模式、风险状况、系统重要性程度等因素，合理配置监管资源，分类施策，及时审慎采取监管措施。

（4）监管标准统一原则。设定统一的非现场监管目标，建立统一的工作流程和工作标准，指导监管人员有序高效地履行非现场监管职责。

第三节　保险监管内容

保险监管的内容通常包括三大方面，即保险市场准入监管、保险业务经营监管和保险市场退出监管。

一、保险市场准入监管

保险市场准入包括机构准入和业务准入。机构准入是指新的保险机构的准入，包括中资保险公司、外资保险公司、再保险公司及保险中介机构的准入。

（一）保险机构准入监管

1. 保险公司申请设立的许可

从世界范围看，关于保险机构的准入大致有两种制度，一种是登记制，即申请人只要符合法律规定进入保险市场的基本条件，就可以提出申请，经政府主管机关核准登记后进入市场。对于符合条件的申请，政府主管机关必须登记。另一种是审批制，即申请人不仅必须符合法律规定的条件，而且还必须经政府主管机关审查批准后才能进入市场。对于符合条件的申请，主管机关不一定予以批准。我国对保险机构的准入采用的是审批制。

我国《保险法》第 67 条规定："设立保险公司应当经国务院保险监督管理机构批准。国务院保险监督管理机构审查保险公司的设立申请时，应当考虑保险业的发展和公平竞争的需要。"未经保险监督管理部门核准，任何人不得经营保险业务。经批准设立的保险公司，由批准部门颁发经营保险业务许可证，向工商行政管理机关办理登记，领取营业执照。并且，保险公司在中华人民共和国境内设立分支机构，也必须经保险监管机构批准，取得分支机构经营保险业务许可证。

2. 保险组织形式监管

保险机构的组织形式，是指保险机构在法律上的存在方式。各国（地区）关于保险组织形式的要求各不同，如日本规定有株式会社（股份有限公司）、相互会社（相互公司）以及互济合作社三种组织形式，英国除股份有限公司和相互保险公司以外，还允许劳合社采用个人保险组织形式。

我国保险公司可以适用股份有限公司、有限责任公司和相互保险公司的组织形式。

3. 资本金与保证金监管

资本金是保险公司偿付能力的最终保障，充足的资本金能够在保险公司出现经营困境的情况下保障保险消费者的权益。保险公司开办业务必须有一定数量的注册资本金，各国保险法对此都有明确规定，凡是达不到注册资本最低限额者，不得开业。我国《保险法》规定，设立保险公司，其注册资本的最低限额为人民币 2 亿元，并且注册资本必须为实缴货币资本。保险监管机构可以根据保险公司的业务范围、经营规模，调整注册资本的最低限额。

各国对注册资本金的规定严格，首先在于保险人在开办业务初期即有可能面临保险索赔，此时，注册资本金不仅要用于支付开业费用，还要用于支付保险赔款。其次是因为开业初期因承保范围有限，承保风险会较为集中，容易造成责任累积，这也要求注册资本金必须达到一定的额度，从而保证保险公司有能力应付索赔。

我国《保险法》还规定，保险公司设立后必须按照其注册资本总额的一定比例提取保证金，保证金存于监管部门指定的金融机构，用于担保企业的偿付能力，在保险公司清算时用于清偿债务。保险公司未按照规定提存保证金或者违反规定动用保证金，情节严重的，监管机构可以限制其业务范围、责令停止接受新业务或者吊销业务许可证。

4. 保险从业人员监管

保险从业人员包括保险公司的管理人员和各类专业人员。保险公司的经营专业化程度高，其高级管理人员必须具有一定的专业知识和工作经验。世界各国对保险业的高级管理人员的任职资格都有较高的要求，并进行严格的资格审查。不符合法律规定的任职条件，不能担任公司的高级管理职务；合格高级管理人员没有达到法定数量，公司不能营业。

我国《保险法》第68条明确规定，设立保险公司的条件之一是有具备任职专业知识和业务工作经验的董事、监事和高级管理人员。保险公司的董事、监事和高级管理人员，应当品行良好，熟悉与保险相关的法律、行政法规，具有履行职责所需的经营管理能力，并在任职前取得保险监管机构核准的任职资格。

对保险公司的各种专业人员，如核保员、理赔员、精算人员、会计师等的配备，各国法律也有相应的规定。我国《保险法》第85条规定，保险公司应当聘用专业人员，建立精算报告制度和合规报告制度。

（二）保险业务准入监管

保险业务准入监管，是指政府通过法律或行政命令规定保险人所能经营的业务种类和范围，一般表现为两个方面：一是保险人可否兼营保险以外的其他业务，非保险人可否兼营保险或类似保险的业务，即兼业问题；二是同一保险企业内部，是否可以同时经营性质不同的业务，即兼营问题。保险公司的经营范围由保险监管部门核定，我国《保险法》第95条第3款规定，保险公司应当在国务院保险监督管理机构依法批准的业务范围内从事保险经营活动。

关于保险公司兼业的问题。为保护保险消费者权益，绝大多数国家均通过立法确立商业保险专营的原则，未经主管机关批准，擅自开办保险业务的法人或个人属非法经营，国家主管机关将勒令其停业并给予经济上甚至刑事上的处罚。同样，保险人也不得经营非保险业务。根据我国《保险法》规定，保险业和银行业、证券业、信托业实行分业经营，保险公司与银行、证券、信托业务机构分别设立。

📖 知识链接 14-1

我国金融控股公司的发展与监管

从发达国家金融业发展的历史看，受金融企业创新驱动和监管规制双重影响，金融业分业经营和混业经营模式是交互进行的。20世纪90年代以来，金融业竞争加剧，金融创新不断涌现，总体向着混业经营的趋势发展。国际上，主要的经济体大多采用金融控股公司的模式，由金融控股公司进行统一的股权投资与管理，其控股的金融机构实行分业经营。这种制度框架的安排，使股权结构和组织架构更加简单、明晰、可识别，有利于更好地隔离风险，加强整体公司治理和风险管控。

2002 年，国务院批准光大、中信和平安试点综合金融控股集团，由此开启了我国金融控股公司发展的序幕。2005 年，《中共中央关于制定国民经济和社会发展第十一个五年规划的建议》中明确要求在加快金融体制改革中进行"稳步推进金融业综合经营试点"的工作，大型金融机构开始尝试综合化经营。随着我国金融市场化改革的不断深入，金融控股公司在我国的发展步伐显著加快。

目前我国金融控股公司大体有三类，第一类是以单一金融机构发起设立，逐渐向综合经营发展的金融集团，主要是一些大型银行、保险等机构。第二类是大型产业类企业发起设立金融机构，并将这些金融机构统一管理，形成集团化运营，主要是一些实力较强的央企。第三类是地方政府利用区域优势，通过重组整合新设等方式组建的金融集团，服务地方经济发展。

2020 年 9 月 13 日，国务院发布《关于实施金融控股公司准入管理的决定》，宣布对金融控股公司实施准入管理，同日，中国人民银行正式发布《金融控股公司监督管理试行办法》（以下简称《金控办法》），进一步明确金融控股公司的定义和准入条件，并确立了基本的监管框架。《金控办法》遵循宏观审慎管理的理念，坚持总体分业经营为主的原则，以并表为基础，对金融控股公司实施全面、持续和穿透监管，从制度上隔离实业板块和金融板块，明确股东资质条件，加强资本管理，要求股权结构简明、清晰、可穿透，规范关联交易，完善公司治理和风险管理等。2023 年 2 月 1 日，针对金融控股公司监管的重点领域，中国人民银行发布《金融控股公司关联交易管理办法》。

关于保险公司的兼营问题。大多数国家禁止保险公司同时从事性质不同的保险业务。由于各国保险法对保险类别划分标准不一，具体的禁止规定也不相同，但主要是指财产保险与人身保险不得兼营。我国《保险法》第 95 条第 3 款规定："保险人不得兼营人身保险业务和财产保险业务。但是，经营财产保险业务的保险公司经国务院保险监督管理机构批准，可以经营短期健康保险业务和意外伤害保险业务。"

财产保险业务和人身保险业务之所以不能兼营，是因为二者的标的不同，使得二者在保险期限、保险费率的厘定、风险测定、经营管理的内容、资金运用、准备金提取及赔付方式等方面存在显著差异。若允许兼营，则难以反映经营成果的真实性和准确性。

为规范保险公司业务范围管理，健全保险市场准入和退出机制，促进保险行业专业化、差异化发展，原保监会制定了《保险公司业务范围分级管理办法》，对保险公司经营具体业务类型必须满足的条件进行规范（见表 14-1）。

知识链接 14-2

表 14-1 《保险公司业务范围分级管理办法》对保险公司开展各类业务的要求

类别		包含的具体业务类型	相关要求
人身保险公司	基础类业务	① 普通型保险，包括人寿保险和年金保险 ② 健康保险 ③ 意外伤害保险 ④ 分红型保险 ⑤ 万能保险	新设保险公司，只能申请基础类业务 新设人身保险公司申请基础类业务时，应当符合以下条件：①以人民币 2 亿元的最低注册资本设立的，只能申请第一项至第三项中的一项；②每增加前三项中的一项，应当增加不少于人民币 2 亿元的注册资本；③申请前三项以及第四项、第五项之一的，注册资本不低于人民币 10 亿元；④申请全部基础类业务的，注册资本不低于人民币 15 亿元；⑤申请第四项、第五项的，必须同时申请前三项；⑥申请第二项、第四项、第五项的，应当具有专项内控制度、专业人员、服务能力、信息系统和再保险方案
	扩展类业务	① 投资连结型保险 ② 变额年金	保险公司获得基础类前三项业务经营资质后，方可申请增加扩展类业务，且每次不得超过一项，两次申请的间隔不少于 6 个月。 申请投资连结型保险业务的，持续经营 3 个以上完整的会计年度，且最近 3 年年末平均净资产不低于人民币 20 亿元；申请变额年金业务的，持续经营 6 个以上完整的会计年度，且获准经营投资连结型保险业务满 3 年，最近 3 年年末平均净资产不低于人民币 30 亿元；上述两类业务均要求上一年度末及最近四个季度偿付能力充足率不低于 150%
财产保险公司	基础类业务	① 机动车保险，包括机动车交通事故责任强制保险和机动车商业保险 ② 企业/家庭财产保险及工程保险（特殊风险保险除外） ③ 责任保险； ④ 船舶/货运保险 ⑤ 短期健康/意外伤害保险	新设保险公司，只能申请基础类业务。 新设财产保险公司申请基础类业务时，应当符合以下条件：①以人民币 2 亿元的最低注册资本设立的，只能申请一项基础类业务；②每增加一项基础类业务，应当增加不少于人民币 2 亿元的注册资本
	扩展类业务	① 农业保险 ② 特殊风险保险，包括航空航天保险、海洋开发保险、石油天然气保险、核保险 ③ 信用保证保险 ④ 投资型保险	保险公司获得基础类前三项业务经营资质后，方可申请增加扩展类业务，且每次不得超过一项，两次申请的间隔不少于 6 个月。 申请扩展类业务保险公司需要持续经营 3 个以上完整会计年度，申请农险和特殊风险保险的，最近 3 年年末平均净资产不低于人民币 10 亿元；申请信用保证保险的，最近 3 年年末平均净资产不低于人民币 20 亿元；申请投资型保险的最近 3 年年末平均净资产不低于人民币 30 亿元；最近 3 个会计年度总体净盈利，同时满足其他相关条件

二、保险业务经营监管

保险业务经营监管是指对保险公司的偿付能力、保险费率与保险条款、自留额与再保险、资金运用及财务等方面的监管。

（一）偿付能力监管

1. 偿付能力概念

偿付能力是指保险公司对投保方履行赔付义务的能力。尽管各国的保险监管模式和监管制度因其不同的发展历史、社会经济背景及监管的理念和经验而有所不同，但都将偿付能力监管作为保险监管的核心内容。充足的偿付能力是保险公司经营产品与服务的必要前提和保证。防范由于偿付能力不足所导致的保险公司经营风险，保护保险消费者的权益是偿付能力监管的出发点和目的。

2. 偿付能力监管的内容

从理论上讲，在没有巨灾发生的正常年度，只要监督保险公司厘定适当、公平、合理的保险费率，自留与其净资产相匹配的承保风险，提足各项准备金，使保险基金保值增值，保险公司就能有足够的资金进行赔偿或给付，维持其偿付能力。但在非正常年度，很可能发生巨额赔偿或给付，使实际赔偿或给付超出预期。此外，投资收益也可能偏离预期的目标。再次，费率的测算和准备金的提存是基于一些经验假设，本身也可能产生偏差。以上三种情况可能导致保险公司偿付能力不足。

偿付能力监管通常由三方面的内容构成。一是偿付能力的计算方法，包括保险公司资产和负债的谨慎评估标准、风险资本评估标准和法定最低偿付能力标准等，监管部门运用这些标准对负债和资产的质量、流动性和价值以及二者的匹配程度进行评估。二是偿付能力真实性的检查方法，包括财务报告和精算报告制度、监管部门的现场检查及非现场监管制度等。三是偿付能力不足的处理，即监管部门根据保险公司偿付能力实际水平采取整顿、接管、清算等监管措施。

我国《保险法》《保险公司偿付能力管理规定》《保险公司偿付能力监管规则（1—17号）》以及《保险公司偿付能力监管规则（Ⅱ）》等相关法律法规对保险公司偿付能力确立了较为全面的监管规则。

我国《保险法》第101条规定："保险公司应当具有与其业务规模和风险程度相适应的最低偿付能力。保险公司的认可资产减去认可负债的差额不得低于国务院保险监督管理机构规定的数额；低于规定数额的，应当按照国务院保险监督管理机构的要求采取相应措施达到规定的数额。"

根据《保险公司偿付能力管理规定》，保险公司同时符合以下3项监管要求的为偿付能力达标公司：核心偿付能力充足率不低于50%；综合偿付能力充足率不低于100%；风险综合评级在B类及以上。不符合上述任意一项要求的，为偿付能力不达标公司。其中，核心偿付能力充足率，即核心资本与最低资本的比值，用来衡量保险公司高质量资本的充足状况。综合偿付能力充足率，即实际资本与最低资本的比值，用来衡量保险公司资本的总体充足状况。风险综合评级，即对保险公司偿付能力综合风险的评价，用来衡量保险公司总体偿付能力风险的大小。

核心资本，是指保险公司在持续经营和破产清算状态下均可以吸收损失的资本。实际资本，是指保险公司在持续经营或破产清算状态下可以吸收损失的财务资源。最低资本，是指基于审慎监管目的，为使保险公司具有适当的财务资源应对各类可量化为资本要求的风险对偿付能力的不利影响，要求保险公司应当具有的资本数额。核心资本、实际资本、最低资本的计量标准等监管具体规则由保险监管机构规定。

对于偿付能力不足的保险公司，保险监管机构有权采取相应的监管措施，以恢复其偿付能力。我国保险法第138条规定，保险监管机构应当将偿付能力不足的保险公司列为重点监管对象，并可以根据具体情况采取相应监管措施，具体包括：（1）责令增加资本金、办理再保险；（2）限制业务范围；（3）限制向股东分红；（4）限制固定资产购置或者经营费用规模；（5）限制资金运用的形式、比例；（6）限制增设分支机构；（7）责令拍卖不良资产、转让保险业务；（8）限制董事、监事、高级管理人员的薪酬水平；（9）限制商业性广告；（10）责令停止接受新业务。

 知识链接 14-3

> ### 我国保险业偿付能力监管制度的创新与建设
>
> 2003 年，原保监会发布并实施《保险公司最低偿付能力及监管指标管理规定》，我国偿付能力监管进入"偿一代"时期。2003 年起，原保监会要求保险公司报送季度偿付能力报告，对偿付能力不足或者监管指标严重超标的公司采取监管谈话、提交解释报告等监管措施，偿付能力监管的执行力开始显现。为增强偿付能力报告的科学性、可靠性和统一性，原保监会先后发布了 16 项偿付能力报告编报规则，初步建立起一套比较完整的、具有较高质量的偿付能力报告编报规则及报表体系。此外，为完善保险市场退出和资本补充机制，先后发布实施《保险保障基金管理办法》《保险公司次级定期债务管理暂行办法》，逐渐形成了以公司内部风险管理、偿付能力报告、财务分析和财务检查、适时监管干预、破产救济为主要内容的"五维"偿付能力监管制度体系。
>
> 2008 年，原保监会发布《保险公司偿付能力管理规定》，明确要求保险公司建立动态偿付能力风险监测体系，提出对保险公司进行分类监管，并首次在保险行业引入资本充足率的概念，标志着我国偿一代制度体系完全成形。
>
> 2015 年初，原保监会发布了《保险公司偿付能力监管规则（1-17 号）》（简称"偿二代"）。偿二代采取了国际金融审慎监管普遍认可的三支柱框架，即第一支柱"定量监管要求"、第二支柱"定性监管要求"、第三支柱"市场约束机制"，但是三支柱的内容、逻辑以及监管工具、监管标准完全立足于中国国情，是为解决中国实际问题而自主研发的。其中，第一支柱为定量监管要求，确立了资产负债评估、资本分级、最低资本计量、偿付能力充足率计算和压力测试标准，对保险公司可以量化的偿付能力风险即保险风险、市场风险和信用风险计量最低资本要求，除此之

外，还根据宏观审慎监管和调控性监管的需要，对部分业务或公司提出附加资本要求，如逆周期附加资本、系统重要性保险机构附加资本和其他附加资本。

第二支柱为定性监管要求，通过保险公司风险管理要求与评估、风险综合评级和流动性风险监管标准对保险公司难以量化的偿付能力风险如战略风险、操作风险、流动性风险和声誉风险实施监管，并根据保险公司风险管理要求与评估得分，评估保险公司的风险管理能力和控制风险水平，进而计量控制风险最低资本要求；根据风险综合评级结果，综合评估保险公司的偿付能力风险大小，确定相应的监管类别并采取相应的分类监管措施和政策。

第三支柱为市场约束机制，通过偿付能力信息公开披露、偿付能力信息交流、保险公司信用评级和偿付能力报告标准，强化外部市场与相关方对保险公司的监督与约束作用。

随着我国经济金融形势以及保险经营环境、业务模式和风险特征的不断变化，偿二代实施过程中遇到一些新情况，也暴露出一些问题。偿二代二期工程建设工作于 2017 年 9 月启动，结合金融工作新要求和保险监管新形势，原银保监会根据偿二代运行以来积累的行业监管经验，对一期工程各项监管规则进行了全面优化、调整与补充。

2021 年 12 月 30 日，《保险公司偿付能力监管规则（Ⅱ）》（涵盖 20 项监管规则）发布，并于 2022 年第一季度起全面实施。偿二代二期工程是对偿二代一期工程的细化和完善，旨在提升偿付能力监管制度的科学性、有效性和全面性，推动保险业回归保障本源、服务实体经济、防范和化解保险业风险、扩大对外开放、增强风险管理能力和完善市场约束机制，保护保险消费者的利益。

2021 年 1 月 25 日，原中国银保监会发布修订后的《保险公司偿付能力管理规定》，并于 2021 年 3 月 1 日起正式实施。从内容看，修订后的《保险公司偿付能力管理规定》吸收了偿二代实施以来的成果及经验，将偿付能力达标条件扩展至三项，提升了偿付能力信息透明度。

我国偿付能力监管制度建设，不但在引导行业发展、提升行业风险管理能力、防范和化解风险等方面发挥着愈加重要的作用，而且对国际偿付能力监管也产生了重要影响。偿二代已经成为新兴市场偿付能力监管的代表性模式，得到了国际上的高度关注和普遍认可，国际保险监督官协会（IAIS）等国际组织和一些境外保险监管机构普遍认为，偿二代的监管理念、整体框架和技术方法符合新兴市场实际，体现了国际保险监管改革创新的方向，处于国际前沿。

资料来源：赵宇龙，余贵芳.保险业偿付能力监管制度创新［J］.中国金融，2019（19）：70—73.

（二）保险费率和保险条款监管

保险条款是保险人与投保人双方当事人关于权利和义务的约定，是保险合同的核心内容。由于保险合同的专业性，条款中的术语往往很难为一般公众所理解，并且大部分保险合同的条款是格式条款，由保险人单方面拟定。保险费率，反映保险产品的价格，更是由保险公司依据保险精算技术厘定的。无论是作为一种格式合同，还是作为一种复杂的金融产品，为保护保险消费者的利益，保险条款和费率都需要监管机构进行不同程度的监管。

对保险费率和条款进行监管的原则如下：（1）适法原则，即按照法律法规的要求，公平合理地拟定保险条款和费率，既不能侵害保险消费者权益，也不能损害社会公共利益。我国《保险法》第 114 条规定："保险公司应当按照国务院保险监督管理机构的规定，公平、合理拟订保险条款和保险费率，不得损害投保人、被保险人和受益人的合法权益。"（2）规范化原则，即保险条款的拟定做到要素完整、结构清晰、文字准确、表述严谨、通俗易懂。（3）合理性原则，即保险费率的厘定应当建立在合理、公平、充足的基础上，既不损害保险公司偿付能力，也不妨碍市场公平竞争。

我国对保险条款和费率的监管制度，可以分为事先许可和事后监管两个层次。

对保险条款和费率的事先许可，主要是依据不同险种的重要性和技术特点，以审批或备案的方式实施，险种与公众和经济关系越密切，受监管程度越严。根据我国《保险法》第 135 条的规定，关系社会公众利益的保险险种、依法实行强制保险的险种和新开发的人寿保险险种等的保险条款和保险费率，应当报监管机构批准；其他保险险种的保险条款和保险费率，应当报监管机构备案。保险公司变更已经审批或备案的保险条款和费率，改变其保险责任、保险类别或定价方法的，应当重新报送审批或备案。①

对保险条款和费率的事后监管，是指监管机构发现保险公司存在违法违规情形时，有权采取责令停止使用、限期修改等事后监管措施；情节严重的，可以在一定期限内禁止其申报新的保险条款和保险费率。

（三）自留额与再保险监管

由于保险业是经营风险的特殊行业，通过经营风险而营利的保险公司自身面临较高的风险，每家保险公司实际能够承保的风险是有限的，因此，恰当的自留额和再保险制度，一方面可以为保险公司扩大承保能力、充分营利提供可能，另一方面又可以使其财务稳健和偿付能力不致因过分承保风险而受影响。

就自留额而言，我国《保险法》第 102 条规定："经营财产保险业务的保险公司当年自留保险费，不得超过其实有资本金加公积金总和的四倍。"这是因为，自留保险费越多，保险公司自留的保单赔付责任就越大，经营风险越高。要求财险公司自留的保险费不超过其实有资本金加公积金总和的四倍，实质上是防止财险公司承担过度风险，将其承担的保险责任控制在一定范围内，以维持财险公司的稳定经营和偿付能力。

就再保险而言，《保险法》第 103 条第 1 款规定，保险公司对每一危险单位，即对一次保险事故可能造成的最大损失范围所承担的责任，不得超过其实有资本金加公积金总和的 10%；超过的部分应当办理再保险。在此情形下，原保险公司办理再保险为法定义务。同时，依据《保险法》第 105 条的规定，保险公司办理再保险的，应审慎

---

① 参见《人身保险公司保险条款和保险费率管理办法》（2015 年）和《财产保险公司保险条款和保险费率管理办法》（2021 年）。

选择再保险接受人。

 知识链接 14-4

《再保险业务管理规定》的主要内容

2005 年，原保监会依据《保险法》《外资保险公司管理条例》等有关法律、行政法规，制定了《再保险业务管理规定》（以下简称《规定》）。随着我国再保险市场的持续快速发展，监管部门分别于 2010 年、2015 年和 2021 年对《规定》作了三次修订。

2021 年修订后的《规定》共六章四十三条。第一章总则，明确了立法目的、再保险类别和业务原则、监管适用对象及适用范围等内容。第二章业务经营，规定了再保险战略管理、自留责任要求、巨灾风险安排、交易对手选择、信息告知、合同签署时效、资金结付、临时分保要求、再保险关联交易、档案管理、集中度管理、境外分出监测、流动性管理、直保公司开展分入业务要求等内容。第三章再保险经纪业务，规定了保险经纪人的监管要求。第四章监督管理，规定了再保险业务准备金管理、偿付能力管理、不得变相经营合约业务、再保险信息报送要求等内容。第五章法律责任，规定了保险公司未按照《规定》办理再保险的罚则。第六章附则，规定了政策性保险公司办理再保险业务参照适用本规定以及施行时间。

修订后的《规定》有助于提升再保险在保险公司风险管理中地位和作用，规范再保险业务经营行为，强化市场主体的合规经营和风险管理能力，促进再保险市场的持续发展。

（四）保险资金运用监管

保险资金运用是保险公司在业务经营过程中，将其累积的保险资金用于投资，使其增值的活动。根据我国《保险资金运用管理办法》，保险资金包括保险集团（控股）公司、保险公司以本外币计价的资本金、公积金、未分配利润、各项准备金以及其他资金。

保险资金的主要构成部分是因保险产品而形成的各项准备金，不管采取何种具体形式，准备金最终都将用于未来的赔偿或给付，因而保险资金运用必须稳健审慎，以维持保险公司的偿付能力。我国《保险法》第 106 条规定："保险公司的资金运用必须稳健，遵循安全性原则。"保险监管机构通常会从不同角度对保险资金运用加强管理，规定保险资金运用的原则、范围、比例及投资方向等。

（五）保险公司财务监管

保险公司财务监管是对保险公司的财务活动作出法律、政策规定，包括准备金提取监管和财务报告制度监管两个方面。

1. 准备金提取监管

准备金提取是否充足直接关系到保险公司未来赔偿或给付的能力，因此，各国监管机构均把对准备金的监管作为负债监管的核心。在各国的保险法规中，都对准备金的提取有明确规定，且内容大体一致。

我国《保险法》第 98 条规定："保险公司应当根据保障被保险人利益、保证偿付能力的原则，提取各项责任准备金。保险公司提取和结转责任准备金的具体办法，由国务院保险监督管理机构制定。"保险公司未依照规定提取或者结转各项责任准备金的，由保险监督管理机构责令限期改正，处以罚款，并可以调整负责人及有关管理人员，限制其业务范围、责令停止接受新业务或者吊销业务许可证。

2. 保险公司的财务制度

财务制度贯穿于保险公司业务经营活动的全部过程，保险公司必须建立健全各项财务制度。根据我国《保险法》第 86 条，保险公司应当按照监管机构的规定，报送有关报告、报表、文件和资料。保险公司的偿付能力报告、财务会计报告、精算报告、合规报告及其他有关报告、报表、文件和资料必须如实记录保险业务事项，不得有虚假记载、误导性陈述和重大遗漏。

并且，保险公司应当妥善保管业务经营活动的完整账簿、原始凭证和有关资料，保管期限自保险合同终止之日起计算，保险期间在 1 年以下的不得少于 5 年，保险期间超过 1 年的不得少于 10 年。

三、保险市场退出监管

保险公司在经营过程中，可能因各种原因退出市场。保险公司的市场退出既包括保险公司市场主体资格的消灭如被兼并收购、因法定原因被解散、因无法偿付赔付责任发生破产等，也包括保险公司被限制业务范围、停业等。对于保险公司因各种原因退出市场，监管机构都有相应的监管措施。

（一）保险公司兼并的监管

从国外立法来看，保险公司的兼并在原则上是自由的，但法律对兼并有一定限制。首先，公司组织形式上的限制。有的国家规定，只有股份有限公司之间以及有限责任公司之间可以兼并，相互保险公司与其他形式的保险公司一般不能兼并。相互保险公司如若兼并，必须先改组为股份有限公司。其次，股东和社员利益上的限制。有的国家对于可能严重损害股东和社员利益的兼并不予批准。最后，反垄断的限制。公司兼并后如可能形成垄断，监管机构不予批准。

（二）保险公司解散及清算的监管

保险公司的解散是指依法设立的保险公司因法定原因或者法定事由的出现，经保险监管机构批准关闭营业机构的行为。保险公司的清算是指保险公司被解散、撤销或宣告破产后，依照法律规定，清理其资产、债权债务，最终使其消灭的法定程序。

尽管各国对保险公司解散的原因规定不同，但保险公司解散必须具备两个条件：

第一，具备解散的事由。保险公司的解散事由主要分为三种情况：（1）保险公司分立。保险公司分立须成立两个或两个以上的新保险公司，分立前的保险公司解散；原保险公司的债权债务以及保险业务，由分立后的保险公司分别承继。（2）保险公司合并。两个或两个以上的保险公司合并为一个新保险公司，合并前的保险公司解散；原保险公司的债权债务以及保险业务由合并后的保险公司承继。（3）公司章程规定的事由。章程可以对保险公司解散的事由加以规定，符合规定的事由发生时，保险公司解散。

第二，经监管部门批准。如果保险公司的解散不经过保险监管机构的批准而由保险公司自行决定，不利于保险市场的健康发展和保险消费者权益的保护。因此，保险公司的解散须经监管机构批准，只有经过监管机构审查批准的，保险公司才能解散。

保险公司经批准解散的，应成立清算组。逾期不能成立清算组的，债权人可以申请法院指定人员组成清算组进行清算。我国《保险法》规定，保险公司因分立、合并或者公司章程规定的解散事由出现，经保险监督管理机构批准后解散。保险公司应当依法成立清算组，进行清算。经营有人寿保险业务的保险公司，除分立、合并外不得解散。

（三）保险公司撤销及清算的监管

保险公司违反法律、行政法规，情节严重的，由保险监管机构吊销其经营保险业务许可证，保险公司宣告撤销。根据我国《保险法》，保险公司撤销的原因一般有：超出批准的业务范围经营，情节严重的；未按照规定提存保证金或者违反规定动用保证金，情节严重的；未按照规定提取或者结转各项责任准备金，情节严重的；未按照规定缴纳保险保障基金或者提取公积金，情节严重的；未按照规定办理再保险，情节严重的；未按照规定运用保险公司资金，情节严重的；未经批准设立分支机构，情节严重的；未按照规定申请批准保险条款、保险费率，情节严重的；偿付能力低于国务院保险监督管理机构规定标准，不予撤销将严重危害保险市场秩序、损害公共利益的。

保险监管机构撤销保险公司后，依法及时组织清算组进行清算。

（四）保险公司破产及清算的监管

保险公司在不能清偿到期债务时，经保险监管机构同意，由债权人或保险公司向有管辖权的法院提出申请，法院经过审理可以依法宣告其破产。保险公司破产必须具备两个条件：一是不能清偿到期债务，二是经保险监管机构同意。

在法院宣告保险公司破产后，清算组接管保险公司，负责破产财产的保管、清理、估价、处理和分配。我国《保险法》第91条规定，破产财产在优先清偿破产费用和共益债务后，按照下列顺序清偿：（1）所欠职工工资和医疗、伤残补助、抚恤费用，所欠应当划入职工个人账户的基本养老保险、基本医疗保险费用，以及法律、行政法规规定应当支付给职工的补偿金；（2）赔偿或者给付保险金；（3）保险公司欠缴的除第（1）项规定以外的社会保险费用和所欠税款；（4）普通破产债权。同时，破产财产不足以清偿同一顺序的清偿要求的，按照比例分配。

本章小结

保险监管之所以具有国际普遍性，主要是由保险业的性质及其经营特点所决定的。保险业作为一个特殊行业，国家对其监管的目标是维护消费者的合法权益、维护保险市场的公平竞争秩序、维护保险业的整体安全稳定。保险监管机构在实施保险监管时，应当遵循依法监管、公开监管、公正监管的原则。为了实现保险监管的目标，监管机构应当采用有效的监管方式和监管手段，监管方式包括公示方式、准则方式和实体方式，监管手段主要是现场检查和非现场监管。保险监管的内容通常包括保险市场准入监管、保险业务经营监管和保险市场退出监管，这三个方面共同维护保险市场的安全与稳定，保护保险消费者权益和社会公共利益。

⚙ 案例讨论

中国银行保险监督管理委员会依法结束对安邦保险集团的接管

2018年2月23日，原保监会发布公告称，鉴于安邦保险集团股份有限公司（以下简称安邦保险集团）存在违反《保险法》规定的经营行为，可能严重危及公司偿付能力，依照《保险法》第144条的规定，决定对安邦保险集团实施接管，接管期限一年。2018年国务院机构改革后，银保监会取代原保监会依法履行对安邦保险集团的接管职责，并于2019年2月22日依照《保险法》第146条，将安邦保险集团接管期限延长一年。

2019年4月16日，安邦保险集团公告称，公司拟减少注册资本203.6亿元，注册资本将由619亿元变更为415.4亿元。

2019年5月11日，银保监会批准安邦保险集团股东变更为3家：中国保险保障基金有限责任公司（持股98.23%）、上海汽车工业（集团）总公司（持股1.22%）、中国石油化工集团公司（持股0.55%）。

2019年7月4日，银保监会副主席在国新办新闻发布会上表示，安邦保险集团已经有超过1万亿元的各类资产被剥离，公司资产规模明显下降。安邦保险集团的风险处置工作取得阶段性成效。

2019年7月11日，经银保监会批准，中国保险保障基金有限责任公司、上海汽车工业（集团）总公司、中国石油化工集团公司共同出资设立大家保险集团有限责任公司（以下简称大家保险集团），注册资本为203.6亿元。大家保险集团受让安邦人寿、安邦养老和安邦资管股权，并新设大家财产保险有限责任公司（以下简称大家财险），承接安邦财险的合规保险业务。

2019年12月5日，大家财险全国36家省级分公司拿到营业许可，完成工商登记注册开业。2019年12月12日，大家财险深圳总部举行开业庆典，全国36家省级分公司正式开业。

截至2020年1月，接管前安邦保险集团发行的1.5万亿元中短存续期理财保险已全部兑付，未发生一起逾期和违约事件，保险消费者和各有关方面的合法权益得到保障，接管组基本完成世纪证券、邦银金租、和谐健康等非核心金融牌照处置，成都农商行也已挂牌。2020年2月22日，银保监会发布公告称，根据《保险法》第147条的规定，大家保险集团已基本具备正常经营能力，依法结束对安邦集团的接管。

2020年9月14日，安邦保险集团和安邦财险宣布解散并接受清算。

大家保险集团成立以来，管理重整和业务转型成效明显，将大部分3年期的中长短存续期产品转化为5年期产品，在更长的时期内摊平产品偿付压力，并逐渐清退了大量安邦保险集团时期不称职的管理人员，组建了包括资债管理执行委员会、员工处罚委员会、消费者权益保护委员会在内的多个专业内部决策监督机构，规范了公司流程。2021年，大家保险集团发布年度社会责任报告，明确其将以养老为核心战略。

思考讨论题

1. 在处置安邦集团风险过程中，保险保障基金的作用是什么？
2. 如何通过监管保护保险消费者的权益？

分析要点

1. 保险保障基金是用于救助保单持有人、保单受让公司或者处置保险业风险的非政府性行业风险救助基金。保险保障基金向安邦保险集团增资 608.04 亿元，在推进安邦保险集团重组过程中发挥了积极作用，有效维护金融稳定和公众对保险业的信心。

2. 规范保险公司的市场经营行为，加强行业监督管理和偿付能力监管。

☑ 重要术语

保险监管	现场检查	非现场监管	偿付能力
解散	清算		

💡 思考题

1. 保险产品的日趋多样化、专业化和复杂化，保险业态的不断创新发展将给保险监管带来哪些方面的挑战？

2. 如何辩证地认识保险创新与保险监管之间的关系？思考如何实现"监管—创新—再监管—再创新"的良性循环。

3. 以金融控股公司形式开展综合金融保险服务已经成为金融行业发展的趋势之一，如何对金融控股公司进行监管？

延伸阅读

即测即评

郑重声明

高等教育出版社依法对本书享有专有出版权。任何未经许可的复制、销售行为均违反《中华人民共和国著作权法》,其行为人将承担相应的民事责任和行政责任;构成犯罪的,将被依法追究刑事责任。为了维护市场秩序,保护读者的合法权益,避免读者误用盗版书造成不良后果,我社将配合行政执法部门和司法机关对违法犯罪的单位和个人进行严厉打击。社会各界人士如发现上述侵权行为,希望及时举报,我社将奖励举报有功人员。

反盗版举报电话 (010)58581999 58582371
反盗版举报邮箱 dd@hep.com.cn
通信地址 北京市西城区德外大街 4 号
            高等教育出版社知识产权与法律事务部
邮政编码 100120

读者意见反馈

为收集对教材的意见建议,进一步完善教材编写并做好服务工作,读者可将对本教材的意见建议通过如下渠道反馈至我社。

咨询电话 400-810-0598
反馈邮箱 gjdzfwb@pub.hep.cn
通信地址 北京市朝阳区惠新东街 4 号富盛大厦 1 座
            高等教育出版社总编辑办公室
邮政编码 100029

防伪查询说明

用户购书后刮开封底防伪涂层,使用手机微信等软件扫描二维码,会跳转至防伪查询网页,获得所购图书详细信息。

防伪客服电话 (010)58582300